中國古代地理總志叢刊

輿地廣記

上

〔宋〕歐陽忞 撰
李勇先 王小紅 校注

中華書局

圖書在版編目(CIP)數據

輿地廣記/(宋)歐陽忞撰;李勇先,王小紅校注. —北京:中華書局,2023.2
(中國古代地理總志叢刊)
ISBN 978-7-101-16015-4

Ⅰ.輿… Ⅱ.①歐…②李…③王… Ⅲ.歷史地理-中國-古代 Ⅳ.K928.62

中國版本圖書館 CIP 數據核字(2022)第 233970 號

責任編輯:李 勉
責任印製:管 斌

中國古代地理總志叢刊
輿 地 廣 記
(全二册)
〔宋〕歐陽忞 撰
李勇先 王小紅 校注
*
中 華 書 局 出 版 發 行
(北京市豐臺區太平橋西里 38 號 100073)
http://www.zhbc.com.cn
E-mail:zhbc@zhbc.com.cn
三河市宏盛印務有限公司印刷
*
850×1168 毫米 1/32 · 34½印張 · 4 插頁 · 628 千字
2023 年 2 月第 1 版 2023 年 2 月第 1 次印刷
印數:1-3000 册 定價:168.00 元

ISBN 978-7-101-16015-4

前言

輿地廣記是宋代一部重要的歷史地理學著作。該書「自堯、舜以來至于今，爲書凡三十八篇，命之曰輿地廣記」。該書自問世後，儘管南宋嘗刊行於世，但在當時並未産生多大影響，故未能引起人們足够重視，甚至連南宋人對該書作者歐陽忞是否有其人都産生過懷疑。

一

關於輿地廣記一書的作者及其籍貫，歷來有不同説法。

從作者輿地廣記序中可知，該書爲歐陽忞所撰。但南宋晁公武在其所著郡齋讀書志中提出了懷疑，認爲歐陽忞實無其人，乃著書者「特假名以行其書也」。而陳振孫則不同意這種觀點，認爲歐陽忞實有其人，並從「行名皆連心字」推知歐陽忞乃歐陽修族孫。陳氏之説基本上爲後人所採用。四庫全書總目還批駁了晁氏「假名」之説，認爲「此書非觸時忌，何必隱名，疑振孫之説爲是」。

歐陽忞，史傳無考。南宋歷史地理學家王象之在輿地紀勝一書中大量引用輿地廣記，如卷三嘉興府沿革、卷四九黄州沿革、卷一七八思州沿革共三次提到「歐陽忞輿地廣記」。南宋人洪邁、王應麟、潛説友，宋末元初馬端臨等都認爲歐陽忞著有輿地廣記一書。宋史卷二〇四藝文志除著録有「歐陽忞輿地廣記三十八卷」外，還另有「歐陽忞巨鼇記五卷」。清乾隆年間著名藏書家孫星衍在其平津館鑒藏記書籍補遺中也説：「忞爲歐陽修從孫，宋史藝文志有歐陽忞巨鼇記五卷。晁氏讀書志謂實無其人，乃著書者所假托，非也。」至於他書所引或作「歐陽志輿地廣記」、「歐陽元輿地廣記」，皆「歐陽忞輿地廣記」之誤。

關於歐陽忞的籍貫，目前有廬陵郡（即吉州）和廣陵郡（即揚州）兩種説法。陳振孫認爲歐陽修廬陵郡人，忞爲修之族孫，故也是該郡人。清代學者朱彝尊也認爲「忞爲廬陵族孫」。顧廣圻還進一步推測輿地廣記一書嘗刊刻於廬陵。而認爲歐陽忞是廣陵郡人的主要依據，是一些版本如四庫本所載歐陽忞自序作「廣陵歐陽忞序」。對此四庫全書總目提要作者嘗加以辨析，認爲「此本有忞自序，乃自稱廣陵人，豈『廣』、『廬』字形相近傳寫致訛歟？」按今所見士禮居叢書本、抱經樓藏書志引輿地廣記序等皆作「廬陵」。校勘輿地廣記札記卷上云：「今案舊鈔本正作『廬』，不作『廣』，則陳振孫之言良是矣。」從上可知，歐陽忞當爲吉州廬陵郡人。

二

關於輿地廣記一書的撰述情况，歐陽忞在自序中已交待得很清楚。序中稱有感於「歷世以來，更張改作，先王之制，無一在者」，「地理之書，紛雜殽亂，卒然視之，漫不可省，雖深識博聞之君子，亦且以爲病」，更不用説去深究其「是非之所在」。儘管地理之學「非有深遠難見之事」，但「自非專門名家而從事於此者，其孰能知之」。於是立志要編撰一部「約而易操」的歷史地理學著作。歐陽忞「自少讀書」，即已「留意於此」，並廣泛搜集各種史籍並及時加以編撰，「凡自昔史官之作，與夫山經地誌，旁見雜出，莫不入於其中，庶幾可以成一家之言，備職方之考，而非口傳耳受嘗試之説者也」。使讀是書者能了然於胸，「其所以處之，將必有道矣」。希望該書能廣傳於世，使「世之君子，其試以是觀之，必有能辨之者」。可見，歐陽忞爲編著這部在心中醞釀已久的歷史地理學著作進行了長時間的準備，其編寫工作一直持續到宋徽宗政和年間。

一般認爲輿地廣記成書於政和年間。作者自序落款爲「政和　年三月日廬陵歐陽忞序」。至於具體成書在政和某年，歐陽忞自序中未嘗説明，故引起後人猜測。清人黄丕烈認爲：歐陽忞序文中「『和』下『年』上舊空二字。案政和八年十一月改元重和，則政和只應有單數，不得有言十之數。今空二格，蓋歐以干支紀年耳。本書三十一卷叙州下、遂寧軍下沿革並及政和四年，則書成在四年後。政和四年爲甲午，五年爲乙未，六年爲丙申，七年爲丁酉，八年爲戊戌，所空字當在此數年中矣。朱校作『十一』，誤。」古人作序跋，常用干支紀年，如輿地紀勝、方輿勝覽序都是如此。黄氏考證在政和四年至政和八年「數年中」，基本正確。不過黄氏所言卷三一「遂寧軍」實爲「長寧軍」之誤。按輿地廣記無「遂寧軍」，只有遂寧縣，遂寧縣下無政和四年政區沿革内容，而長寧軍下則有。該書叙述州縣沿革，已明確記載到了政和四年。如東、南、西、北四輔，廣記分别爲拱州、潁昌府、鄭州、開德府，對照宋史卷八五可知，這是政和四年改置後的四輔，與崇寧四年四輔（分别爲拱州、潁昌府、鄭州、澶州）名稱稍有不同。又如卷三〇春祺縣、亨州、嘉會縣下皆云「皇朝政和四年置」，卷三一叙州、宜賓縣、長寧軍下亦云「政和四年改今名」或「政和四年改置」。

但必須指出的是，今本輿地廣記仍有個别内容記載到了政和四年以後。

例一：輿地廣記卷二〇宿州靈壁縣，按宋會要輯稿（以下簡稱宋會要）方域六之一一云：「元祐元年四月二十五日，户部言：『宿州零壁鎮在符離、蘄、虹三縣之中，盗賊轉徙，艱于迹捕，良民不得安業。欲乞將三縣近零壁鎮鄉管割隸本鎮，仍以本鎮爲縣。』」是年便「以鎮陞爲縣，七月廢爲鎮，七年二月復爲縣」，「靈」字舊爲「零」，「政和七年改『零』爲『靈』」。可見該書記載的内容已至政和七年。

例二：輿地廣記卷七「襲慶府，大都督府，兖州」。按宋會要方域五之一：「襲慶府，舊兖州，唐泰寧軍節度，周降防禦，建隆元年復節度，大中祥符元年陞爲大都督府，政和八年陞爲襲慶府。」又按宋會要方域五之一六：「政和八年八月二十五日，知梁山軍韓瑜奏：『考通典，元天大聖后夢感天人，誕育聖祖于壽丘，實今兖州。大中祥符間，改曲阜縣爲仙源，兹乃國家席慶福地，太宗始封此邦，聖祖真蔭，流光無極，乞陞兖州爲府，冠以美名。』詔陞爲襲慶府。」可知，該書記載的内容已至政和八年。按輿地廣記編撰體例，府、州之前皆注明郡望等級，如大都督府陝州、南輔潁昌府、次府鳳翔府、望青州等等，在州府及郡望等級之前不應再冠以府州名。而此處「兖州」之前冠有後來陞格的「襲慶府，大都督府」，很顯然是後來添補上去的，而且添補的時間肯定在政和八年以後。

例三：輿地廣記卷七「東平大都督府，鄆州」。按宋會要方域五之一：「東平府，舊鄆州，宣和元年升爲東平府。」此處「鄆州」之前冠有後來升格的「東平大都督府」，當亦是後人添補上去的，而且添補的時間在宣和元年以後。

另外，輿地紀勝卷一五二石泉軍沿革引輿地廣記云「石泉軍，同下州」，與今所見輿地廣記卷二九石泉縣繫於綿州之下不同。又按宋會要方域七之三：「石泉軍，政和七年以縣陞爲軍。」輿地紀勝以爲「政和八年置石泉軍，以縣爲名。」如果王象之徵引屬實的話，那麽他所見輿地廣記記載的内容仍及於政和八年。

從上可知，輿地廣記沿革述至政和四年後，個别内容記載已至政和八年。政和五年至政和八年之間該書已基本編撰完畢，而最後定稿當在宋徽宗宣和年間。

三

輿地廣記與以前和同時代的歷史地理學著作相比，在編撰體例上具有許多獨到之處。該書前四卷首叙歷代疆域，提其綱要，「沿革離合，皆繫以今郡縣名」。五卷以後乃列宋郡縣名，「體例特爲清析」。該書「端委詳明，較易尋覽，亦輿記中之佳本也」。朱彝尊也稱贊該書「其沿革有條有理，勝於樂史太平寰宇記實多」。

該書記述歷代地理沿革，要言不煩，條理清晰。其獨特、創新的編撰體例對後世歷史地理學著作的編撰産生了很大影響。如南宋王希先皇朝方域志一書的編撰體例就深受輿地廣記的影響。從陳振孫直齋書録解題的著録中可知，皇朝方域志「凡前代謂之譜，十六譜爲八十卷；本朝謂之志，爲一百二十卷。譜敘當時事實，而注以今之郡縣；志述今日疆理，而繫於古之州國。古今參考，譜志互見，地理學之詳明者，無以過此矣」。這種「古今參考、譜志互見」的編撰體例與歐陽忞輿地廣記「沿革離合，皆繫以今郡縣名」是一脉相承的。可以説，歐陽忞輿地廣記開創了與以前正史地理志和地理總志不同的獨特的編撰體例，其影響一直持續到清代，如「清顧祖禹讀史方輿紀要、顧炎武天下郡國利病書皆仿其編例也」。

歐陽忞在編撰輿地廣記時，廣泛搜集歷代史書及山經地志，如禹貢、春秋、左傳、歷代正史、水經注、通典、元和郡縣志、太平寰宇記、國朝會要等等。作者在徵引各種文獻時，並不是盲目抄襲，而是有所選擇和考辨。兹略舉數例：

例一：卷七滕縣云：「故國，漢地理志云：『周懿王子錯叔繡所封。』而左傳云郜、雍、曹、滕，『文之昭也』，恐地理志誤」。

例二：卷七楚丘縣云：「水經云『昔衛文公徙居，即此』，非也。按衛爲狄所滅，東徙渡河，野處曹邑，文公徙居楚丘。曹邑在今滑之白馬，楚丘在今澶之衛南，二邑相近，且不出邦域之内，宜文公之所徙也。今拱州楚丘在戎州之邑，迫近宋都，春秋所謂『戎伐凡伯于楚丘』是也，非衛之所遷也。然則今縣有景山、京岡，乃後人附會而名之耳。」

例三：卷九胙城縣云：「胙城，周公諸子所封，左傳富辰曰：『凡、蔣、邢、茅、胙、祭，周公之嗣也。』杜預注：『東郡燕縣西南有胙亭。』而晉史地理志無此郡縣，豈永嘉喪亂，簡編失亡故耶？」

例四：卷一一雞澤縣云：「春秋襄三年，公會諸侯，『同盟於雞澤』。漢爲曲梁縣地。隋開皇初置雞澤縣，屬洺州，大業初省入永年。唐武德四年復置。杜預注左傳云：雞澤，在曲梁西南。曲梁，今永年也。此縣在永年東北，疑非古雞澤地矣。」

例五：卷一四儒林縣云：「二漢圁陰縣地，屬西河郡。苻秦有驄馬城，土俗呼驄馬爲乞銀，因號乞銀谷。後周於是立銀州。隋開皇三年置儒林縣。大業初州廢，屬雕陰郡。唐復立銀州。東北有無定河，即圁水也。『圁』與『銀』音同，而漢志作『圜陰』。顔師古注云：『圜本作圁。縣在圁水之陰，因以爲名。王莽改爲方陰。則是當時已誤爲圜字。今有銀州、銀水，即是舊名猶存，但字變耳。』以此考之，則九域圖所載『乞銀』之説未可據也。」

例六：卷一六積石軍云：「有積石山，禹導河自此始。河水出崑崙，自古言者皆失其實，禹本紀、山海經、水經固以迂怪誕妄，而班固所載張騫窮河源事亦爲臆説。騫使大夏，見葱嶺、于闐二河合流注蒲昌海，其水亭居，皆以爲潛行地中，南出于積石，爲中國河，此乃意度之，非實見蒲昌海與積石河通流也。」

例七：卷二〇廣陵縣云：「漢吴王濞所都，後爲江都、廣陵國及郡治焉。魏文帝征吴，幸廣陵故城，臨江觀兵，歎曰：『天所以限南北也！』北齊置廣陵、江陽二郡。開皇初郡廢，十八年改縣曰邗江。大業初改曰江陽，爲江都郡治，後省入江都。唐正觀十八年復置，與江都分治，後改曰廣陵。唐韓皐號知音，常論廣陵散，以爲王凌、毌丘儉、諸葛誕皆欲以揚州興兵，正復魏室，而不克，魏由是散亡。此説非也。凌等爲都督時，揚州治壽春，至隋始以廣陵爲揚州治，凌等起事與廣陵殊不相涉。」

例八：卷二九犍爲縣云：「本武陽縣，後周置。隋開皇初改曰犍爲，屬戎州。唐上元元年來屬，其後遂以嘉州爲犍爲郡。按漢武帝開夜郎，置犍爲郡，因山立名，初治鼈縣，其地蓋在今瀘南徼外，後徙治僰道，今戎州是也。東漢及晉徙治武陽，今眉州彭山是也。始雖因平夜郎以置犍爲，然郡之北境，大半本巴蜀舊縣，如南安、武陽、牛鞞、資中、江陽、僰道是也。而漢史地理志夜郎縣乃屬牂柯郡，則知今嘉州非夜郎故地。夜郎，蓋於今爲珍、播等州。人徒見嘉州號犍爲郡及領犍爲縣，遂以爲本夜郎國。杜佑述通典亦承誤焉。郡之東山有大石雙峙，説者以爲唐蒙開夜郎，立此石闕以表之，抑又妄矣。」

從上可見，歐陽忞在編撰輿地廣記時，並不是將歷代地理沿革史料拼湊在一起，而是經過了長時間的精心編撰，才最後寫成這樣一部重要的歷史地理學著作，從中可見歐陽忞嚴謹的治學態度和求實精神。

四

輿地廣記作爲宋代一部非官修的地理總志，雖然該書内容不及在此之前成書的太平寰宇記和之後成書的輿地紀勝那樣豐富，但專述歷代地理沿革則是其最突出的特點。雖然當時宋代疆域狹隘，不足以括輿地之全，但人們仍可通過歐陽忞簡明扼要的叙述瞭解到中國歷代地理沿革變化的概況，故後世學者公認該書爲「輿記中之佳本」。

輿地廣記以記述歷代地理沿革爲主，故其重要的史料價值自不待言。一些記載宋以前的地理沿革内容往往爲他書所無，如輿地廣記卷二二湖州安吉縣云：「梁、陳屬陳留郡。」石柱記箋釋卷二云：「按輿地廣記、輿地紀勝俱云長興、安吉二縣，梁、陳屬陳留郡，史無明文，不知何所本。」又如輿地廣記卷二一舒州桐城縣：「東漢省之。梁復置，及置樅陽郡。」輿地紀勝卷四六安慶府云：「輿地廣記云：東漢省之，梁復置。象之謹按：東漢志，晉、宋、齊志並無樅陽縣，而晉陶侃却曾領樅陽令。元和郡縣志云：梁改爲樅陽郡。」尤其是該書對宋代地理沿革方面的記載更是彌足珍貴。如輿地廣記卷八隨州隨縣云：

「其後楚滅之，以爲縣。」輿地紀勝卷八三隨州「其後楚滅之，以爲縣」下注云：「此據輿地廣記。又元和郡縣志及寰宇記則謂漢置隨縣，而晏公類要則以爲秦置隨縣。而圖經則書曰漢初立爲隨縣，於表則曰楚爲隨縣，不同。象之謹按：左傳宣公十年，楚子縣陳。宣公十二年，鄭伯曰『夷於九縣』，注謂『楚滅國，皆以爲縣』，則隨滅於楚之時爲縣矣，今諸書所載第弗考左氏注耳。」又如輿地廣記卷二二越州云：「宋兼置東揚州。」按元和郡縣圖志卷二六及太平寰宇記卷九六並云自晉至陳，又於此置東揚州，與輿地廣記不合。輿地紀勝卷一〇紹興府云：「象之謹按：晉志無東揚州，而宋志云孝建元年分揚州之會稽等五郡爲東揚州。則東揚州非置於晉也，當從宋志及輿地廣記。」太平寰宇記主要反映宋初地理沿革情況，元豐九域志反映的是北宋熙寧、元豐以前地理沿革情況，而成書於政和年間的輿地廣記則反映了宋徽宗崇寧、大觀以及政和四年以前宋代地理沿革情況，在研究宋代沿革地理方面具有重要的史料價值。

該書還記載了許多重要的山谷、河流及其源流、州縣治所的變遷等等。正如清人程晉芳所説：「書中載水利較他書頗詳，唐書地理志之後此爲第一。」如卷六沂水縣「有沂山，禹貢沂水所出」；卷八桐柏縣「禹貢桐柏山，淮水所出，縣因山爲名」。特別是該書對黄河源頭的辨析，爲歷代學者所肯定，如文獻通考卷三二二以爲：「古今言禹導河始於積石，而河源出自崑崙，其説皆荒誕。惟通典及輿地廣記所言，辨析詳明。」五禮通考卷二〇三、書經傳説彙纂卷四、水經注釋卷二亦云「其言甚正」。

該書在地名學、軍事地理學方面也具有重要的史料價值。如在地名學研究方面，該書專門述及地名的涵義或得名由來。從該書的記載來看，許多地名的得名，多源於所處環境的自然地理要素和人文地理要素，如山岳（包括山名、山形、山隘、山崗等）、水系（包括河流、湖泊、泉水等）、天文、歷史、傳説等。此外，還有許多州縣名稱與當地土特産、名勝古蹟、歷史人物及事件、姓氏、避諱、宗教信仰等有關。在軍事地理學研究方面，該書記載了許多具有重要軍事戰略地位的山川、關隘、城寨以及歷史上重大戰役發生的地點。

該書在歷史地理學方面的價值還表現在其他許多方面。如卷一對禹貢九州的闡釋，可謂是一篇精彩的禹貢注釋。作者將北宋當時州府繫於禹貢「九州」之下，叙其封界、地域範圍與地理形勢，以及在全國所處的歷史地位、經濟發展水平和風俗習慣等。尤其是記載各地民情風俗，作者精煉地概括出各地的特點。又如歐陽忞在編撰輿地廣記時，將宋代没有直接控制的州郡如燕、雲十六州獨立出來，單獨列爲「化外州」，附於各路之末，以資考證。這種編撰體例雖承襲王存等所編元豐九域志，但輿地廣記「化外州」的内容遠比九域志豐富，這爲人們研究宋代民族地區歷史地理提供了重要史料。

五

歐陽忞編輿地廣記用力甚勤，「凡自昔史官之作，與夫山經地誌，旁見雜出，莫不入於其中，庶幾可以成一家之言，備職方之考」。但該書編成後，仍不免有遺珠之憾，尤其是一些州縣失於記載。王象之在編著輿地紀勝時就已指出：「至如輿地廣記則併雲安軍、雲安縣皆不嘗載，刊落甚矣。」除雲安軍而外，還有一些州縣輿地廣記也失於記載，兹舉數例：

例一：西京河南府廢望陵縣。按照輿地廣記一書的編撰體例，廢省州縣沿革皆繫於所屬縣之下。宋初河南府原領有望陵縣，宋會要方域五之一一云「乾德元年廢隸登封縣」，元豐九域志卷一同。按例河南府登封縣下應有廢望陵縣沿革，而輿地廣記失載。

例二：河北西路通利軍。輿地廣記卷一二河北西路下無通利軍及所屬黎陽縣。按宋會要方域五之二七、五之三一、五之三四、一二之一二、宋史卷八六及九域志卷二記載，雍熙四年，以黎陽縣隸澶州。端拱元年，以黎陽縣置通利軍。天聖元年，改通利爲安利。明道二年，復爲通利。熙寧三年軍廢，黎陽縣復隸衛州。元祐元年復爲軍。政和五年八月陞爲濬州，號濬川軍節度。九月，又改爲平川軍。所領衛縣，天聖四年以衛州衛縣隸軍。熙寧三年廢爲通利軍，還隸衛州。熙寧六年廢衛縣，隸黎陽、汲二縣。元祐元年復軍，依舊來隸。宋會要方域一二之一二：「衛州黎陽縣衛鎮、汲縣新鄉鎮，並熙寧六年廢縣置。」按輿地廣記卷九滑州領縣三，而無黎陽縣；卷一一衛州領縣四，而無衛縣，可知輿地廣記失載。

例三：陝西永興軍路河中府廢河西縣。陝西永興軍路河中府原領有河西縣，按宋會要方域五之三八：「河西縣，開寶五年徙于西關城外，天禧五年徙府城内通化坊，熙寧三年廢，隸河東縣。」而輿地廣記卷一三河中府河東縣下無廢河西縣内容，可知輿地廣記失載。

例四：陝西永興軍路坊州廢昇平縣。陝西永興軍路坊州原領有昇平縣，按宋會要方域五之四一：「坊州昇平縣，熙寧元年廢爲鎮，隸宜君縣。」元豐九域志卷三坊州宜君縣下有昇平鎮。而今本輿地廣記宜君縣下無昇平鎮，可知廣記失載。

例五：陝西秦鳳路鞏州通渭縣。輿地廣記卷一六鞏州領縣三，而無通渭縣。按宋會要方域五之四三：鞏州「通渭縣，崇寧五年以寨陞爲縣」。方域一九之一九亦云：「崇寧五年九月三十日，熙河蘭湟路經略安撫使司狀：『勘會鞏州管下通渭縣元係守禦寨，欲乞將通渭縣復爲寨，依舊置寨主、(盟)〔監〕押各一員。臣相度，通渭縣委是控扼淺井、凢羅、和市、結珠、龍化、川子一帶賊馬來路，逼近西界，若改復爲寨，委得經久穩便。』從之。」可知通渭寨升縣在政和四年以前，而輿地廣記失載。

例六：淮南東路楚州漣水縣。輿地廣記卷二〇楚州下不載漣水縣和漣水軍。按宋會要方域六之一一：「〔漣〕水縣，太平興國三年自泗州隸漣水軍，〔熙寧〕五年廢軍，縣來隸。」方域六之一四亦云：「漣水軍，太平興國三年以泗州漣水縣置軍，熙寧五年廢軍，以縣隸楚州。」宋史卷八八云：「元祐二年，復爲漣水軍」，紹興五年廢爲縣。又據輿地紀勝卷三九楚州沿革引新山陽志：「建炎初漣水陞軍，割鹽城爲屬縣。」宋會要方域六之一一云楚州鹽城縣，「紹興元年撥隸漣水軍，三年還隸」。可知漣水縣在元祐二年以後嘗一度廢爲縣，建炎初，復升爲軍。紹興五年再廢爲縣，至紹興十一年以後漣水屬淮北。而今本輿地廣記既無漣水軍一節，楚州條下又無漣水縣的内容，可知輿地廣記失載。

例七：荆湖南路潭州善化縣。輿地廣記卷二六潭州領十一縣，宋史卷八八領十二縣，輿地廣記無善化縣。按宋會要方域六之二八，「善化縣，元符元年置。」宋史卷八八亦云：「元符元年，以長沙縣五鄉、湘潭縣兩鄉爲善化縣。」該縣置於哲宗元符年間，按理輿地廣記潭州下應有善化縣，而輿地廣記失載。

例八：夔州路播州。輿地廣記卷三三夔州路遵義軍條下云：「歷代地理與播州同。」而今本輿地廣記無播州内容。按輿地廣記編撰體例，該書前四卷先叙歷代疆域，提其綱要，「沿革離合，皆繫以今郡縣名」。廣記卷三叙唐十五道採訪使，其中黔中採訪使所領州郡有播州，該卷雖用唐代州郡名稱，但若與宋代州郡名稱不符或在宋已廢省者，歐陽忞皆用小字加注説明，如叙州下注「今沅州」，夷州下注「今承州」，春州下注「今廢」，勤州下注「今廢」等。而播州下没有任何説明文字。按宋會要方域七之一〇云：「大觀二年以楊文貴獻地建，宣和三年廢爲城。」其所屬播川縣、朗川縣亦大觀二年建，至宣和三年廢爲城。與播州同時建置的還有遵義軍，已見於輿地廣記中，云「皇朝大觀二年，蕃帥楊文貴獻地，東西二百二十二里，南北六百一十二里，置遵義軍」，領遵義一縣。遵義縣條下亦云：「皇朝大觀二年，兩族各獻其地，皆自以爲播州。議者以光榮爲族長，重違其意，乃以播川立州，遵義立軍焉。」宋會要方域七之一〇：「遵義軍，大觀二年以楊文貴獻地建，宣和三年廢爲寨。」而輿地廣記僅載有遵義軍及所屬遵義縣沿革，而無播州。按輿地廣記成書於政和四年以後，而播州置於大觀二年，在政和四年以前，可知輿地廣記失載。

例九：廣南西路觀州。按宋史卷九〇：宋徽宗大觀元年割融、柳、宜及平、允、從、庭、孚、觀九州爲黔南路，以融州爲帥府，宜州爲望郡。大觀三年，以黔南路併入廣南西路，以廣西黔南路爲名。大觀四年，依舊稱廣南西路，統州二十五，其中平、觀二州在所統二十五州之内。平州沿革，按宋會要方域七之二四及宋史卷九〇云：崇寧四年三月於王口砦建軍，以懷遠爲名。尋改懷遠軍爲平州，仍置倚郭懷遠縣。政和元年州縣俱廢。後權留平州。又觀州，宋會要方域五之八及宋史卷九〇云：大觀元年以南丹州爲觀州，置倚郭縣。大觀四年以南丹州還莫公晟，復於高峰砦置觀州，至紹興四年廢。除平州不知復置於何時外，觀州在政和四年以前仍未罷廢，隸廣南西路，而輿地廣記失載。

六

輿地廣記自問世後，多爲後人所引用，尤其是一些歷史地理著作引用次數較多，如輿地紀勝，明、清一統志，清修各省通志等，輿地紀勝在全闕三十一卷的情況下，引用輿地廣記就多達七百餘次。由於今所見輿地廣記並非完帙，書中闕字脱句甚至殘葉斷簡之處頗多。如卷二晉十九道下、卷一二河北西路卷首、卷三八廣南路化外州卷末皆有殘葉。有些已知殘闕部分的内容，可以通過他書引用輿地廣記加以輯補。如輿地廣記卷三八廣南路化外州末葉内容全缺，據本書卷四皇朝郡國所列州縣名可知，該卷缺林、景、山、環、籠、古等六州。黄氏認爲「此卷末一葉，宋本、舊鈔本並殘缺，周校又全缺，故無從補，即以殘本刊」。所幸原書殘闕的部分内容還保存在馬端臨文獻通考一書中，正可稍釋黄氏「無從補」足之憾。按文獻通考卷三二三云：「按演、林、景三州，秦、漢爲郡縣。漢末，没於林邑。隋復取之。唐初置此三郡，至貞元間方廢。而唐史地理志及杜氏通典俱不載，故取歐陽忞輿地廣記中所載以補之。」並全文鈔録了輿地廣記演、林、景三州的内容。今本輿地廣記演州内容不闕，與文獻通考所引内容完全相同。而林、景二州正可據文獻通考加以輯補。

此外，今本輿地廣記未注明殘闕，而他書引用有今本所無者，似疑爲輿地廣記脱佚的内容。兹舉數例：

例一：輿地廣記卷五西京河南府福昌縣條云：「唐武德二年改曰福昌，因隋宫爲名。」按續通典卷一二二云：「輿地廣記以避諱改福昌縣爲福慶。」而今本無避諱改名的記載。據本書後唐因避廟諱而改名的有博昌縣改爲博興縣、昌陽縣改爲萊陽縣、須昌縣改爲須城縣、許昌縣改爲許田縣、靈昌縣改爲靈河縣、孝昌縣改爲孝感縣、昌樂縣改爲南樂縣等可知，當爲今本輿地廣記「因隋宫爲名」之後佚文。

例二：輿地廣記卷一〇河北東路滄州南皮縣下云：「有潔河，禹貢九河之一也。」按畿輔通志卷二二二、禹貢錐指卷三、卷一三中之下、行水金鑑卷四、五禮通考卷二〇一引輿地廣記「漯河」皆作「簡漯河」。畿輔通志「按簡之與漯，本屬二河，爾雅明列爲九，漢、晉、唐、宋諸儒記載相仍。蔡傳獨宗歐陽忞之説，而合之爲一，未免穿鑿。」可知今本「漯河」前當脱一「簡」字。

例三：輿地廣記卷一〇河北東路德州條云：「唐爲德州，天寶元年曰平原郡。」按續通典卷一二三：「天福五年，移就長河縣爲理所。按此據輿地廣記。」而今本無此句，當爲「曰平原郡」之後佚文。

例四：輿地廣記卷一三陝西永興軍路河中府永樂縣條云：「禹貢雷首山在北，山南曰首陽，伯夷、叔齊隱居其下。」按詩地理考卷二云雷首山，「輿地廣記在永樂縣北三十里。」今本無「三十里」字，按「禹貢雷首山在北，山南曰首陽」文意似不通，恐原文爲「禹貢雷首山，在縣北三十里，山南曰首陽」。

例五：輿地廣記卷一四陝西永興軍路銀州儒林縣云：「東北有無定河，即圁水也。圁與銀音同，而漢志作圜陰。」按陝西通志卷一三引輿地廣記云：「無定河，在清澗縣東北，自故銀州撫寧縣流入，南注黄河，一名奢延水，一名銀水。」關中勝蹟圖志卷二四亦云：「其以奢延水爲圁水，誤自歐陽忞輿地廣記始，前明人地志往往承之。」明一統志卷三六、水經注集釋訂訛卷三引輿地廣記：「後人因潰沙急流，深淺不定，故更今名。」大清一統志卷一八七亦引輿地廣記有「土俗以河流不定，故以無定爲名。」按今本輿地廣記只有儒林縣下提到無定河、圁水，全書無一字記載旮延水。清澗縣，宋時爲寨，屬綏德軍，到元朝才升爲縣。輿地廣記綏德軍下無此記載，銀州撫寧縣下亦無相關内容，不知他書引自何縣，附此俟考。

例六：輿地廣記卷二一淮南西路廬州舒城縣條云：「唐開元二十三年，析合肥、廬江置舒城縣，屬廬州。」按輿地紀勝卷四五廬州引「輿地廣記云：五代不改。皇朝因之。」而今本無。

例七：輿地廣記卷二五江南西路筠州大冶縣條有「磁湖」。按輿地紀勝卷三三興國軍有磁湖，在大冶縣，「東坡謂其湖邊之石皆類磁石而多産菖蒲，故後人名曰磁湖。輿地廣記之説亦同」。而今本輿地廣記磁湖條下没有此類解釋文字。

例八：輿地廣記卷三二利州路巴州化城縣條下有「巴江」。按輿地紀勝卷一八七巴州、方輿勝覽卷六八巴州引輿地廣記有「巴峽水屈曲成『巴』字」。蜀中廣記卷二五亦云「輿地廣記云：巴江，源出大巴山，至當州東南分爲三流，而中央横貫，勢若『巴』字。」而今本無。

輿地廣記成書後，其始刻時間似在北宋末、南宋初。成書於紹興年間的尤袤遂初堂書目以及成書於紹興至淳熙年間的晁公武郡齋讀書志皆著録有此書，此時距廣記成書不過五十年左右。這部書在宋代嘗經刊刻和傳鈔，但到元代已罕見著録，正如朱彝尊所説：「至於元始修大一統志，而其書罕傳。」不過明代目録書仍有載録，明一統志多引用輿地廣記的内容，一些方志、雜記、雜考、類書等，如曹學佺蜀中廣記、方以智通雅、顧起之説略、楊慎升庵集等，也都引用到輿地廣記。到了清代，宋刻初本輿地廣記被發現，這部書才引起人們高度重視，並加以校勘整理，其中尤以朱彝尊、黄丕烈、顧廣圻的貢獻最大。自兹以後，各種影宋刻本、鈔本流傳於世。

宋刻本輿地廣記，半葉十三行，行二十四字，白口，雙魚尾，左右雙邊。各藏書家所見有三種，皆非完帙。最完整的是朱彝尊舊藏所謂「宋刻初本」，該本闕首二卷，朱彝尊據文淵閣本補寫。前有顧廣圻手書一跋，書中有黄丕烈手書夾籤，鈐有「竹垞真賞」「黄丕烈印」「蕘圃」「汪士鐘印」「閬源真賞」「彦和珍玩」「東萊劉占洪字少山藏書之印」等印。楊紹和楹書隅録著録。今藏中國國家圖書館，北京圖書館古籍善本書目和中國古籍善本書目均著録爲「宋刻遞修本」，中華再造善本叢書影印此本出版。

另有兩種殘宋本，當爲宋江州刻重修本，有嘉泰四年（一二〇四）、嘉定十三年（一二二〇）、淳祐十年（一二五〇）三次重修記録，行款與前者相同：一爲季振宜（滄葦）舊藏，後歸顧之逵（抱沖），起第十八卷四葉，盡第三十八卷五葉，存二十一卷，黄丕烈蕘圃藏書題識卷三著録；一爲近人方爾謙（地山）舊藏，存卷七至十一、二十五至三十一，凡十二卷，傅增湘藏園群書題記卷四著録。二者亦均現藏中國國家圖書館。

此外清代還有若干種影宋鈔本流傳。浙江採集遺書總録著録「知不足齋寫本」，應即四庫全書總目提要所言「浙江鮑士恭家藏本」，四庫全書所收輿地廣記當據此本，武英殿聚珍本刻書也當是據此。另有周錫瓚家藏校影宋鈔本，周氏以季振宜舊藏二十一卷殘本校過，又倩鈔手别寫清本交給黄丕烈，即黄氏校勘輿地廣記札序中所稱「周臨重修本」。臺灣「中央」圖書館善本序跋録著録清嘉慶間王士和手鈔本四册，清周錫瓚、黄丕烈校并跋兼過録，黄丕烈題識，不知是否此本。又清商丘宋氏從朱彝尊潛采堂本移寫景宋精寫本，傅增湘藏園群書經眼録卷五著録。

清人據宋刻本和影宋鈔本重新校勘整理，主要有兩種翻刻本。一是嘉慶十七年黄丕烈刻士禮居叢書本，封面題「曝書亭藏宋刻初本吴門士禮居重雕」。此據朱彝尊舊藏宋本翻刻，宋本缺卷缺葉及模糊不可辨者，則據重修本補之，末附校勘札記二卷。前有嘉慶壬申黄丕烈重刻序，後有嘉慶壬申黄氏跋。黄氏士禮居叢書本保留宋刻初本原貌，因此頗爲後人所重，並據以影刻，如蜚英館景黄氏本、石竹山房景黄氏本、博古齋景黄氏本等。叢書集成初編據士禮居叢書本排印。今有臺灣文海出版社據士禮居叢書本影印。二是清光緒六年金陵書局刻本，此本據黄氏士禮居刻本翻雕，字體爲金陵局刻通行樣式。黄本誤字，局本多已改正。

另外，清代還有四庫全書本、武英殿聚珍本。福建和廣雅書局都曾翻刻過聚珍本。聚珍本黄丕烈嘗校過，耿文光萬卷精華樓、沈德壽抱經樓、莫友芝影山草堂皆藏有此本。

八

本書的點校整理，以文海出版社影印的士禮居叢書本爲底本，參校四庫全書本、武英殿聚珍本等版本，並廣泛參考歷代正史地理志、歷代地理總志、政書，和其他典籍所引輿地廣記的内容。除了對文字進行校勘、訂誤外，鑒於原書叙述宋代沿革内容過於簡略，爲方便讀者，我們將太平寰宇記、元豐九域志、宋會要輯稿、輿地紀勝、方輿勝覽、宋史等書中的相關内容以注文的形式加以補充説明。對於原書中明確標明殘闕的内容，儘可能予以輯補。

二〇〇三年，輿地廣記的校點本首次出版，至今已近二十年。在這期間，學術界對輿地廣記作者、成書時間、歷代著録與版本流傳、地名學價值等方面進行了較深入研究，相關文獻整理和研究成果也不斷湧現。尤其是中華再造善本叢書影印宋刻遞修本輿地廣記，使我們能得見宋刻原貌。

本次修訂再版時，我們儘量吸收最新文獻整理與研究成果，重新梳理版本流傳，參考宋本，對原來參引相關文獻重新加以校覈，改正了不少原來校點整理中的錯誤。由於整理校點者水平有限，書中錯誤和不當之處仍然存在，敬祈各位專家、學者不吝指正。

四川大學　李勇先

二〇二二年七月

凡例

一、本次整理以臺灣文海出版社影印曝書亭藏宋刻初本吴門士禮居重雕本爲底本，參校中國國家圖書館藏宋刻遞修本（簡稱「宋本」）、清文淵閣四庫全書本（簡稱「四庫本」）、清武英殿聚珍本（簡稱「聚珍本」）、叢書集成初編本（簡稱「叢書集成本」）。

二、他校書目主要包括歷代正史地理志、歷代地理總志、政書等文獻。主要文獻有：通典、元和郡縣圖志（簡稱「元和志」）、舊唐書、新唐書、資治通鑑（簡稱「通鑑」）、太平寰宇記（簡稱「寰宇記」）、元豐九域志（簡稱「九域志」）、宋會要輯稿（簡稱「宋會要」）、文獻通考、輿地紀勝（簡稱「紀勝」）、方輿勝覽（簡稱「勝覽」）、續資治通鑑長編（簡稱「長編」）、宋史等。

三、正文凡底本文字有明顯訛脱者，直接加以改正添補，在校記中加以説明，其他校勘、考辨之類的文字也放在校記之中。鑒於原書叙述宋代沿革内容過於簡略，爲方便讀者，我們將太平寰宇記、元豐九域志、宋會要輯稿、輿地紀勝、方輿勝覽、宋史等書中相關内容以注文形式加以補充説明。

四、對於原書中明確標明殘闕而已從他書輯佚的内容，即補入正文之中，並出校説明。對於原本未標明已佚、而他書引用輿地廣記有不見於今本者，則不補入正文，只在校注中加以説明。對於原書殘闕州、縣名稱，已據他本或他書加以補足，並在注文中加以説明。

五、凡底本不誤、他本或他書誤，一般不出校記。本書底本原附黄丕烈校勘輿地廣記札記兩卷，我們將黄氏校記（簡稱「札記」）可資參考者分别附入相應的校勘記中。校記中所引原注及他書文字有訛脱者，誤字用（　）號標出，正字用〔　〕號標出。間亦直接改正，在括弧中加以説明。

六、書中異體字、俗體字，一般改爲規範繁體字，不出校。凡底本缺筆避諱字，一律徑改作正字，但「正觀」「正元」等，爲宋人避宋諱改字，予以保留不回改。常見版刻誤字如己已巳、楊揚等在正文中直接釐定徑改，不再出校。四庫本、聚珍本、叢書集成本誤、脱、缺字若與札記相對應者，則予以保留。原本如閭盧与閭閻、交趾與交阯等多混用，保留不改，不出校記。

七、底本無目録，我們據正文内容編製了目録。

八、本書輯録了歷代序跋和歷代叙録兩類資料作爲附録，並編製了主要參考文獻、地名索引和人名索引，爲讀者提供方便。

目録

卷第十……………………一八一

卷第十三……二五九

卷第十四

卷第十六……………………三一九

卷第十七

卷第二十 …… 四〇一

卷第二十二……四四一

卷第二十五……………………四九七

卷第二十六　……………………………　五一七

卷第二十七……五三七

卷第二十八……五五七

卷第三十二

卷第三十六……七八一

輿地廣記序

古者風俗醇厚，士大夫安於所習，而無外慕不足之心，故其藝必專，兑之戈，和之弓，僚之於圓，秋之於奕，皆以此終其身而名後世，而人亦未有能加之者。及至後世，日益奢靡，未始不欲以其一身擅天下之能事，而終無所至。嗚呼，此後之君子所以有媿於古歟！地理之書，雖非有深遠難見之事，然自歷世以來，更張改作，先王之制，無一在者，自非專門名家而從事於此者，其孰能知之？予不佞，自少讀書，私嘗留意於此，嘗自堯、舜以來至于今，爲書凡三十八篇，命之曰輿地廣記。凡自昔史官之作，與夫山經地誌，旁見雜出，莫不入於其中，庶幾可以成一家之言，備職方之考，而非口傳耳受嘗試之説者也。傳曰：執璿璣以觀大運，則天地之動未足怪也；據會要以觀方來，則六合輻湊未足多也。統之有宗，會之有源，則繁而不能亂，衆而不能惑矣。地理之書，紛雜殽亂，卒然視之，漫不可省，雖深識博聞之君子，亦且以爲病，而又安知是非之所在？其所以處之，將必有道矣。夫以今之州縣而求於漢則爲郡，以漢之郡縣而求於三代則爲州。三代之九州，散而爲漢之六十餘郡；漢之六十餘郡，分而爲今之三百餘州。雖其間或離或合，不可討究，而吾胸中蓋已了然矣。譬如三十輻之車，制之以轂；二篇之策，統之以乾坤，豈不約而易操乎！是以願廣其書于世，必有能辨之者。世之君子，其試以是觀之。政和□□年三月日，廬陵歐陽忞序。

輿地廣記卷第一

禹貢九州

晉、絳、慈、隰、河中、解、太原、遼、威勝、平定、汾、忻、代、嵐、石、憲、澤、潞、岢嵐、寧化、火山、保德、真定、中山、趙、深、冀、河間、祁、保、莫、雄、霸、信安、永寧、順安、保定、安肅、廣信、相、磁、邢、洺、懷、衛、晉寧、雲、應、新、寰、儒、毅、蔚、朔、幽、涿、易、檀、薊、嬀、平、營、安北都護、鎮北都護、單于都護。

右古冀州地。按冀州，禹貢不言封界，蓋堯都所在。以餘州見之，疆域尤廣。梁州境宇雖遐遠，而雜以夷獠。中夏惟冀州最大。山東之人性緩尚儒，仗氣任俠。太行、恒山之東。而鄴郡高齊國都，浮巧成俗。自北齊之滅，衣冠士人多遷關內，惟伎巧商販及樂户實移郡郭〔一〕，由是人情險詖，至今好訐訟。山西土瘠，其人勤儉。而河東魏、晉以降，文學盛興，魏杜君畿爲河東守〔二〕，開置學宫〔三〕，親執經教授，郡中化之，自後河東特多儒者〔四〕。閭井之間，習於成法。并州近狄，俗尚武藝。左右山河，古稱重鎮，韓信謂陳豨曰〔五〕：「代，天下精兵處也。」後漢末，天下擾亂，高幹爲并州刺史。牽招説幹曰〔六〕：「并州左有恒山之險，右有大河之固，北有强胡，可以恃也。」寄任之者，必文武兼資焉。

大名、恩、開德、鄆、濟、滑、濮、博、德、濱、棣、滄、清、永静。

右古兖州地。案禹貢「濟、河惟兖州」，東南據濟，西北距河。地非險固，風雜數國。衛、魏、宋、齊、趙〔七〕。秦、漢以降，政理混同，人情朴厚，俗有儒學。及晉之末，爲戰争之地。三百年間，傷夷偏甚。唐興，復如近古之風。

青、齊、濰、登、萊、密、安東。

右古青州地。按禹貢「海、岱惟青州」，東北據海，西南距岱。古齊號稱强國，憑負山海，擅利鹽鐵，管仲謂楚師曰：「我齊東至于海，西至於河，南至於穆陵，北至於無棣。」穆陵山，今琅邪郡沂水縣界。無棣，今景城郡縣。又燕王謂蘇秦曰：「吾聞齊地清濟、濁河可以爲固，長城、巨防可以爲塞。」今濟陽郡盧縣界有防門山，又有長城〔八〕，東至海。太公用之而富人，管仲資之而興霸。人情變詐，好行機術，豈因輕重而爲弊乎？固知導人之方，先務推以誠言。漢高帝罵婁敬曰：「齊虜以舌得宜〔九〕。」又汲黯謂公孫宏「齊人多詐」〔一〇〕。逮于漢氏，封立近戚。漢初，田肯説高帝曰：「齊東有琅邪、即墨之饒，南有太山之固，西有濁河之險，北有渤海之利，隔懸千里，齊得十二焉，故號東西秦，非親子弟勿王。」武王臨極，儒雅盛興。晉惠之後，淪没僭僞。慕容建國，二代而亡。今古風頗革，亦有文學〔一一〕。唐初，立都督府，命親王鎮之。漢氏之制，信可取也。

徐、宿、兖、海、沂、泗、淮陽。

右古徐州地〔一二〕。按禹貢「海、岱及淮惟徐州」，東至海，北至岱，南及淮。蓋鄒魯舊國。漢興，猶有儒風。自五胡亂華，天下分裂，二境尤被傷殘。彭城要害，藩捍南國。必爭之地，常置重兵。數百年中，無復講誦。況去聖人久遠，人情遷蕩。大抵徐、兖，其俗略同。

揚、高郵、楚、通、泰、滁、和、真、壽、廬、蘄、舒、濠、光、平江、宣、太平、池、廣德、潤、常、湖、杭、睦、越、歙、明、台、處、温、婺、衢、饒、信、江、洪、撫、吉、筠、袁、虔、南康、南安、臨江、建昌、福、建、南劍、泉、漳、汀、邵武、興化、無爲、秀、江寧、潮。

右古揚州地。按禹貢「淮、海惟揚州」。北據淮，東南距海。人性輕揚，而尚鬼好祀〔一三〕。每王綱解紐，宇内分崩，江淮濱海，地非形勢，得之與失，未必輕重，故不暇先爭。然長淮、大江，皆可拒守。吴、晉、宋、齊、梁、陳皆以江淮要害之地置兵。閩越遐阻〔一四〕，僻在一隅。憑山負海，難以德撫。漢武帝時，朱買臣上言曰東越數反。故東越王居泉山，一人守險，千人不得上。永嘉之後，帝室東遷。衣冠違難，多所萃止。藝文儒術，斯之爲盛。今雖閭閻賤品處力役之際，吟詠不輟，蓋因顔、謝、徐、庾之風扇焉。

江陵、荆門、峽、歸、復、郢、安、岳、漢陽、鼎、澧、辰、沅、靖、施、黔、信陽、珍、溱、鄂、興國、潭、衡、永、道、郴、桂陽、全、邵、黄、遵義、武岡、錦、溪、獎、費、西高〔一五〕。

右古荆州。按禹貢「荆及衡陽惟荆州」。北據荆山及衡山之陽。其風俗略同揚州，雜以蠻，率多勁悍。南朝鼎立，皆爲重鎮。然兵强財富，地逼勢危，稱兵跋扈，無代不有。晉王敦、陶侃、桓玄、桓温，宋謝晦、南郡王義宣、袁顗、沈攸之、桂陽王休範，齊陳顯達〔一六〕，梁武帝，陳王琳、華皎，皆自上流擁兵東下。是以上游之寄，必精擇其人焉。

蔡、潁、潁昌、應天、亳、陳、開封、興仁、廣濟〔一七〕、單、河南、孟、陝、虢、汝、鄭、唐、鄧、隨、襄、光化、均、拱。

右古豫州地。按禹貢「荆、河惟豫州」。西南至荆山，今襄陽郡南漳縣界；北距河。大抵荆、河之間，四方輻輳。故周人善賈，趨利而纖嗇。韓國分野，亦有險阻。蘇秦謂韓宣王曰：「韓北有鞏、成皋之固〔一八〕，西有宜陽、商阪之塞〔一九〕，東有宛、穰、洧水〔二〇〕，南有陘山也。」鞏、成皋，則今鞏縣汜水也〔二一〕；宜陽、商阪，即今福昌山及商山也；宛、穰、洧水，今南陽界；陘山，今密縣山。自東漢、魏、晉宅於洛陽，永嘉以後，戰争不息。元魏徙居，纔過三紀。自西晉永嘉五年劉曜陷洛陽，執懷帝，至後魏太和十九年，經百八十七年，遷都。至永熙三年，又經三十九年，分爲東、西魏矣。逮乎二魏，爰及齊、周，河、洛、汝、潁，迭爲攻守。夫土中，風雨所交，宜乎建都立社，均天下之漕運，便萬國之享獻，不恃隘害，務修德刑，則卜代之期可延久也。

興元、洋、金、房、達、開、渠、廣安、梁、閬、巴、蓬、昌、普、恭、南平、涪、合、忠、梁山、萬、夔、大寧、利、三泉、劍、綿、梓、遂、漢、成都、彭、蜀、邛、雅、黎、嘉、簡、懷安、眉、仙井、榮、資、瀘、叙、富順、永康、祺、亨、威、茂、長寧、商、鳳、階、成、興、文、龍、嶲、松〔二二〕、扶、翼、真、當、悉、恭、柘、静、姚、叠、宕、乾。

右古梁州地。按禹貢「華陽、黑水惟梁州」。東據華山之南，西距黑水。巴蜀之人少愁苦，而輕易淫佚。周初，從武王勝殷。庸、蜀、羌、髳、微、盧、彭、濮人是也。東遷之後，楚子强大，而役屬之。暨于戰國，又爲秦有。資其財力，國以豐贍。漢景帝時，文翁爲蜀郡守，建立學校，自是蜀土學者比齊魯焉。土肥沃，無凶歲。山重複，四塞險固。王政微缺，跋扈先起，公孫述、劉備、李雄、譙縱迭據之〔二三〕。皆因中原多事。故一方之寄，非親賢勿居。

京兆、鳳翔、隴、邠、耀、同、華、坊、延安、保安、鄜、丹、環、豐、麟、府、綏德、銀、涇、慶、渭、鎮戎、原、德順、懷德、寧、秦、鞏、熙、積石、河、西安、西寧、蘭、湟、會、洮、岷、廓、夏、宥、靈、鹽〔二四〕、豐、勝、甘、涼、瓜、肅、沙、西、伊、安西、北庭。

右古雍州地。按禹貢「黑水、西河惟雍州」。西據黑水，東距西河。西河，龍門河也，在冀州西。黑水出張掖郡雞山，南流至燉煌郡，經三危山，遇南溪郡，入南海。「厥田上上」。鄠、杜之間，號稱陸海。四塞爲固，被山帶河。秦氏資之，遂平海内。漢初，高帝納婁敬説而都焉。又徙齊諸田〔二五〕，楚昭、屈、景，燕、趙、韓、魏之後及豪族者家於關中，强本弱末，以制天下。自是每因諸帝山陵〔二六〕，則遷户立縣，率以爲常。故五方錯雜，風俗不一。漢朝京輔，號爲難理。其安定、彭原之北，汧陽、天水之西，接近胡戎，多尚武節。自東漢、魏、晉，羌氐屢擾〔二七〕。旋則苻、姚迭據，五梁更亂，三百餘祀，戰争方息。帝都所在，是曰浩穰。其餘郡縣，習俗如舊。

舜十二州

晉、絳、慈、隰、河、解、太原、遼、威勝〔二八〕、平、定、汾、忻、代、嵐、石、憲、澤、潞、岢嵐、寧化、火山、保德、雲、應、新、寰、儒、毅、蔚、朔、府、安北、鎮北、單于。

右并州。

幽、涿、易、檀〔二九〕、薊、嬀、平、營。

右幽州。

安東上都護府。

右營州。按書「舜肇十有二州」。孔安國云：「禹治水之後，舜分冀州爲幽州、并州，分青州爲營州，始置十二州。」餘九州依上。

七國

京兆、商、華、同、耀、邠、鳳翔、麟、延安、丹、坊、鄜〔三〇〕、銀、夏、寧、慶、環、原、涇、渭、宥、靈、鹽、鳳、秦、岷、會、鞏、蘭、河、熙、虢、隴、綏德、保安、西安、鎮戎、德順。

右秦地。

開封、大名、河中、興仁、晉、絳、慈、隰、解、衛、深、祁。

右魏地。秦始皇二十二年，王賁伐魏，引河溝灌大梁，遂滅魏。

鄭、潁昌、唐、鄧、均、汝、陝。

右韓地。秦始皇十七年，内史勝滅韓，以其地置潁川郡。

澤、潞、遼、代、沂、憲、汾、嵐、石、勝、府、豐、太原、洛、相、邢、磁、滄、清、冀、恩、真定、中山、莫、河間、趙、豐、平定、威勝、寧化、岢嵐、火山、保德、晉寧、永静、順安、永寧、雲、蔚、朔、勝、單于大都護。

右趙地。秦始皇十九年，王翦破趙，克邯鄲，虜趙王遷。

幽、涿、霸、雄、嫣、易、檀、薊、平、營、保順、信安、保定、安肅、廣信、安東。

右燕地。秦始皇二十五年，王賁攻遼東，虜燕王喜。

登、萊、沂、密、濰、青、淄、濱、滄、棣、齊〔三一〕、德、博。

右齊地。秦始皇二十六年，王賁攻齊，齊降。

房、金、洋〔三二〕、興元、雲、夔、鼎、澧、辰、黔、安、岳、黄、鄂、復、郢、襄、峽、歸、施、江陵、沅、楚、通、泰、揚、真〔三三〕、滁、濠、和、壽、廬、舒、光、蘄、江、筠、吉、潤、湖、江寧、秀、池、歙、宣、睦、常〔三四〕、平江、杭、越、明、台、婺、温、處、衢、隨〔三五〕、潁、海、黄、饒、信、洪、虔、袁〔三六〕、撫、潭〔三七〕、衡、道、永、邵、全、郴、漣、陳、漢陽、無爲、南康、興國、臨江、南安、太平、廣德、光化、信陽、建昌、桂陽、武岡、荆門、溪、錦。

右楚地。秦始皇二十四年，王翦破楚，虜楚王負芻。二十五年，悉定荆江南地，降百越之君，置會稽郡。

西京、孟。

右周地。赧王五十九年，九鼎入秦，周遂亡，實秦昭襄王五十一年。

按漢志：秦地於天官東井、輿鬼之分野也。其界自弘農故關以西京兆、扶風、馮翊、北地、上郡、西河、安定、天水、隴西，南有巴、蜀、廣漢、犍爲、武都，西有金城、武威、張掖、酒泉、敦煌〔三八〕，又西南有牂牁〔三九〕、越巂、益州，皆宜屬焉。魏地，觜、觿、參之分野也。其界自高陵、江東，盡河東、河內，南有陳留及汝南之召陵、濦彊、新汲、西華、長平，潁川之武陽、郾〔四〇〕、許、傿陵，河南之開封、中牟、陽武、酸棗、卷，皆魏分也。韓地，角、亢、氐之分野也。韓分晉得南陽郡及潁川之父城、定陵、襄城、潁陽、潁陰、長社、陽翟、郟，東接汝南，西接弘農，得新安、宜陽，皆韓分也。趙地，昴、畢之分野也。趙分晉得趙國，北有信都、真定、常山、中山，又得涿郡之高陽邸州鄉，東有廣平、鉅鹿、清河、河間，又得渤海郡之東平野、中邑、文安、東州、成平、章武，河以北也，南至浮水、繁陽、內黄、斥丘，西有太原、定襄、雲中、五原、上黨。上黨，本韓之别都，遠韓近趙，後卒降趙，皆趙分也。燕地，尾、箕分野也。燕東有漁陽、右北平、遼西、遼東，西有上谷、代郡、雁門，南得涿郡之易、容城、范陽、北新城、故安〔四一〕、涿縣、良鄉、新昌及勃海之安次〔四二〕，皆燕分也，樂浪、玄菟亦宜屬焉。齊地，虚、危之分野也。東有淄川、東萊、瑯邪、高密、膠東，南有泰山、城陽，北有千乘、清河以南、勃海之高樂、高城、重合〔四三〕、陽信〔四四〕，西有濟南、平原，皆齊分也。楚，翼、軫之分野也。今之南郡、江夏、零陵、桂陽、武陵、長沙及漢中、汝南郡，盡楚分也。周地，柳、七星、張之分野也。今之河南雒陽、穀成、平陰、偃師、鞏、緱氏〔四五〕，是其分也。初〔四六〕，雒邑與宗周通封圻〔四七〕，東西長而南北短，長短相覆爲千里。至襄王，以河南賜晉文公，又爲諸侯所侵，故其分地小。

秦四十郡

衛、懷、孟、開封、鄭、河南、汝、陜、虢、拱。

右三川郡。有河、洛、伊，故曰三川。

晉、絳、慈、隰、解、河中。

右河東郡。

洛、相、邢、磁、趙。

右邯鄲郡。

安、黄、鄂、復、郢、襄、峽、歸、施、江陵、漢陽、興國、荆門。

右南郡。

楚、通、泰、揚、真、滁、濠、和、壽、廬、舒、光、蘄、筠、吉、饒、信、洪、虔、袁、撫、無爲、南康、臨江、南安、高郵、建昌。

右九江郡。

江寧、池、歙、宣、太平、廣德。

右鄣郡。
常、平江、秀、杭、越、明、台、婺、温、處、衢、潤、湖、睦。
右會稽郡。
潁昌、陳、蔡。
右潁川郡。
應天、興仁、鄆、濟、單、亳、廣濟。
右碭郡。
徐、宿、泗。
右泗水郡。
兖、海、淮陽。
右薛郡。
博、濮、大名、滑、開德。
右東郡。
沂、密。
右琅邪郡。

濰、登、萊、青、淄、棣、德、齊、濱。
右齊郡。
幽、涿、信安、霸、保定、雄、莫、河間、順安、保、永寧、嬀、安肅、祁、廣信、易、中山。
右上谷郡。
檀、薊。
右漁陽郡。
平。
右右北平郡。
營。
右遼西郡。
安東上都護。
右遼東郡。
蔚。
右代郡。
滄、清、冀、恩、深、真定、永静。

右鉅鹿郡。
唐、隨〔四八〕、鄧、均、信陽、光化。
右南陽郡。
澤、潞、遼、平定、威勝。
右上黨郡。
代、忻、憲、汾、嵐、石、府、太原、寧化、岢嵐、火山、保德、晉寧。
右太原郡。
勝、單于大都護。
右雲中郡。
豐、安北。
右九原郡。
雲、應、朔。
右雁門郡。
麟、延安、丹、坊〔四九〕、鄜、銀、夏、綏德、保安。
右上郡。

鳳、秦、岷、會、鞏、蘭、河、熙。

右隴西郡。

寧、慶、環、原、涇、渭、宥、靈、西安、鎮戎、德順、鹽。

右北地郡。

房、金、洋、興元。

右漢中郡。

巴、蓬、閬、果、普、昌、瀘、恭、合、忠、萬、廣安、夔、大寧、開、達、渠、涪、梁山。

右巴郡。

利、三泉、劍、綿、遂、梓、漢、彭、成都、眉、蜀、邛、雅、嘉、簡、永康、仙井、資、叙、榮〔五〇〕、懷安。

右蜀郡。

鼎、澧、溪、辰、錦、黔、沅、獎、思。

右黔中郡。

岳、潭、衡、邵、永、道、郴、連〔五一〕、全、桂陽。

右長沙郡。

商、華、京兆、同、耀、邠、鳳翔、隴。

右内史郡。

福、建、泉、南劍、邵武、汀、漳、興化。

右閩中郡。

潮、梅、循、惠、南雄、廣、韶、英、端、康、新、南恩〔五二〕、賀、封、高、竇、藤。

右南海郡。

桂、昭、梧、龔、潯、鬱林、融、象、貴、柳、賓、横、邕。

右桂林郡。

容、化、雷、廉、欽、陸、愛、演、驩、宜、峰、福禄、安南大都護。

右象郡。

按秦始皇十七年滅韓，十九年滅趙，二十二年滅魏，二十四年滅楚，二十五滅燕，二十六年滅齊，遂并天下，分爲三十六郡。郡置守、尉、監。漢書百官表曰：秦郡守掌治其郡。有丞尉掌佐守，典武職甲卒〔五三〕，監御史掌監郡。於是興師踰江，平取百越。又置閩中、南海、桂林、象郡，凡四十郡。其地西臨洮，北沙漠〔五四〕，東縈南帶〔五五〕，皆臨大海焉。

校注

〔一〕伎：札記卷上：「舊誤『妓』，此用通典文，今據彼訂。朱校作『技』，亦誤。」按寰宇記卷五五作「伎」。

〔二〕杜君畿：原作「朴君畿」，據三國志魏志卷一六杜畿傳、通典卷一七九改。四庫本作「杜畿」，無「君」字。

〔三〕學宫：原作「學官」，據聚珍本及三國志魏志卷一六杜畿傳改。

〔四〕特：四庫本、聚珍本作「時」。

〔五〕豨：原作「稀」，據聚珍本改。按史記卷九二、漢書卷三四、通典卷一五二、一七九、寰宇記卷四〇皆作「豨」。札記卷上：「舊作『稀』，是也，此亦通典文。朱校作『豨』，轉失歐舊。」

〔六〕牽招：原作「韋招」，據三國志魏志卷二六牽招傳、元和志卷一五改。聚珍本作「韋昭」，寰宇記卷四〇作「沮授」。

〔七〕聚珍本「宋」在「趙」字後。

〔八〕長城：原作「長地」，據聚珍本改。按史記集解卷四〇、卷六九、水經注卷三、通典卷一八〇、鮑氏戰國策注卷八、戰國策校注卷三、文獻通考卷三一七、水經注釋卷八、行水金鑑卷八二、五禮通考卷二〇一、惠氏春秋左傳補注卷三、古經解鈎沉卷一九、禹貢錐指卷四皆作「長城」。

〔九〕虜：原作「魯」。據聚珍本改。按漢書卷四三、通志卷九六、齊乘卷六、海録碎事卷九上皆作「虜」。

〔一〇〕宏：札記卷上：「舊誤『必』。」

〔一一〕亦：札記卷上：「舊作『文』，蓋宋刻損壞，而鈔誤下二筆。朱校作『又』，失之遠矣。今訂正，此通典文。」

〔一二〕徐：四庫本作「齊」。札記卷上：「舊誤『齊』。」

〔一三〕祀：通典卷一八二、寶慶四明志卷一、海鹽澉水志卷一、文獻通考卷三一八引輿地廣記皆作「祀」，聚珍本作「祠」。

〔一四〕阻：四庫本、聚珍本作「陬」。

〔一五〕漿：四庫本作「漿」。札記卷上：「舊誤『漿』。」

〔一六〕陳顯達：札記卷上：「『陳』下舊空一字，今訂補，亦通典文。」

〔一七〕濟：四庫本、聚珍本作「隮」。

〔一八〕鞏：札記卷上：「『鞏成皋之固』，舊鈔是也，此通典文。校『鞏』下有『洛』字，蓋據國策增，然非歐舊。」按戰國策卷二六、史記卷六九「鞏」字後有「洛」字。

〔一九〕商：札記卷上：「舊鈔是也，通典可證。朱校『商』作『常』……蓋據國策改，然非歐舊。」按戰國策卷二六作「常」，史記集解卷六九注：「徐廣曰：商，一作常。」鮑氏戰國策注卷八：「常，史作商。殷紀注：商，今上洛是也。」

〔二〇〕苑穰洧水：「苑穰」，四庫本同，聚珍本作「宛穰」。按史記卷六九、卷九五、漢書卷四一、史記集解卷六九、卷九五、史記索隱卷一八、史記正義卷六九、文獻通考卷三二〇並作「宛穰」。札記卷上：「『苑』，舊鈔是也，通典可證。……朱校『苑』作『宛』，蓋據國策改，然非歐舊。」又「洧水」，札記卷上：「『洧』，舊作『消』，誤。」

〔二一〕鞏縣：四庫本作「密縣」。

〔二二〕松：四庫本作「叙」。

〔二三〕譙縱：原作「義縱」，據晉書卷九九譙縱傳改。

〔二四〕鹽：原作「監」，據下文改。

〔二五〕徙：札記卷上：「舊誤『徒』。」按通典卷一七四、寰宇記卷二五皆作「徙」。

〔二六〕陵：札記卷上：「舊作『村』，蓋誤『林』而壞也，今訂正，此通典文。」按通典卷一七四、寰宇記卷二五皆作「陵」。

〔二七〕氏：聚珍本作「氐」。

〔二八〕威勝：原本「威勝」分爲二州，據上文改。

〔二九〕檀：四庫本作「擅」。札記卷上：「舊誤『擅』。」

〔三〇〕鄘：札記卷上：「舊誤『鄘』。」

〔三一〕齊：聚珍本作「濟」。

〔三二〕洋：札記卷上：「舊誤『滭』。」

〔三三〕真：四庫本作「奚」。札記卷上：「舊誤『奚』。」

〔三四〕常：四庫本作「棠」。札記卷上：「舊誤『棠』。」

〔三五〕隨：原作「隋」，據下文改。下同。

〔三六〕袁：原作「支」，據下文改。

〔三七〕潭：四庫本作「潬」。札記卷上：「舊誤『潬』。」

〔三八〕敦煌：四庫本作「燉煌」。

〔三九〕牂牁：原作「牂柯」，逕改。四庫本、叢書集成本作「牂牱」。下同。

〔四〇〕郾：四庫本作「匽」。

〔四一〕故：四庫本作「固」。

〔四二〕安次：四庫本作「燕次」。

〔四三〕重合：原作「重今」，據四庫本及漢書卷二八下改。

〔四四〕陽信：四庫本作「信陽」。

〔四五〕緱氏：原作「維氏」，據漢書卷二八下、詩地理考卷三、禹貢長箋卷七改。四庫本「緱」作「尉」，聚珍本「氏」作「氐」。

〔四六〕初：四庫本、聚珍本作「宗」。

〔四七〕圻：四庫本作「析」，札記卷上：「舊誤『折』，漢志作『畿』，顔注引詩『邦畿千里』。」按漢書卷二八下、尚書日記卷一五、禹貢説斷卷四皆作「畿」。

〔四八〕隨：叢書集成本作「隋」。

〔四九〕坊：原作「防」，據聚珍本及大事記解題卷三、續古今考卷一二引輿地廣記改。

〔五〇〕滎：原作「縈」，據上下文改。

〔五一〕連：原作「逵」，據上下文改。

〔五二〕南恩：前原衍「恩」字，删。

〔五三〕甲卒：四庫本作「申卒」。札記卷上：「『甲』，舊誤『申』，漢表可證。」按漢書卷一九上百官公卿表作「甲卒」。

〔五四〕漠：札記卷上：「舊作『漢』，誤。此亦通典文。」按通典卷一七一作「漠」。

〔五五〕南帶：原作「西帶」，據通典卷一七一、舊唐書卷三八、通志卷四〇、文獻通考卷三一五改。札記卷上：「『西』字，當依通典作『南』」。

輿地廣記卷第二

漢十三部〔一〕

晉、絳、慈、隰、河中、解、懷、衛、河南、孟、陜、虢、汝、鄭、商、京兆、鳳翔、隴、邠、耀、同、華、坊。

右司隸校尉。領京兆、扶風、馮翊、弘農〔二〕、河東、河内、河南等郡國，凡七。

宿、蔡、潁、潁昌、應天、亳。

右豫州。領潁川〔三〕、汝南、沛郡、梁國、魯國等郡國，凡五。

真定、中山、趙、深、冀、河間、祁、相、磁、邢〔四〕、洺、大名、恩、永寧。

右冀州。領魏郡、鉅鹿、常山、清河、廣平、真定、中山、信都、河間、趙國等郡國，凡十。

開德、鄆、濟、滑、濮、博、陳、開封、興仁、單、兗、拱〔五〕、廣濟。

右兗州。領東郡、陳留、山陽、濟陰、泰山、城陽、淮陽、東平等郡國，凡八。

密、徐、海、沂、楚、泗、通、泰、淮陽。

右徐州。領琅邪、東海〔六〕、臨淮、泗水、楚國等郡國，凡五〔七〕。

德、濱、棣、青、齊、淄、濰、登、萊。

右青州。領平原、千乘、濟南、齊郡、北海、東萊、膠東、高密、菑川等郡國，凡九。

江陵、峽、歸、復、郢、安、岳、鼎、澧、辰、沅、靖、施、黔、鄂、潭、衡、永、桂、道、郴、韶、全、邵、連、黄、唐、鄧、隨、襄、均、揚、蘄、光、英、荆門、漢陽、興國、桂陽、信陽、光化、錦、溪、獎、費。

右荆州。領南陽、南郡、江夏、桂陽、武陵、零陵、廣陵、長沙等郡國，凡八。

滁、和、真、壽、廬、舒、平江、宣、池、潤、常、湖、杭、睦、越、歙、明、台、處、温、婺、衢、饒、信、江、洪、撫、吉、筠、袁、虔、福、建、泉、漳、汀、濠、秀、江寧、高郵、太平、廣德、南康、南安、臨江、建昌、南劍、邵武、興化、無爲、南雄。

右揚州。領廬江、九江、會稽、丹陽、豫章、六合等郡國，凡六。

興元、洋、金、房、達、開、渠、果、閬、巴、蓬、昌、普、恭、涪、合、忠、萬、夔、利、劍、綿、梓、遂、漢、成都、彭、蜀、邛、雅、黎、嘉、簡、眉、榮、資、瀘、叙、祺、亨、威、茂、文、龍、珍、承、溱、廣安、南平、遵義、大寧、三泉、梁山、懷安、仙井、富順、長寧、永康、嶲、扶〔八〕、姚、翼。

右益州。領漢中、廣漢、巴郡、蜀郡、犍爲、越嶲、牂牁、益州等郡國，凡八。

鳳、階、成、興、涇、慶、渭、原、寧、秦、鞏、熙、河、蘭、湟、會、環、岷、鎮戎、懷德、西寧、西安、德順、積石、甘、涼、瓜、肅、沙、靈、鹽、宥。

右涼州。領安定、北地、隴西、武威〔九〕、金城、天水、武都、張掖、酒泉、敦煌等郡國，凡十。

太原、遼、汾、忻、代、嵐、石、憲、澤、潞、延安、鄜、坊、丹、銀、豐、府、麟、威勝、平定、岢嵐、寧化、火山、保德、綏德、保安、晉寧、雲、應、新、夏、勝、豐、單于。

右并州。領太原、上黨、上郡、西河、朔方、五原、雲中、定襄、雁門等郡國，凡九。

雄、霸、滄、清、莫、保、信安、順安、保安、安肅、廣信、蔚、朔、幽、涿、易、檀、薊、嬀、平、營、安東。

右幽州。領涿郡、渤海、代郡、上谷、漁陽、右北平、遼西、遼東、廣陽、樂浪、玄菟等郡國，凡十一。

廣、循、賀、昭、封、端、新、康、惠、容、邕、象、融、梧、藤、龔、潯、貴、柳、賓、横、化、高、雷、欽、廉、瓊、峰、愛、驩、陸、長、演、林、景、山〔一〇〕、潮、梅、南恩、鬱林、昌化、萬安、朱崖、福禄、安南。

右交州。領南海、鬱林、蒼梧、交阯、合浦、九真、日南等郡國，凡七。

始秦罷侯置守，郡縣天下。漢興，以秦地太大，更加置郡國。至武帝，攘却胡、越，開地斥境，改雍曰涼，改梁曰益，又置徐州，復禹舊號。置交阯、初爲交阯，後爲交州。朔方，初爲朔方，後爲并州。凡十三州部刺史，而不常所理。至哀、平之際，新置郡國六十三，與秦四十合一百三焉。

三國

晉、絳、慈、隰、河中、解、懷、衛、孟、河南、陝、虢、汝、鄭、商、京兆、鳳翔、隴、邠、耀、同、華、坊、宿、蔡、潁、潁昌、應天、拱、亳、開德、鄆、濟、滑、濮、博、陳、開封、興仁、廣濟、單、德、濱、棣、青、齊〔一〕、淄、濰、登、萊、密、徐、兗〔二〕、海、沂、泗、淮陽、成、涇、慶、渭、鎮戎、原、懷忠、寧、秦、鞏、熙、積石、河、西安、西寧、蘭、湟、會、真定、中山、趙、深、冀、河間、祁、保、莫、相、磁、邢、洺、大名、恩、雄、霸、信安、永寧、順安、保定、安肅、廣信、滄、清、永靜、太原、遼、威勝、平定、汾、忻、代、嵐、石、憲、澤、潞、岢嵐、寧化、火山、保德、揚、高郵、楚、通、泰、滁、真、壽、廬、黃、光、郢、襄、唐、鄧、隨、均、金、房、延安、鄜、丹、環〔三〕、岷、麟、府、綏德、銀、豐、德順、坊、保安、晉寧、無爲、甘、涼、瓜、肅、沙、蔚、朔、幽、涿、易、檀、薊、媯、平、營、雲、應、新、豐、夏、宥、靈、鹽、安東、單于。

右魏地。

江陵、荆門、峽、歸、岳、漢陽、鼎、澧、辰、沅、靖、施、黔、鄂、興國、潭、衡、永、桂、道、郴、桂陽、韶、全、邵、連、信陽、光化、和、蘄、舒、平江、宣、太平、池、廣德、潤、常、湖、杭、睦、越、歙、明、台〔一四〕、處、温、婺、衢、饒、信、江、洪、撫、吉、筠、袁、虔、南康、南安、臨江、建昌、福、建、南劍、泉、漳、汀、邵武、興化、廣、循、賀、昭、封、端、新、康、南恩、南雄、英、惠、容、邕、象、融、梧、藤、龔、潯、貴、柳、宜、巖、賓、横、化、高、鬱林、雷、欽、廉、瓊、昌化、萬安、朱崖、峰、愛、驩、陸、福禄、長、湯、演、林、景、山、瀼、田、環、籠〔一五〕、潮、梅、安南、錦、溪、獎、費。

右吴地。

興元、鳳、階、興、洋、達、開、渠、廣安、果、閬、巴、蓬、昌、普、恭、南平、涪、合、忠、梁山、萬、夔、大寧、利、三泉、劍、綿、梓、遂、漢、成都、彭、蜀、邛、雅、黎、嘉、簡、懷安、眉、仙井、榮、資、瀘、叙、富順、永康、祺、亨、威、茂、文〔一六〕、珍、遵義、承、溱、長寧、巂、松、扶、翼、真、姚。

右蜀地。

漢末，三國並起，魏氏據中原，都洛，有州十二，司隸理河南，豫理譙，兖理武威，青理臨淄，徐理彭城，涼理隴〔一七〕，分涼置，秦理上邽，冀理鄴〔一八〕，幽理薊，并理晉陽〔一九〕，揚理壽春，雍理京兆。有郡國六十八。東自廣陵、揚州，張遼鎮之。壽春、壽州〔二〇〕，毌丘儉、諸葛誕皆鎮之。合肥、今廬江郡，滿寵鎮之。沔口，今濮陽郡。建安十五年，文聘爲江夏太守，鎮焉。重兵以備吴。西自隴西、渭州。南安、隴西縣。祁山、今同谷郡。漢陽、今天水郡。陳倉，今鳳翔府。重兵以備蜀。蜀主全制巴蜀，都成都，置益、理成都。梁理漢中。二州，有郡二十二。以漢中、今興元府。蔣琬〔二一〕、姜維皆鎮之。興勢、今洋川郡。王平鎮之〔二二〕。白帝今雲安郡。爲重鎮。吴王北據江南，都鄂。後遷建業，盡海。置交、理龍編。廣、理番禺，今南海郡。荆、理南郡，今江陵府。郢、理江夏，今郡。揚理建業，今丹陽郡。五州，有郡四十三。以建平、今巴東郡。西陵、今夷陵郡。陸遜、陸抗並鎮之。樂郡、今江陵松滋縣東。南郡、今江陵郡。巴丘、今巴陵郡。魯肅、孫結並鎮之〔二三〕。夏口、今江夏郡。孫慎鎮之。武昌、今江夏郡。皖郡、今同安郡。諸葛恪屯此。牛渚圻、今宣城郡當塗縣。濡須塢今歷陽縣西南百八十里。爲重鎮，其後得沔口、孫權嘉禾後陸遜、諸葛恪屯守。郲城、今齊安郡。東西界臨江，與江夏〔二四〕、武昌相對。廣陵自三國鼎立，更相侵伐，互有勝負，疆境之外，彼此不常，纔得遽失，則不暇存，今略紀其久經屯守及要害之地焉。其守將亦略紀其知名者，餘不可偏舉〔二五〕。

晉十九道

河南、汝、鄭、虢、陜、華、商、隰、慈、晉、絳、解、河中、衛、懷、洺、大名、磁、相、開德、孟。

右司州。領河南、滎陽〔二六〕、弘農、上洛、平陽、河東、汲郡、河内、廣平、陽平、魏郡、頓丘等郡國，凡十二。

開封、濮、滑、廣濟、興仁、鄆、單、拱。

右兖州。領陳留、濮陽、濟陽、高平、任城、東平、濟北、泰山等郡國，凡八。

庸〔二七〕、建平、宜陽、南平、武陵、天門、長沙、衡陽、湘東、零陵、邵陵、桂陽、武昌、安武等郡國，凡二十二〔二八〕。

江寧、潤、池、宣、滁、濠、壽、舒、廬、洪、和、常、平江、秀、杭、睦、湖、越、明、汀、婺、衢、歙、台〔二九〕、建、福〔三〇〕、泉、漳、江、撫、筠、饒、信、虔、温、處、太平、廣德、無爲、南劍、邵武、建昌、興化、臨江、南安。

右揚州。領丹陽、宣城、淮南、廬江、毗陵、吴郡、吴興、會稽、東陽、新安、臨海、建安、晉安、豫章、臨川、鄱陽、廬陵、南康等郡國，凡十八。

蘭、涼、甘、肅、沙、瓜、積石、河、西寧、湟、會、伊。

右涼州。領金城、西平、武威、張掖、西郡、酒泉、燉煌〔三一〕、西海等郡國，凡八。

京兆、鳳翔、同、隴、邠、涇、原、耀、渭〔三二〕、寧、靈、環、鎮戎、德順。

右雍州。領京兆、馮翊、扶風、安定、北地、始平、新平郡國，凡七。

熙、岷、秦、鳳、興、階、文、龍、成、鞏。

右秦州。領隴西、南安、天水、略陽、武都、陰平等郡國，凡六。

富順、資、仙井、榮、嘉、眉、彭、成都、蜀、邛、威、茂、黎、雅、瀘、昌、普、簡、懷安、叙、永康、長寧、遵義、松〔三三〕、翼、嶲〔三四〕、溱、珍、西高、承、亨。

右益州。領蜀郡、犍爲、汶山、漢嘉、江夏、朱提、越嶲、牂牁等郡國，凡八。

劍、綿、洋、興元、漢、遂寧、潼川、忠、合、恭、涪、蓬、達、渠、廣安、閬、果、大寧、夔、開、梁山、萬、巴、南平、利、三泉。

右梁州。領漢中、梓潼〔三五〕、廣漢、新都、涪陵、巴郡、巴西、漢昌、巴東等郡國，凡九。

姚。

右寧州。領興古、建寧、永昌，凡三郡。

幽、涿、易、檀、薊、嬀、平、蔚、安肅、廣信。

右幽州。領范陽、燕國、北平、上谷、廣寧〔三六〕、代郡、遼西郡，凡七。

安東上都護府。

右平州。領昌黎、遼東、樂浪、玄菟、帶方等郡國，凡五。

雷、欽、廉、瓊、峰、愛、驩、陸、福禄、長、湯、演、林、景、山、容、安南。

右交州。領合浦、交阯、新昌、武平、九真、九德、日南等郡國，凡八。

韶、連、梅、潮、廣、循、封、端、新、康、南恩、南雄、英、惠、桂、融、邕、象、賀、昭、梧、藤、龔、潯、貴、柳、巖、賓、横、化、高、鬱林。

右廣州。領南海、臨賀、始安、始興、蒼梧、鬱林、桂林、高涼、高興、寧浦，凡十郡。

晉武帝太康元年，平吴，分爲十九州部。置司州，理洛陽；兖，理廩丘；今濮陽郡雷澤縣。荆河，理項；今淮陽郡項城。冀，理房子；今趙郡縣。并，理晉陽；青，理臨淄；徐，理彭城；荆，初理襄陽，後理江陵；揚，初理壽春，後理建業；涼，理武威；分三輔爲雍，理京兆；分隴山之西爲秦，理上邽；益，理成都；分巴漢之地爲梁，理南鄭；分雲南爲寧，理雲南；幽，理涿；分遼東爲平，理昌黎；今安東府。交，理昌編；今安南府。分合浦之北爲廣，理番禺。又增置郡國二十有一。凡州百五十有六，縣千百有九，以爲冠帶之國，盡秦漢之土。及永嘉南渡，境宇殊狹，九州之地，有其一焉。初，元帝命祖逖鎮雍丘。今陳留郡。逖死，北境日蹙〔三七〕。於是荆、豫、青、兖四州及徐州之半陷劉曜、石勒。以合肥、戴若思鎮之。淮陰、今山陽郡。劉隗鎮之〔三八〕。壽陽、今壽春郡。祖約鎮之。泗口〔三九〕、今泗州。劉遐鎮之〔四〇〕。角城今泗州。爲重鎮。成帝時，都守將退屯襄陽。今穀城縣。穆帝時，平蜀漢〔四一〕，復梁、益之地。又遣軍西入關，至灞上，再北伐，一至洛陽，一至枋頭，所得郡縣，軍旅又失。洎苻堅東平慕容暐〔四二〕，西南陷蜀漢，西北寇姑臧，則漢水、長淮以北悉爲堅有。及堅敗，再復梁、益、青、徐、兖、荆河、司之地。其後，青、兖陷於慕容德，荆河、司陷於姚興，以彭城爲北境藩扞，朱序鎮之。後益、梁又陷於譙縱。每因劉、石、苻、姚衰亂之際〔四三〕，則進兵屯戍，在於漢中、襄陽、彭城，然大抵上明、今江陵松滋縣。江陵、夏口、武昌、合肥、壽陽、淮陰常爲晉氏鎮守〔四四〕。義熙以後，又復青、兖、司、荆河、梁、益之地，而政移於宋矣。

校注

〔一〕部：原作「郡」，據下文及玉海卷一五、通鑑地理通釋卷三改。

〔二〕弘農：札記卷上：「『弘』，舊誤『洪』，據續漢志訂正。」後漢書志第一九作「弘農」。

〔三〕潁川：四庫本、聚珍本作「潁州」。札記卷上：「『川』，舊誤『州』，據續漢志訂正。」

〔四〕四庫本「磁邢」連稱。
〔五〕拱：四庫本、聚珍本作「扶」。札記卷上：「舊作『扶』，壞字。」
〔六〕東海：四庫本、聚珍本作「東淳」。札記卷上：「『海』，舊誤『淳』，據續漢志訂正。」
〔七〕五：原作「三」，據上文實統郡數改。
〔八〕四庫本「嶲扶」連稱。
〔九〕武威：原作「武陵」，據漢書地理志改。
〔一〇〕四庫本「景山」連稱。
〔一一〕齊：聚珍本作「濟」。
〔一二〕兖：四庫本作「兊」。札記卷上：「舊誤『兊』。」
〔一三〕環：原作「壞」，據聚珍本改，四庫本作「□」。
〔一四〕台：四庫本、聚珍本作「合」。札記卷上：「舊誤『合』。」
〔一五〕籠：原作「寵」，據上下文改。
〔一六〕文：原作「又」，據上下文改。
〔一七〕隴：原闕，據通典卷一七一、緯略卷六補。札記卷上：「『理』下舊空一字，案通典當是『隴』字。」朱校作『燕』，誤。」
〔一八〕鄴：四庫本、聚珍本作「鄗」。札記卷上：「舊誤『鄗』。」按元和志卷一六：「漢高帝分置魏郡，理鄴。後漢末，冀州理之。韓馥爲冀州牧，居鄴。」

〔一九〕并：四庫本作「井」。札記卷上：「舊誤『井』。」

〔二〇〕壽州：四庫本作「青州」。

〔二一〕琬：札記卷上：「舊誤『婉』，據蜀志訂正。」

〔二二〕王：札記卷上：「舊誤『三』，據蜀志訂正。」

〔二三〕孫結：四庫本作「孫松」。

〔二四〕與：四庫本作「興」。札記卷上：「舊誤『興』。」

〔二五〕偏：札記卷上：「舊誤『編』。」

〔二六〕滎陽：原作「榮陽」，據上下文改。

〔二七〕原本「庸」字上闕葉，按大事記續編卷二四：「荆州統郡國二十二：江夏、南郡、襄陽、順陽、義陽、新城、魏興、上庸、建平、宜都、南平、武陵、天門、長沙、衡陽、湘東、零陵、邵陵、桂陽、武昌、安成郡、南陽國。」可知「庸」以下爲荆州所領郡國的一部分。又據晉書卷一四地理志上，晉「凡十九州，司、冀、兖、豫、荆、徐、揚、青、幽、平、并、雍、涼、秦、梁、益、寧、交、廣州」，則闕葉内容當還有冀州、豫州、徐州、青州。

〔二八〕二十二：聚珍本作「二十三」。

〔二九〕台：原作「合」，據上下文改。

〔三〇〕建福：四庫本作「福建」。

〔三一〕燉：四庫本作「敦」，札記卷上：「『燉』舊但有『火』旁，今訂補。」

〔三二〕渭：札記卷上：「舊誤『謂』。」

〔三三〕松：四庫本作「嵩」。

〔三四〕嵩：四庫本作「松」。

〔三五〕梓潼：四庫本作「梓童」。

〔三六〕廣寧：四庫本、聚珍本作「廣密」。按晉書卷三九、魏書卷一一三、通鑑卷八七、通志卷八〇上、卷一二一下、大事記續編卷二四、通鑑紀事本末卷一三下皆作「廣寧」。

〔三七〕蹙：四庫本、聚珍本作「促」。

〔三八〕劉隗：四庫本、聚珍本作「劉遐」。札記卷上：「『劉』下舊空一字，今據晉書補。」按晉書卷六九劉隗傳、通典卷一七一作「劉隗」。

〔三九〕泗口：札記卷上：「『口』，舊誤『日』，今訂正。水經注淮、泗之會，即角城也。左右兩川翼夾，二水決入之所，所謂『泗口』也。」

〔四〇〕劉遐：四庫本、聚珍本作「劉隗」。札記卷上：「『劉』下舊空一字，今據晉書紀、傳補。本書卷六宿遷縣下、卷二十盱眙縣下並可證。」按晉書卷八一劉遐傳、通典卷一七一作「劉遐」。

〔四一〕蜀漢：四庫本作「蜀國」，聚珍本無「漢」字。札記卷上：「『漢』字舊空，今據通典補。杜自注云『永和三年，桓温西討，擒李勢』。」按通典卷一七一作「平蜀漢」。

〔四二〕苻堅：原作「符堅」，遽改。又「慕容暐」，原作「慕容暉」，據四庫本改。按通典卷一七一、通志卷四〇、群書考索卷六〇、文獻通考卷三一五皆作「慕容暐」。

〔四三〕衰：四庫本作「攘」。札記卷上：「舊誤『襄』，今據通典訂正。」

〔四四〕常：四庫本作「嘗」。

輿地廣記卷第三

唐十五道採訪使

關内道

京兆、華、同、商、鳳翔、邠。

右京畿採訪使，治京城内。

隴、涇、原、渭、武、威、今延安〔一〕。雄、今廢。寧、慶、鄜、坊、丹、延、亦今延安。靈、會、鹽、夏、綏、今綏德。銀〔二〕、宥、麟、勝、豐、單于大都護、安北大都護、鎮北大都護。

右關内採訪使，以京官領。

河南道〔三〕

河南、汝。

右都畿採訪使〔四〕，治東都城内。

陝、虢、滑、鄭、潁、許、今潁昌。陳、蔡、汴、今開封。宋、今應天。亳、徐、泗、濠、宿、鄆、齊、曹、今興仁。濮、青、淄、登、萊、棣、兗、海、沂、密。

右河南採訪使，治汴州。

河東道

河中、晉、絳、慈、隰、太原、汾、沁、今威勝。遼、嵐、憲、忻、代、雲、朔、蔚、武、今毅州。新、潞、澤。

右河東採訪使，治河中〔五〕。

河北道

孟、懷、魏、今大名。博、相、衛、貝、今恩州。澶、今開德。邢、洺、惠、今磁州。鎮、今真定。冀、深、趙、滄、景、今永静。德、定、今中山。易、涿、幽、瀛、今河間。莫、平、嬀、檀、薊、營、安東上都護。

右河北採訪使，治魏州。

山南道

江陵、峽、歸、夔、澧、朗、今鼎州。忠、涪、萬、襄、泌、今唐州。隨、鄧、均、房、復、郢、金。

右東道採訪使，治襄州。

興元、洋、利、鳳、興、成、文、扶、集、今廢。壁、今廢。巴、蓬、通、今達州。開、閬、果、渠。

右西道採訪使，治梁州。

隴右道

秦、河、渭、今鞏州。鄯、今湟州。蘭、臨、今熙州〔六〕。階、洮、岷、廓、疊、宕〔七〕、涼、沙、瓜、甘、肅、伊、西、安西大都護〔八〕、北庭大都護。

右隴右採訪使，治鄯州。

淮南道

揚、楚、滁、和〔九〕、壽、廬、舒、光、蘄、安、黄、申〔一〇〕、今信陽〔一一〕。

右淮南採訪使，治揚州。

江南道

潤、昇、今江寧。常、蘇、今平江。湖、杭、睦、越、明、衢、處、婺、温、台、福、建、泉、汀、漳。

右東道採訪使，治蘇州。

宣、歙、池、洪、江、鄂、岳、饒、虔、吉、袁、信、撫、潭〔一二〕、衡、永、道、郴、邵。

右西道採訪使，治洪州。

黔、辰、錦、施、叙、今沅州。獎、夷、今承州〔一三〕。播、思、費、南、今南平。溪、溱。

右黔中採訪使，治黔州。

劍南道

成都、彭、蜀〔一四〕、漢〔一五〕、嘉、眉、邛、簡、資、巂、雅〔一六〕、黎、茂、翼、維、今威州。戎、今叙州。姚、松、當、悉、静、柘、恭、保、今祺州〔一七〕。真、霸、今亨州〔一八〕。乾、梓、遂、綿、劍、合、龍、普、渝、今恭州。陵、今仙井。榮、昌、瀘、保寧都護。今廢。

右劍南採訪使，治益州。

嶺南道

廣、韶、循、潮、康、瀧、今廢。端、新、封、潘、今廢。春、今廢。勤、今廢。辯、今廢。高、恩、今南恩。雷、崖、今廢。瓊、振、今朱崖〔一九〕。儋、今昌化。萬安、邕、澄、今廢。賓、横、潯、巒、今廢。貴、龔、象、藤、巖、宜、瀼、籠、田、環、桂、梧、賀、連、柳、富、今廢。昭、蒙、今廢。嚴、今廢。融、思唐、今廢。古、容、牢、今廢。白、今廢。順、今廢。繡、今廢。鬱林、黨、今廢。竇、今廢。禺、今廢。廉、義、今廢。安南中都護、陸、峰、愛、驩、長、福禄、芝、今廢。武峨、今廢。演、武安、今廢。湯。

右嶺南採訪使，治廣州。

按唐志云：自秦變古，始郡縣天下。下更漢、晉，分裂爲南、北。至隋滅陳，天下始合爲一，乃改州爲郡，依漢制置太守，以司隸、刺史相統治。唐興，高祖改郡爲州，太守爲刺史，又置都督府以治之。然天下初定，權置州郡頗多。太宗元年，始命併省。又因山川形便，分天下爲十道：一曰關内，二曰河南，三曰河東，四曰河北，五曰山南，六曰隴右，七曰淮南，八曰江南，九曰劍南，十曰嶺南。至十三年定簿，凡州府三百五十八，縣一千五百五十一。明年，平高昌，又增州二、縣六。其後北殄突厥頡利，西平高昌，北踰陰山，西抵大漠〔二〇〕。其地東極海，西至焉耆，南盡林州南境，北接薛延陀界〔二一〕。開元二十一年，又因十道分山南、江南爲東、西道，增置黔中道及京畿、都畿，置十五採訪使，檢察如漢刺史之職。天寶盜起，中國用兵，而河西、隴右不守，陷于吐蕃。至大中、咸通始復隴右。乾符以後，天下大亂，至于唐亡。然唐之盛時，開元、天寶之際，東至安東，西至安西，南至日南，北至單于府，蓋南北如漢之盛，東不及而西過之。

唐藩鎮

貝、博、魏、相、磁、洺、衛。

右魏博。傳五世，至田弘正入朝。十年復亂，更四姓，傳十世。有州七。

恒、冀、深、趙。

右成德。更二姓，傳五世，至王承元入朝。明年，王庭凑反，傳六世。有州四。

幽、涿、營、瀛、莫、平、薊、嬀、檀。

右盧龍。更二姓，傳五世，至劉總入朝。六月，朱克融反，傳十二世。有州九。

淄、青、齊、海、登、萊、沂、密、曹、濮、兖、鄆。

右淄青。傳五世而滅〔二二〕。有州十二。

滄、景、德、棣。

右滄景。傳三世，至程權入朝。十六年，而李全略有之，至其子同捷而滅。有州四。

汴、潁、宋、亳。

右宣武。傳四世而滅。有州四。

申、光、蔡。

右彰義。傳三世而滅。有州三。

邢、汾、晉、澤、潞。

右澤潞。傳三世而滅。有州五。

按唐贊云：安史亂天下，至肅宗大難略平，君臣皆幸安，故瓜分河北地，付授叛將，護養孽萌，以成禍根。亂人乘之，遂擅署吏〔二三〕，以賦税自私，不朝獻于庭。效戰國肱髀相依，以土地傳子孫，脅百姓，加鋸其頸，利怵逆汙，遂使其人自視猶羌狄然。一寇死，一賊生，訖唐亡百餘年，卒不爲王土。

五代

梁有州七十八

汴、洛都、雍、兖、沂、密、青、淄、齊、棣、登、萊、徐、宿、鄆、曹、濮、宋、亳、單、潁、陳、蔡、許、汝、鄭、滑、襄、均、房、鄧、隨、郢、唐、復、安、申、蒲、孟、懷、晉、絳、陝〔二四〕、虢、華、商、同、耀、邠、寧、慶、衍、鄜、坊、丹、延、夏、銀、綏、宥、靈、鹽、魏、博、貝、衛、澶、相、邢、洺、磁、鎮、冀、深、趙、易、祁、定。

唐有州一百二十三

洛、雍都、汴〔二五〕、兖、沂、密、青、淄、齊、棣、登、萊、徐、宿、鄆、曹、濮、宋、亳、單、潁、陳、蔡、許、汝、鄭、滑、襄、均、房、鄧、隨、郢、唐、復、安、申、蒲、孟、懷、晉、絳、陝、虢、華、商、同、耀、寧、慶、衍、鄜、坊、丹、延、夏、銀、綏、宥、靈、鹽、岐〔二六〕、隴、涇、原、渭、武、秦、成、階、鳳、乾、魏、博、貝、衛、澶、相、邢、洺、磁、鎮、冀、深、趙、易、祁、定、滄、景、德、瀛、莫、幽、涿、檀、薊、順、營、平、蔚、朔〔二七〕、雲、應、新、嬀、儒、武、忻、代、嵐、石、憲、麟、府、并、汾、慈、隰、澤、潞、沁、遼。

晉有州一百九

汴、洛都、雍、兖、沂、密、青、淄、齊、棣、登、萊、徐、宿、鄆、曹、濮、宋、亳、單、潁、陳、蔡、許、汝、鄭、滑、襄、均、房、金、鄧、隨、郢、唐、復、安、申、蒲、孟、懷、晉、絳、陝、虢、華、商、同、耀、邠、寧、慶、衍、威、鄜、坊、丹、延、夏、銀、綏、宥、靈、鹽、岐、隴、涇、原、渭、武、秦、成、階、鳳、乾、魏、博、貝、衛、澶、相、邢、洺、磁、鎮、冀、深、趙、易、祁、定、滄、景、德、忻、代、嵐、石、憲、麟、府、并、汾、慈、隰、澤、潞、沁、遼。

漢有州一百六

汴、洛都、雍、兖、沂、密、青、淄、齊、棣、登、萊、徐、宿、鄆、曹、濮、宋、亳、單、潁、陳、蔡、許、汝、鄭、滑、襄、均、房、金、鄧、隨、郢、唐、復、安、申、蒲、孟、懷、晉、絳、陝、虢、華、商、同、耀、解、邠、寧、慶、衍、威、鄜、坊、丹、延、夏、銀、綏、宥、靈、鹽、岐、隴、涇、原、渭、武、乾、魏、博、貝、衛、澶、相、邢、洺、磁、鎮、冀、深、趙、易、祁、定、滄、景、德、忻、代、嵐、石、憲、麟、府、并、汾、慈、隰、澤、潞、沁、遼。

周有州一百一十八

汴、洛都、雍、兖、沂、密、青、淄、齊、棣、登、萊、徐、宿、鄆、曹、濮、濟、宋、亳、單、潁、陳、蔡、許、汝、鄭、滑、襄、均、房、金、鄧、隨、郢、唐、復、安、申、蒲、孟、懷、晉、絳、陝、虢、華、商、同、耀、解、邠、寧、慶、威、鄜、坊、丹、延、夏、銀、綏、宥、靈、鹽、岐、隴、涇、原、渭、秦、成、階、鳳、乾、魏、博、貝、衛、澶、相、邢、洺、磁、鎮、冀、深、趙、易、祁、定、滄、德、濱、瀛、莫、雄、霸、府、慈、隰、澤、潞、揚、楚、泗、滁、和、光、黃、舒、蘄、廬、壽、海、泰、濠、通。

右按五代史職方考云：唐自僖、昭以來，日益割裂。梁初，天下別爲十一，南有吴、浙、荆、湖、閩、漢，西有岐、蜀，北有燕、晉。劉仁恭稱燕，李克用稱晉，李茂貞稱岐，錢鏐稱吴越，楊行密稱吴。王審知稱閩，馬殷稱楚，王建稱蜀。高季興稱南平，劉隱稱南漢。而朱氏所有七十八州以爲梁。朱温。莊宗初起并代，取幽、滄，有州三十五。其後又取梁魏、博等十六州，魏、博、貝、衛、澶、相、邢、洺、磁、鎮、冀、深、趙、易、祁、定。合五十一州以滅梁。岐王稱臣，又得其州七。岐、隴、涇、原、渭、武、乾。同光破蜀，已而復失，惟得秦、鳳、階、成四州，而營、平二州陷于契丹。其增置之州一，寰。合一百二十三州以爲唐。莊宗，李克用之子。石氏入立，獻十有六州于契丹，瀛、莫、幽、涿、檀、薊、順、蔚、朔[二八]、雲、應、新、嬀、儒、武、寰。而得蜀金州，又增置之州一，威。合一百九州以爲晉。石敬塘。劉氏之初，秦、鳳、階、成復入于蜀。隱帝時，增置之州一，解。合一百六州，以爲漢。劉暠[二九]。郭氏代漢，十州入于劉旻。忻[三〇]、代、嵐、石、憲、麟、并、汾、沁、遼。世宗取秦、鳳、階、成、瀛、莫及淮南十四州，揚、楚、泗、滁、和、光、黃、舒、蘄、廬、壽、海、泰、濠。又增置之州五，濟、溪、雄、霸、通。而廢者三，衍、武、景。合一百一十八州，以爲周。郭威。宋興，因之。此中國之大略也。其餘外屬者，彊弱相并，不常其得失。至於周末，閩已先亡，閩有州五：建、汀、漳、泉入于石晉，福入于吴越。而在者七國。自江以南二十一州潤、常、宣、歙、鄂、昇、池、饒、信、江、洪、撫、袁、吉、虔、筠、建、汀、劍、漳、泉。爲南唐。晉天福二年，吴楊溥遜位于徐知誥，知誥改姓李，名昪，號南唐。自劍以南及山南西道四十六州益、漢、彭、蜀、綿、眉、嘉、劍、梓、遂、果、閬、普、陵、資、榮、簡、邛、黎、雅、維、茂、文、龍、黔、施、夔、忠、萬、興、利、開、通、涪、渝、瀘、合、昌、巴、蓬、集、壁、渠、戎、梁、洋。爲蜀。前蜀王建，梁時稱帝於成都。建死，子衍立。唐莊宗同光三年，衍降，孟知祥鎮成都，明宗時封蜀王，爲後蜀。自湖南北十州爲楚。潭、衡〔三一〕、澧〔三二〕、朗、岳、道、永、邵、全、辰。自浙東西十三州爲吴越。福、杭、越、蘇、湖、温、台、明、處、衢、婺、睦、秀。自嶺南北四十七州爲南漢。融、郴、連、昭、宜、桂、賀、梧、蒙、嚴、富、柳、象、容、邕、端、康、封、恩〔三三〕、春、新、高、竇、雷、化、韶、藤、白、廉〔三四〕、欽、廣〔三五〕、横、賓、潯、惠、鬱林、英、雄、瓊、崖、儋、萬安、羅、潘、勤、瀧〔三六〕、辨。自太原以北十州爲東漢。劉旻。而荆、歸、峽三州爲南平。合中國所有，二百六十八州，而軍不在焉。

校注

〔一〕延安：四庫本作「定安」。

〔二〕銀：四庫本、聚珍本脱。札記卷上：「宋本略可辨識，朱校缺。」

〔三〕河南道：四庫本作「河内道」。

〔四〕都畿：四庫本、聚珍本作「都護」。按新唐書卷二八、玉海卷一八皆作「都畿」。

〔五〕河中：舊唐書卷三八作「蒲州」。

〔六〕熙州：四庫本作「臨州」。

〔七〕宕：四庫本、聚珍本作「石」。札記卷上：「宋本『宕』是也。元和郡縣志云：『因宕昌山爲名。』新、舊唐志並作『宕』。朱校作『石』，誤。」

〔八〕安西：四庫本無「安」字。

〔九〕和：四庫本、聚珍本作「郵」。札記卷上：「宋本略可辨識。朱校作『郵』，誤。」按新唐書卷四一作「和」。

〔一〇〕申：四庫本作「信」，聚珍本闕。札記卷上：「宋本略可識，朱校缺。」按新唐書卷四一作「申」。

〔一一〕信陽：四庫本、聚珍本作「信州」。札記卷上：「宋本『今』字、『陽』字模糊，以前後文『今某某』例補。下卷『京西北路有信陽』是其證。朱校『陽』作『州』，誤。」按通志卷二六、四一、勝覽卷三一作「信陽」，即宋信陽軍。

〔一二〕潭：四庫本、聚珍本作「漳」。

〔一三〕承州：四庫本、聚珍本作「永州」。

〔一四〕蜀：四庫本、聚珍本闕。札記卷上：「宋本略可辨識。朱校缺。」

〔一五〕漢：四庫本、聚珍本作「溪」。札記卷上：「宋本『漢』是也。朱校作『溪』，誤。」

〔一六〕雅：四庫本、聚珍本闕。札記卷上：「宋本『雅』是也，朱校缺。」

〔一七〕祺州：原作「棋州」，據四庫本改。

〔一八〕今亨州：四庫本、聚珍本脱。札記卷上：「宋本有此三字，朱校脱。」

〔一九〕今朱崖：四庫本、聚珍本俱脱。札記卷上：「宋本有此三字，朱校脱。」

〔二〇〕大漢：四庫本作「大漢」。札記卷上：「宋本『漢』是也，舊鈔作『漢』，誤，朱校不誤。」按舊唐書卷三八、新唐書卷三七、玉海卷一八、通鑑地理通釋卷三俱作「大漢」。

〔二一〕薛延陀：四庫本作「臨延陀」。札記卷上：「宋本『薛』是也，舊鈔缺『薛』字。」按舊唐書卷三八、新唐書卷三七、玉海卷一八、通鑑地理通釋卷三俱作「薛」。

〔二二〕五：四庫本、聚珍本作「三」。文獻通考卷三七六作「一姓四傳。」

〔二三〕吏：札記卷上：「『吏』字是也，此唐書藩鎮魏博列傳文，朱校作『置』，誤。」四庫本亦作「吏」。按新唐書卷二一〇、大事記續編卷六〇、文獻通考卷二七六、稗編卷九六皆作「吏」。

〔二四〕陜：四庫本作「浹」。

〔二五〕洛雍都汴：四庫本作「汴洛都雍」。

〔二六〕岐：原作「歧」，據上下文改。下同。

〔二七〕朔：札記卷上：「宋本作『湖』，誤，舊鈔同，今據五代史訂正，朱校不誤。」

〔二八〕朔：四庫本作「湖」。

〔二九〕劉鬲：聚珍本作「劉蒿」。

〔三〇〕忻：原作「折」，據聚珍本改，四庫本作「沂」。

〔三一〕衡：聚珍本作「衝」。

〔三二〕澧：四庫本、聚珍本作「豊」。

〔三三〕恩：聚珍本作「思」。

〔三四〕廉：聚珍本作「廣」。

〔三五〕廣：聚珍本作「廉」。

〔三六〕瀧：聚珍本作「龍」。

輿地廣記卷第四

皇朝郡國

四京

東京、西京、南京、北京。

京東東路

青、密、齊、沂、登、萊、濰、淄、淮陽。

京東西路

兖、徐、拱、興仁、鄆、濟、單、濮、廣濟。

京西南路

襄、鄧、隨、金、房、均、郢、唐、光化。

京西北路

潁昌、鄭、滑、孟、蔡、陳、潁、汝、信陽。

河北東路

開德、河間、滄、冀、博、棣、莫、雄、霸、德、濱、恩、清、永静、信安、保定。

河北西路

真定、相、中山、邢、懷、衛、洺、深、磁、祁、趙、保、安肅、永寧、廣信、順安。

河北路化外州

安東上都護、幽、涿、易、檀、薊、嬀、平、營。

陝西永興軍路

京兆、河中、陝、延安、同、華、耀、邠、鄜、解、慶、虢、商、寧、坊、丹、環、銀、綏德、保安。

陝西秦鳳路

鳳翔、秦、涇、熙、隴、成、鳳、岷、渭、原、階、河、蘭、鞏、會、西安、西寧、湟、廓、洮、鎮戎、德順、懷德、積石。

陝西路化外州

安西大都護、北庭大都護、靈、夏、涼、沙、瓜、鹽、勝、西、伊、甘、肅、疊、宕、豐、宥。

河東路

太原、潞、晉、府、麟、絳、代、隰、慈、忻、汾、澤、憲、嵐、石、遼、豐、威勝、平定〔一〕、岢嵐、寧化、火山、保德〔二〕、晉寧。

河東路化外州

單于大都護、安北大都護、鎮北大都護、雲、應、新、蔚、朔、寰、儒、毅。

淮南東路

揚、亳、宿、楚、海、泰、泗、滁、真、通、高郵。

淮南西路

壽、廬、蘄、和、舒、濠、光、黄、無爲。

兩浙路〔三〕

杭、越、平江、潤、湖、婺、明、常、温、台、處、衢、睦、秀。

江南東路

江寧、宣、歙、江、池、饒、信、太平、南康、廣德。

江南西路

洪、虔、吉、袁、撫、筠、興國、南安、臨江、建昌。

荆湖南路

潭、衡、道、永、郴、邵、全、武崗、桂陽。

荆湖北路

江陵、鄂、安、復、鼎、澧、峽、岳、歸、辰、沅、靖、漢陽、荆門。

荆湖北路化外州

錦、獎、溪。

成都府路

成都、眉、蜀、彭、綿、漢、嘉、邛、黎、雅、茂、簡、威、祺、亨、永康、仙井。

成都府路化外州

松、當、悉、静、恭、柘、翼、真、乾、姚、嶲。

梓州路

梓、遂、果、資、普、昌、叙、瀘、合、榮、渠、懷安、廣安、長寧、富順。

利州路

興元、利、洋、閬、劍、巴、文、興、蓬、龍、三泉。

利州路化外州

扶。

夔州路

夔、黔、達、施、忠、萬、開、涪、恭、珍、承、溱、梁山〔四〕、南平、遵義、大寧。

夔州路化外州

費、西高。

福建路

福、建、泉、南劍、汀、漳、邵武、興化。

廣南東路

廣、韶、循、潮、連、封、端、新、康、南恩、梅、南雄、英、惠。

廣南西路

桂、容、邕、融、象、賀、昭、梧、藤、龔、潯、貴、柳、宜、賓、横、化、高、雷、欽、鬱林、廉、瓊、昌化、萬安、朱崖。

廣南路化外州

安南大都護、峰、瀼、巖、田、愛、驩、陸、福禄、長、湯、演、林、景、山、環、籠、古。

校注

〔一〕平：札記卷上：「宋本『平』是也。舊鈔作『勝』，涉上而誤。」

〔二〕保德：聚珍本脱。札記卷上：「宋本有此二字，本書卷十九『同下州保德軍』，即此。朱校誤脱，舊鈔本不脱。」

〔三〕兩：四庫本、聚珍本作「西」。札記卷上：「宋本『兩』是也。舊鈔本同。朱校作『西』，誤。」

〔四〕山：札記卷上：「宋本略可辨識，舊鈔正作『山』，朱校不誤。」

輿地廣記卷第五

四京

東京開封府。今治開封、祥符二縣。春秋時爲衛、陳、鄭三國之境。戰國時屬魏。秦屬三川郡。漢屬陳留、河南、潁川、淮陽郡。東漢改淮陽爲陳國。晉屬陳留、滎陽、潁川。魏屬陳留、許昌。東魏分置開封郡，兼立梁州。北齊罷開封郡。後周改梁州爲汴州。隋開皇初罷陳留郡，大業初罷汴州，分入滎陽等郡。唐武德四年復立汴州，開元中爲河南採訪使治所。興元元年自宋州徙宣武軍于此，以劉玄佐爲節度使。梁以州建國，升爲東京開封府。後唐復爲汴州宣武軍。晉復升爲東京開封府。漢、周及皇朝因之。今縣十四。

赤，開封縣。二漢屬河南郡。晉屬滎陽郡。東魏置開封郡。北齊郡廢。隋屬滎陽郡。唐武德四年屬汴州，正觀元年省。延和元年，析浚儀、尉氏復置〔一〕，移在郭下，與浚儀分治。有汴河，蓋古莨蕩渠也，首受黄河水。隋煬帝開浚，以通江、淮漕運，兼引汴水，亦曰通濟渠。皇朝元豐中導洛通入，謂之清汴。有惠民河，浚溝其地，則衛詩所謂「浚郊」、「浚都」者也。有蓬池，亦曰逢澤，故衛國之匡地。竹書紀年云：梁惠王發逢忌之藪以賜民，即此。唐天寶元載更名福源〔二〕，地禁漁採。有沙海，戰國策顏率言：大梁之君臣欲得九鼎〔三〕，謀於沙海之上，在此。蓼堤，梁孝王築，東至睢陽，長三百里。有吹臺，今曰繁臺，本晉師曠作之，梁孝王增築焉。

赤，祥符縣。本大梁，魏惠王所築。惠王六年，自安邑徙都于此，故亦曰梁惠王。竹書紀年云：惠王爲大溝於此郛，以行圃田之水。縣北有浚水，像而儀之，故謂之浚儀。秦始皇二十三年攻魏，引河水灌城而拔之〔四〕。二漢屬陳留郡。晉及後魏因之。東魏兼立梁州。後周改爲汴州。隋開皇初郡罷，大業初州罷，屬滎陽郡。隋末，浚儀故縣爲李密所陷。縣人王要漢帥豪族置縣於今所〔五〕，而自爲令。唐高祖因立汴州，以要漢爲刺史。武德四年移縣於州北，正觀元年復移州西。皇朝大中祥符二年更名。有夷門山。夷門者，大梁城之東門也。魏人侯嬴抱關於此。有蔡河，蓋古琵琶溝也。有廣濟河、金水河。有寒泉阪〔六〕，衛詩所謂「爰有寒泉，在浚之下」。

畿，尉氏縣。古獄官曰尉氏，此本鄭獄官尉氏之邑〔七〕。二漢屬陳留郡。晉及元魏因之。東魏屬開封郡。北齊省。隋開皇六年復置，屬潁川郡。唐武德四年置洧州，正觀元年州廢，屬汴州。有惠民河、長明溝、三亭岡〔八〕。魏范雎與秦使王稽期於三亭之南，即此。有制澤陂，左傳注：「滎陽宛陵縣東有制澤。」此亦宛陵地也〔九〕。

畿，陳留縣。留本鄭邑，後爲陳所并，故曰陳留。有莘城，國語謂之「莘墟」。漢武帝元狩元年置陳留郡。晉爲陳留國，治小黄，而省陳留縣。隋開皇十六年復置，屬梁郡。唐屬汴州〔一〇〕。小黄縣，漢高帝於此兵敗，母時兵死〔一一〕，後招魂葬，號昭靈后，其處曰小黄園。漢亦曰小黄縣。故城在縣東北。二漢屬陳留郡。晉及元魏因之。北齊省。有皇桓山〔一二〕、狼丘、汴河、睢溝，其水首受莨蕩水，東入泗。

畿，雍丘縣。故杞國，姒姓。周武王封禹後東樓公先。春秋時徙魯東北。二漢屬陳留郡。曹操圍張超於此城。晉亦屬陳留。東晉祖逖鎮此，以禦石勒。元魏置陽夏郡。隋開皇初郡廢，十六年〔一三〕，置杞州〔一四〕。大業初州廢，屬梁郡。唐武德四年復置杞州，正觀元年州廢，屬汴州。圉城鎮，本漢圉縣，屬睢陽國。故城在東南。翟義興兵，王莽遣孫建擊之於圉地，義師大敗，積尸萬數，立爲京觀。東漢及晉屬陳留郡。元魏屬陽夏郡。北齊省。隋開皇六年復置，曰圉城，屬梁郡。唐正觀元年省。漢外黄縣故城在東，二漢屬陳留郡。晉屬陳留國。元魏省。北齊復置。隋屬濟陰郡。唐正觀元年省。有葵丘〔一五〕，齊桓會諸侯于此。

畿，封丘縣。古封父之國，左傳所謂周以封父之繁弱賜魯是也。二漢屬陳留郡。晉及元魏因之。北齊省。隋開皇十六年復置，屬東郡。唐屬汴州。亦漢平丘縣地。有黑山、白溝河、封丘臺、期城、黃池，吳王夫差會諸侯于此。

畿，中牟縣。趙襄子時，佛肸以中牟叛，置鼎於庭，不與己者烹之。趙獻侯自耿徙此。二漢屬河南郡。晉及元魏屬滎陽郡。東魏置廣武郡。隋開皇初郡廢，改中牟曰内牟，屬鄭州〔一六〕。十八年，改内牟曰圃田。唐武德三年復曰中牟〔一七〕，亦屬鄭州〔一八〕。梁開平元年來屬。後唐同光初還之。晉天福中復來屬。北十二里有中牟臺，是爲官渡城，曹公、袁紹相持之所。有圃田澤，爲豫州之藪。有汴河、鄭河。

畿，陽武縣。兩漢屬河南郡。晉、元魏屬滎陽郡。東魏屬廣武郡。隋、唐屬鄭州。梁開平元年來屬。有博浪沙，張良擊秦始皇之所。有黑陽山、黃河、汴河、白溝。

畿，酸棗縣。戰國時嘗爲韓所都，刺客聶政爲濮陽嚴仲子殺韓相俠累於此。秦拔魏，置縣。漢因之，以其地多酸棗，因以爲名，屬陳留郡。東漢、晉因之。元魏屬東郡〔一九〕。北齊省。隋開皇六年復置，屬滎陽郡。唐屬滑州。梁開平元年來屬。唐同光初還之。晉天福中復來屬〔二〇〕。有土山、黃河、金堤。漢文帝時，河決金堤，即此。有酸棗臺。有延津，袁紹渡處〔二一〕。津南立壁，以拒曹公。紹將淳于瓊宿烏巢，在縣東，爲曹公所襲破之於此。

畿，長垣縣。本衛之匡邑，孔子畏於匡者。故城在今縣南。春秋會于匡，即此地。二漢爲長垣縣，屬陳留郡。晉屬陳留國。元魏屬東郡〔二二〕。隋開皇十六年改曰匡城，屬滑州。唐因之。梁復曰長垣來屬。後唐又曰匡城。皇朝復爲長垣〔二三〕。有濮水、刁河〔二四〕。漢長羅縣故城，在東北。古蒲邑在此，子路爲之宰。

畿，東明縣。本漢東昏縣，屬陳留郡。王莽改曰東明。東漢復曰東昏，後省爲東明鎮。皇朝建隆四年升爲縣。濟陽鎮，本濟陽縣。二漢屬陳留郡，南頓君爲令，生光武於縣舍。晉屬陳留國〔二五〕。元魏屬陽夏郡。隋屬濟陰郡。唐正觀元年省入宛句。皇朝建隆四年來屬。

畿，扶溝縣。縣有扶亭，又有洧水溝，故以爲名。漢屬淮陽國。東漢屬陳留郡。晉省。元魏復置。東魏屬許昌郡。隋屬潁川郡。唐屬許州。梁開平元年來屬。漢新汲縣故城在西，本鄭之曲洧，左傳「諸侯伐鄭，自戲童至于曲洧」是也。

畿，鄢陵縣。本鄭地，春秋「鄭伯克段于鄢」，即此。戰國謂之安陵。二漢屬潁川郡。晉、元魏因之。東魏屬許昌郡。北齊省。隋開皇七年復置〔二六〕，屬許州〔二七〕。十六年置洧州〔二八〕，大業初州縣廢，屬潁川郡。唐屬許州。梁開平元年來屬。後唐同光初還之。晉天福中復來屬。有祈耶山、洧水、白亭〔二九〕。

畿，咸平縣。漢爲陳留、扶溝二縣地，後爲通許鎮。皇朝咸平五年升爲咸平縣。有牛首城，春秋諸侯伐鄭師于牛首。有裘亭。

西京河南府。周武王克商，定鼎于郟鄏。成王卜澗水東、瀍水西而作洛邑，謂之王城，今皇城是也。又卜瀍水東而作下都，以遷商頑民，謂之成周，今洛陽故城是也。平王避犬戎之難，乃自豐東遷而居王城。至敬王與子朝争立，子朝據王城，於是晉魏舒合諸侯之大夫〔三〇〕，城成周以居敬王。至考王封弟桓公於河南，以續周公之官職，其後遂爲西周，即王城也。桓公之孫惠公又封少子於鞏，號爲東周。王赧時，東、西周分治，王赧徙居西周。秦滅二周，置三川郡，謂伊、洛、河也。秦亡〔三一〕，項羽立瑕丘申陽爲河南王。漢高帝取之，置河南郡，亦屬弘農、潁川。帝始欲都此，感奉春君之言而止。光武中興，都雒邑，置河南尹，兼置司隸。魏、晉因之，兼置司州，後爲劉聰所陷。東晉末，桓温、劉裕再克河洛〔三二〕，建置郡府，終不能有。後魏孝文乃自代徙都洛陽〔三三〕，置河南尹，并司州。東魏置洛州。北齊、後周及隋皆因之。大業元年作新都〔三四〕，改曰豫州，三年復爲河南郡。唐平王世充，置洛州〔三五〕。顯慶二年升爲東都〔三六〕，開元元年改爲河南府，天寶元年曰東京。梁、唐、晉、漢、周常以爲都，梁開平元年改爲西京，後唐爲洛京，晉爲西京。漢、周及皇朝皆因之。今縣十五。

赤，河南縣。古郟鄏地。周武王遷鼎，成王卜宅，是爲王城。平王東遷，居之，後爲西周君所封。二漢爲河南縣。魏、晉以來因之。隋自洛陽故城移都城於此，郡遂徙焉。唐因之。有闕塞山，俗曰龍門。有伊、洛、澗、瀍四水〔三七〕。漢穀城縣，在西北，北齊常山王演築，以拒周師。又築孝水戍，在縣西北。

赤，洛陽縣。本周下都，商頑民所遷，是爲成周。城中有狄泉，敬王避子朝之難，居之。秦置三川郡〔三八〕，兼封文信侯呂不韋。楚封瑕丘申陽爲河南王。漢爲河南郡。東漢、魏、晉、元魏皆爲帝都。東魏置洛陽郡。隋開皇初郡廢，大業初移都城於河南縣，而洛陽縣亦徙在都城中，其故城遂空。皇朝熙寧八年省入河南〔三九〕，元祐二年復置。魚豢曰：「漢火德，火忌水，故光武去『水』而加『隹』。魏土德，土，水之母也，故除『隹』而加『水』。」有北邙山，魏明欲平之，令登臺見孟津〔四〇〕，辛毗諫乃止。東魏高歡破宇文泰軍、唐史思明敗李光弼軍皆在此。有金墉城，在故城西北角，魏明帝所築。有漢平陰縣故城，在縣北五十里，魏文帝改爲河陰。後魏爾朱榮舉兵入洛，朝士三千人遇禍於此。

赤，永安縣。本鞏、緱氏、登封三縣地，近世爲永安鎮〔四一〕，屬鞏。皇朝景德四年升爲縣。有少室山、鳳臺山、轘轅山、青龍河。

畿，偃師縣。帝嚳所都，亦古亳邑也。商有三亳，成湯居西亳，此即一也〔四二〕。至盤庚，又自河北徙治於此亳，商家從此而改國號曰殷。周武王伐紂而還，欲示休戎之意，名爲偃師。二漢屬河南郡。晉以來省。隋開皇十六年復置，屬河南府〔四三〕。唐因之〔四四〕。有尸鄉，田横自剄處〔四五〕。緱氏鎮，古滑國。二漢爲緱氏縣〔四六〕，屬河南郡。自晉至唐因之。皇朝熙寧八年省入偃師〔四七〕。有緱山〔四八〕，王子晉控鶴上升之所。有黄河、曲洛。

畿，鞏縣。春秋時鞏國。戰國時東周居此。二漢屬河南郡。晉、元魏因之。東魏屬成皋郡。北齊省。隋開皇十六年復置，屬河南郡。唐因之。有洛口倉，爲李密所據〔四九〕。漢平縣故城〔五〇〕，在西北，俗謂之小平，其北有小平津。

畿，登封縣。漢武帝登中岳太室，從官在山下〔五一〕，聞有言「萬歲」云，於是以三百户奉祠，命曰崇高邑，屬潁川郡。東漢省入陽城。東魏分潁陽置堙陽縣。隋開皇六年改曰武林，十八年曰輪氏，大業初曰嵩陽，屬河南郡。唐萬歲登封元年更名登封，屬河南。有嵩高山〔五二〕，禹貢所謂「外方」也〔五三〕。有陽城山，禹避舜之子於此。二漢爲陽城縣，屬潁川郡。元魏置陽城郡。隋、唐皆屬河南。萬歲登封元年更名告成，天祐二年改爲陽邑，後省。有箕山，昔堯將遜位，許由耻之，逃隱于此，上有許由冢〔五四〕。有測景臺，昔周公以土圭測日景，求地中，以陽城爲地中焉。漢綸氏縣故城，在西南。

畿，潁陽縣。二漢爲輪氏縣地〔五五〕。晉省之。後魏改曰臨武。後周省之。唐載初元年析河南、伊闕、嵩陽復置臨武縣〔五六〕，屬河南府。開元十五年〔五七〕，更名潁陽。皇朝熙寧八年省入登封〔五八〕，元祐二年復置。有箕山、潁水。

畿，新安縣。昔項羽坑秦降卒二十萬於此。二漢屬弘農郡。晉屬河南郡。東魏置新安郡。後周置東垣縣。隋仁壽四年省新安入東垣，大業初更名新安，屬河南郡。唐因之。有漢函谷關，武帝元鼎三年，楊僕以有功，恥爲關外人，乃上書乞移關於新安，以家財給其費。後周武帝保定中改關城爲通洛防，以備齊寇。有缺門山、金谷水〔五九〕、穀水〔六〇〕。

畿，澠池縣。有古東、西俱利二城。秦昭王與趙惠文王相會澠池，藺相如刼秦王，令爲趙王鼓缶處〔六一〕，蓋云秦、趙俱利也〔六二〕。漢、晉屬弘農郡。元魏置澠池郡。後周及隋屬河南郡。唐因之。有天壇山、廣陽山、澠池水。

畿，永寧縣。本漢宜陽、澠池二縣地，屬弘農郡。後周置熊耳縣〔六三〕。隋因之，屬河南郡，義寧二年更名永寧。西北有二崤山〔六四〕，連入硤石界〔六五〕。其南陵，夏后皋之墓；其北陵，文王之所避風雨。春秋晉襄公敗秦師于殽。又有回溪，馮異敗處，俗名回坑〔六六〕，長四里，闊二丈，深二丈五尺，自漢以前道皆由此。建安中，曹公西征巴漢，惡南路之險，更開北道，自後行旅率多從之。有熊耳山。劉盆子積甲之所〔六七〕。有嶕嶢山，後周置黄櫨、同軌、永昌三城，以備齊。

畿，長水縣。本漢盧氏縣地，屬弘農郡。後魏置南陝縣，屬金門郡〔六八〕。西魏改爲長淵。隋義寧元年改爲長水。唐顯慶二年來屬。土劉，在西北二十五里，蓋古關之塞垣，後周以爲鎮防。有松陽山、洛水。

畿，壽安縣。本漢宜陽、河南二縣地。後魏置甘棠縣。隋仁壽四年更名壽安，屬河南郡。唐因之〔六九〕。高齊置孔城防，以備周，在縣東南。有錦屏山〔七〇〕、鹿蹄山。

畿，福昌縣。本宜陽縣。秦武王欲通三川〔七一〕，以窺周室，乃使甘茂約魏以攻韓，遂拔宜陽。二漢、晉屬弘農郡。元魏置宜陽郡。東魏置陽州。後周改曰熊州。隋開皇初郡廢，大業初州廢，以宜陽屬河南郡。唐武德二年改曰福昌〔七二〕，因隋宫爲名〔七三〕。故韓城，在縣東，劉盆子降光武處。縣城東、南、北三面峭絶天險，後周屯重兵於此，以備高齊。東魏又置金門郡。後周省入。有女几山。

畿，伊陽縣。本漢陸渾縣地。唐先天元年析置伊陽，屬河南府。陸渾，戎名，初在秦、晉之西北，後秦、晉遷之于伊川，因以名縣。漢屬弘農郡。晉屬河南郡。東魏置伊川郡。又有北荆州，後周改曰和州。隋開皇初郡廢，改和州曰伊州〔七四〕。大業初州廢，以陸渾屬河南郡，後省入伊陽。後周置兵於伊陽備齊。有三塗山，春秋晉伐陸渾，請有事於三塗，即此。伊闕鎮，本戎蠻子國。漢惠帝置新城縣，屬河南郡。東漢、晉因之。東魏置新城郡。隋開皇初郡廢，屬河南郡，十八年改縣曰伊闕。北有伊闕故關，昔大禹疏鑿以通水，兩山相對，望之若闕，伊水歷其間北流，謂之伊闕云。皇朝熙寧五年省入伊陽〔七五〕。

畿，河清縣。南臨黄河，左傳云「晉陰」即此〔七六〕。唐咸亨四年析河南、洛陽、新安、王屋、濟源、河陽六縣置大基縣，屬河南府。先天元年改名河清〔七七〕。有柏崖故城。在縣西，東魏將侯景所築。有青要山、滽滽水〔七八〕。

南京應天府。高辛氏子閼伯所居商丘也。周武王封微子啓，是爲宋國。戰國時，齊、楚、魏滅之，三分其地。秦置碭郡。漢爲梁國。東漢、晉因之。元魏爲梁郡。後周置梁州。隋開皇初郡廢，十六年置宋州。大業初州廢，又爲梁郡。唐復爲宋州，天寶元年曰睢陽郡。梁號爲宣武軍節度。後唐改歸德軍。皇朝景德三年升應天府〔七九〕，大中祥符七年升南京〔八〇〕。今縣四。

赤，宋城縣。古商丘也，閼伯、微子、漢梁孝王皆都之。漢曰睢陽縣。後漢、晉、元魏因之。隋開皇十八年改曰宋城。唐屬宋州，張巡、許遠死節於此。有梁孝王兔園、平臺、雁鶩池。春秋時隕石五，見在蓼隄，即梁孝王開道也。

畿，穀熟縣。商之南亳〔八一〕，成湯所都也。後漢置穀熟縣，屬梁國。晉因之。後魏廢焉。隋開皇十六年復置，屬梁郡。唐屬宋州。

畿，下邑縣。漢屬梁國。晉因之。北齊廢己吾縣入焉。隋屬梁郡。唐屬宋州。

畿，虞城縣。夏封舜後於此。少康避有過之難奔有虞，即此。有綸城，即少康邑。漢置虞縣，屬梁國。晉因之。元魏曰蕭縣。北齊廢。隋文帝開皇十六年置虞城縣，屬梁郡。唐屬宋州。有禹貢孟諸藪。

北京大名府。春秋時屬晉、衛。戰國時屬衛。二漢屬魏郡、東郡、清河〔八二〕。魏文帝分置陽平郡。晉因之。宋文帝置東陽平郡。元魏因之。後周大象二年置魏州。隋大業初置武陽郡。唐武德四年平竇建德，改置魏州。龍朔二年更名冀州，咸亨三年復曰魏州，天寶元年曰魏郡。自代宗後，爲田承嗣、史憲誠〔八三〕、何進滔、羅洪信所據〔八四〕，曰大名府，置天雄軍。五代皆因之。後唐建鄴都〔八五〕，晉、漢因之，至周罷。大名府，後唐曰興唐，晉曰廣晉，漢、周復曰大名。皇朝慶曆二年升爲北京。今縣十一。

赤，元城縣。魏武侯公子元食邑於此，因以名縣。二漢屬魏郡。魏置陽平郡。晉、元魏因之。東魏屬魏郡。後周置魏州。隋置武陽郡。唐爲魏州。五代漢以來爲大名府。有沙麓，春秋時沙麓崩，即此。有馬陵，魏龐涓爲齊孫臏所破於此。大名鎮，漢館陶縣地。

東魏分館陶西界置貴鄉縣。後周、隋、唐因之。後唐更名廣晉〔八六〕。漢乾祐初改爲大名。皇朝熙寧六年省入元城〔八七〕。按左傳晉獻公賜畢萬魏，卜偃曰：「萬，盈數也；魏，大名也。」其地於今爲河中之永樂，非元城之魏也。漢以大名名此，失矣。

畿，莘縣。本漢陽平縣，屬東郡。魏、晉、元魏屬陽平郡。北齊改曰樂平。隋開皇六年復曰陽平，八年改曰清邑，十六年置莘州。大業初州廢，改清邑爲莘縣，屬武陽郡。唐屬魏州。春秋衛宣公使盜殺公子汲于莘〔八八〕，即此。漢東武陽縣故城，在南。

畿，内黄縣。漢、晉、元魏屬魏郡〔八九〕。東魏併入臨漳。開皇十六年復置〔九〇〕，屬汲郡〔九一〕。唐屬相州，天祐三年來屬。漢繁陽縣故城，在縣西北。

畿，成安縣。本斥丘縣地。漢、晉、元魏屬魏郡。東魏併入臨漳。故城在縣西北。北齊置成安縣。隋屬魏郡。唐屬相州，天祐二年更名斥丘來屬。後唐復爲成安。洹水鎮〔九二〕，晉長樂縣地。後周分臨漳縣東北界置洹水縣。隋屬魏郡。唐屬相州，天祐三年來屬。皇朝熙寧六年省入成安。蘇秦令六國之將相會盟于洹水上〔九三〕，即此。

畿，魏縣。戰國爲魏武侯别都。漢、晉、元魏屬魏郡。北齊廢之。隋開皇六年復置，屬武陽郡。唐屬魏州。

畿，館陶縣。漢屬魏郡。魏、晉、元魏屬陽平郡，後置毛州。隋煬帝大業初州廢，以館陶屬武陽郡。唐屬魏州〔九四〕。漢書溝洫志：河北決於館陶，分爲屯氏河。而後世誤以爲毛氏河，乃置毛州，失之甚矣。

畿〔九五〕，臨清縣。後漢廣宗縣，水經注言：趙立建興郡於廣宗故城内，置臨清縣。後魏因之。北齊廢焉。隋開皇六年復置，屬清河郡。唐屬貝州，後來屬〔九六〕。永濟鎮，唐大曆七年田承嗣析臨清置永濟縣，屬貝州，天祐三年來屬。皇朝熙寧六年省〔九七〕。

畿，宗城縣。後漢廣宗縣，屬鉅鹿郡。晉屬安平國。隋仁壽元年改曰宗城，屬清河郡。唐屬貝州，天祐三年來屬。經城鎮，本後漢經縣，屬安平國。晉因之。北齊廢焉〔九八〕。隋開皇六年復置經城縣，屬清河郡。唐屬貝州。皇朝熙寧六年省入宗城。

畿，夏津縣。本二漢鄃縣，屬清河郡。晉因之，其後廢焉。隋開皇十六年復置。唐屬貝州，天寶元年更名夏津，後來屬。

畿，清平縣。本漢清陽縣，屬清河郡。後漢省焉。隋開皇六年置貝丘縣，十六年改曰清平。唐屬博州，後來屬〔九九〕。

畿，冠氏縣。春秋晉邑，左傳「齊爲衛，故伐晉冠氏」是也。隋開皇六年分館陶東界置，屬武陽郡。唐屬魏州。清水鎮，本漢清淵縣，屬魏郡。晉屬陽平郡。隋屬清河郡。唐避高祖諱，改爲清泉縣，後爲清水，正觀元年省入冠氏〔一〇〇〕。

校注

〔一〕析：四庫本作「新」。
〔二〕元載：聚珍本「載」作「年」。寰宇記卷一作「六年」，玉海卷一七一、天中記卷一〇引地理志作「六載」。
〔三〕大：戰國策卷一、寰宇記卷一作「夫」。
〔四〕城：四庫本作「地」。
〔五〕帥：四庫本作「師」，舊唐書卷三八作「率」。
〔六〕寒泉阪：寰宇記卷一作「寒泉陂」。
〔七〕獄官：元和志卷七、寰宇記卷一作「大夫」。
〔八〕三亭岡：九域志卷一無「岡」字。
〔九〕此亦：四庫本作「亦二」。
〔一〇〕汴州：原作「洧州」，據元和志卷七、寰宇記卷一改。
〔一一〕母時兵死：寰宇記卷一作「母死之處」。
〔一二〕皇桓山：四庫本、聚珍本作「恒」，九域志卷一及路史卷六引輿地廣記作「皇柏山」。
〔一三〕十六：寰宇記卷一作「十七」。

〔一四〕杞州：原作「杞州」，據通典卷一七七、元和志卷七、寰宇記卷一改。下同。

〔一五〕葵丘：九域志卷一繫於考城縣下。

〔一六〕鄭州：元和志卷八作「管州」。

〔一七〕三年：舊唐書卷三八作「元年」。

〔一八〕按舊唐書卷三八：「龍朔二年改屬鄭州。」

〔一九〕東郡：原作「東都」，據魏書地形志改。

〔二〇〕宋會要方域五之一一：「延津縣，政和七年以酸棗縣改。」

〔二一〕處：四庫本無。

〔二二〕東郡：原作「東都」，據魏書地形志改。

〔二三〕宋會要方域五之一一：「開封府長垣縣，舊(斤)〔匡〕城縣，建隆元年改。」宋史卷八五：「建隆元年改爲鶴丘，後又改。」

〔二四〕刁河：九域志卷一作「刅河」。

〔二五〕陳留國：四庫本作「陳留郡」。

〔二六〕七年：元和志卷八作「三年」。

〔二七〕許州：寰宇記卷二作「許昌」。

〔二八〕洧州：四庫本、聚珍本作「許州」。按隋書卷三〇云「置洧州」。

〔二九〕九域志卷一將「祈耶山、洧水、白亭」繫於扶溝縣下。
〔三〇〕諸侯：四庫本作「都侯」。
〔三一〕秦：聚珍本作「家」。
〔三二〕桓温劉：聚珍本注云「原闕」。四庫本「桓温」作「潁川」。札記卷上：「宋本略可辨，朱校『桓』誤『潁』，『温劉』二字云『原闕』。」
〔三三〕都洛陽：四庫本、聚珍本注云「原闕」。札記卷上：「下三字朱校云『原闕』。」
〔三四〕大業元年：四庫本「元」作「初」，聚珍本「業元」注「原闕」。札記卷上：「『業元』，宋本可辨，此隋志文，朱校云『原闕』。」
〔三五〕洛：聚珍本注「原闕」。札記卷上：「宋本『洛』是也，舊唐志文。朱校云『原闕』。」按舊唐書卷三八作「置洛州」。
〔三六〕顯：聚珍本注「原闕」。札記卷上：「宋本『顯』是也，舊唐志文。朱校云『原闕』。」
〔三七〕四水：四庫本作「四川」。
〔三八〕置：四庫本作「晉」。
〔三九〕熙寧八年：九域志卷一：「熙寧三年省洛陽縣入河南。」宋會要方域一二之一四：「洛陽縣洛陽鎮，〔熙寧〕五年廢縣置。」宋史卷八五亦作「熙寧五年」，當考。
〔四〇〕孟津：通典卷一七七作「盟津」。

〔四一〕宋會要方域一二之一四：「永安縣永安鎮，景德元年置，後陞爲縣。」宋史卷八五：「景德四年，升鎮爲縣。」

〔四二〕此即一也：四庫本無「一」字，聚珍本「一」作「地」。札記卷上：「宋本是也，通典文。朱校作『即此地也』，誤。」按元和志卷五作「即此是也」。通鑑地理通釋卷四引輿地廣記亦作「此即一也」。

〔四三〕河南府：四庫本作「河南郡」。

〔四四〕唐因之：四庫本作「自晉之」。按九域志卷一云：「偃師縣，熙寧三年廢爲鎮。」宋會要方域五之一一：「偃師縣，熙寧三年廢爲鎮，四年復置。熙寧五年又廢，八年復置。」宋史卷八五：「慶曆三年廢，四年復。熙寧五年省入緱氏，八年復置，省緱氏縣爲鎮隸焉。」

〔四五〕到：四庫本、聚珍本作「刎」。

〔四六〕二漢：四庫本、聚珍本注「原闕」。札記卷上：「宋本『二漢』，朱校云『原闕』。」

〔四七〕入：四庫本注「原闕」，聚珍本脱。按宋會要方域一二之一四：「偃師縣緱氏鎮，慶曆三年廢縣置，四年復爲縣。熙寧八年復爲鎮。」

〔四八〕緱山：九域志卷一作「緱氏山」。

〔四九〕「所據」後四庫本注「原闕」。

〔五〇〕漢平縣：原作「漢小平縣」，據四庫本、聚珍本改。按華陽國志卷一：「漢平縣，延熙十三年置。」寰宇記卷一〇九：「漢平縣，隋改爲吴平縣，開皇十三年廢入新喻縣。」而通典卷一七七作「漢小平縣」。

〔五一〕登中岳太室從官在山下：「太室」，四庫本、聚珍本作「少室」。史記卷二八、漢書卷二五上皆云「登中岳太室」。天中記云：「嵩山東謂太室，西謂少室，相去十七里。」「從官」，四庫本、聚珍本作「漢書」。札記卷上：「『岳太從官在』五字，宋本可辨，漢書郊祀志文。朱校『太』作『少』，『室』下作『漢書』二字，誤。」按史記卷二八、漢書卷二五上皆云「從官在山下」。

〔五二〕嵩高山：九域志卷一作「嵩山」。

〔五三〕外方也：四庫本、聚珍本作「外方山」。禹貢指南卷三、禹貢説斷卷三、禹貢錐指略例、水經注釋卷八作「外方山」。此處「外方也」或即「外方山也」之簡稱。

〔五四〕上有：四庫本、聚珍本作「立」。按水經注卷二一、元和志卷五、寰宇記卷四四皆作「上有」。宋會要方域五之一一：「河南府望陵縣，乾德元年廢隸登封縣。」輿地廣記失載。

〔五五〕輪氏：元和志卷五、寰宇記卷三作「綸氏」。上文云登封縣有「漢綸氏縣故城，在西南」，亦作「綸氏」。按：輪綸通。

〔五六〕臨武：舊唐書卷三八作「武臨」，元和志卷五、新唐書卷三八作「武林」。

〔五七〕十五年：四庫本作「年五月」。

〔五八〕八年：九域志卷一作「三年」。宋史卷八五作「二年」。按宋會要方域五之一一：「（穎）〔潁〕陽縣，熙寧五年廢爲鎮，隸登封縣。」宋史卷八五：「慶曆三年廢爲鎮，四年復。熙寧二年省入登封，元祐二年復置。」

〔五九〕金谷水：九域志卷一作「金水」。

〔六〇〕穀水：四庫本脱。札記卷上：「宋本有此二字，此九域志文，朱校誤脱。」

〔六一〕趙王：四庫本作「趙兵」。

〔六二〕俱：四庫本、聚珍本注「原闕」。札記卷上：「宋本『俱』是也，通典文。朱校云『原闕』。」按通典卷一七七、玉海卷一七三、通鑑地理通釋卷一〇皆有「俱」字。

〔六三〕後周置熊耳縣：四庫本「周」作「因」，又「熊耳縣」後衍「隋耳縣」三字。

〔六四〕崤：四庫本、聚珍本作「嶺」。按通鑑地理通釋卷五、讀禮通考卷八八、大清一統志卷一七五引輿地廣記作「崤」。

〔六五〕硤：四庫本、聚珍本作「峽」。按通鑑地理通釋卷五、讀禮通考卷八八、通雅卷一四、大清一統志卷一七五引輿地廣記作「硤」。

〔六六〕回坑：四庫本、聚珍本作「曰坑」。札記卷上：「宋本『回』是也，通典文。朱校作『曰』，誤。」按通典卷一七七、元和志卷五皆作「回坑」。

〔六七〕甲：四庫本、聚珍本作「田」。札記卷上：「宋本『甲』是也，通典文。朱校作『田』，誤。」按通典卷一七七作「劉盆子積甲之所」。而水經注卷一五云：「昔漢光武破赤眉，樊崇積甲仗與熊耳平。」寰宇記卷六云「乃樊崇積甲之所」，與此不同。

〔六八〕金門：元和志卷五作「弘農」。

〔六九〕宋會要方域五之一一：「壽安縣，慶曆三年廢爲鎮，四年復置。」

〔七〇〕錦屏山：四庫本、聚珍本作「銅屏山」。九域志卷首作「錦屏山」。

〔七一〕三川：四庫本作「三引」。

〔七二〕二年：元和志卷五作「元年」。

〔七三〕按續通典卷一二二：「輿地廣記以避諱改福昌縣爲福慶。」今本無避諱改名的記載。據本書因後唐避廟諱而改名的有博昌縣改爲博興縣、昌陽縣改爲萊陽縣、須昌縣改爲須城縣、許昌縣改爲許田縣、靈昌縣改爲靈河縣、孝昌縣改爲孝感縣、昌樂縣改爲南樂縣等可知，此處當爲今本輿地廣記脱文。又宋會要方域五之一一：「福昌縣，熙寧五年廢爲鎮，隸壽安縣，元祐元年復。」九域志卷一廢鎮隸縣在「熙寧三年」。

〔七四〕伊州：四庫本、聚珍本作「伊川」。

〔七五〕五年：宋會要方域一二之一四亦作「五年」，九域志卷一作「三年」，宋史卷八五作「六年」。

〔七六〕即：四庫本作「郡」。

〔七七〕宋會要方域五之一一：「河清縣，唐治朝崖阬池，開寶六年移治白陂鎮。慶曆三年廢爲鎮，四年復置。」宋史卷八五：「開寶元年移治白波鎮。」

〔七八〕滽滽水：聚珍本作「及滽水」。按水經注卷四、水經注釋卷四、行水金鑑卷三作「庸庸之水」。

〔七九〕三年：原作「四年」，據九域志卷一、宋會要方域一二之一、宋史卷八三改。按宋會要方域一二之一：

「真宗景德三年二月，詔曰：『睢陽奥區，平臺舊壤。兩漢之盛，並建於戚藩；五代以還，薦升于節制。地望雄于征鎮，疆理接於神州。實都畿近輔之邦，乃帝業肇基之地。恭惟聖祖，誕慶鴻圖，爰於歷試之初，兼領元戎之寄。謳謡所集，符命荐臻。殆兹累朝，俯同列郡。式昭茂烈，宜錫崇名。用彰神武之功，且表興王之盛。宜升爲應天府，宋城縣爲次赤，寧陵、楚丘、柘城、下邑、穀熟、虞城等縣並爲次畿。』」

〔八〇〕蘇詩補注卷五引輿地廣記：「景德四年改應天府爲南京。」

〔八一〕亳：原作「亳」，據四庫本、聚珍本及書傳會選卷五、尚書埤傳卷一三引輿地廣記改。

〔八二〕清河：四庫本作「清和」。

〔八三〕史憲誠：聚珍本作「史憲成」。

〔八四〕羅洪信：新唐書卷二一〇羅弘信傳作「羅弘信」。

〔八五〕鄴都：聚珍本作「業都」。按新五代史卷六〇作「鄴都」。

〔八六〕此句疑有誤。按前文云：「後唐曰興唐，晉曰廣晉。」

〔八七〕宋會要方域五之一二：「大名縣，慶曆二年陞爲次赤。熙寧六年廢爲鎮，隸元城縣，紹聖三年復。」又：「紹聖三年十一月九日，北京留守司言：『得旨移南樂縣於廢罷大名赤縣基内建置，請以大名縣爲名。』從之。」又云：「南樂縣，慶曆二年陞爲次畿，紹聖三年廢隸大名縣。」宋史卷八六：「政和六年徙治南樂鎮。」

〔八八〕公子汲：四庫本、聚珍本及元和志卷一六引春秋作「公子伋」。

〔八九〕晉：四庫本作「魏」。

〔九〇〕十六年：元和志卷一六作「六年」。

〔九一〕汲郡：元和志卷一六作「相州」。

〔九二〕洹水鎮：四庫本作「洹水縣」。

〔九三〕洹水：四庫本作「此水」。

〔九四〕宋會要方域五之一二：「熙寧六年六月十八日，北京留守司、河北都轉運司言：『館陶縣在大河南隄之間，欲遷于高囤村以避水，公私以爲便。』從之。」

〔九五〕畿：宋會要方域五之一二：「臨清縣，慶曆二年陞爲次畿。」宋史卷八六作「次畿」。

〔九六〕按宋會要方域五之一二：「熙寧五年廢爲鎮，隸宗城縣，尋復。」宋史卷八六：「當年（即熙寧五年）復舊。」

〔九七〕六年：九域志卷一、宋史卷八六作「五年」。按宋會要方域五之一二：「永濟縣，慶曆二年爲次畿，熙寧五年廢爲鎮，隸館陶縣，尋改隸臨清縣。」

〔九八〕廢：四庫本、聚珍本作「廣」。

〔九九〕宋史卷八六：「宋初自博州來屬，熙寧二年又割博平縣明靈砦隸焉，本縣移置明靈。」

〔一〇〇〕宋會要方域一二之一二：「清水鎮，熙寧二年修復。」

輿地廣記卷第六

京東東路〔一〕

望，青州。少昊之世有爽鳩氏，虞、夏時有季萴，湯末有逢公伯陵，殷末有蒲姑氏，皆爲諸侯國於此。周成王時，蒲姑氏與四國作亂，成王滅之，以封太公，是爲齊國。所謂營丘，後徙都臨淄，亦其地。其後爲田氏所有〔二〕。秦滅之，置齊郡。漢高帝封子肥爲齊王，後爲齊郡〔三〕，亦屬北海、千乘。後屬齊國、北海、樂安，兼置青州。晉屬齊國、濟南、樂安。永嘉之亂，陷於石勒。刺史曹嶷爲晉守，造廣固城，終爲季龍所陷。季龍末〔四〕，段龕自號齊王，據之。慕容恪滅趙，克青州。苻氏平燕，盡有其地。及苻氏敗，苻朗以州降。晉置幽州，以辟閭渾爲刺史，鎮廣固。隆安四年，爲慕容恪所陷，遂都之，爲南燕。劉裕滅南燕，以羊穆之爲青州刺史，築東陽城而居之。宋及後魏皆置青州。後周爲齊郡、樂安、北海。隋並廢之，大業初復置北海郡。唐武德四年曰青州〔五〕，天寶元年曰北海郡，升平盧軍節度。皇朝淳化五年改鎮海軍，政和元年曰齊郡。今縣六。

望，益都縣。本二漢廣縣地〔六〕，屬齊郡。晉廢之。廣固城〔七〕，在縣西四里，晉曹嶷所築〔八〕。有大澗，甚廣，因曰廣固城，爲青州刺史治焉，段龕、慕容德皆據此。東陽城北，即郡治東城是也。晉時城守將竺夔守之〔九〕，後魏攻圍不下。益都，本漢侯國，武帝封菑川王子胡爲益都侯。故城在今壽光縣南。元魏置益都縣。北齊移入青州，城北門外爲治所，後置齊郡。隋開皇初廢，大業初置北海郡。唐爲青州。有五龍口，劉裕圍慕容超於廣固，塞五龍口，城中男女悉皆脚弱，病者大半，遂拔之。

望，壽光縣。本漢博昌、壽光縣地。後漢、晉並屬樂安國〔一〇〕。隋徙壽光治所於博昌，屬北海郡〔一一〕。唐屬青州。有淄、澠二水。有灌亭，禹後斟灌氏之國。有紀國故城，春秋紀侯國也。漢曰劇，屬北海郡。文帝十八年，置菑川國。後漢併入北海郡。故城在縣西南。

緊，臨朐縣。二漢臨朐、昌國縣，並屬齊郡。晉省臨朐入昌國。隋開皇六年，改昌國爲逢山〔一二〕，大業初改曰臨朐，屬北海郡。唐屬青州。有伯氏駢邑。

上，博興縣。本漢樂安縣，屬千乘郡。後漢屬樂安國。晉省之，其後復置。隋改爲博昌，屬北海郡。唐屬青州。後唐避諱，改爲博興。

上，千乘縣。漢舊縣。後漢屬樂安國〔一三〕。晉省之，後復置，爲樂安郡治。隋開皇初郡廢，以千乘屬北海郡。唐屬青州。有薄姑城〔一四〕，商末，爲諸侯居此。周時，與四國作亂，成王滅之。有遄臺，齊景公飲酒于臺上曰：「古而無死，其樂若何？」晏子對曰：「昔爽鳩氏始居此地。季萴因之，有逢伯陵因之，蒲姑氏因之，而後太公因之。古若無死，爽鳩氏之樂非君所願也。」顔師古言：武王初封太公於齊，未得爽鳩氏地，成王以益之。在漢博昌縣地。

上，臨淄縣。城臨淄水，故曰臨淄，即營丘也。周封太公於此。南郊山下有天齊淵，齊所以爲「齊」，以「天齊」也。戰國時齊威王、項羽封田都、漢齊悼惠王皆都之，後置齊郡。後漢、晉爲齊國。元魏爲齊郡。北齊廢之。隋開皇十六年復置，屬北海郡。唐屬青州。漢西安縣故城〔一五〕，在西北。本曰渠丘，齊大夫雍廩之邑。有葵丘、牛山、時水。

上，密州。戰國時屬齊。秦置琅邪郡。漢屬琅邪郡及高密、城陽二國。後漢屬琅邪郡、北海國。晉屬城陽郡。元魏屬高密，後置膠州。隋開皇初郡廢，五年改膠州爲密州。大業初州廢，復爲高密郡。唐武德五年曰密州，天寶元年曰高密郡。皇朝開寶五年升安化軍節度〔一六〕。今縣五。

望，諸城縣。本漢東武、諸二縣地，東武爲琅邪郡治所。後漢屬琅邪國。晉屬城陽郡〔一七〕。後魏置高密郡。隋開皇初改爲密州，十八年改東武爲諸城，大業初復爲高密郡。

唐爲密州。諸，本魯邑，春秋「城諸及鄆」是也。漢屬琅邪郡。後漢屬琅邪國。晉屬城陽郡。元魏屬東莞郡，其後省入東武，至隋改焉。漢琅邪縣，在東境。初，越王勾踐欲霸中國，徙都於此，起觀臺於山上，周七里，以望東海。秦始皇置琅邪郡，後東遊過齊，登山，大樂之，因留三月，乃徙黔首三萬户於山下，刊石立碑，紀秦功德。漢武帝亦登焉。晉省琅邪縣，後復置。元魏屬平昌郡，後又省。隋開皇十六年，置縣曰豐泉。大業初，復改爲琅邪。唐省之。

望，安丘縣。本莒之渠丘也。漢爲安丘，屬北海郡。後漢屬北海國。晉屬東莞郡。元魏屬平昌郡，其後並廢。隋開皇十六年置牟山縣，大業初改名安丘，屬高密郡。唐乾元二年，以安禄山亂，改爲輔唐。皇朝開寶四年復爲安丘〔一八〕。漢梧城〔一九〕、朱虚、昌安三縣故城在此〔二〇〕。

望，莒縣。古莒國〔二一〕。戰國時，燕將樂毅破齊，獨莒不下。漢文帝置城陽國，以封朱虚侯劉章。光武併入琅邪國〔二二〕。魏、晉復置城陽郡。後魏置東莞郡。北齊郡廢，屬義唐郡。唐初廢之，以莒屬琅邪，後屬密州。漢海曲縣故城，在縣東，吕母起於此。

上，高密縣。縣有密水，故以爲名。漢文帝置膠西國，宣帝本始元年更名高密國。後漢屬北海郡。魏、晉屬城陽郡。隋屬高密郡。唐屬密州。漢夷安縣，屬高密國。本春秋萊國之夷維邑〔二三〕，平仲其邑人也。後漢屬北海郡。晉以來省之。唐武德六年，移高密治故夷安城。淳于，本春秋州國。漢爲縣，屬北海郡。後漢屬北海國。晉屬城陽郡。元魏屬平昌郡。北齊省入高密。

膠西縣。春秋介葛盧國。二漢爲黔陬縣，屬琅邪郡。晉屬城陽郡。元魏屬高密郡，後置平昌郡。隋開皇初郡廢，十六年置縣，曰膠西。大業初省黔陬入焉，屬高密郡。唐武德元年省膠西入高密，後以其地爲板橋鎮。皇朝元祐三年復置膠西縣。

上，齊州。春秋、戰國皆屬齊。秦屬齊郡。二漢屬濟南、平原、東郡。晉濟南郡，領平壽、下密、膠東、即墨、祝阿五縣，而以平壽爲郡治。方今考其屬邑，乃漢北海、平原、膠東地，非濟南地也。或云魏平蜀，將徙其豪將家於濟河北，改爲濟岷郡，而太康地理志無此郡名〔二四〕，豈永嘉喪亂，簡編散落，故失其傳乎？宋爲濟南郡，兼置冀州〔二五〕。後魏改爲齊州〔二六〕。隋開皇初郡廢，大業初州廢，置齊郡。唐武德元年曰齊州，天寶元年曰臨淄郡，五年曰濟南郡。皇朝治平二年升興德軍〔二七〕。今縣五。

緊，歷城縣。二漢屬濟南郡。宋、元魏爲郡治焉。隋置齊郡。唐爲齊州〔二八〕。有歷山，漢韓信度平原，襲破齊歷下軍，即此。有華不注山，左傳晉郤克敗齊師，逐之，三周華不注是也。漢東平陵縣〔二九〕，本譚國。二漢爲濟南郡治，其後郡徙歷城，而平陵遂廢〔三〇〕。唐武德二年置譚州并平陵縣，正觀元年州廢〔三一〕，屬齊州。十七年，齊王祐起兵，平陵人李君求據縣，不從，因改名全節。元和十五年，省入歷城。漢臺縣故城，在縣西。

緊，禹城縣。本祝柯〔三二〕，齊邑也。春秋襄十九年：「諸侯盟于祝柯。」即此。二漢曰祝柯，屬平原郡。晉屬濟南郡〔三三〕。隋屬齊郡。唐屬齊州，天寶元年更名禹城。東有野井亭，齊侯唁魯昭公之所。

中，章丘縣。本漢陽丘縣，屬濟南郡。後漢省之，後置高唐縣〔三四〕。隋開皇十六年改爲章丘〔三五〕，屬高密郡。唐屬齊州〔三六〕。有東陵山，盜跖死處。臨濟鎮，本漢朝陽縣。隋開皇十六年改曰臨濟，别置朝陽，大業初省入焉。唐屬齊州。皇朝咸平四年省入章丘。菅縣〔三七〕，二漢屬濟南郡。晉以後廢之，地入臨濟。

中，長清縣。本齊之石窌邑。二漢及晉爲盧縣地。隋開皇十四年置長清縣，屬濟北郡〔三八〕。唐屬齊州。武德元年置山茌縣〔三九〕，二漢茌縣也〔四〇〕，屬泰山郡。天寶元年改爲豐齊，元和十五年省入長清〔四一〕。

中〔四二〕，臨邑縣。二漢屬東郡。晉及元魏屬濟北國。隋屬齊郡。唐屬齊州〔四三〕。有石門。有盧縣故城，春秋「齊侯、鄭伯盟于石門，尋盧之盟」是也。有朝陽城，漢朝陽縣也，屬濟南郡。後漢爲東朝陽，屬濟南國。晉屬樂安國，其後廢入臨邑。

上，沂州。春秋時齊、魯二國之地。戰國時屬齊、楚。秦屬琅邪郡。漢屬琅邪、東海二郡，後置琅邪國。魏、晉因之。宋爲琅邪郡。後魏置北徐州。後周改爲沂州。隋開皇初郡廢，大業初州廢，復爲琅邪郡。唐武德四年曰沂州，天寶元年曰琅邪郡。今縣五。

望，臨沂縣。本魯地。春秋城中丘在縣東北。二漢屬東海郡。晉屬琅邪國〔四四〕。隋爲琅邪郡。唐爲沂州。漢即丘縣故城，在縣東南，本祝丘，春秋「夫人姜氏享齊侯于祝丘」是也。二漢、晉皆屬琅邪國。隋大業初省入臨沂。漢開陽縣，屬東海郡，本鄅國也，後更名啓陽，春秋「叔孫州仇帥師城啓陽」是也。漢避景帝諱，改爲開陽。後漢、晉爲琅邪國治，其後廢入臨沂。故城在縣南。漢襄賁縣，屬東海郡。後漢及晉皆因之，其後廢入臨沂。故城在縣南。

望，承縣。本漢承縣，屬東海郡。後漢、晉因之。隋大業初，改承爲蘭陵，屬彭城郡。唐武德四年復更爲承，以縣置鄫州，正觀元年州廢來屬〔四五〕。蘭陵鎮，戰國時屬楚，春申君以荀卿爲蘭陵令。二漢、晉屬東海郡。元康元年置蘭陵郡，其後郡、縣俱廢。唐武德四年置蘭陵縣，正觀元年省入鄫。故鄫國，漢屬東海郡。後漢、晉皆屬琅邪。隋大業初省入承。

望，沂水縣。漢東莞、東安二縣地。東莞，本莒之鄆邑，魯取之。漢屬琅邪國。晉太康中，置東莞郡。隋屬高密郡，後省入東安。東安，漢屬城陽國。後漢及晉屬琅邪國，其後改沂水縣及南青州、東安郡。後周改州爲莒州。隋開皇初郡廢，改縣曰東安，十六年又改曰沂水。大業初州廢，屬琅邪郡。唐屬沂州。有沂山，禹貢沂水所出。有浮來山，春秋「公及莒人盟于浮來」是也。有穆陵山，昔召康公賜齊太公履，南至于穆陵，即此。漢陽都縣，春秋陽國也。漢屬城陽國。後漢、晉屬琅邪國，其後廢焉。故城在縣南。有大峴山，爲齊南境，其地險固。晉將劉裕伐南燕，大將公孫五樓請慕容超據守大峴，超不從，故敗。

望，費縣。魯季氏邑，公山弗擾以費畔，即此。漢屬東海郡。後漢屬泰山郡。晉屬琅邪國。隋屬琅邪郡。唐屬沂州。有蒙山，禹貢所謂「蒙羽其藝」是也。顓臾城，在縣西北，魯附庸國，爲東蒙主。冉有以爲固，而近於費，勸季氏伐之。隋開皇十八年，改南武陽曰顓臾，屬琅邪郡。唐正觀元年省入費。漢南武陽縣，屬泰山郡。後漢及晉因之。有顓臾城，隋因改焉。故城在縣西。漢南城縣，屬東海郡。後漢屬泰山。晉屬南武城，即古之武城。子游爲宰，有弦歌之聲處也。故城在費縣。

中，新泰縣。本漢東平陽縣〔四六〕，屬泰山郡。後漢省之。晉復置。惠帝元康元年改爲新泰，屬泰山郡。隋屬琅邪郡。唐屬沂州。漢蒙陰縣，屬泰山郡。後漢省之。晉復屬琅邪國。北齊省入新泰。故城在縣東南。堂阜，在東齊地也，有夷吾亭，管仲以囚自魯歸，鮑叔解其縛於此。

上〔四七〕，**登州**。春秋牟子國〔四八〕。戰國屬齊。秦屬齊郡。二漢、晉屬東萊郡。元魏置東牟郡〔四九〕。隋屬東萊郡。唐置登州，天寶元年曰東牟郡。今縣四。

望，蓬萊縣。本漢黄縣，屬東萊郡。後漢爲郡治所。晉屬東萊國。元魏置東牟郡。北齊廢東牟入長廣郡。隋開皇初廢長廣，屬東萊郡。唐如意元年置登州，初治牟平。神龍三年更名黄爲蓬萊，徙治焉。

望，黄縣。漢舊縣，唐神龍三年更名蓬萊。先天元年析蓬萊置黄縣，屬登州。有萊山。漢⿰巾弦縣地在此。有蹲狗山。

緊，牟平縣。二漢舊縣，屬東萊郡。晉省之，後復置。隋屬東萊郡。唐屬登州。漢東牟、腄縣地在此，有東牟山、之罘山，秦始皇、漢武帝嘗登之。

中，文登縣。漢不夜、腄縣地，屬東萊郡。後漢以來省之。北齊置文登縣。後周因之。隋屬東萊郡。唐武德四年置登州〔五〇〕，正觀元年州廢，如意元年屬登州。有文登山〔五一〕。有成山，漢武帝禮日於成山，即此。有不夜城，古有日夜出，見於東萊，故萊子立此城，以「不夜」爲名。有秦始皇石橋。

中，萊州。禹貢所謂「萊夷作牧」之地。春秋爲萊國，齊侯滅之，遷萊子於郳〔五二〕。戰國屬齊。秦屬齊郡。二漢爲東萊郡。晉爲東萊國。宋爲東萊郡。後魏兼置光州。北齊、後周因之。隋開皇初郡廢，五年改州曰萊州。大業初州廢，置東萊郡。唐武德四年曰萊州，天寶元年曰東萊郡。今縣四。

望，掖縣。漢高帝置東萊郡。後漢郡徙治黄。晉復爲郡治焉。後魏以來因之。隋開皇初郡廢，大業初復置。唐爲萊州。有掖水，因以名縣。有三山〔五三〕，有萬里沙，見史記封禪書。漢曲成、當利二縣在此。

望，萊陽縣。二漢昌陽縣，屬東萊郡。晉省之，其後復置。隋屬東萊郡。唐屬萊州。後唐避廟諱，改爲萊陽。有奚養津，周禮幽州，其藪奚養。

望，膠水縣。本漢長廣縣地，屬琅邪郡。後漢屬東萊郡。晉咸寧三年屬長廣郡，其後郡廢，復屬東萊郡。隋仁壽元年改曰膠水。唐屬萊州。

中，即墨縣。燕將樂毅破齊，唯田單守即墨不下，卒破燕軍。項羽立田市爲膠東王〔五四〕，都此，後屬齊。漢文帝十六年，復爲膠東國。後漢國廢，屬北海國。晉屬濟北郡〔五五〕。北齊省之。隋開皇十六年復置，屬東萊郡。唐屬萊州。漢不其縣，屬琅邪郡。後漢屬東萊郡。晉置長廣縣〔五六〕，其後郡廢。北齊省之。隋開皇十六年復置，尋省入即墨。故城在今縣西。漢壯武縣，屬膠東國，故夷國也，左傳紀人伐夷，即此。後漢屬北海國。晉屬城陽郡，其後廢焉。故城在即墨西。有沽水，左氏曰「沽尤以西」〔五七〕，即此。

上，濰州。春秋、戰國皆屬齊。秦屬齊郡。二漢爲北海郡。晉爲濟南國。元魏復置北海郡。北齊改郡曰高陽。隋開皇初郡廢，十六年分置濰州〔五八〕。大業初州廢，屬北海郡。唐初置濰州，尋廢，屬青州。皇朝以青州北海縣置軍，後升爲濰州〔五九〕，政和元年曰北海郡〔六〇〕。今縣三。

望，北海縣。本漢平壽、下密、桑犢縣地。後漢省桑犢，餘屬北海國。晉以平壽置濟南郡，下密屬焉。元魏復爲北海郡。北齊改曰高陽〔六一〕。隋開皇三年罷郡，置下密縣於廢郡城。大業二年改爲北海縣，而別置下密。唐武德二年，以北海置濰州。八年州廢，省下密入北海，屬青州。皇朝建隆三年置北海軍，乾德三年升爲濰州〔六二〕。有斟亭，禹後斟尋氏之國。有寒亭，羿相寒浞之國。有溉源山，溉水所出，古所謂「覆甑山」也。

望，昌邑縣。二漢都昌縣地，屬北海郡。元魏屬北海郡。隋因之，後省爲北海縣地。皇朝建隆三年析置昌邑縣。有濰水，出箕山，北至都昌入海。漢末，北海相孔融爲黄巾賊管亥所圍，劉備救之於此〔六三〕。

緊，昌樂縣。二漢營陵縣地，屬北海郡。晉屬高密國。元魏屬平昌郡，後改爲營丘。北齊廢之。隋開皇十六年復置，屬北海郡。唐正觀八年省入北海。皇朝乾德三年，以營丘城置安仁縣，尋改爲昌樂。

上，淄州。春秋、戰國皆屬齊。秦屬齊郡。漢屬濟南、樂安國。後漢因之。晉屬樂安國。後魏置東清河郡。北齊郡廢。隋置淄州，大業初州廢。併入齊郡。唐武德元年置淄州，天寶元年曰淄川郡。今縣四。

望，淄川縣。本漢般陽縣也，屬濟南郡。後漢屬齊國。晉省之。後魏置貝丘縣及東清河郡。北齊郡廢。隋開皇十六年置淄州，十八年改貝丘爲淄川，屬齊郡。唐屬淄州。有淄水，出泰山萊蕪縣原山東北〔六四〕，過臨淄縣東，又東北過利縣東，又東北入于海。漢萊蕪故城，在東南。菑川國，亦在此。古齊長城。

中，長山縣。本二漢於陵縣地，屬濟南郡。晉省之，後置武彊縣。隋開皇十八年改曰長山，屬齊郡〔六五〕。唐屬淄州。有長白山，陳仲子夫妻隱處。

中下，鄒平縣。古鄒國。二漢屬濟南郡。晉曰鄒，屬樂安國，後改爲平原縣。隋開皇十八年復曰鄒平，屬齊郡。唐屬淄州〔六六〕。

下，高苑縣。漢屬千乘郡〔六七〕。後漢、晉屬樂安國。北齊改曰長樂。隋開皇十八年改曰會城，大業初復名高苑，屬齊郡。唐屬淄州〔六八〕。漢被陽縣在此。漢狄縣，田儋兄弟殺狄令起兵於此。漢屬千乘，安帝永初二年改爲臨濟，屬樂安國，其後省入高苑〔六九〕。

同下州，淮陽軍。春秋、戰國屬宋、魯。秦屬薛郡。漢屬東海郡。後漢爲下邳國。晉、宋因之。梁爲武州及下邳郡。後魏爲東徐州〔七〇〕。後周爲邳州。隋開皇初郡廢，大業初州廢，復屬下邳郡。唐置邳州，後州廢，屬泗州，又屬徐州。皇朝置淮陽軍。今縣二。

望，下邳縣。夏時奚仲自薛徙此。秦末，爲東陽郡治，秦嘉其邑人也。韓信爲楚王，都此國。漢屬東海郡〔七一〕。後漢永平十五年置下邳國。晉、宋因之。城有三重：大城南門，謂之白門，曹公擒陳宫處也〔七二〕；中城，吕布所守也；小城，晉荀羡、郄曇所治也。梁置武州下邳郡。後魏置東徐州。後周置邳州。隋皆廢之，後復置下邳郡于宿豫，而以下邳縣屬焉。唐武德四年置邳州，正觀元年州廢，屬泗州，而省郯、良城、淮陽三縣入下邳〔七三〕。元和四年屬徐州。皇朝太平興國七年置淮陽軍。縣處沂、泗之會。城東南有小沂水，水上有橋，楚人謂橋曰圯〔七四〕，張良遇黄石公於下邳圯上，即此。葛嶧山，在西，禹貢所謂「嶧陽」也。郯縣〔七五〕，故己姓國，春秋「郯子來朝」是也。秦置郯郡。二漢、晉皆爲東海郡治，兼爲徐州刺史治焉。後魏復置郯郡。隋開皇初郡廢，屬下邳郡。唐省之。故城在縣北。良城縣，左傳昭十三年，「晉侯會吴子于良」是也。漢屬東海。後漢、晉皆屬下邳〔七六〕。梁置武原郡。隋開皇初郡廢，屬下邳。唐省之。淮陽縣，在漢淩縣、泗陽之間，有淮陽城〔七七〕。梁置淮陽郡。東魏置綏化縣。後周改爲淮陽。隋開皇初郡廢，屬下邳。唐省之。漢睢陵縣故城在此。

中，宿遷縣。秦下相縣地，城在西北，項羽即此縣人也〔七八〕，屬臨淮郡。晉元帝督運軍儲，以爲邸閣，因置宿豫縣及宿豫郡焉。明帝太寧中，兖州刺史劉遐自彭城退屯泗口，即此。安帝義熙中置城，在今縣東南，臨泗水，南近淮水，自後爲重鎮。後魏太和中南徐州治此，後省州爲戍。隋開皇初廢宿豫郡，以縣屬下邳。唐屬泗州。寶應元年避諱，改爲宿遷，屬徐州。皇朝太平興國七年來屬。

校注

〔一〕宋史卷八五：京東路，熙寧七年分爲東西兩路，元祐元年合併爲一路。

〔二〕所：四庫本作「地」。

〔三〕後：聚珍本作「故」。

〔四〕末：原作「未」，據四庫本、叢書集成本改。

〔五〕四年：元和志卷一一、寰宇記卷二作「二年」。

〔六〕廣縣：元和志卷一〇作「廣固縣」。

〔七〕廣固城：四庫本作「廣固縣」。

〔八〕晉：四庫本作「晉書」。

〔九〕守：原作「宋」，據四庫本改。

〔一〇〕晉：四庫本、聚珍本作「置」。札記卷上：「宋本『晉』是也，晉志可證。朱校作『置』，誤。」按晉書卷一五作「晉」。

〔一一〕海：四庫本作「齊」。札記卷上：「宋本『海』是也，隋志可證。朱校作『齊』，誤。」

〔一二〕改：四庫本、聚珍本作「故」。札記卷上：「宋本『改』是也，隋志文。朱校作『故』，誤。」按隋書卷三〇作「改」。

〔一三〕後漢屬樂安國：「後」，聚珍本作「樂」。又「樂安國」，通典卷一八一作「樂安郡」。

〔一四〕通鑑地理通釋卷六引輿地廣記：「青州博興縣有博古城。」今本在千乘縣下。

〔一五〕縣：聚珍本作「置」。按宋書卷三五作「縣」。

〔一六〕宋會要方域五之一：「密州，漢防禦州，周降軍事。建隆元年復爲防禦，開寶五年陞爲安化軍節度，尋復降爲防禦。六年，復陞節度。元祐三年，改臨海軍。」

〔一七〕城陽郡：元和志卷一一、寰宇記卷二四作「東莞郡」。

〔一八〕宋會要方域五之一三：「安丘縣，唐輔唐縣，梁改安丘，晉改膠西，開寶四年復今名。」

〔一九〕梧城：寰宇記卷二四作「郚城」。

〔二〇〕故城：四庫本作「故縣」。

〔二一〕古：四庫本作「東」。札記卷上：「宋本略可辨。朱校作『東』，誤。此用通典文。」按通典卷一八〇作「古」。

〔二二〕琅邪：原作「琅耶」，據上文改。下同。

〔二三〕夷維邑：四庫本、聚珍本作「夷雒邑」。按史記卷六二管晏列傳、卷八三魯仲連鄒陽列傳、漢書卷二八下、水經注卷二六皆作「夷維邑」。

〔二四〕太康：原作「太原」，據四庫本、聚珍本改。

〔二五〕兼：四庫本作「復」。札記卷上：「宋本『兼』是也，通典文。朱校『復』，誤。」按通典卷一八〇作

「兼」。

〔二六〕齊州：原作「濟州」，據通典卷一八〇、元和志卷一〇、寰宇記卷一九改。

〔二七〕皇朝治平二年升興德軍：四庫本「二年」作「三年」。又「興德軍」，九域志卷一作「德興軍」。札記卷上：「宋本『興』是也，九域志可證。朱校『與』，誤。」按宋會要方域五之一：「齊州，國朝初爲防禦州，治平二年陞興德軍節度，政和六年陞爲濟南府。」

〔二八〕齊州：原作「濟州」，據通典卷一八〇、元和志卷一〇改。

〔二九〕漢東：四庫本作「漢末」。

〔三〇〕遂：四庫本作「又」。札記卷上：「宋本『遂』。朱校『又』，誤。」

〔三一〕元年：四庫本作「六年」。

〔三二〕祝柯：通典卷一八〇、元和志卷一〇、寰宇記卷一九作「祝阿」。下同。

〔三三〕聚珍本「郡」字後有「侯」字。

〔三四〕後：四庫本作「復」。

〔三五〕十六：元和志卷一〇、寰宇記卷一九作「十八」。

〔三六〕屬：聚珍本作「復」。宋會要方域五之一五：「章丘縣，景德三年以縣置清平軍，熙寧三年軍廢，縣來隸，即縣治置清平軍使。」又：「清平縣，舊清平(縣)〔軍〕，熙寧三年廢軍使，縣隸〔齊〕州，即縣治置清平軍使。」

〔三七〕莒縣：原作「管縣」，據漢書卷二八上、後漢書志第二二改。

〔三八〕濟北郡：元和志卷一〇作「濟州」，寰宇記卷一九作「齊」。

〔三九〕茌：元和志卷一〇作「茌」，寰宇記卷一九作「茬」。下同。

〔四〇〕茌縣：漢書卷二八上作「茌縣」，後漢書志第二一作「山茌縣」。

〔四一〕宋會要方域五之一五：「長清縣，至道二年徙治刺榆店。」

〔四二〕宋史卷八五：臨邑，「政和元年升爲望。」

〔四三〕宋會要方域五之一五：「臨邑縣，舊治權家村，建隆元年以河決公乘渡，（壞城縣）〔壞縣城〕，三年徙治〔孫〕耿鎮。」

〔四四〕琅耶國：元和志卷一一、寰宇記卷二三作「琅邪郡」。

〔四五〕元年：元和志卷一一作「八年」，寰宇記卷二三作「六年」。

〔四六〕東平陽縣：四庫本、聚珍本作「東上陽縣」。按寰宇記卷二三「杜注云：今太山有平陽，漢爲東平陽縣，屬太山郡。按河東有平陽縣，故此爲東也。」

〔四七〕宋會要方域五之一五：「登州，唐中都督府，乾德元年降爲上州。」

〔四八〕牟子國：元和志卷一一作「萊子國」。

〔四九〕置：四庫本作「屬」。

〔五〇〕登州：舊唐書卷三八、新唐書卷三八作「萊州」，此處「登州」當爲「萊州」之誤。

〔五一〕文登山：九域志卷首作「登山」。

〔五二〕還：四庫本作「還」。

〔五三〕三山：漢書卷二八上作「參山」。

〔五四〕田市：四庫本、聚珍本作「田車」。札記卷上：「宋本『市』是也。朱校作『車』，誤。」按史記卷七、卷九四皆作「田市」。

〔五五〕濟北郡：四庫本作「北海郡」。

〔五六〕長廣縣：寰宇記卷二〇作「長廣郡」。

〔五七〕有沽水左氏曰沽尤以西：聚珍本「沽」作「姑」。札記卷上：「兩『沽』字，宋本並作『沽』，此用通典文。朱校並作『姑』，蓋以左傳昭二十年改下『沽』字而并改上『沽』字也，殊失歐舊。九域志亦作『沽水』。」按通典卷一八〇：「有沽水，左傳云：沽尤以東，即此也。」又「西」，四庫本、聚珍本作「東」。按左傳杜林合注卷四〇、春秋左傳事類本末卷四、春秋左傳屬事卷一三、左傳事緯卷九、左傳折諸卷二二、春秋左傳疏卷四九、左傳紀事本末卷二〇皆作「姑尤以西」。寰宇記卷二〇引左氏：「聊攝以東，姑尤以西。」齊乘卷二亦云：「沽水起北海，至南海，行三百餘里，絕齊東界，故曰沽尤以西，尤即小沽河耳。」

〔五八〕濰州：原作「雄州」，據隋書卷三〇改。

〔五九〕濰州：四庫本、聚珍本作「湖州」。宋朝事實卷一八云乾德二年升爲濰州，齊乘卷三云乾德三年升爲濰州，不同。按宋會要方域五之一五：「濰州，本青州北海縣，建隆三年于縣置北海軍，乾德三年陞爲州。」當以「乾德三年」爲是。

〔六〇〕北海郡：宋朝事實卷一八：「政和元年曰北海郡。」齊乘卷三：「政和元年又改爲北海軍。」不同。按攻媿集卷七八跋攻樂全上范文正公書云：「青州在漢屬北海。唐天寶曰北海郡。皇朝以青北海縣置軍，後升爲濰州。政和始以青州爲齊郡，以濰州爲北海郡。」又宋會要方域五之一三：「政和元年八月二十七日，尚書省言：『應九域圖志内有合陞降州縣删改修立，勘會興仁府爲東輔，青州爲齊郡，濰州爲北海郡。』從之。」當以「北海郡」爲是。

〔六一〕高陽：寰宇記卷一八作「北海郡」。

〔六二〕三年：原作「二年」，據九域志卷一、宋會要方域五之一五改。

〔六三〕劉備：四庫本作「劉先主」。

〔六四〕原山：四庫本、聚珍本作「蔡山」。按水經注卷二六、元和志卷一一、寰宇記卷一九作「原山」。

〔六五〕齊郡：通典卷一八〇、元和志卷一一、寰宇記卷一九作「淄州」。

〔六六〕宋會要方域五之一五：「淄州鄒平縣，舊治縣北故城，景德元年徙治(廣)〔濟〕陽城。」

〔六七〕千乘郡：通典卷一八〇、元和志卷一一作「千乘國」。

〔六八〕宋會要方域五之一五：「高苑縣，景德三年以縣置宣化軍。熙寧三年軍廢，縣復來隸，即縣治置宣化軍使。」

〔六九〕高苑：原作「高菀」，據四庫本及九域志卷一改。按漢書卷二八上作「高宛」，後漢書志第二二作「高菀」。
〔七〇〕東徐州：隋書卷三一作「南徐州」。
〔七一〕漢：原作「徐」，據漢書卷二八上及上下文改。
〔七二〕陳宫：元和志卷九、寰宇記卷一七作「吕布」。
〔七三〕淮陽：聚珍本作「淮隋」。
〔七四〕楚人：寰宇記卷一七作「南人」。
〔七五〕郯縣：四庫本作「郯陽」。
〔七六〕下邳：漢書卷二八上作「良成」，後漢書志第二一同。
〔七七〕淮陽城：四庫本作「淮陽切」。按通雅卷一四引輿地廣記作「淮陽城」。
〔七八〕縣：原無，據四庫本補。

輿地廣記卷第七

京東西路

襲慶府，大都督府，兖州。春秋、戰國爲魯、邾二國之境。秦置薛郡。二漢屬魯國、泰山、山陽郡。晉屬魯郡、山陽，兼置兖州。宋屬魯郡、泰山、高平。後魏爲魯郡。北齊改爲任城郡。隋開皇三年郡廢，大業二年改兖州爲魯郡〔一〕。唐武德初克徐圓朗〔二〕，復曰兖州。天寶元年曰魯郡，後升泰寧軍節度。周降防禦。皇朝建隆元年復泰寧軍，大中祥符元年升都督府〔三〕。今縣七。

上，瑕丘縣。本魯負瑕邑，春秋「季康子入邾，以邾子益來囚諸負瑕」是也。瑕丘在縣西南，昔衛公叔文子升之，蘧伯玉從，文子曰：「樂哉斯丘，死則我欲葬焉！」伯玉曰：「吾子欲之〔四〕，則瑗請前。」二漢屬山陽郡。晉省入南平陽〔五〕，屬高平國〔六〕。隋開皇十三年復置瑕丘，爲魯郡治。唐爲兖州〔七〕。漢樊縣，屬東平國〔八〕。後漢屬任城國。晉因之，其後廢焉。故城在今縣西南。有檀鄉。

上，奉符縣。本漢博縣，屬泰山郡。後漢、晉因之。後魏爲郡治。北齊改郡曰東平〔九〕。隋開皇初郡廢。十六年改縣曰汶陽，尋改爲博城，屬魯郡。唐武德五年置東泰州，正觀元年州廢，屬兖州，乾封元年更名乾封〔一〇〕。皇朝大中祥符元年改爲奉符。漢奉高縣，爲泰山郡治。後漢、晉因之，其後郡徙治博。隋開皇六年改縣曰岱山，大業初省入博城。漢梁父、牟二縣，並屬泰山郡。牟，故國，春秋「牟人來朝」是也。隋省之。唐省梁父，皆入博城。有泰山、梁父山，昔秦始皇禪梁父，即此。有龜山〔一一〕，魯頌所謂「奄有龜蒙」是也。漢鉅平縣，屬泰山郡。後漢、晉因之，其後廢，地入博城。有亭亭山、社首山。

上，泗水縣。本魯卞邑，春秋「夫人姜氏會齊侯于卞」是也。漢屬魯國。後漢、晉因之，其後廢焉。隋開皇十六年，於卞故城置泗水縣，屬魯郡。唐屬兖州。有陪尾山，泗水所出。有云云山。有尼丘山，孔子母顏氏所禱，即此。漢汶陽縣，屬魯國。後漢、晉因之〔一二〕，後廢。故城在縣西。

上，龔丘縣。本漢寧陽縣，屬泰山郡。後漢屬東平國。晉省之。北齊置平原縣。隋開皇十六年改曰龔丘，屬魯郡。唐屬兖州〔一三〕。漢剛縣，屬泰山郡，本魯之闡鄉，春秋「齊人取讙及闡」是也。後漢屬濟北國。晉曰剛平，屬東平國，其後廢焉。故城在今縣東北。漢蛇丘縣，屬泰山郡，城下有水，即魯之蛇淵囿也。春秋爲鑄、遂二國地，鑄爲蛇丘治所，而遂在西北十里。後漢、晉屬濟北國，後廢。按水經注云：汶水又西，洸水出焉，又西逕蛇丘縣南。又云：蛇水，西南逕下讙城南。蛇水，即讙水也。今洸水、讙水在龔丘，則亦蛇丘地矣。

中下，仙源縣。本壽丘，黄帝所生之地。亦爲少昊氏之虚〔一四〕，有大庭氏之庫。周封伯禽爲魯侯，宅曲阜。曲阜在城中，委曲長七、八里。楚滅魯，以爲縣。秦置薛郡。漢高后元年改爲魯國。後漢因之。晉爲魯郡。北齊改爲任城郡。隋開皇三年郡廢。四年改魯縣爲汶陽，十六年改曰曲阜，屬魯郡。唐屬兖州。皇朝大中祥符五年改爲仙源〔一五〕。有闕里，孔子所居，漢魯恭王殿階猶存。

中下，萊蕪縣。漢屬泰山郡。後漢、晉因之，後廢。後魏於萊蕪故城置嬴縣。隋屬魯郡。唐正觀元年省入博城。長安四年復置萊蕪，屬兖州。嬴，本齊邑，春秋「公會齊侯于嬴」是也。漢屬泰山郡。後漢、晉因之，後廢，地入萊蕪。有原山〔一六〕，淄水、汶水所出。淄水東北流至千乘入海，汶水西南流至中都，入大野陂。有肅然山，漢武帝禪肅然，即此。

下，鄒縣。春秋時邾文公卜遷于繹，即此，後改爲鄒。戰國時，爲楚所滅。城北有孟子冢。二漢屬魯國。晉、隋屬魯郡。唐屬兖州〔一七〕。嶧山，在北〔一八〕。秦始皇上嶧山，命李斯勒石頌秦德焉。有鳧山，魯頌所謂「保有鳧嶧」是也〔一九〕。南平陽縣，二漢屬山陽郡。晉屬高平國，後廢入酇。

大都督府〔二〇〕**，徐州。**春秋屬宋。戰國時屬楚。秦屬泗水郡。項羽爲西楚霸王，都之〔二一〕。漢屬楚國、沛郡。後漢、晉皆屬彭城、沛國，兼置徐州。宋因之。後魏亦屬彭城、沛郡，置徐州。後周廢沛郡。隋開皇初廢彭城郡，大業初復爲彭城郡。唐爲徐州，號武寧軍〔二二〕。今縣五。

望，彭城縣。故大彭國，彭祖所封〔二三〕。春秋時宋封魚石爲采邑。周顯王四十二年，九鼎淪於泗水。秦始皇過彭城，使千人求之，不得。項羽都之，號西楚。漢高帝封弟交爲楚元王〔二四〕，漢光武封其子英爲楚王。晉爲彭城國，兼置徐州，治此，爲重鎮。劉裕爲宋公，嘗居之。後宋將薛安都舉城歸魏，以爲彭城郡，兼置徐州。隋開皇初郡廢，大業初復置。唐爲徐州。

望，沛縣。有沛澤，因以爲名。秦屬泗水郡。二漢屬沛郡。高帝縣人，起兵於此，號沛公。後破黥布還，置酒沛宫。後劉備屯小沛〔二五〕，袁術遣紀靈攻備〔二六〕，吕布來救之，即此。晉屬沛國。隋屬彭城郡。唐屬徐州。漢廣戚縣，屬沛郡。後漢、晉屬彭城，後廢入沛。

望，蕭縣〔二七〕。故國，春秋時楚子滅之。漢屬沛郡。後漢、晉屬沛國。北齊改爲承高。隋開皇六年改爲龍城〔二八〕，十八年改爲臨沛。大業初復改曰蕭，屬彭城郡。唐屬徐州。漢扶陽縣，屬沛郡。後漢省之。故城在縣西北。

緊，滕縣。故國，漢地理志云：「周懿王子錯叔繡所封。」而左傳云郜、雍、曹、滕，「文之昭也」，恐地理志誤。戰國時爲齊所滅。漢封夏侯嬰爲滕公，後爲公丘縣，屬沛郡。後漢屬沛國。晉屬魯郡，後廢公丘入蕃縣。蕃縣，二漢屬魯國。晉屬魯郡，後置蕃郡。北齊郡廢。隋改蕃縣曰滕，屬彭城郡。唐屬徐州。薛縣，故國，奚仲所封。戰國時屬齊，謂之徐州。秦屬薛郡。二漢屬魯國。晉屬魯郡，後廢。故城在今縣東。昌慮縣，故小邾國。漢屬東海郡。後漢、晉因之，後廢。故城在今縣東南。

緊，豐縣。秦泗水郡沛縣之豐邑，漢高帝生於此。後以爲縣，屬沛郡。後漢、晉屬沛國。隋屬彭城郡。唐屬徐州。大澤在西〔二九〕，高帝斬白蛇於此。

東輔，拱州。春秋屬宋、陳。戰國屬楚、魏。秦屬三川、碭郡。漢屬陳留、淮陽、梁國。後漢屬陳留、濟陰、陳、梁國。晉屬陳留、濟陽、梁國。隋屬梁郡、淮陽。唐屬宋、陳〔三〇〕、曹州。梁屬開封、宋州。後唐復屬宋、陳、曹州。晉、漢、周皆屬開封、宋州。皇朝屬開封、應天府，崇寧四年建名輔州，以爲東輔〔三一〕，又改爲拱州〔三二〕，治襄邑縣。今縣六。

畿，襄邑縣。本宋承匡襄陵鄉也，襄公所葬，故曰襄陵。秦始皇以承匡卑濕，乃徙縣於襄陵，謂之襄邑。漢、晉屬陳留郡。北齊廢之。隋開皇十六年復置，屬梁郡。唐屬宋州。梁開平元年屬開封府。後唐同光初還屬〔三三〕。晉天福中又屬開封。皇朝崇寧四年立拱州。

畿，考城縣。本子姓戴國，春秋「宋人、蔡人、衛人伐戴」是也。秦謂之穀縣。楚漢兵起，邑多遇災〔三四〕，因名甾縣。漢屬梁國。後漢屬陳留郡。章帝東巡，詔改曰考城，取「越乃光烈考武王」之義也。後魏曰考陽〔三五〕，置北梁郡。北齊並廢之，以爲城安縣〔三六〕。隋開皇十八年復改曰考城，屬梁郡〔三七〕。唐屬曹州。梁開平元年屬開封府。皇朝崇寧四年來屬〔三八〕。漢薄縣，屬山陽郡。故城在東北，湯都亳，即此。水經注言：梁有二亳，南亳在穀熟，北亳在蒙，皆爲湯所都。學者多謂亳在河、洛之間，以今偃師城二十里尸鄉爲是。皇甫謐以爲孟子言湯居亳，與葛爲鄰。今寧陵，古葛國也〔三九〕。湯地七十里，葛又伯耳，封域有限。而寧陵去偃師八百里，安能使亳衆往爲之耕而童子饋食哉？乃知梁之二亳爲湯都審矣。

畿，太康縣。本陽夏縣。漢屬淮陽國。後漢屬陳留國〔四〇〕。晉屬梁國，後置淮陽郡。隋開皇初郡廢，七年改陽夏曰太康，屬淮陽郡。唐屬陳州。梁開平元年屬開封府。皇朝崇寧四年來屬〔四一〕。有後漢扶樂縣故城，在北。

畿，寧陵縣。古葛伯國，書所謂「湯征自葛」是也。戰國屬魏，爲信陵君無忌所封。漢屬陳留郡。晉屬梁國。北齊廢之。隋開皇十六年復置〔四二〕，屬梁郡〔四三〕。唐屬宋州〔四四〕。皇朝屬應天府，崇寧四年來屬〔四五〕。

畿，楚丘縣。春秋戎州己氏之邑，蓋昆吾之後別在夷狄者，周衰，入居于此。漢爲己氏縣，屬梁國。後漢屬濟陰郡。晉屬濟陽郡。後魏置北譙郡。北齊並廢之。隋開皇四年復置己氏縣〔四六〕，六年改曰楚丘，屬梁郡。唐屬宋州。皇朝屬應天府，崇寧四年來屬。水經云「昔衛文公徙居，即此」，非也。按衛爲狄所滅〔四七〕，東徙渡河，野處曹邑，文公徙居楚丘。曹邑在今滑之白馬，楚丘在今澶之衛南，二邑相近，且不出邦域之内，宜文公之所徙也。今拱州楚丘在戎州之邑，迫近宋都，春秋所謂「戎伐凡伯于楚丘」是也〔四八〕，非衛之所遷也。然則今縣有景山、京岡〔四九〕，乃後人附會而名之耳。

畿，柘城縣。二漢爲柘縣，屬淮陽國，其後廢焉。隋開皇十六年置柘城縣，屬梁郡。唐屬宋州。皇朝屬應天府，崇寧四年來屬〔五〇〕。

都督，興仁府。周武王封弟叔振鐸爲曹國，其後爲宋所滅。戰國屬魏。秦屬碭郡。漢立彭越爲梁王，都之。景帝中六年，别爲濟陰國。甘露二年，更名定陶，又改爲濟陰郡。後漢因之。晉爲濟陽郡〔五一〕。後魏置沛郡及西兖州。北齊郡廢。後周改西兖爲曹州。隋復爲濟陰郡。唐復爲曹州。晉號爲威信軍節度。漢罷之。周改彰信軍。皇朝建中靖國元年改爲興仁軍，後升興仁府〔五二〕，大觀三年升都督〔五三〕。今縣四。

望，濟陰縣。本漢定陶縣地。汜水西分濟瀆，東北逕縣南，又東北入于河瀆。高帝既定天下，即位於汜水之陽，取其「汜愛洪大而潤下」也〔五四〕。二漢置濟陰郡。晉爲濟陽郡。後魏分定陶置濟陰縣及沛郡。北齊郡廢，屬濟陰郡。隋開皇六年分濟陰置蒙縣〔五五〕，十八年改爲蒙澤，大業初省入焉。唐爲曹州，正觀元年省定陶入焉。

望，冤亭縣。本曰冤句。二漢屬濟陰郡。晉屬濟陽郡〔五六〕。隋屬濟陰郡。唐屬曹州。皇朝大觀二年改爲冤亭〔五七〕。有故煮棗城，史記蘇秦説魏襄王曰：大王之地，「東有淮、潁、煮棗」是也。有漆園，莊周爲蒙漆園吏，則冤句亦蒙縣地矣。

緊，乘氏縣。春秋魯莊公「敗宋師于乘丘」，即此。二漢屬濟陰郡。晉屬濟陽郡〔五八〕。隋屬濟陰郡。唐屬曹州。二漢句陽縣，屬濟陰郡。左傳桓十二年，「公及宋公盟于句瀆之丘」是也。晉屬濟陽郡，其後廢焉。故城在今縣西。

上，南華縣。本漢離狐縣，屬東郡。後漢屬濟陰。晉屬濟陽〔五九〕。後魏置北濟陰郡。北齊郡、縣並廢。唐復置離狐縣，屬曹州，天寶元年更名南華。有濮水，莊子釣於濮水是也。

東平大都督府，鄆州。春秋爲須句國，及屬魯。戰國屬宋〔六〇〕。秦屬碭郡。漢屬東郡、東平國。後漢因之。晉爲東平國，及屬濟北。隋爲鄆州，及屬濟州。後爲東平郡，及屬濟北。唐爲鄆州，及屬濟州，後廢濟州入焉。皇朝大觀元年升大都督府〔六一〕。今縣六。

望，須城縣。故須句國，風姓〔六二〕，太昊之後。春秋邾人滅須句，須句子奔魯。魯伐邾，「取須句，反其君焉」。秦置須昌縣〔六三〕。須昌在須句城北，蓋須句子所遷也。漢屬東郡〔六四〕。後漢屬東平。晉爲東平治所。北齊郡廢。隋開皇十六年改須昌爲宿城，而於宿城西北三十二里別置須昌，屬東平郡。唐屬鄆州，正觀八年州自鄆城移治須昌。後唐避廟諱，改爲須城。宿，故風姓國，太昊之後。春秋「及宋人盟于宿」。二漢爲無鹽縣，東平國治焉。晉屬東平，其後廢之。隋置宿城縣，屬東平。唐屬鄆州，正觀八年省入須昌。景雲三年復置宿城，正元四年改曰東平，移於郭下。大和四年改曰天平，六年省入須昌。有郈鄉亭，魯大夫郈伯食邑也。

望，陽穀縣〔六五〕。春秋「齊侯、宋公、江人、黄人會于陽穀」，杜預云：齊地，在須昌北。隋開皇十六年置陽穀縣，屬濟北郡。唐屬濟州，天寶十三載州廢來屬〔六六〕。有盧縣，本齊地。漢屬泰山郡。後漢屬濟北國。晉因之。後魏置濟州。隋大業初置濟北郡。唐武德四年復置濟州，天寶十三載州廢來屬，其後省焉。有碻磝城，爲濟州治所。宋寧朔將軍王玄謨前鋒入河〔六七〕，平碻磝，守之，其城臨水，西南圮于河。今濟州徙置鉅野，而盧縣廢久，唯碻磝津在陽穀境，則亦盧地矣。

緊，中都縣。本古厥國。漢爲東平陸縣，屬東平國。後漢及晉皆因之。北齊改曰樂平。隋開皇十六年改爲平陸縣，屬魯郡〔六八〕。唐屬兖州〔六九〕，天寶元年更名中都，正元十四年來屬〔七〇〕。中都，魯邑，孔子之所宰也。

緊，東阿縣。本齊之柯邑，春秋莊十三年：「公會齊侯，盟于柯。」曹沫劫盟于此。二漢曰東阿，屬東郡。晉屬濟北國。隋屬濟北郡。唐屬濟州，天寶十三載州廢來屬〔七一〕。有阿井，歲常煮膠，以貢天府。穀城，齊地也〔七二〕。春秋莊公七年〔七三〕，夫人姜氏會齊侯于穀。三十二年，魯城小穀，以爲管仲私邑，城中有管仲井。後漢置穀城縣，屬東郡。晉屬濟北國，其後廢入東阿。故城在縣東。有穀城山，漢張良得穀城山下黄石，取而寶祠之，即此。

上，壽張縣。本春秋之良邑。漢置壽良縣，屬東郡。後漢光武叔父名良，改爲壽張，屬東平國。晉因之。隋屬濟北郡。唐屬鄆州。有蚩尤祠。

上，平陰縣。本齊地，春秋襄十八年：公會諸侯，「同伐齊，齊侯禦諸平陰」。漢、晉爲盧縣地〔七四〕。隋開皇十四年置榆山縣，屬濟北郡，大業初改曰平陰。唐屬濟州，天寶十三載州廢來屬。漢肥城縣，故肥子國也，屬泰山郡。後漢省之，其後復焉。宋置濟北郡。後魏因之。北齊郡廢。後周置肥城郡。隋開皇初郡廢，縣屬濟北郡。唐省之。故城在平陰東南。

上，濟州。春秋屬魯。戰國屬宋。秦爲碭郡。二漢屬山陽郡、東平國。晉屬高平、任城國。隋屬東平、濟陰、魯郡。唐屬鄆、兗二州。舊濟州治盧，唐廢入鄆州，其地於今在陽穀西北〔七五〕。周别置濟州於鄆州之鉅野。皇朝因之。今縣四。

望，鉅野縣。二漢屬山陽郡〔七六〕。晉屬高平國，其後廢焉。隋開皇十六年復置，屬東平郡。唐屬鄆州。周廣順二年置濟州。禹貢大野澤，在東北。左傳襄十四年，西狩於大野，獲麟，以爲不祥。仲尼曰：「麟也。」然後取之。

望，任城縣。故任國，太昊氏之後〔七七〕。漢屬東平國。後漢置任城國。晉因之，後置高平郡。隋開皇初郡廢，縣屬魯郡。唐屬兗州。周廣順二年來屬。漢亢父縣〔七八〕，屬東平國。後漢屬任城國。晉因之，其後廢焉。故城在今縣南。

望，金鄉縣。漢昌邑縣地，縣所治名金鄉山。漢司隸校尉魯恭嘗於山北鑿石爲冢〔七九〕，得白兔、白蛇，不葬。更葬山南，鑿而得金，故曰金鄉山。後漢置縣，屬山陽郡。晉屬高平國。隋屬濟陰郡。唐屬兖州。周廣順二年來屬。昌邑，故屬梁，漢景帝中六年别置山陽國〔八〇〕。武帝天漢四年更名昌邑，以封子昌邑哀王。其後國除，復爲山陽郡。後漢因之，兼爲兖州刺史治。晉爲高平國，其後廢入金鄉。隋開皇十六年分置昌邑，大業初省入焉。唐武德五年又分置昌邑，八年又省入焉。故城在縣西。有東緡縣，本宋邑，春秋僖二十三年，「齊侯伐宋圍緡」是也。二漢屬山陽郡，後省入昌邑。今併入金鄉。

望，鄆城縣。本魯西邑〔八一〕，左傳成十六年，晉人執季文子于苕丘。公還，待于鄆。漢、晉皆爲廪丘縣地〔八二〕。後周置清澤縣及高平郡。隋開皇初郡廢，改縣曰萬安〔八三〕，十八年改曰鄆城〔八四〕。大業初，置東平郡。唐爲鄆州，正觀八年，州徙治於須昌。周廣順二年來屬。

上，單州。春秋屬宋、魯。戰國屬宋。秦置碭郡。漢屬山陽、梁國。後漢屬濟陰〔八五〕、梁國。晉屬濟陽、梁國。隋屬濟陰、梁郡。唐屬宋、曹、兖州。唐末，以宋州之碭山，梁太祖鄉里也，爲置輝州〔八六〕，已而徙治單父。後唐滅梁，改爲單州，其屬縣置、徙，傳記不同〔八七〕。今領單父、碭山、成武、魚臺四縣〔八八〕。

望，單父縣。本魯邑，宓子賤爲宰，彈琴不下堂而治者也。漢屬山陽郡。後漢屬濟陰郡。晉屬濟陽郡。後魏曰離狐，置北濟陰郡。北齊並廢之。隋開皇六年更置，曰單父，屬濟陰郡。唐屬宋州，後屬輝州。光化三年，自碭山徙輝州來治。後唐改爲單州。

望，碭山縣。碭，文石也。山出文石，故以名之。秦置碭縣及碭郡。漢高帝隱於芒碭山澤間，有雲氣，呂后與人俱求，常得之。高帝五年置梁國，後漢屬焉。晉省入下邑。後魏置，曰安陽。隋開皇十八年改名碭山，屬梁郡。唐屬宋州，朱全忠此縣人也〔八九〕。光化二年，表置輝州，三年徙治單父。後唐屬單州。

緊，成武縣。漢屬山陽郡。後漢屬濟陰郡。晉屬濟陽郡。北齊置永昌郡。隋開皇初郡廢，十六年置戴州。大業初州廢，縣屬濟陰郡。唐屬曹州，光化二年屬輝州。後唐屬單州。

上，魚臺縣。本魯之棠邑〔九〇〕，春秋隱五年，公矢魚于棠。二漢爲方與縣，屬山陽郡。晉屬高平國。元魏屬高平郡。北齊廢之。隋開皇十六年復置，屬彭城郡。唐屬兖州，寶應元年更名魚臺，以城北有魯侯觀魚臺故也，其後來屬。漢胡陵縣，屬山陽郡。後漢章帝改爲胡陸。晉屬高平國，其後廢焉。故城在今縣東。

上，濮州。春秋、戰國時皆屬衛。秦屬東郡。二漢屬濟陰、東郡。晉屬濮陽、濟陽、東平國。隋屬東平、濟北郡。唐爲濮州〔九一〕。今縣四。

望，鄄城縣。本衛地，春秋莊十四年，單伯「會諸侯于鄄」。二漢爲鄄城縣，屬濟陰郡。曹公爲兗州刺史，創業始於此焉。晉屬濮陽國，後置濮陽郡。隋開皇初郡廢，十六年置濮州。大業初州廢，縣屬東平郡。唐爲濮州。

緊，雷澤縣。本成國〔九二〕，周武王弟成叔武所封，其後遷于成之陽，故爲成陽縣〔九三〕。二漢屬濟陰郡。晉屬濟陽郡。北齊廢之。隋開皇十六年復置，曰雷澤，屬東平郡。唐屬濮州。禹貢雷夏澤，在西北。廩丘，本齊邑，左傳襄二十四年：「齊烏餘以廩丘奔晉。」漢屬東郡。後漢屬濟陰郡。晉屬濮陽國。隋大業初省焉。故城在縣北。

上，臨濮縣。漢濮陽、成陽縣地。隋開皇十六年分雷澤置，大業初省入焉。唐武德四年復置，屬濮州。春秋宣十一年：「晉人、宋人、衛人、曹人同盟于清丘。」杜預注云：「清丘，衛地，在濮陽縣東南。」其地今入臨濮。

上，范縣。二漢屬東郡。晉屬東平國。北齊廢之。隋開皇十六年復置〔九四〕，屬濟北郡。唐屬濮州。春秋晉大夫士會之邑也。

同下州，廣濟軍。自唐虞以下地理與興仁府同。皇朝置廣濟軍〔九五〕。今縣一。

上，定陶縣。故三朡國，周封曹叔振鐸於此。范蠡變姓名，寓居於陶，曰陶朱公。秦相魏冉以陶益封焉〔九六〕。梁王彭越都之。漢宣帝封子爲定陶恭王，後爲濟陰郡。晉爲濟陽郡。後魏屬西兗州。後周屬曹州。隋屬濟陰郡。唐正觀元年省定陶入濟陰縣。皇朝太平興國三年，以定陶鎮置廣濟軍。熙寧四年軍廢，屬曹州，元祐元年復置。禹貢陶丘，在西南；荷澤，在東北。

校注

〔一〕二年：元和志卷一〇作「三年」。

〔二〕徐圓朗：原作「徐圓郎」，據四庫本、新唐書卷三八、補注杜詩卷一七引輿地廣記改。

〔三〕宋會要方域五之一：「襲慶府，舊兗州，唐泰寧軍節度。周降防禦。建隆元年復節度，大中祥符元年陞爲大都督府，政和八年陞爲襲慶府。」又方域五之一六：「政和八年八月二十五日，知梁山軍韓瑜奏：『考通典，元天大聖后夢感天人，誕育聖祖于壽丘，實今兗州。大中祥符間，改曲阜縣爲仙源，兹乃國家席慶福地。太宗始封此邦，聖祖真蔭，流光無極，乞陞兗州爲府，冠以美名。』詔陞爲襲慶府。」

〔四〕欲：四庫本作「樂」。

〔五〕南平陽：按漢書卷二八上有南平陽縣。水經注卷二五云：平陽縣，即「山陽郡之南平陽縣」。

〔六〕平國：四庫本作「陽」，聚珍本注「原闕」。札記卷上：「『平國』是也，晉志可證，朱校云『原闕』。」按晉書卷一四作「高平國」。

〔七〕宋會要方域五之一六：「襲慶府瑕縣，大觀四年以瑕丘縣改。」

〔八〕漢樊縣屬東平國：四庫本、聚珍本「樊」作「楚」，四庫本「縣」、「東平」字脱；聚珍本脱「縣」字，「東平」注「原闕」。札記卷上：「宋本略可辨識。朱校『樊』作『楚』，『縣』字脱，『東平』二字云『原闕』。」按宋書卷三五云：樊縣，「前漢屬東平」。

〔九〕東：札記卷上：「宋本誤『秉』，今訂正，此隋志文。」按隋書卷三一：「後齊改郡曰東平。」

〔一〇〕宋會要方域五之一六：「開寶五年移治岱嶽鎮。」

〔一一〕龜山：四庫本作「龜蒙山」。按隋書卷三一作「龜山」。

〔一二〕因：聚珍本作「有」。

〔一三〕宋會要方域五之一六：「端拱元年三月二十一日，京東轉運使劉甫英言：『兗州襲丘縣民請（選）〔遷〕于舊邑。』從之。先是，國家有東封之意，故遷是邑以供行在。至是中輟，民欲復其故地。」又：

「襲縣，大觀四年以襲丘縣改。」

〔一四〕虛：四庫本作「墟」，路史卷二五引輿地廣記作「裔」。

〔一五〕五年：原作「元年」，據九域志卷一、宋會要方域五之一六、宋史卷八五改。

〔一六〕原山：四庫本作「源山」。

〔一七〕宋會要方域五之一六：「鄒縣，熙寧五年廢爲鎮，隸仙源縣，元豐七年復。」

〔一八〕北：元和志卷一〇、寰宇記卷二一作「南」。

〔一九〕嶧：四庫本及元和志卷一〇作「繹」。

〔二〇〕宋會要方域五之一：「徐州，國朝陞爲大都督府。」

〔二一〕都之：四庫本、聚珍本作「都二」。札記卷上：「『之』字是也，『彭城縣』下即其證。朱校作『二』，誤。」

〔二二〕武寧軍：四庫本作「建寧軍」。

〔二三〕彭祖：四庫本作「彭剪」。

〔二四〕交：原作「友」，據元和志卷九、藏園群書題記卷四校宋江州刊淳祐重修本輿地廣記殘卷跋改。按史記卷五、漢書卷三六皆作楚元王交。

〔二五〕後劉備：四庫本作「蜀先主」。

〔二六〕備：四庫本作「劉」。

〔二七〕蕭縣：通典卷一八〇作「簫縣」。

〔二八〕六年：元和志卷九作「三年」。

〔二九〕大澤：寰宇記卷一五作「豐西澤」。

〔三〇〕陳：四庫本作「城」。

〔三一〕宋會要方域五之一三：「拱州，舊開封府襄邑縣，崇寧四年陞爲州，尋陞爲保慶軍節度，仍爲東輔，以南京寧陵縣、楚丘縣、柘城縣、開封府考城縣、太康縣隸焉。大觀四年廢爲縣，依舊爲襄邑，隸開封府，以寧陵、楚丘、柘城三縣依舊隸南京。以考城、太康依舊隸開封府。政和四年復爲州，五縣復來隸。宣和二年，罷置輔郡。」方域五之一四：「崇寧三年二月九日，詔：『京師川原平衍，無阻山帶河之險。比建四輔，拱翼都邑，澶、鄭、（穎）〔潁〕昌，因舊節度，以壯屏翰之勢。其新置拱州，可依澶、鄭例賜軍額爲保慶。』」

〔三二〕宋會要方域五之一四：「大觀四年十一月九日，臣寮言：『伏聞王畿象日，晝地千里，所以（體）大勢而尊朝廷，宅地中而制天下。惟其規模壯偉，氣象寬宏，故四方萬里引首面内，知其爲天下之都。竊見近罷四輔，除許、鄭、澶舊屬京西、河北已各還逐路外，拱州元係開封府襄邑縣，今乃割隸京東，王畿舊地蹙于前，而有害無利。今自京至拱州仍不滿百里之地，非三代都邑之法，不足以雄視四方。伏乞罷拱州，依舊爲襄邑縣。隸開封府，以復京畿之舊。其知縣仍選第二任通判資序、有風力人充。』詔依舊爲襄邑縣，舊屬開封府縣分並依舊。」又：「政和四年十一月十日，京畿轉運司奏：

『承敕襄邑縣復爲拱州，依舊隸京畿。契勘昨建拱州日，係以京畿襄邑、太康、考城縣、應天府寧陵、楚丘、柘城縣六縣隸焉。今既復拱州，依舊隸京畿，竊慮上件六縣便合依舊撥隸拱州。』詔並依舊隸拱州。」又：「政和四年十二月八日，奉寧軍奏：『本州先于崇寧四年内陞爲輔郡，隸屬都畿，至大觀四年内罷輔郡，割屬畿西。伏覩拱州復爲輔郡，依舊隸都畿。』詔鄭州、開德府、(穎)〔潁〕昌府並依舊爲輔郡，隸京畿。」

〔三三〕屬：四庫本作「舊」，聚珍本空一字作「□」。札記卷上：「朱校空。」

〔三四〕災：原作「火」，據藏園群書題記卷四校宋江州刊淳祐重修本輿地廣記殘卷跋改。

〔三五〕考陽：寰宇記卷二作「城安」。

〔三六〕城安縣：元和志卷一一作「成安縣」。

〔三七〕梁郡：聚珍本作「梁都」。按隋書卷三〇作「梁郡」。

〔三八〕宋史卷八五：「崇寧四年，與太康同隸拱州。大觀四年，廢拱州，二縣復來隸〔開封府〕。」又：「宣和二年復隸拱州，六年仍隸京畿。」

〔三九〕也：四庫本作「地」。

〔四〇〕陳國：四庫本脫「國」字。

〔四一〕宋會要方域五之一一：「太康縣，政和四年割隸拱州，宣和六年復來隸〔開封府〕。」又：「宣和六年六月七日，詔太康縣依舊隸京畿。」

〔四二〕十六年：元和志卷七作「六年」。

〔四三〕梁郡：元和志卷七作「亳州」。

〔四四〕元和志卷七：「〔開皇〕十六年割屬宋州。」

〔四五〕宋會要方域五之一一：「寧陵縣，政和四年割隸拱州，宣和六年復來隸〔應天府〕。」方域五之一二：「宣和六年六月七日，詔……寧陵縣屬南京。」

〔四六〕四年：元和志卷七作「五年」。

〔四七〕按：四庫本、聚珍本脱。札記卷上：「宋本略可辨，朱校誤脱。」

〔四八〕于：原作「示」，據左傳隱七年改。

〔四九〕京岡：詩地理考卷一、水經注釋卷八引輿地廣記作「京岡」，六家詩名物疏卷一五、春秋辯義卷九引輿地廣記作「景岡」。

〔五〇〕宋會要方域五之一二：「宣和六年六月七日，詔……拱州以襄邑并南京柘城爲屬縣。」

〔五一〕濟陽郡：四庫本作「濟陰郡」。

〔五二〕宋會要方域五之一：「崇寧三年，陞興仁軍爲興仁府，仍還彰信舊節。」

〔五三〕三年：宋史卷八五作「二年」。按宋會要方域五之二五：「大觀元年四月初二日，大司成强淵明奏：『契勘曹、滑、汝元係輔郡，昨承勑命，京畿四面置輔郡，以拱州爲東輔，鄭州爲西輔，（穎）〔潁〕昌府爲南輔，開德府爲北輔。今來四輔既已陞建，其舊係輔郡去處合行改定。所有曹州本係潛邸，已陞興仁府號，伏望睿旨改爲督府……』從之。」方域五之一七：「政和元年八月五日，詳定九域志何志同奏：『興仁府自天禧前已爲輔郡，崇寧三年以襄邑爲拱州，建東輔，遂改興仁爲督府。今拱州既罷，則興仁合復爲東輔。舊制有大都督、中都督、下都督府之稱，未有止稱督府者，乞改正。』從之。」方域五之一三：「政和元年八月二十七日，尚書省言：『應九域圖志内有合陞降州縣刪改修立，勘會興仁府爲東輔……』從之。」方域一之二〇：「政和二年五月十六日，詳定九域圖志所言：『今來興仁府輔郡既以東字爲別，即鄭州輔郡，亦合依此以西字爲別。(穎)〔潁〕昌、開德府合冠以南、北輔。兼延安等五府屬縣，已依本所申請，罷稱次赤畿。即四輔所治縣，自合正名次赤，餘縣合爲次畿，所貴格法從一。』從之。」

〔五四〕汜愛洪大而潤下：元和志卷一一「汜」作「汎」，寰宇記卷一三「汜」作「泛」，「洪」作「弘」。

〔五五〕蒙縣：原作「黄縣」，據藏園群書題記卷四校宋江州刊淳祐重修本輿地廣記殘卷跋改。

〔五六〕濟陽郡：寰宇記卷一三作「濟陰郡」。

〔五七〕大觀二年：宋史卷八五作「元祐元年」。

〔五八〕濟陽郡：寰宇記卷一三作「濟陰郡」。

〔五九〕濟陽：元和志卷一一、寰宇記卷一三作「濟陰」。

〔六〇〕宋：元和志卷一〇、寰宇記卷一三作「魏」。

〔六一〕宋會要方域五之一七：「鄆州，咸平三年因水災，以地卑下，移治舊州東南十里。」又方域五之一：

「東平府，舊鄆州，宣和元年陞爲東平府。」

〔六二〕風姓：後漢書志第二一作「任姓」。

〔六三〕須昌縣：聚珍本作「須城縣」。按漢書卷二八上「須昌，故須句國，太昊後，風姓。」元和志卷一〇：「須昌縣，本漢舊縣，屬東郡，故句須國。」

〔六四〕東郡：四庫本、聚珍本作「東平」。按漢書卷二八上、後漢書志第二一、宋書卷三五、元和志卷一〇皆作「東郡」。

〔六五〕穀：原作「穀」，據聚珍本改。下同。

〔六六〕宋史卷八五：「景德三年徙孟店。」

〔六七〕王玄謨前鋒入河：四庫本、聚珍本「王玄謨」作「王玄護」。按宋書卷七六有王玄謨傳。又「河」字，通典卷一八〇作「河北」。

〔六八〕魯郡：元和志卷一〇作「兗州」。

〔六九〕唐屬兗州：四庫本「唐」作「隋」，「兗州」作「魯州」。

〔七〇〕元和志卷一〇：「天寶元年改爲中都，割屬鄆州。」

〔七一〕十三：元和志卷一〇、寰宇記卷一三作「十四」。

〔七二〕齊：聚珍本作「其」。

〔七三〕春秋：原作「春公」，據四庫本改。

〔七四〕盧縣：通典卷一八〇、元和志卷一〇作「肥城縣」。

〔七五〕於：四庫本、聚珍本無。

〔七六〕山陽：漢書卷二八上作「鉅野」。

〔七七〕太昊：四庫本、聚珍本作「大夫」。札記卷上：「宋本略可辨。按左傳『昊』作『皞』，本書並作『昊』，則『太昊』是也。朱校作『大夫』，誤。」按漢書卷二八下：「任城，故任國，太昊後，風姓。」

〔七八〕亢父：四庫本、聚珍本作「廢入」。札記卷上：「宋本略可辨。朱校作『廢入』，誤。」按史記卷五四曹相國世家索隱、漢書卷一〇顔師古注、後漢書志第二二李賢注皆云亢父縣屬東平國。

〔七九〕冢：原作「家」，據四庫本改。

〔八〇〕中：四庫本、聚珍本作「十」。札記卷上：「宋本『中』是也，此漢志文，與本卷興仁府正同。朱校作『十』，誤。」按漢書卷二八上：「山陽郡，故梁，景帝中六年别爲山陽國。」

〔八一〕本：四庫本作「今」。

〔八二〕廩丘：元和志卷一〇作「壽張」。

〔八三〕萬安：四庫本作「高安」。

〔八四〕十八：元和志卷一〇作「十六」。

〔八五〕濟陰：寰宇記卷一四作「濟陽」。

〔八六〕輝州：舊唐書卷三八作「戴州」。

〔八七〕宋會要方域五之一七：「單州：建隆二年陞爲團練。」

〔八八〕魚臺：原作「魯臺」，據宋史卷八五及下文改。

〔八九〕此：原作「先」，據四庫本改。

〔九〇〕邑：原作「也」，據四庫本改。

〔九一〕宋會要方域五之一七：「濮州，建隆元年陞防禦，雍熙四年降團練。」

〔九二〕成國：元和志卷一一作「郕伯國」。

〔九三〕成陽：元和志卷一一作「郕陽」。

〔九四〕十六年：元和志卷一一、寰宇記卷一四作「六年」。

〔九五〕九域志卷一〇：「太平興國二年建軍，四年割曹、澶、濟、濮四州地置定陶縣，領縣一。熙寧四年廢軍，以〔定陶〕縣隸曹州。」宋會要方域五之一七：「廣濟軍，乾德元年以曹州定陶〔鎮〕置爲發運務，開寶九年置爲轉運司。」

〔九六〕陶益：四庫本作「陶邑」。

輿地廣記卷第八

京西南路〔一〕

望，襄州。春秋已來楚地。秦南郡之北界。二漢屬南陽、南郡。魏置襄陽郡。晉因之，兼置荆州。東晉置雍州。宋文帝割荆州，置雍州。襄陽去江陵步道五百，勢同脣齒，無襄陽，則江陵受敵。自東晉庾翼爲荆州刺史，將謀北伐，遂鎮襄陽。齊、梁皆因之。後梁蕭詧都此。西魏改曰襄州。隋開皇初郡廢，大業初州廢，復置襄陽郡。唐武德四年曰襄州，天寶元年曰襄陽郡，後爲山南東道節度〔二〕。今縣六。

緊，襄陽縣。二漢屬南郡。劉表爲荆州牧，鎮此。魏屬襄陽，爲重鎮。蜀將關羽攻没于禁等〔三〕，兵勢甚盛〔四〕。徐晃屯守不下，曹公謂晃曰：「全襄陽，子之功也。」後孫權帥兵向西，時曹仁鎮之，司馬懿曰：「襄陽水陸之衝，禦寇要地，不可失也〔五〕。」晉因之，兼爲荆州刺史治，羊祜、杜預皆鎮焉。東晉僑置雍州。宋、齊、梁皆因之，郡亦自宜城徙治焉。後梁蕭詧都此，而爲西魏附庸。後周置襄州。隋開皇初郡廢，大業初復置。唐爲襄州。

有峴山，羊祜與鄒湛等嘗登之，今墮淚碑在焉。有鹿門山，龐德公隱居之所。有望楚山，古馬鞍山也，晉劉弘、山簡九日宴遊於此。武陵王愛其峰秀，改曰望楚山〔六〕。

望，鄧城縣。故鄧國。二漢爲鄧縣，屬南陽郡。晉曰鄧城，屬襄陽郡，其後廢入樊城。樊，周仲山甫所封也。東漢建安中，關羽圍于禁於樊〔七〕，後置樊城縣〔八〕。後周省入安養。隋屬襄陽郡。唐屬襄州。天寶元年，改安養曰臨漢。正元二十一年〔九〕，移治古鄧城，復改曰鄧城。有樊城鎮。

緊，穀城縣〔一〇〕。故穀國。二漢爲筑陽縣，屬南陽郡。晉屬順陽郡，其後廢焉。孝武置義城縣及義城郡。後周郡廢。隋開皇十八年改縣曰穀城〔一一〕，屬襄陽郡〔一二〕。唐屬襄州。

中下，宜城縣。故鄢，楚之别都也。秦爲南郡之北部。漢惠帝三年改曰宜城，屬南郡。建安十三年，魏武平荆州，分置襄陽郡。晉因之。宋曰華山縣，置華山郡。後魏改爲宜城郡，分華山置率道縣。西魏改華山縣曰漢南。後周郡廢。隋屬襄陽郡。唐屬襄州，正觀八年省漢南入率道，天寶七載改率道曰宜城〔一三〕。有黎丘城。後漢初，秦豐阻兵於黎丘，即此。鄀縣，故鄀國〔一四〕。春秋時自商密遷此，爲楚附庸，楚滅之。昭王畏吴，自郢遷焉，後復還郢。二漢及晉屬南郡。隋屬襄陽郡。唐改爲樂鄉〔一五〕。武德四年置鄀州，正觀八年州廢，屬襄州。周省入宜城。

中下，中廬縣。故廬戎國。二漢爲中廬縣，屬南郡。晉屬襄陽，其後廢焉。梁置穰縣。西魏改爲義清，屬歸義郡。後周廢。隋屬襄陽郡。唐屬襄州。皇朝太平興國元年復改爲中廬。

中下，南漳縣。本漢臨沮縣，屬南郡。晉屬襄陽郡〔一六〕，其後廢焉。西魏置重陽縣。後周改曰思安。隋開皇十八年改曰南漳，屬襄陽郡。唐屬襄州，武德二年析南漳置荆山，正觀八年省南漳入義清，開元十八年徙荆山于故南漳。禹貢荆山，在東北，荆、豫二州於是分境，楚卞和得玉之處。

上〔一七〕，鄧州。本夏禹之國。春秋時申、鄧二國之地。戰國屬韓，自後屬楚。秦置南陽郡。二漢因之。晉屬南陽國及順陽、義陽二國之境。宋、齊爲南陽郡。後魏兼置荆州。西魏爲重鎮。隋開皇初改爲鄧州，大業初州廢，復置南陽郡。唐武德二年曰鄧州，天寶元年曰南陽郡。梁升爲宣化軍節度。後唐改曰威勝。周改曰武勝。今縣五。

上，穰縣。本楚別邑。秦取之，以封魏冉爲穰侯，後屬南陽郡。二漢因之。晉屬義陽郡。後魏爲南陽郡治及荆州刺史治焉。隋開皇初改爲鄧州，後爲南陽郡。唐復爲鄧州。二漢朝陽縣，屬南陽郡。晉屬義陽郡，其後廢焉。故城在今縣東南。二漢新野縣，屬南陽郡。晉置義陽郡，後曰棘陽，置新野郡。後周郡廢。隋開皇初復改縣曰新野，屬南陽郡。唐乾元元年省入穰。漢冠軍縣，本穰盧陽鄉〔一八〕。武帝以封霍去病。去病仍出征匈奴，功冠諸軍，故曰冠軍，屬南陽郡。後晉、隋皆因之。唐正觀元年省入臨湍〔一九〕。漢涅陽縣，屬南陽郡。後漢及晉皆因之。隋開皇初改曰課陽〔二〇〕。唐正觀元年省入穰。故臨湍縣，本漢冠軍縣之北境。魏置新城縣。西魏改爲臨湍。隋開皇初復名新城，屬南陽郡。唐屬鄧州，天寶元年復名臨湍，漢改曰臨瀨。皇朝建隆初省入穰。

中下，南陽縣。故申國〔二一〕。戰國時秦昭王以爲宛縣〔二二〕，置南陽郡。漢因之。王莽以宛爲南陽。後漢復爲宛。晉如之。後魏置上陌縣。後周併宛入焉，更名上宛。隋開皇初改爲南陽郡。唐屬鄧州。博望鎮，漢博望縣也，武帝置，以封張騫，屬南陽郡。後漢及晉皆因之，其後廢焉。安衆鎮，二漢安衆縣也，屬南陽郡。晉省之。漢杜衍縣，屬南陽郡。後漢省之。故城在今縣西。二漢育陽縣，屬南陽郡。晉因之，其後廢焉。故城在今縣南。漢雉縣，屬南陽郡。東漢及晉皆因之。元魏曰北雉，後省。即陳倉人所逐二童子名寶鷄者，雄止陳倉爲石，雌止此縣，故名之。漢西鄂縣，屬南陽郡。東漢及晉皆因之。元魏省入北雉。西魏向城縣及雉陽郡〔二三〕。隋開皇初郡廢，屬淯陽郡。唐屬鄧州，後省入南陽〔二四〕。

中下，内鄉縣。本楚之白羽邑，春秋昭十八年：「許遷于白羽。」後改爲析。漢屬弘農郡。後漢屬南陽郡〔二五〕。晉屬順陽郡，後曰西淅，置淅陽郡。後周改縣曰中鄉，省淅川入焉。隋改中鄉曰内鄉，屬淅陽郡。唐屬鄧州。菊潭鎮，本漢酈縣，屬南陽郡。後漢及晉皆因之。隋開皇初改爲菊潭縣。北有菊水，其旁悉生甘菊，水極甘馨。中有三十家，不復穿井，仰飲此水，上壽至百二三十。唐屬鄧州。周省之。丹水鎮，漢丹水縣也，屬弘農郡。後漢屬南陽郡。晉屬順陽郡，後置丹川郡。後周郡廢。隋屬淅陽郡，其後廢焉。東有於村〔二六〕，張儀説楚絶齊，許以商於之地六百里，即此。

中下，淅川縣。本後漢南鄉縣。魏置南鄉郡〔二七〕。晉改爲順陽郡。後魏復爲南鄉郡〔二八〕，又分置淅川縣。後周省之。隋開皇初郡廢，大業初置淅陽郡，其後淅陽及南鄉縣皆廢焉。五代時復置淅川縣，屬鄧州。

中下，順陽縣。漢屬南陽郡，哀帝改爲博山。晉屬順陽郡。西魏析置鄭縣〔二九〕，尋改爲清鄉。後周省順陽入焉。隋開皇初復改爲順陽，其後省入内鄉爲鎮。皇朝太平興國六年升爲縣。

上，隨州。春秋隨國。戰國屬楚。秦屬南陽郡。二漢因之。晉屬義陽郡，惠帝置隨郡〔三〇〕。宋、齊因之。西魏置并州，後改曰隨州。隋開皇初郡廢，大業初州廢，置漢東郡。唐武德三年曰隨州，天寶三年曰漢東郡。皇朝乾德五年升崇義軍節度〔三一〕，太平興國元年改崇信軍〔三二〕。今縣三。

上，隨縣。故隨國。左傳所謂「漢東之國隨爲大」者也。其後楚滅之，以爲縣〔三三〕。二漢屬南陽郡。晉屬義陽郡，惠帝置隨郡。宋、齊因之。西魏置隨州。隋置漢東郡。唐復爲隨州。光化鎮，本隨縣地。南齊分置安化縣。西魏改爲新化〔三四〕。後周改爲光化。隋屬漢東郡。唐屬隨州。皇朝熙寧元年省焉。有斷蛇丘，隋侯出而見大蛇中斷，因舉而藥之〔三五〕，後蛇銜明珠報德，故名。

中下，唐城縣。故唐國〔三六〕，屬楚。漢爲上唐鄉，屬春陵縣。晉屬安昌縣，後置上唐縣。後魏曰厥西〔三七〕，置義陽郡。西魏改縣曰下溠。隋開皇初郡廢，十六年改縣曰唐城〔三八〕，屬漢東郡，其後省入棗陽。唐開元二十六年復置〔三九〕，屬隨州。梁改爲漢東。後唐復故。晉又改爲漢東，漢又復故。

中下，棗陽縣。本二漢蔡陽縣，屬南陽郡。晉屬義陽郡，後廢焉，置廣昌縣及廣昌郡。後魏置南荆州。西魏改曰昌州。隋開皇初郡廢，仁壽元年避太子名，改廣昌縣曰棗陽。大業初州廢，置舂陵郡。唐武德初郡廢，五年改昌州爲唐州，九年州徙治比陽〔四〇〕，正觀十年以棗陽來屬。漢春陵縣，本蔡陽之白水鄉。元朔五年，以零陵泠道之春陵鄉封長沙王子買爲春陵侯〔四一〕。戴侯仁以春陵地形下濕，上書請徙南陽。元帝許之，以蔡陽白水鄉徙仁爲春陵侯，光武其後也。故張衡賦云「龍飛白水」。晉改爲安昌縣，後復曰春陵，置安昌郡。隋開皇初郡廢，屬昌州。大業初屬春陵郡，後省之。故城在今縣東。後漢襄鄉縣，屬南陽郡，後廢焉。故城在今縣東北。

上，金州。春秋、戰國皆屬楚。秦及二漢屬漢中郡。魏以漢中遺人在東陲者置魏興郡〔四二〕。晉、宋、齊皆因之。梁兼置南梁州。西魏改曰東梁州〔四三〕。以其地出金，又改爲金州，置金城郡。隋開皇初郡廢，大業三年州廢，置西城郡。唐武德元年曰金州，天寶元年曰安康郡。至德二載改曰漢陰郡〔四四〕，後復曰安康。石晉升懷德軍，尋罷。皇朝乾德五年升昭化軍〔四五〕。今縣五。

下，西城縣。本嬀墟，舜常居之。二漢屬漢中郡，建安中置西城郡。劉備以申儀爲太守〔四六〕，儀據郡降魏，魏文帝改爲魏興郡。晉因之。後周省入吉安。隋大業三年改縣曰金川，復置西城郡。義寧二年，縣復曰西城。唐爲金州〔四七〕。有伏羲山。

下，平利縣。漢長利縣，屬漢中郡。東漢省之。晉復置，屬魏興郡。宋改爲錫縣〔四八〕，後廢。梁初置上廉縣〔四九〕，後改曰吉陽。西魏改曰吉安，後廢。唐武德元年置平利縣，大曆六年省，長慶初復置。皇朝熙寧六年省，元祐二年復置〔五〇〕。有女媧山。

中，洵陽縣〔五一〕。北山，洵水所出，南入沔，故以名縣。漢屬漢中郡。後漢省之。晉復置，屬魏興郡，後置洵陽郡。隋開皇初郡廢，屬西城郡。唐屬金州。淯陽鎮，本西魏淯陽郡。後周郡廢，置黄土縣。隋屬西城郡。唐屬金州，天寶元年更名淯陽。皇朝乾德四年省入洵陽。

中下，漢陰縣。本漢安陽縣，屬漢中郡。東漢因之。晉改爲安康，屬魏興郡，後改曰寧都。南齊置安康，屬西城郡。唐屬金州。至德二載，以安禄山姓，改爲漢陰縣。

下，石泉縣。南齊曰永樂縣，置晉昌郡。西魏改郡曰魏昌，改縣曰石泉。後周郡廢。隋屬西城郡。唐屬金州〔五二〕。

下，房州。春秋時爲麇、庸二國。戰國屬楚。秦、二漢屬漢中郡。魏置新城郡。晉、宋、齊、梁因之。西魏置光遷國。後周國廢爲郡。隋開皇初郡廢，大業初改州爲房州。州廢，置房陵郡。唐武德元年曰遷州，正觀十年州廢，自竹山徙房州治此，天寶元年曰房陵郡。皇朝雍熙三年升保康軍節度。今縣二。

上，房陵縣。秦徙趙王遷於房陵，即此。二漢屬漢中郡。魏置新城郡，以孟達爲太守。達叛附蜀，司馬宣王討平之。西魏置光遷國。後周郡、縣並改爲光遷。隋置房陵郡。唐正觀十年改縣曰房陵，爲房州治焉。武后廢中宗爲廬陵王，遷之於此。故永清縣，本房陵縣地。後魏分置大洪縣。後周改焉。隋屬房陵郡。唐屬房州。皇朝開寶中省。

下，竹山縣。故庸國，嘗從周武王伐紂，牧誓所謂「庸、蜀、羌、髳」。二漢爲上庸縣，屬漢中郡。魏分置上庸郡。晉、宋因之，後廢。梁置安城縣。西魏改爲竹山，置羅州。隋開皇初改爲房州，大業初州廢，屬房陵郡。唐武德元年置房州，正觀十年徙治房陵〔五三〕。故上庸縣，亦漢上庸縣地。梁置新豐縣。西魏改爲上庸。後周改曰孔陽。隋開皇十八年，復曰上庸〔五四〕，屬房陵郡。唐屬房州。皇朝開寶中省。有白馬塞山，孟達嘗登之，嘆曰：「此金城千里！」

上，均州。春秋時屬麇。戰國屬韓。二漢屬南陽、漢中二郡。魏屬南鄉郡。晉屬順陽郡。宋置始平郡，後置武當郡。齊於此僑立始平郡〔五五〕，尋改爲齊興郡〔五六〕。梁兼置興州。後周改曰豐州〔五七〕。隋開皇初郡廢，改州爲均州。大業初州廢，屬淅陽郡。唐武德元年置均州，天寶元年曰武當郡〔五八〕。今縣二。

上，武當縣。二漢屬南陽郡。魏屬南鄉郡。晉屬順陽郡，後置武當郡。隋開皇初郡廢，置均州。大業初州廢，屬淅陽郡。唐復置均州。有古塞城，在縣北，戰國時楚築以備秦，所據之山高峻嶮峭，今名木塞山〔五九〕。有武當山。

上，鄖鄉縣。本漢錫縣地，屬漢中郡。魏屬魏興郡。晉太康五年置鄖鄉縣〔六〇〕。宋因之。隋屬淅陽郡。唐屬均州。有錫穴，左傳文十一年，楚潘崇伐麇，「至于錫穴」是也。豐利縣〔六一〕，本漢長利縣地，屬漢中郡。梁置南上洛郡。西魏改郡曰豐利，而分錫置豐利縣。後周郡廢。隋以縣屬西城郡。唐屬均州。皇朝乾德六年省入鄖鄉。

上，郢州。春秋、戰國皆屬楚。秦屬南郡。二漢屬江夏郡。晉、宋爲竟陵郡〔六二〕。梁屬南司、北新二州〔六三〕。西魏屬安州。後周置石城郡，兼置郢州。隋開皇初郡廢，大業初州廢，置竟陵郡。唐武德四年曰郢州〔六四〕，正觀元年州廢隸鄀州〔六五〕，十七年復置，天寶元年曰富水郡〔六六〕。今縣二。

上，長壽縣。本漢竟陵縣地。晉羊祜鎮荆州，立石城，因山爲固。惠帝元康九年，分江夏西部置竟陵〔六七〕，治此。宋太始六年置長壽縣〔六八〕。後周置石城郡。隋大業初置竟陵郡。唐爲郢州。

下，京山縣。晉置新陽縣。梁置新州、梁寧郡。西魏改縣爲角陵。隋開皇初郡廢，大業初州廢，改角陵曰京山，屬安陸郡。唐武德四年置温州，正觀十七年州廢，屬郢州。富水鎮，本後漢南新市縣地〔六九〕，屬江夏郡。晉因之。西魏改爲富水，置富水郡〔七〇〕。隋開皇初郡廢，屬安陸郡〔七一〕。唐屬温州，正觀十七年來屬〔七二〕。

上，唐州。春秋時屬楚。戰國屬韓。秦屬南陽郡。二漢及晉皆因之。後魏置東荆州。西魏改爲淮州，爲重鎮，置兵以備東魏。隋開皇五年改爲顯州，州廢，置淮安郡。唐武德四年曰顯州，正觀十年改爲唐州〔七三〕，天寶元年曰淮安郡。今縣五。

中下，泌陽縣。漢湖陽、舞陰、平氏縣地，屬南陽郡。後魏置石馬縣，後語訛爲上馬。隋屬春陵郡。唐屬唐州，正觀元年省入湖陽。開元十五年復置〔七四〕，天寶元年改爲泌陽。天祐二年州自比陽徙治於此，改爲泌州，後復故。平氏鎮，本漢平義縣〔七五〕。晉爲西平氏，屬義陽郡，後置漢廣郡。隋開皇初郡廢，以平氏屬淮安郡。唐屬唐州。皇朝開寶元年省入泌陽〔七六〕。有泌水，在縣南，即後漢光武初起兵破王莽將甄阜、梁丘賜死處〔七七〕。

中下，湖陽縣。故蓼國。二漢屬南陽郡。晉省入棘陽。後魏復焉，置西淮安郡及南襄州。後郡廢，改州爲南平州。西魏改曰昇州，後又改曰湖州。後周改置昇平郡〔七八〕。隋開皇初郡廢，仁壽初改曰昇州。大業初州廢，以湖陽屬舂陵郡。唐屬唐州。棘陽，故謝國，詩所謂「申伯番番，既入于謝」者也。二漢爲棘陽縣，屬南陽郡。晉屬義陽郡，其後省焉。故城在今縣西北。

中下，比陽縣。漢屬南陽郡。後漢及晉皆因之。後魏曰陽平，置東荆州。西魏改爲淮州。隋開皇五年又改爲顯州。七年改陽平縣爲饒良，大業初又改曰比陽，置淮安郡。唐屬唐州〔七九〕。方城山，自比陽相比連百里，號曰方城，亦曰長城。馬仁陂，在縣北，溉田萬頃。

下，桐柏縣。漢平氏縣地，屬南陽郡。梁置淮安縣及華州上川郡〔八〇〕。西魏改州爲淮州，後改曰純州，尋廢。隋開皇初郡廢，更名縣曰桐柏，屬顯州，後屬淮安郡〔八一〕。唐屬唐州〔八二〕。禹貢桐柏山，淮水所出，縣因山爲名。

下，方城縣。本漢堵陽、葉縣地，屬南陽郡。後漢及晉皆因之，其後廢焉。西魏置方城縣及襄邑郡。隋開皇初郡廢，屬淯陽郡。唐屬唐州〔八三〕。有方城山，左傳所謂「楚國方城以爲城」者也。水經注云：「方城邑，西有黄城山，是長沮、桀溺耦耕之所。」有水出黄城山，東流注潕水，則子路問津處。

同下州，光化軍。春秋、戰國皆屬楚。二漢屬南陽郡。晉、宋屬順陽郡。西魏置酇城郡。後周郡廢。隋屬襄陽郡。唐屬襄州。皇朝置光化軍〔八四〕。今縣一。

下，乾德縣。本楚地，陰國所遷，即春秋、左傳云「遷陰于下陰」者也。二漢爲陰縣，屬南陽郡。西魏置酇城郡。後周郡廢，屬襄州。隋曰陰城，屬襄陽郡。唐正觀八年省入穀城縣，屬襄州。皇朝乾德二年〔八五〕，以陰城鎮置光化軍及置乾德縣。熙寧五年廢軍，改乾德爲光化縣，屬襄州，後復置。漢酇縣，蕭何所封，屬南陽郡。後漢因之。晉置順陽郡，初治酇焉。西魏置酇城郡。後周廢入陰城。故城在今縣東北。

校注

〔一〕宋會要方域五之一七：「京西，太平興國三年分南北路，後併一路，熙寧五年復分二路。」方域五之一八：「熙寧五年八月二十四日，詔以京西路分南北兩路，〔以〕襄、鄧、隨、金、房、均、郢、唐八州爲京西南路，許、孟、陳、蔡、汝、（穎）〔潁〕七州、信陽軍爲北路。」

〔二〕紀勝卷八二襄陽府引圖經云：咸平初，「真宗潛藩，陞襄陽尹」。宋會要方域五之一一：「宣和元年陞爲襄陽府。」

〔三〕關羽：四庫本作「關侯」。

〔四〕等兵勢甚盛：上句「等」與下句「兵」字，四庫本、聚珍本作「曹仁」，又四庫本無「甚」字。札記卷上：「『等兵』是也，此用通典文。朱校作『曹仁』，誤。」按通典卷一七七：「蜀將關羽攻没于禁等十軍，兵勢甚盛。」

〔五〕可：四庫本、聚珍本作「宜」。札記卷上：「『可』字是也，亦通典文。朱校作『宜』，誤。」按通典卷一七七：「不可失也。」

〔六〕改：札記卷上：「宋本『改』是也，此水經沔水注文。朱校作『故』，誤。」按水經注卷二八沔水注作「改」。

〔七〕關羽圍于禁：四庫本「關羽」作「關侯」。又「于禁」，原作「丁禁」，據上文及四庫本改。

〔八〕置：四庫本、聚珍本作「晉」。札記卷上：「宋本『置』是也。朱校『晉』，誤。」按通鑑地理通釋卷一一「樊」條下云：「輿地廣記襄陽府鄧城縣，後置樊城縣。」

〔九〕正元：聚珍本作「貞元」。札記卷上：「宋本『正』與『正觀』同。朱校作『貞』，非歐舊。」

〔一〇〕穀城縣：四庫本、聚珍本作「襄城縣」。札記卷上：「宋本『穀』是也。朱校作『襄』，誤。」

〔一一〕十八年：元和志卷二一、寰宇記卷一四五作「七年」。

〔一二〕襄陽郡：四庫本作「襄郡」，元和志卷二一作「襄州」。

〔一三〕七載：元和志卷二一、寰宇記卷一四五作「元年」。

〔一四〕鄀縣故鄀國：四庫本、聚珍本兩「鄀」字皆作「郡」。下同。漢書卷二八上作「若」。七國考卷三、通鑑地理通釋卷四引輿地廣記亦作「鄀」。札記卷上：「宋本並作『鄀』，是也，此約沔水注文。朱校並作『郡』，誤。下鄀州同。」按水經注卷二八沔水：「沔水又逕鄀縣故城南，古鄀子之國也。」

〔一五〕樂鄉：聚珍本作「樂郡」。按元和志卷二一、通鑑地理通釋卷四引輿地廣記作「樂鄉」。

〔一六〕襄陽郡：聚珍本「陽」作「州」。札記卷上：「宋本『陽』是也。朱校作『州』，誤。」

〔一七〕宋會要方域五之一八：「鄧州，政和二年依舊爲上州，又陞爲望郡。」

〔一八〕盧陽鄉：四庫本作「盧陽郡」。

〔一九〕臨湍：原作「臨瀨」，據舊唐書卷三九、新唐書卷四〇改。按元和志卷二一：「廢帝以近湍水，改爲臨湍。」

〔二〇〕課陽：舊唐書卷三九、寰宇記卷一四二作「深陽」。按芒洛冢墓遺文四編韓智門誌作「淉陽」。

〔二一〕中國：漢書卷二八上、後漢書志第二二作「申伯國」。

〔二二〕秦昭王：原作「秦周王」，據叢書集成本改。

〔二三〕隋書卷三〇淯陽郡：「向城，西魏置，又立雉陽郡。」「西魏」下疑脱「置」字。又「及」字四庫本作「屬」。

〔二四〕後省入南陽：四庫本、聚珍本「後」作「復」，聚珍本「南」作「高」。

〔二五〕南陽郡：四庫本作「南海郡」，按王右丞集箋注卷一二引輿地廣記作「南陽郡」。

〔二六〕於村：四庫本作「張村」。按後漢書志第二二劉昭注曰：「張儀與楚商於之地。」

〔二七〕紀勝卷八七光化軍：「按舊圖經云：建安十三年，南鄉建國碑云：建安末，分立南鄉郡。輿地廣記於鄧州淅川縣下載云：本漢南鄉縣，魏置南鄉郡，不同。象之謹按容齋隨筆云：以晉史考之，南鄉本南陽西界。魏武平荆州，始分爲郡。至晉太始中，所管八縣，則輿地廣記之説似有所據。又按東漢志南陽郡下有南鄉縣，而無南鄉郡，又小不同。然魏武平荆州，正在東漢獻帝十三年，則紀年雖繫於漢之建安，而分置郡縣其權實出於魏武。當書曰：後漢末魏武分立南鄉郡。」

〔二八〕紀勝卷八七光化軍：「輿地廣記云：晉改南鄉郡爲順陽郡，後魏復爲南鄉郡，又分置淅川縣。按通鑑晉穆帝永和十年桓温伐秦，水軍自襄陽入均口，至南鄉。步兵自淅川入武關，則江左初已有南鄉及淅川矣。廣記謂南鄉復於後魏，淅川置於後魏，年月悉非是。」

〔二九〕析：四庫本作「併」。

〔三〇〕紀勝卷八三隨州「晉屬義陽郡，後分置隨郡」下注：「此據通典。又晉志義陽郡下有隨縣。元和郡縣志云晉太康九年分義陽郡置隨郡，圖經謂晉惠帝置隨郡，與此不同。象之謹按晉志云武帝平吴，分南陽立義陽郡，未嘗置隨郡也。又沈約宋志云宋初領郡三十一，分隨郡義陽屬司州，則是宋初已有隨郡，恐置於晉末，故晉志不書，但非置於太康之時耳。」

〔三一〕五年：四庫本、聚珍本作「三年」。按九域志卷一、宋朝事實卷一八、宋會要方域五之一、宋史卷八五作「五年」，寰宇記卷一四四作「四年」。紀勝卷八三隨州「尋陞爲崇義軍節度」下注：「象之謹按通略載乾德五年征蜀，副總管崔彦進不法，責崇義軍留後，特進隨州爲崇義軍以處之，當從通略。」

〔三二〕太平興國元年：長編卷一七作開寶九年。

〔三三〕紀勝卷八三隨州「其後楚滅之，以爲縣」下注：「此據輿地廣記。又元和郡縣志及寰宇記則謂漢置隨縣，而晏公類要則以爲秦置隨縣，而圖經則書曰漢初立爲隨縣，於表則曰楚爲隨縣，不同。象之謹按：左傳宣公十年，楚子縣陳。宣公十二年，鄭伯曰『夷於九縣』，注謂『楚滅國，皆以爲縣』。則隨滅於楚之時爲縣矣，今諸書所載第弗考左氏注耳。歐陽輿地廣記書曰『楚滅之以爲縣』，則與左氏之注合，今從輿地廣記。」

〔三四〕新化：通典卷一七七、寰宇記卷一四四作「光化」。

〔三五〕因：四庫本、聚珍本脱。按水經注卷三一溳水有「因」字。

〔三六〕故：紀勝卷八三引輿地廣記作「古」。

〔三七〕厥西：隋書卷三一作「澱西」。

〔三八〕十六年改縣曰唐城：元和志卷二一「十六」作「十三」，「縣」作「鎮」。

〔三九〕二十六年：元和志卷二一作「二十四年」，寰宇記卷一四四作「二十五年」。

〔四〇〕比陽：原作「北陽」，據四庫本改。

〔四一〕零陵泠道：紀勝卷八八棗陽軍作「零泠道」。

〔四二〕魏以漢中遺人：聚珍本「漢中」後衍「郡魏以漢中」五字。又「遺」原作「遣」，據四庫本、聚珍本及晉書卷一五、通典卷一七五、藏園群書題記卷四校宋江州刊淳祐重修本輿地廣記殘卷跋改。按紀勝卷一八九金州：「晉志荆州序云：魏文帝以漢中遺黎立魏興郡。通典又云魏以漢中遺黎之在東垂者置魏興郡，即此地也，是乃三國曹魏時事。而寰宇記乃云元魏正始元年夏侯道遷舉漢中歸魏，魏以遺民之在東垂居此，由是改爲魏興郡。且曹魏既以漢中遺民改爲魏興郡，不應元魏又以漢中遺民復改爲魏興，是一事而再書也，今不取。」

〔四三〕紀勝卷一八九金州：「隋志於安康縣下注：西魏置東梁州。按通鑑魏興在梁已爲東梁州，自李遷哲敗，東梁州陷没于魏，仍爲東梁州，非魏置東梁州也。」

〔四四〕漢陰郡：舊唐書卷三九、寰宇記卷一四一作「漢南郡」。

〔四五〕五年：寰宇記卷一四一作「四年」。

〔四六〕劉備：四庫本作「劉先主」。

〔四七〕金州：四庫本作「金川」。

〔四八〕紀勝卷一八九金州：「圖經云宋改吉陽。」不同。

〔四九〕按紀勝卷一八九金州：「晉置上廉縣，皇朝郡縣志梁置上廉縣，不同。」

〔五〇〕宋會要方域五之二一：「平利縣，熙寧六年廢爲鎮，隸西城縣，元祐元年復。」

〔五一〕「洵陽」及下句「洵水」之「洵」字：漢書卷二八上作「旬」。

〔五二〕金州：原作「全州」，據通典卷一七五、元和志卷二一、舊唐書卷三九、新唐書卷四〇改。

〔五三〕十年：舊唐書卷三九作「十七年」。

〔五四〕十八年：元和志卷二一作「三年」。

〔五五〕元和志卷二一：「永嘉之亂，雍州始平郡流人出在襄陽者，江左因僑立始平郡以領之，寄理襄陽，宋孝武帝割武當縣以隸之。」故僑置始平郡始於南朝宋。

〔五六〕紀勝卷八五均州「齊爲始平郡」下注：「南齊志有始平郡，領武當、武陽、始平、平陽等四縣。」又「又置齊興郡」下注：「南齊志齊興郡領齊興、安昌、鄖鄉、錫縣、安富、略陽六縣。通典云：齊立始平郡，尋改爲齊興郡。是通典謂始平、齊興本是一郡，後特改其名爲齊興耳。象之謹按：南齊書始平、齊興二郡並載於志，而始興屬雍州，領縣四；齊興屬梁州，領縣六，所領之縣名不同，則非改始平爲齊興也。」

〔五七〕紀勝卷八五均州「西魏改興州爲豐州」下注：「隋地理志曰後周改爲豐州，圖經曰西魏改曰豐州，不同，當考。」

〔五八〕宋會要方域五之一：「均州，舊爲防禦州，宣和元年陞爲武當軍節度。」

〔五九〕木塞山：原作「大塞山」，據藏園群書題記卷四校宋江州刊淳祐重修本輿地廣記殘卷跋改。九域志卷一作「古塞山」。

〔六〇〕五年：原作「三年」，據寰宇記卷一四三、紀勝卷八五均州引輿地廣記及藏園群書題記卷四校宋江州刊淳祐重修本輿地廣記殘卷跋改。

〔六一〕豐利縣：原作「豐州縣」，據九域志卷一、紀勝卷八五及下文改。四庫本作「豐川縣」。

〔六二〕四庫本「宋」字後有「皆」字。

〔六三〕二州：聚珍本作「二川」。按通典卷一八三作「二州」。

〔六四〕郢州：四庫本、聚珍本作「鄧州」。按通典卷一八三、舊唐書卷三九作「郢州」。

〔六五〕鄀州：四庫本作「郢州」，聚珍本作「郡州」。按舊唐書卷三九、新唐書卷四〇作「鄀州」。

〔六六〕富水郡：聚珍本「郡」字脱。按通典卷六、舊唐書卷三九、寰宇記卷一四四作「富水郡」。

〔六七〕九年：四庫本作「元年」。

〔六八〕長壽：宋書卷三七作「萇壽」，南齊書卷一五竟陵郡下有萇壽。紀勝卷八四郢州：「圖經云：西魏改萇壽縣曰長壽縣。」與此不同。又寰宇記卷一四四：晉武帝改爲長壽縣，屬竟陵郡。」紀勝又云：「象之謹按竟陵郡立於晉惠帝，不應武帝時便有竟陵郡，蓋晉武帝有太始年號，而宋明帝亦有太始年號。寰宇記第見太始年號，則以爲晉武帝年號，而弗考宋明帝亦有此年號耳。寰宇記非是，當從元和志及圖經云宋太始六年。」

〔六九〕南新市縣：通典卷一八三、元和志卷二一無「南」字。

〔七〇〕富水郡：原作「富人郡」，據隋書卷三一、寰宇記卷一四三改。

〔七一〕安陸郡：四庫本作「安陵郡」。

〔七二〕宋會要方域五之二一：「郢州富水縣，乾德二年廢隸京山縣。」

〔七三〕十年：元和志卷二一、舊唐書卷三九作「九年」。

〔七四〕十五年：舊唐書卷三九、寰宇記卷一四二作「十三年」。

〔七五〕平義縣：四庫本作「平義陽」。

〔七六〕元年：原作「五年」，據藏園群書題記卷四校宋江州刊淳祐重修本輿地廣記殘卷跋改。

〔七七〕甄阜：四庫本、聚珍本作「甄直」。按漢書卷九九下、後漢書卷一上作「甄阜」。

〔七八〕昇平郡：原作「昇州郡」，據四庫本及隋書卷三一改。

〔七九〕唐州：四庫本作「梁州」。按元和志卷二一：「貞觀中改屬唐州。」

〔八〇〕元和志卷二一以爲「梁于此置義鄉縣」，不同。

〔八一〕淮安郡：原作「淮陽郡」，據隋書卷三〇改。

〔八二〕宋史卷八五：「開寶六年，移治淮瀆故廟。」

〔八三〕宋會要方域五之一九：「方城縣，慶曆四年廢入鄧州南陽縣，元豐元年以鄧州方城鎮復爲縣，還隸〔唐〕州。」

〔八四〕宋會要方域五之一八：「光化縣，乾德三年以〔襄州〕穀城縣陰城鎮置光化軍，熙寧五年軍廢爲縣來隸。」紀勝卷八七光化軍引國朝會要亦在乾德三年。而九域志卷一、宋史卷八五在乾德二年，長編卷五亦繫於乾德二年三月。九域志又云：「熙寧元年廢光化縣爲鎮入隨。」宋史云：「元祐初復爲軍。」

〔八五〕二年：原作「三年」，據九域志卷一〇、長編卷五「乾德二年三月辛卯」條、宋史卷八五改。按宋會要方域五之一九：「乾德元年，以襄州穀城縣置軍，仍置乾德縣。熙寧五年軍廢爲光化縣，省乾德縣隸襄州。」方域一二之一七：「京西南路襄陽府光化縣乾德鎮，熙寧五年廢光化軍，以縣爲鎮。」

輿地廣記卷第九

京西北路

南輔，潁昌府。春秋許國。戰國屬韓。秦置潁川郡。漢高帝爲韓國，尋復故。後漢因之，獻帝暫都之。魏、晉並爲潁川郡。後魏亦同。西魏初得之，後入東魏，改曰鄭州〔一〕。後周曰許州。隋開皇初郡廢，大業初州廢，復置潁川郡〔二〕。唐武德四年曰許州，天寶元年曰潁川郡，後升忠武軍節度。梁改爲匡國軍。唐滅梁，復曰忠武。皇朝元豐三年升潁昌府，崇寧四年建爲南輔〔三〕。今縣七。

次赤，長社縣。本鄭長葛邑〔四〕，其社中木暴長〔五〕，因名長社。二漢及晉屬潁川郡。後魏爲郡治焉。酈道元爲郡守，於南城西側修立客館，土下得一木根甚壯大〔六〕，疑是故社怪長暴茂者也。隋開皇初改爲潁川縣。唐武德四年復爲長社，屬許州。許田鎮，本許國。二漢爲縣，屬潁川郡，獻帝都之。魏文帝改曰許昌。故城在今鎮南三十里，晉爲郡治焉。隋屬潁川郡。唐屬許州。後唐避諱，改曰許田。皇朝熙寧四年省入長社。

次畿，郾城縣。戰國時爲魏邑。史記楚昭陽伐魏，取郾是也〔七〕。二漢及晉屬潁川郡，其後廢焉。隋開皇初置郾城縣，屬潁川。唐始屬蔡州，長慶元年屬許州。有漢召陵縣故城〔八〕，在東，春秋齊桓公伐楚，次于召陵是也。後漢征羌縣故城，在東南。

次畿，陽翟縣。本夏禹之別都，後爲鄭櫟邑。戰國韓景侯自新鄭徙都此。秦置潁川郡。二漢因之。晉屬河南郡。東魏置陽翟郡。隋開皇初郡廢，屬襄城郡。唐始屬河南府，會昌三年屬許州。有鈞臺，在南，左傳所謂「夏后有鈞臺之饗」，即此。

次畿，長葛縣。本漢許縣地。隋開皇六年分許昌置，取長葛舊名，屬潁川郡。唐屬許州。

次畿，臨潁縣。漢舊縣，屬潁川郡。東漢至隋皆因之。唐屬許州。繁城鎮，本漢潁陰縣之繁陽亭。魏文帝受禪於此，置繁昌縣。帝既受禪，自壇而降曰：「舜禹之事，吾知之矣。」壇前有二碑，後其碑六字生金，論者以爲司馬金行，故曹氏六世遷魏西事晉。晉屬襄城郡。隋屬潁川郡。唐正觀元年省入臨潁。後唐避諱，改爲繁城。

次畿，舞陽縣。漢樊噲所封。二漢屬潁川郡。晉屬襄城郡，後改爲北舞，置定陵郡。隋開皇初郡廢，屬潁川。唐正觀元年屬許州，尋廢。開元四年復置，更名舞陽。有漢定陵縣故城。

中，郟縣。春秋時爲楚邊邑，令尹子瑕城郟是也。漢屬潁川郡。後漢省之。魏復置。青龍元年，有龍見于郟之摩陂。明帝幸陂觀龍，於是改摩陂曰龍陂，城曰龍城。晉屬襄城郡，其後廢之，置龍山縣。隋開皇初改曰汝南，十八年改曰輔城，大業初改曰郟城，屬襄城郡。唐屬汝州。皇朝崇寧四年來屬。

西輔，鄭州。高辛氏火正祝融之墟。周武王封管叔鮮，及爲虢、鄶之國。鄭武公與平王東遷，武公滅二國而徙都焉。後鄭爲韓所滅，韓又徙都之。秦屬三川郡。二漢及魏屬河南郡。晉置滎陽郡。後魏爲東恒農郡。東魏置廣武郡。後周置鄭州〔九〕。隋開皇十六年曰管州，煬帝初復爲鄭州，尋廢，置滎陽郡。唐正觀七年州廢〔一〇〕，自武牢移鄭州治此，天寶元年曰滎陽郡。皇朝景祐元年號奉寧節度〔一一〕，崇寧四年建爲西輔〔一二〕。今縣六。

望，管城縣。故管國，周武王弟叔鮮所封。春秋晉師救鄭，楚子「次于管以待之」，即此。漢、晉爲京縣地〔一三〕。隋開皇十六年，析内牟以置管城，屬滎陽郡。十八年，改内牟曰圃田，省入管城。唐正觀七年，自武牢移鄭州治此〔一四〕。東有圃田，爲豫州藪。有郔城，爲縣南，左傳晉、楚戰處。

緊，滎陽縣。故虢國，所謂東虢也。二漢屬河南郡。晉泰始二年置滎陽郡。後魏因之。北齊改曰成皋郡。隋開皇初郡廢，屬鄭州。唐因之〔一五〕。有鴻溝，在西，楚、漢中分天下處。漢京縣故城，在東，古鄭邑也〔一六〕。莊公弟叔段居之，謂之京城太叔。二漢屬河南郡。晉及後魏屬滎陽郡。北齊省入焉。又有索水，楚、漢戰京、索間，即此。

上，新鄭縣。古有熊國，黄帝所都也，亦爲高辛氏火正祝融之墟。其後世鄶國，亦作「檜」，詩之國風所謂「檜羔裘」者也。鄭桓公始封，在今華州之鄭。其子武公與平王東遷，乃取鄶而徙居焉，是爲新鄭。戰國時，鄭滅於韓，韓哀侯自平陽徙都之。二漢屬河南郡。晉以後不置。隋開皇十六年復之，屬滎陽郡。大業初，省苑陵縣入焉。唐屬鄭州〔一七〕。有溱、洧二水。

中，原武縣。二漢屬河南郡。晉以後不置。隋開皇十六年復之，屬滎陽郡。唐屬鄭州〔一八〕。漢卷縣故城，在東。

中，滎澤縣。禹貢所謂濟水溢爲滎者也。杜佑云：「今濟水不復入滎。」漢、晉、後魏爲滎陽縣地。隋開皇四年置廣武縣，仁壽元年更名滎澤〔一九〕，屬滎陽郡。唐屬鄭州〔二〇〕。有廣武山，上有東、西二城，中有絶澗，漢高帝、項羽相與臨廣武之間而語，即此。有敖山，商王仲丁自亳遷此。周宣王嘗狩其地〔二一〕，故詩言「搏獸于敖」。秦於此置倉，所謂「敖倉」也。故王宫城，在今縣西北，左傳「作王宫於踐土」，即此，今故城内東北隅有踐土臺是也。

畿，密縣。本鄭邑，春秋「諸侯伐鄭，圍新密」。二漢屬河南郡。晉屬滎陽郡。唐屬河南府。皇朝因之，崇寧四年來屬〔二二〕。

輔〔二三〕，**滑州**。古豕韋氏之國。春秋時屬衛。戰國時亦屬衛，其西境屬魏。秦屬東郡。二漢因之。晉爲陳留、濮陽二國。宋武帝平河南，置兖州，以爲邊鎮。後魏置東郡。隋置杞州，後爲滑州，又改爲兖州，後復爲東郡。唐復爲滑州，天寶元年更名靈昌郡。大曆七年升義成軍節度。後避梁王父諱，改曰宣義軍。後唐復故，而改靈昌曰靈河。皇朝太平興國四年改武成軍〔二四〕。今縣三。

中，白馬縣。本衛國曹邑，左傳閔二年，狄滅衛，立戴公，以廬于曹。即此。二漢爲白馬縣，屬東郡。袁紹遣顔良攻東郡太守劉延於白馬，關羽爲曹公斬良以報焉〔二五〕。晉屬濮陽國。宋置兖州。後魏置東郡。隋開皇初郡廢，置杞州，十六年改爲滑州，大業二年改爲兖州，後復爲東郡。唐又爲滑州〔二六〕。有黎陽津，一曰白馬津，酈生云「守白馬之津」是也。有靈河津，晉時石勒襲劉曜途出於此〔二七〕，以河冰泮爲神靈之助〔二八〕，故號爲靈昌津。後唐改爲靈河津。靈河鎮，漢南燕縣地。隋開皇十六年置靈昌縣，以津爲名，屬東郡。唐屬滑州。後唐改爲靈河縣。皇朝治平三年省入白馬〔二九〕。有滑臺，本鄭之廩延邑，其城甚固。

望，韋城縣。故豕韋氏國，商時爲伯焉。韋賢詩曰「肅肅我祖，國自豕韋」是也。二漢爲白馬縣地，屬東郡。晉屬濮陽國。隋開皇六年置韋城縣，屬東郡。唐屬滑州〔三〇〕。

緊，胙城縣。故南燕國。二漢爲南燕縣，屬東郡。晉省之，其後復置，曰東燕。隋開皇十八年改曰胙城，屬東郡。唐屬滑州〔三一〕。胙城，周公諸子所封，左傳富辰曰：「凡、蔣、邢、茅、胙、祭，周公之嗣也。」杜預注：「東郡燕縣西南有胙亭〔三二〕。」而晉史地理志無此郡縣，豈永嘉喪亂，簡編失亡故耶？

望，孟州。春秋、戰國皆屬周。自漢、晉至隋皆屬河内郡。唐顯慶二年，割屬河南府。建中二年，乃以河南之河陽、河清、濟源、温四縣租稅入河陽三城使，又以汜水軍賦益之〔三三〕。會昌三年，遂以此五縣爲孟州〔三四〕。今縣六。

望，河陽縣。古孟津也。周武王伐紂，師度孟津，即此。亦曰富平津，魏尚書杜君畿試船沉溺之所〔三五〕。浮橋，即晉杜預所立。自漢至隋，屬河内郡。唐屬河南府，置河陽三城使，後置孟州。今縣西南十三里有遮馬堤，舊爲河陰縣地，後魏爾朱榮害朝士千三百餘人於此〔三六〕。

望，温縣。本周畿内國，司寇蘇忿生所封也。春秋僖十年，狄滅温，「蘇子奔衛」，於是襄王以賜晉文公。二漢屬河内郡。晉因之，其後廢焉。隋開皇十六年復置，屬河内郡。唐武德四年屬懷州，顯慶二年屬洛州，後屬孟州。

望，濟源縣。周大夫蘇忿生之原邑〔三七〕，周襄王以賜晉文公。文公伐原，以示信。二漢爲軹縣地。晉爲沁水縣地，俗以濟水重源所發，因謂之濟源城。隋開皇十六年置濟源縣，屬河内郡。唐武德四年屬懷州，顯慶二年屬洛州，後屬孟州。漢軹縣，屬河内郡。後漢及晉皆因之。隋大業初省入河内，後復置。唐正觀元年省入濟源。故城在縣東南。有湨水，春秋襄十六年，公會諸侯于湨梁，即此。

上，汜水縣。本東虢國，鄭滅之，爲制邑，所謂「制巖邑」，即此。有故虎牢城，周穆王獵於鄭圃，獲虎，命畜之，因名曰虎牢。二漢爲成皋縣〔三八〕，屬河南郡。晉因之。宋時毛德祖戍虎牢，後魏晝夜攻圍，二百日乃克。後魏置東中府。東魏置北豫州。後周置滎州〔三九〕。隋開皇初曰鄭州，十八年改成皋縣曰汜水。大業初置虎牢都尉府，屬滎陽郡。唐屬鄭州，顯慶二年屬洛州。垂拱四年曰廣武，神龍元年復故，後屬孟州。有汜水關，皇朝大中祥符中改爲行慶關〔四〇〕。東南有成皋故關，西南有旋門故關〔四一〕。

中，河陰縣。漢成皋、滎陽、懷縣地。唐開元二十九年〔四二〕，割汜水、滎澤、武陟三縣置〔四三〕，以便運漕，屬河南府，領河陰倉〔四四〕。汴渠，在縣南二百五十步，即古莨蕩渠，今名通濟渠，首受黄河，後屬孟州。有三皇山，亦曰嶅鄗山。山上有三城，即劉、項相持處。

中，王屋縣。古召公之邑，漢垣縣濩澤地〔四五〕，屬河東郡。晉屬河東、平陽郡。後魏置長平縣。後周改曰王屋，又置懷州〔四六〕。及平齊，州廢，置王屋郡。隋開皇初郡廢，屬河内郡。唐武德元年更名邵伯，屬邵州，正觀元年屬懷州。顯慶二年復故名，屬洛州。皇朝慶曆三年來屬〔四七〕。有禹貢王屋山〔四八〕，沇水所出。

緊，蔡州。春秋時屬沈、蔡。戰國屬楚、魏。秦屬潁川郡〔四九〕。漢置汝南郡。後漢及魏、晉皆因之。宋及後魏兼置豫州，以爲重鎮。東魏置行臺。後周置總管府，後改曰舒州，尋復曰豫州，後改曰蔡州。隋開皇初郡廢，大業初州廢，復置汝南郡。唐武德四年曰豫州〔五〇〕，天寶元年曰汝南郡，寶應元年改曰蔡州。皇朝景祐二年升淮康軍節度〔五一〕。今縣十。

上，汝陽縣。漢平輿、宜春、安城縣地，屬汝南郡。後漢及晉皆因之。後魏曰上蔡，置汝南郡。城之西北汝水枝别左出而北流，又屈而東轉，又西南會汝，若垂瓠，故謂之懸瓠城。宋元嘉二十七年，後魏太武攻懸瓠，汝南太守陳憲拒守四十餘日，不拔。隋開皇初郡廢，大業初復置縣，曰汝陽。唐爲蔡州。漢有汝陽縣，在西華、南頓之間，非今縣也。漢宜春縣，屬汝南郡。後漢曰北宜春。晉因之，後廢焉〔五二〕。故城在今縣西南。漢平輿縣，故沈國。漢高帝四年置汝南郡。後漢因之。晉屬汝南郡，後徙焉。故城在今縣東。漢安城縣，屬汝南郡。後漢及晉皆因之，後廢焉。故城在今縣東南。

上，上蔡縣。故蔡國，蔡叔始封地。秦爲上蔡縣，李斯其邑人也。漢屬汝南郡。後漢及晉皆因之。魏改爲臨汝〔五三〕。北齊廢之。隋開皇中置，曰武津。大業初復改爲上蔡，屬汝南郡。唐屬蔡州。

中，新蔡縣。古吕國。春秋時蔡平侯自上蔡遷此，故曰新蔡。二漢屬汝南郡。魏、晉屬汝陰郡。南齊置北新蔡郡。後魏曰新蔡郡。北齊曰廣寧郡。隋開皇初郡廢。十六年置廣寧縣，仁壽元年改曰汝北，大業初改曰新蔡，屬汝南郡。唐屬蔡州。漢鮦陽縣，屬汝南郡。後漢因之。晉屬汝陰郡。北齊廢之。隋開皇十一年復置，屬淮陽郡，後廢焉。故城在今縣北。有葛陂。

中，褒信縣。後漢舊縣，屬汝南郡。魏、晉屬汝陰郡。宋改曰包信〔五四〕。隋大業初復故名，屬汝南郡。唐屬蔡州。西南有白亭，楚王孫勝爲白公，即此〔五五〕。

中，平輿縣。漢舊縣，後廢。隋大業初改新蔡爲平輿〔五六〕，屬汝南郡。唐屬蔡州。有葛陂，水經云：「億水左迤爲葛陂，方數十里，水物含靈，多所包育。」後漢費長房投竹化成龍處。

中，遂平縣。故房子國，國語所謂周昭王娶于房，曰房后是也。楚靈王遷房於楚，而有其地。後以封吴王之弟夫概爲堂谿氏，故曰吴房。漢屬汝南郡。後漢及晉皆因之，後曰遂寧。隋大業初改曰吴房，屬汝南郡。唐屬蔡州，元和十二年平吴元濟，更名遂平。

中，新息縣。故息國。二漢屬汝南郡。晉爲郡治焉。後魏置東豫州。梁曰西豫州，又改曰淮州。東魏復曰東豫州。後周曰息州。隋大業初州廢，屬汝南郡。唐屬蔡州。漢安陽縣，故江國也。二漢及晉皆屬汝南郡，後廢焉。故城在今縣西。

中，確山縣。本漢安昌縣，屬汝南郡。後漢省之，其後復置〔五七〕。隋開皇十八年改爲朗山〔五八〕，屬汝南郡。唐屬蔡州。皇朝大中祥符五年改爲確山。漢朗陵縣，屬汝南郡。後漢及晉皆因之，後廢焉。故城在今縣西南。有道城，故道國，左傳曰：「江、黄、道、柏，皆弦姻也。」在漢爲陽安縣。後漢及晉皆因之，後廢焉。

中，真陽縣。本漢慎陽縣，屬汝南郡。「慎」字本作「滇」，音真，永平五年，失印更刻，遂誤以「水」爲「心」也。後漢及晉皆因之。後魏置鄎州。東魏廢州，置義陽郡。北齊廢郡，入保城縣。隋開皇十一年廢保城，十六年置真丘縣。大業初改曰真陽，屬汝南郡。唐屬蔡州。漢新陽縣，屬汝南郡。後漢因之。晉省焉。故城在今縣西南。

中，西平縣。故柏子國。漢舊縣，屬汝南郡。後漢及晉皆因之。後魏置襄城郡。北齊改曰文城郡。隋開皇初郡廢，屬汝南郡。唐屬蔡州。

上[五九]，**陳州**。包犧氏都，曰太昊之墟。周封舜後嬀滿於此，以備三恪，爲陳國。楚滅爲縣，楚頃襄王自郢徙都此[六〇]，兼爲魏境。秦屬潁川郡。二漢屬淮陽國、汝南郡。後漢因之。晉屬梁國、汝南郡。後魏置陳郡及北揚州。北齊改爲信州。隋爲陳州，後置淮陽郡。唐爲陳州。晉開運二年置鎮安軍節度。漢初軍廢，周廣順二年復之[六一]。今縣五。

緊，宛丘縣。周時陳都，楚頃襄王滅之，自郢徙都焉。陳勝反秦，據陳自立爲張楚。漢高帝置淮陽國。章和二年改爲陳國。晉併入梁國。後魏曰項，置陳郡。隋開皇初改縣曰宛丘，而郡廢焉，大業初爲淮陽郡。唐爲陳州。爾雅曰：「丘上有丘曰宛丘。」今其地形則然[六二]。古固陵城，項羽南走固陵，即此。

上，項城縣。本項國。戰國屬楚。項羽家世楚將，封於項，故姓項氏。二漢屬汝南郡[六三]。晉屬梁國[六四]。後魏置揚州及秣陵縣。梁改曰殷州。東魏改曰北揚州[六五]。後齊改曰信州。後周改曰陳州。隋開皇初，改秣陵爲項城縣。大業初州廢，屬淮陽郡。唐屬陳州。

中，商水縣。本漢汝陽縣地，屬汝南郡。後漢及晉皆因之。後魏置汝陽郡。北齊郡廢。隋開皇十六年置溵水縣，大業初省汝陽入焉，屬淮陽郡。唐屬陳州。皇朝建隆元年改爲商水。漢地理志汝南有濦彊縣。水經注云：「濦水〔六六〕，出潁川陽城縣少室山，東逕濦彊縣故城南〔六七〕，又東逕西華縣故城南，又東逕汝陽故城北〔六八〕，東注于潁。」

中，南頓縣。故頓子國。應劭曰：「頓迫於陳，其後南徙，故曰南頓。」二漢及晉屬汝南郡。後魏置南頓郡。北齊郡廢。隋開皇六年改縣曰和城，大業初復改曰南頓，屬淮陽郡。唐屬陳州。皇朝熙寧六年省入商水〔六九〕，元祐元年復置。

中，西華縣。二漢屬汝南郡。晉省之，後置長平縣。隋開皇十八年改曰鴻溝，大業初復改曰西華，屬淮陽郡。唐武德元年〔七〇〕，更名箕城〔七一〕，屬陳州，景雲元年復故名〔七二〕。長平鎮〔七三〕，漢爲長平縣，屬汝南郡。後漢屬陳國。晉屬梁國。北齊省入西華。

上，潁州。春秋時爲胡國及楚地。秦爲潁川郡地。二漢屬汝南郡。魏置汝陰郡。晉因之。後魏置潁川郡。隋亦爲潁川，復爲汝陰郡。唐爲潁州。皇朝元豐二年升順昌軍節度〔七四〕。今縣四。

望，汝陰縣。西北有胡城，故胡國。二漢爲汝陰縣，屬汝南郡。魏置汝陰郡，後廢。

晉泰始二年復置。隋開皇初郡廢，大業初復置。唐爲潁州〔七五〕。二漢細陽縣〔七六〕，屬汝南郡。晉省之。故城在今縣西北。

緊〔七七〕，萬壽縣。蓋二漢細陽縣地〔七八〕。皇朝開寶六年，析汝陰之百尺鎮置萬壽縣，屬潁州〔七九〕。水經注云：百尺水，承次塘細陂，南流注于潁。鎮實因水爲名。

緊，潁上縣。本楚慎縣地。二漢屬汝南郡。晉屬汝陰郡，後廢焉。梁置下蔡郡。北齊郡廢。隋大業初置潁上縣於故鄭城，屬汝陰郡。唐武德四年移於今治，屬潁州。慎縣故城，在今縣西北。

緊，沈丘縣。本漢項縣地〔八〇〕，屬汝南郡，後置沈丘縣。隋開皇十六年置沈州〔八一〕，領沈丘、宛丘二縣。唐初州廢，以宛丘屬陳州，沈丘屬潁州。後省沈丘入汝陰，神龍二年復置。有武丘，本曰丘頭，魏王陵鎮壽春，欲興兵討司馬宣王，宣王自往征之，軍至丘頭，陵懼，面縛水次，故號爲武丘，即此。

輔〔八二〕，**汝州**。東周爲王畿。春秋爲戎蠻子邑，及屬楚、鄭。戰國屬韓。秦屬三川郡。二漢屬河南、潁川郡。魏、晉屬河南、襄城郡〔八三〕。後魏屬汝北、魯陽郡。東魏置北荆州。後周改曰和州。隋初置伊州，煬帝初改爲汝州。後廢州，以其地屬襄城、潁川二郡。唐爲汝州，天寶元年曰臨汝郡〔八四〕。今縣五。

中，梁縣。本漢周承休邑，武帝元鼎四年行幸至洛陽，詔封姬嘉爲周子南君，以奉周祀。初元五年，以周子南君爲周承休侯，邑屬潁川郡。後魏曰汝源縣，置汝北郡，後改曰汝陰郡。後周郡廢。隋大業初改汝源爲承休，置襄城郡。唐爲汝州，正觀元年改承休爲梁縣。梁，本周南鄙之邑〔八五〕，在承休西南四十五里〔八六〕，有霍陽聚。左傳哀四年，楚人「爲一昔之期〔八七〕，襲梁及霍」是也。戰國曰南梁，以别大梁、少梁焉。漢屬河南郡。後漢及晉皆因之。隋屬襄城郡。唐曰承休〔八八〕，正觀元年省梁入承休，而更名承休曰梁。西有廣成澤〔八九〕。後漢作苑〔九〇〕，爲遊獵之地。鄧太后臨朝，世士以爲文德可興〔九一〕，宜廢蒐狩之禮〔九二〕，於是馬融作頌以諷焉。後桓帝復校獵廣成。今曰廣潤河〔九三〕，蓋避朱梁廟諱也。有𨾴狐聚，秦滅西周，徙其君於此。有陽人聚，秦滅東周，徙其君於此。臨汝鎮，唐先天元年置縣，屬汝州。正元八年，以梁縣西界二鄉益之，兼移縣於石壕驛〔九四〕，後入梁。

緊，襄城縣。本鄭地，南有汜城。周襄王避叔帶之難，出適鄭，處于汜是也。以襄王所居，因曰襄城。楚靈王築。又有古不羹城，在西北。二漢屬潁川郡。晉置襄城郡。隋開皇初郡廢，屬汝州。大業初州廢，屬潁川郡。唐武德元年置汝州，正觀元年州廢，屬許州，開元二十六年來屬。

上，葉縣。本楚地。惠王以封沈諸梁，謂之葉公。葉公好龍，神龍下焉。二漢屬南陽郡。明帝時，王喬爲葉令，每月望常乘雙凫入朝，今有墓在焉。晉屬南陽國。北齊置襄州。後周廢州，置南襄城郡。隋開皇初郡廢，屬許州。唐開元三年置仙州〔九五〕，二十六年州廢。大曆四年復置仙州，又析置仙凫縣，五年州廢，省仙凫入葉來屬。二漢父城縣，屬潁川郡。晉屬襄城郡，後廢入葉。有應鄉，故應國。按汲冢古文，商時已有應國矣〔九六〕。周武王以封其子爲應侯，故左傳言：「邘〔九七〕、晉、應、韓，武之穆也。」戰國爲秦所有，以封范雎爲應侯。有方城，左傳所謂「楚國方城以爲城」，即此。又有昆陽城，即光武破王尋之所。

中，魯山縣。在夏爲魯縣。陶唐氏既衰，其後有劉累爲御龍氏，以事夏孔甲。龍一雌死，潛醢以食夏后。既而使求之，懼而遷于魯縣是也〔九八〕。漢爲魯陽，屬南陽郡。後漢及晉皆因之。後魏置荆州，尋廢，立魯陽郡，後置魯州。隋開皇初郡廢，大業初州廢，以魯縣屬襄城郡。唐爲魯山，武德四年復置魯州。正觀九年州廢〔九九〕，以魯山來屬。故犨縣，本鄭邑。漢屬南陽郡，後廢。故城在今縣東南。後周置三鵶鎮，在縣西南十九里，亦名平高城〔一〇〇〕，以備齊。北齊置魯城，在縣東北十七里，以禦周。

中，龍興縣。本湍陽縣〔一〇一〕，唐武德四年置，屬伊州。正觀元年省，證聖七年復置〔一〇二〕，曰武興，屬汝州〔一〇三〕。神龍元年更名爲中興，尋改曰龍興。皇朝熙寧五年省入魯山〔一〇四〕，元祐元年復置〔一〇五〕。

同下州，信陽軍。春秋時屬申，其後屬楚。秦屬南陽郡。二漢屬南陽、江夏郡。晉置義陽郡。宋置宋安郡。南齊置司州。梁因之。有三關之隘，北接陳〔一〇六〕、汝，控帶許、洛，宋以來常爲邊鎮〔一〇七〕。後魏改曰郢州。後周改曰申州。隋開皇初郡廢，大業二年改曰義州，尋爲義陽郡。唐爲申州，天寶元年曰義陽郡。皇朝開寶九年降爲義陽軍，太平興國元年改爲信陽。今縣二。

中下，信陽縣。二漢平氏縣地，屬南陽郡。晉分置義陽縣，屬義陽郡，後廢焉。宋曰平陽縣，置宋安郡。隋開皇初郡廢，改平陽縣爲義陽，大業初置義陽郡。唐爲申州。皇朝爲義陽軍。太平興國元年，改義陽縣爲信陽。漢鐘武縣，屬江夏郡。後漢省焉。故城在今縣東南。漢鄳縣，屬江夏郡。後漢及晉因之。北齊改爲齊安，置齊安郡。隋開皇初郡廢，改縣曰鐘山，屬義陽郡。唐屬申州。皇朝開寶九年省入義陽〔一〇八〕。有鐘山、桐柏山、淮水。

中下，羅山縣。二漢鄳縣地。北齊置高安縣。隋開皇初廢，十六年復置，曰羅山，屬義陽郡。唐屬申州。皇朝屬信陽軍〔一〇九〕。有石城山，甚高峻，史記曰「魏攻冥阨〔一一〇〕」，蓋謂此山也。呂氏春秋言「九塞」，冥阨其一焉。

校注

〔一〕鄭州：元和志卷八作「南鄭州」。

〔二〕潁川郡：四庫本作「潁州郡」。

〔三〕宋會要方域五之一：「崇寧四年爲南輔，隸京畿，宣和二年罷置輔郡。」又方域五之二一：「政和四年十一月二十六日，（潁）〔潁〕昌府奏：『將本府復充南輔，（潁）〔隸〕屬都畿。』從之。」宋史卷八五：「大觀四年罷輔郡，政和四年復爲輔郡，隸京畿。」

〔四〕鄭：四庫本作「都」，按元和志卷八作「鄭」。

〔五〕木：元和志卷八作「樹」。

〔六〕土下得一木根甚壯大：四庫本「甚」作「其」。聚珍本「土」作「上」，又「木」作「本」，「甚」作「其」。按水經注卷二二作「土下得一樹根甚壯大」。注云：「案『土』近刻訛作『上』。」水經注釋卷二二亦云：「清案：『上』當作『土』。」

〔七〕取：四庫本、聚珍本作「收」。按水經注卷二一汝水、元和志卷九、寰宇記卷七皆作「取」。

〔八〕召陵縣：元和志卷九作「邵陵縣」。

〔九〕後周置鄭州：四庫本「後」作「都」。按元和志卷八：「周改爲滎州，隋開皇三年改滎州爲鄭州。」

〔一〇〕七年：原作「元年」，據元和志卷八、舊唐書卷三八及下文改。元和志卷八：「貞觀元年廢管州，七年自武牢移鄭州於今理。」

〔一一〕宋會要方域五之二二：「景祐元年三月四日，詔曰：『周制九畿，蓋尊寰内；漢設三部，實陪京師。自相宅浚都，夾右滎圃，奚稽扶翊之義，參領防遏之兵。肆先聖之時巡，嘉馳道之所出。留宴耋老，觀省風謠。比覽侍臣之章，請增戎鎮之號。矧車傳旁午，民閒阜蕃，固可以充奉寢園，輔寧都甸。式循廣武之舊，且寵建牙之威。鄭州宜陞爲節鎮，以奉寧爲額。』」

〔一二〕宋會要方域五之一：「鄭州，建隆元年陞爲防禦，景祐元年陞奉寧軍節度。熙寧五年廢，隸開封府。元豐八年復，治管城縣。元祐元年爲奉寧軍節度，政和四年爲輔郡。」又方域五之一二：「崇寧三年七月二十二日，宰臣蔡京言：『被旨京畿四面可置輔郡，屏衛京師。謹酌地理遠近之中，割移縣鎮。……鄭州爲西輔，以西京密縣隸之……』從之。」又方域一之二〇：「政和二年五月十六日，詳定九域圖志所言：『今來興仁府輔郡，既以東字爲別，即鄭州輔郡，亦合依此以西字爲別，(穎)〔潁〕昌、開德府合冠以南、北輔。兼延安等五府屬縣，已依本所申請，罷稱次赤畿。即四輔所治縣，自合正名次赤，餘縣合爲次畿，所貴格法從一。』從之。」方域五之一四：「政和四年十二月八日，奉寧軍奏：『本州先于崇寧四年内陞爲輔郡，隸屬都畿，至大觀四年内罷輔郡，割屬畿西。伏覩拱州復爲輔郡，依舊隸都畿。』詔鄭州、開德府、(穎)〔潁〕昌府並依舊爲輔郡，隸京畿。」方域五之二二：「〔宣和二年〕十二月四日，詔罷置輔郡，（潁）〔潁〕昌、開德府、鄭州歸元隸路分，割到縣撥還元處。」宋史卷八五：「崇寧四年建爲西輔，大觀四年罷輔郡。政和四年又復，宣和二年又罷。」

〔一三〕京縣：元和志卷八作「中牟縣」。

〔一四〕宋會要方域五之二二：「管城縣……熙寧五年廢州，以二縣隸開封府。元豐八年復州，以縣還來隸。」

〔一五〕宋會要方域五之二二：「滎陽縣……熙寧五年廢爲鎮，隸管城縣，元祐元年復。」又方域一二之一：「管城縣（榮）〔滎〕陽鎮、（榮）〔滎〕澤鎮，陽武縣原武鎮，並五年廢鄭州，以縣與鎮。」宋史卷八五：「元祐元年還舊節，復以滎陽、滎澤、原武爲縣，與滑州並隸京西路。」

〔一六〕鄭邑：四庫本、聚珍本作「鄉邑」。按元和志卷八：「即鄭京城太叔之邑。」

〔一七〕宋會要方域五之二二：「新鄭縣，熙寧五年廢州……隸開封府。元豐八年復州，以縣還來隸。」

〔一八〕宋會要方域五之二三：「原武縣，熙寧五年廢爲鎮，隸陽武縣，元祐元年復。」

〔一九〕元年：元和志卷八作「九年」。

〔二〇〕元和志卷八：「仁壽元年改爲滎澤，屬鄭州」。宋會要方域五之二二：「滎澤縣，熙寧五年廢爲鎮，隸管城縣，元祐元年復。」

〔二一〕嘗：原作「常」，今據四庫本改。

〔二二〕宋會要方域五之一一：「崇寧三年七月二十二日，宰臣蔡京言：『被旨京畿四面可置輔郡，屏衛京師，謹酌地理遠近之中，割移縣鎮。以……鄭州爲西輔，以西京密縣隸之……』從之。」宋史卷八五：「宣和二年，還隸〔河南〕府。」

〔二三〕宋會要方域五之二五：「大觀元年四月初二日，大司成强淵明奏：『契勘曹、滑、汝元係輔郡，昨承勑命，京畿四面置輔郡，以拱州爲東輔，鄭州爲西輔……今來四輔既已陞建，其舊係輔郡去處合行改定。所有曹州本係潛邸，已陞興仁府號，伏望睿旨改爲督府。其滑州係武成軍節度，爲緊……』從之。」

〔二四〕四年：九域志卷一作「元年」。宋會要方域五之一：「滑州，後唐義（城）〔成〕軍節度，太平興國元年改武成軍，熙寧五年廢隸開封府。」宋史卷八五作「太平興國初」，又云：「元豐四年復置。」

〔二五〕關羽爲曹公：四庫本「關羽」作「關侯」。又「曹公」，四庫本作「曹操」。

〔二六〕宋會要方域五之一一：「白馬縣……熙寧五年廢滑州，以三縣來隸〔開封府〕。」方域一二之一四：「白馬縣靈河鎮，〔熙寧〕二年廢滑州，以縣爲鎮。」方域五之二三：「白馬縣，熙寧四年八月十五日，詔白馬縣復爲滑州，隸京西，繫浮梁，葺城壘，縣還來隸。韋城、胙城縣，熙寧五年廢州，以二縣隸開封府。元豐四年復爲州，縣還來隸。」九域志卷一、宋朝事實卷一八以爲靈河縣省爲鎮入白馬在治平三年，宋史卷八五在熙寧三年，「元祐元年還舊節度」。

〔二七〕劉曜：原作「劉耀」，據聚珍本及晉書卷一〇三劉曜傳改。

〔二八〕冰：四庫本作「水」。札記卷上：「『冰』字是也，水經河水注文。朱校作『水』，誤。」按水經注卷五河水注正作「冰」。

〔二九〕治平三年：宋史卷八五作「熙寧三年」。按宋會要方域一二之一四：「白馬縣靈河鎮，〔熙寧〕二年廢滑州，以縣爲鎮。」

〔三〇〕宋會要方域五之一一：「白馬縣、韋城縣、胙城縣，熙寧五年廢滑州，以三縣來隸〔開封府〕。」

〔三一〕宋會要方域五之二三：「白馬、韋城、胙城縣，熙寧五年廢〔滑〕州，以三縣隸開封府。元豐四年復爲州，縣還來隸。」

〔三二〕西：四庫本作「之」。

〔三三〕益之：舊唐書卷三八作「隸之」。

〔三四〕宋會要方域五之二：「孟州河陽三城管内觀察處置河堤等使，即古孟津，亦曰富平津、中潬城。本東魏所築，仍置河陽關。唐會昌三年置孟津，初以懷州爲理所，四年移理孟州。」方域五之一：「孟州，政和二年陞爲濟源郡。」方域五之二四：「政和二年六月二十六日，提舉詳定九域圖志何志同奏：『編修京西南北路一十七州軍圖志，看詳文字，數内上、望次序倒置，或闕郡名。若坊廊鄉里等處名稱，與殿閣或祖宗陵名相犯，及流傳鄙俗，難以書于地志，垂示久遠。各已參擬改立于傍通格，及册内貼説進呈。孟州今欲擬立爲濟源郡，鄧州欲乞陞改爲望郡，陳州合依舊爲上州。』從之。」

〔三五〕杜君畿試船沉溺之所：四庫本無「君」字。杜君畿，即杜畿，「君」字爲尊稱。札記卷上：「『沉』，宋本壞作『況』，此用通典文。」

〔三六〕於：元和志卷五、藏園群書題記卷四校宋江州刊淳祐重修本輿地廣記殘卷跋作「於」，聚珍本作「即」。

〔三七〕忿：原脱，據四庫本、聚珍本補。按水經注卷七濟水、卷九清水、通典卷一七八、元和志卷五、寰宇記卷五二、五三、五六皆作「蘇忿生」。

〔三八〕成皋縣：四庫本作「城皋縣」。

〔三九〕滎州：四庫本作「榮州」。

〔四〇〕宋會要方域一二之一：「河陽汜水縣舊關曰虎牢，祥符四年三月戊戌，真宗西巡至虎牢關，改行慶關。慶曆四年五月己丑，省汜水縣爲行慶關，隸河南府。」又方域五之二三：「汜水縣，熙寧三年省縣爲行慶關，隸河南府鞏縣。四年復置縣，還隸。五年廢爲鎮，隸河陰縣，元豐三年復。」方域一二之一四：「孟州河陽縣汜水鎮，熙寧五年廢縣置。」方域五之二三：「汜水縣，熙寧三年省縣爲行慶關，隸河南府鞏縣，四年復置縣，還隸。五年廢爲鎮，隸河陰縣，元豐三年復。」宋史卷八五：「元豐二年復置。」

〔四一〕旋門：四庫本作「旋關」。按元和志卷五、通鑑地理通釋卷七、大清一統志卷一五〇引輿地廣記作「旋門」。

〔四二〕二十九年：元和志卷五作「二十二年」，舊唐書卷三八作「二十年」。

〔四三〕舊唐書卷三八：「開元二十年，割汜水、滎澤二縣置〔河陰縣〕。」

〔四四〕宋會要方域五之二三：「河陰縣，至道三年自河南府來隸。」

〔四五〕濩澤：四庫本作「獲澤」。

〔四六〕懷州：元和志卷五、寰宇記卷五作「西懷州」。

〔四七〕宋會要方域五之二三：「王屋縣，慶曆三年自河南府來隸，四年還隸，熙寧五年復來隸。」九域志卷一：「熙寧三年隸孟州。」

〔四八〕王屋山：四庫本作「王屋」。

〔四九〕潁川郡：寰宇記卷一一作「三川郡」。

〔五〇〕四年：原作「三年」，據上下文及元和志卷九、寰宇記卷一改。

〔五一〕皇朝景祐二年升淮康軍節度：原本「升」作「爲」，據四庫本、聚珍本改。按九域志卷一：「景祐三年升淮康軍節度。」宋朝事實卷一八：「景祐二年升淮康軍節度。」宋會要方域五之一：「蔡州，國朝初爲防禦州，景祐二年陞爲淮康軍節度。」方域五之二三：「大觀二年十一月九日，詔曰：『王者因督師之地，立節制之名。所以啓公侯之封，大其土宇；崇屏翰之望，衛於京師。乃眷汝南之墟，舊惟豫州之域。控帶淮瀆，密邇浚都。城邑旁連，允爲劇郡；賦輿錯出，實雄庶邦。矧迺氣(侯)〔候〕本于中和，風俗洽於康静，宜陞建牙之號，式厲經武之方。蔡州宜陞爲淮康軍。』」升節度時間不同，當考。

〔五二〕廢：四庫本作「徙」。

〔五三〕臨汝：元和志卷九作「臨蔡」。

〔五四〕包信：元和志卷九作「褒信」，寰宇記卷一一作「苞信」。

〔五五〕「此」字後四庫本有「處」字。

〔五六〕爲：隋書卷三〇作「置」。

〔五七〕「置」字後四庫本有「郡」字。

〔五八〕十八年：元和志卷九、寰宇記卷一一作「十六年」。

〔五九〕宋會要方域五之二四：「政和二年六月二十六日，提舉詳定九域圖志何志同奏：『編修京西南北路一十七州軍圖志，看詳文字，數内上、望次序倒置，或闕郡名。若坊廊鄉里等處名稱，與殿閣或祖宗陵名相犯，及流傳鄙俗，難以書于地志，垂示久遠。各已參擬改立于傍通格，及册内貼説進呈。……陳州合依舊爲上州。』從之。」宋史卷八五：「政和二年改輔爲上。」

〔六〇〕都：原作「郡」，據四庫本改。札記卷上：「宋本『郡』，案自上文『包犧氏』至此，並用通典文，『郡』當依彼作『於』。朱校作『都』，誤。」按通典卷一七七、寰宇記卷一〇、文獻通考卷三二〇皆作「於」，通鑑地理通釋卷七、卷九作「都」。據上下文意，此處作「都」、作「於」皆通。

〔六一〕宋會要方域五之一：「淮寧府，舊陳州，上州，宣和元年陞爲淮寧府。」

〔六二〕詩傳旁通卷四：「毛氏曰：『四方高中央下曰宛丘。』然爾雅則謂『丘上有丘曰宛丘』，與毛説相反。考之輿地廣記，獨取爾雅之説，謂『今其地形則然』，蓋必有所徵矣。」六家詩名物疏卷二七亦云：

「輿地廣記云其地形符同爾雅，蓋有所徵矣。」詩經通義卷五亦持此説。然毛詩稽古編卷七則云：「輿地廣記謂宛丘地形正符『丘上有丘』之語，元魏時已失丘所在，悉何由見之，殆屬附會。」

〔六三〕汝南郡：寰宇記卷八作「河南郡」。

〔六四〕梁國：元和志卷八、寰宇記卷一〇作「陳國」。

〔六五〕北揚州：四庫本作「北平州」，聚珍本作「北州」。按魏書卷一〇六中：「天平二年置，治項城。」北齊書卷四一、元和志卷八、寰宇記卷一〇、卷九〇皆作「北揚州」。

〔六六〕灃水：九域志卷一作「潁水」。

〔六七〕南：四庫本作「東」。

〔六八〕東：四庫本作「南」。

〔六九〕水：聚珍本作「少」。札記卷上：「『水』字是也。朱校作『少』，誤。」按宋會要方域一二之一四：「陳州商水縣南頓鎮，熙寧六年廢縣置。」

〔七〇〕元年：寰宇記卷一〇作「八年」。

〔七一〕箕城：寰宇記卷一〇作「基城」。

〔七二〕景雲元年復故名：原本「元年」作「九年」，據四庫本及舊唐書卷三八、新唐書卷三八改。又聚珍本脱「故」字。

〔七三〕長平鎮：四庫本作「長華鎮」。按九域志卷一西華縣下有「長平一鎮」。

〔七四〕宋史卷八五：「政和六年改爲〔順昌〕府。」

〔七五〕宋會要方域五之二四：「汝陰縣，〔開寶〕六年移治〔州予〕〔于州〕城東南〔十里〕。」九域志卷一：「漢爲防禦，周降團練。皇朝開寶六年復防禦，元豐二年升順昌軍節度。」

〔七六〕細陽縣：四庫本作「細陽郡」。

〔七七〕緊：九域志卷一作「望」。

〔七八〕細陽縣：原作「紬陽縣」，據上文及四庫本、聚珍本改。按漢書卷二八上、後漢書志第二〇作「細陽縣」。

〔七九〕宋會要方域五之二四：「萬壽縣，〔開寶〕六年以汝陰百尺鎮爲縣，咸平五年徙治舊城東南十里，宣和三年以萬壽縣改泰和縣。」

〔八〇〕項縣：元和志卷七作「寢縣」。

〔八一〕十六年：寰宇記卷一一作「三年」。

〔八二〕宋會要方域五之二五：「大觀元年四月初二日，大司成强淵明奏：『契勘曹、滑、汝元係輔郡，昨承勑命，京畿四面置輔郡，以拱州爲東輔，鄭州爲西輔，〔穎〕〔潁〕昌府爲南輔，開德府爲北輔。今來四輔既已陞建，其舊係輔郡去處合行改定。……汝州係防禦，爲上。』從之。」

〔八三〕襄城郡：通典卷一七七、寰宇記卷八作「舞陽郡」。

〔八四〕宋會要方域五之二：「陸海軍，舊汝州，政和五年以歲比豐登，珍祥屢發，可陞爲陸海軍節度。」宋史卷八五：「政和四年賜軍額。」

〔八五〕南鄙：四庫本、聚珍本作「南鄭」。按水經注卷二一汝水、寰宇記卷八作「南鄙」。

〔八六〕四十五里：四庫本、聚珍本作「四十二里」。按春秋分紀卷二五作「四十五里」。

〔八七〕昔：四庫本、聚珍本作「晉」。按春秋左傳注疏卷五七作「昔」。

〔八八〕唐曰承休：四庫本、聚珍本「曰」作「屬」，又「休」作「州」。札記卷上：「宋本是也，唐志可證。朱校『曰』作『屬』，『休』作『州』，誤。」按舊唐書卷三八作「承休」。藏園群書題記卷四校宋江州刊淳祐重修本輿地廣記殘卷跋「曰承休」作「屬汝州」，不同。

〔八九〕有廣成澤：四庫本作「有澤」，聚珍本「廣成」二字注「原闕」。札記卷上：「『廣成』，宋本略可辨，此水經汝水注文，朱校云『原闕』。」按玉海卷二三「漢廣成澤」下注：「輿地廣記汝州梁縣西有廣成澤。後漢作苑，爲游獵之地。」

〔九〇〕苑：原作「薨」，據聚珍本及玉海卷二三改。

〔九一〕世士以爲文德可興：四庫本、聚珍本「德」作「教」。札記卷上：「宋本『德』是也，范史可證，酈注同。朱校作『教』，誤。」

〔九二〕元和志卷六：「以爲文德可興，武功宜廢，請寢蒐狩之禮。」

〔九三〕河：大清一統志卷一七四引輿地廣記作「澤」。

〔九四〕石壕驛：原作「石城驛」，據舊唐書卷三八及藏園群書題記卷四校宋江州刊淳祐重修本輿地廣記殘卷跋改。

〔九五〕三年：舊唐書卷三八作「四年」。

〔九六〕已：四庫本作「王」。札記卷上：「宋本略可辨，此水經湽水注文。朱校作『王』，誤。」

〔九七〕邗：原作「邘」，據春秋左傳注疏卷一四、通典卷六〇文獻通考卷二五七、二五九、二六一改。四庫本作「邘」。聚珍本作「邢」。札記卷上：「『邘』，宋本作『邪』，形近而誤，朱校又誤『邢』。」按諸書或作「邘」，或作「邢」，皆以「邗」字形近而誤。

〔九八〕遷：藏園群書題記卷四校宋江州刊淳祐重修本輿地廣記殘卷跋亦作「遷」，四庫本、聚珍本作「避」。

〔九九〕九年：元和志卷六、舊唐書卷三八作「元年」，寰宇記卷八作「八年」。

〔一〇〇〕亦名：四庫本作「又置」，聚珍本注「原闕」。札記卷上：「『亦名』，宋本略可辨，此通典文。朱校云『原闕』。」按通典卷一七七、元和志卷六皆作「亦名」。

〔一〇一〕湍陽縣：元和志卷六作「湽陽縣」。

〔一〇二〕七年：元和志卷六、寰宇記卷八作「元年」。

〔一〇三〕屬：叢書集成本作「置」。

〔一〇四〕熙寧五年省入魯山：「五年」原作「四年」，「魯山」原作「魯城」，據宋會要方域五之二五、宋史卷八五改。

〔一〇五〕宋會要方域五之二五：「寶豐縣，舊龍興縣，熙寧五年廢爲鎮，隸魯山縣，元祐元年復，宣和二年改。」

〔一〇六〕北：四庫本作「比」。

〔一〇七〕常：四庫本、聚珍本作「省」。札記卷上：「宋本『常』是也，通典文。朱校作『省』，誤。」按通典卷一八三作「常」。

〔一〇八〕紀勝卷八〇信陽軍引國朝會要：「太平興國元年，改義陽縣爲信陽縣。」

〔一〇九〕宋會要方域五之二五：「羅山縣，〔開寶〕九年廢入信陽縣，雍熙三年復置。」九域志卷一同，而宋史卷八五以爲「雍熙二年復置」，當考。

〔一一〇〕冥阨：勝覽卷三一信陽軍引輿地廣記作「宜阨」。

輿地廣記卷第十

河北東路〔一〕

北輔，開德府。春秋時屬衛國。秦置東郡。二漢屬東、魏二郡。晉屬濮陽國、頓丘郡。隋屬東、武陽二郡。唐屬澶、濮、魏三州。晉天福中，移濮陽於澶州南郭爲治所〔二〕，九年升鎮寧軍節度。皇朝大觀元年升開德府，崇寧四年建爲北輔〔三〕。今縣七。

中，濮陽縣。本漢頓丘縣地。其濮陽故城在今縣東，帝顓頊之墟也，謂之帝丘。夏后相嘗居於此，夏伯昆吾亦都之。春秋時衛成公自楚丘徙焉，夢康叔曰：「相奪予享。」公命祀相。秦始皇東徙衛君角而置東郡。二漢皆因之。晉置濮陽國。隋屬東郡。唐屬濮州。晉天福中〔四〕，移縣於澶州南郭爲治所〔五〕。有鮒鰅山〔六〕，帝顓頊所葬。有瓠子口，漢元光中河決瓠子，東南注鉅野。

望，觀城縣。古觀國，嘗叛命，爲夏所伐，左傳所謂「夏有觀扈」是也。漢爲畔觀縣〔七〕，屬東郡。光武更名衛國，以封周後。晉屬頓丘郡。隋開皇六年更名觀城，屬武陽郡。唐屬澶州〔八〕。有臨黄縣，漢畔觀縣地也，後魏置。隋因之，屬武陽郡。唐始屬魏州，大曆七年來屬。皇朝雍熙四年省入觀城〔九〕。有新臺，衛宣公作。

緊，臨河縣。漢黎陽縣地，屬魏郡。隋開皇六年〔一〇〕，析黎陽置臨河縣，十六年置澶淵縣，並屬汲郡。春秋諸侯「之大夫會于澶淵」，此其地也。後避唐高祖諱，改澶淵爲澶水。武德四年，於澶水置澶州，正觀十七年州廢〔一一〕，省澶水入臨河，屬魏州〔一二〕。五代來屬〔一三〕。

中，清豐縣。漢頓丘縣地。唐大曆七年析頓丘、昌樂置清豐縣，以孝子張清豐爲名〔一四〕，屬澶州。頓丘，本衛邑，在淇水南。故詩言：「送子涉淇，至于頓丘。」二漢屬東郡。晉置頓丘郡，後郡廢焉。隋屬武陽郡。唐始屬魏州，大曆七年於頓丘復置澶州。晉天福四年移濮陽於澶州南郭爲治所，而以頓丘爲德清軍〔一五〕。皇朝熙寧四年省頓丘入清豐〔一六〕。

中，衛南縣。本楚丘也，衛文公自曹邑徙此，始建城市而營宫室。隋開皇十六年置楚丘縣，屬東郡。大業初，以梁郡有楚丘〔一七〕，乃改爲衛南。唐屬滑州。五代時來屬〔一八〕。

畿，朝城縣。本二漢東武陽縣，屬東郡。臧洪爲東郡太守，據此以拒袁紹。紹圍之，城陷，爲紹所殺。魏、晉屬陽平郡。北齊廢之。後周復置武陽縣。隋屬武陽郡。唐屬魏州，正觀十七年省。永昌元年復置武聖縣，開元七年更名朝城。晉屬大名府。皇朝崇寧四年來屬。

畿〔一九〕，南樂縣。漢東郡之樂昌也，宣帝封王武爲樂昌侯。後漢省之。晉置昌樂縣。水經「樂昌縣故城東」，而注引漢書表、志以爲東郡之屬縣。漢宣帝封王稚君爲侯國。此則以樂昌爲昌樂矣。隋屬武陽郡。開皇六年置繁水縣，大業初廢昌樂縣入繁水。唐置昌樂，廢繁水入焉。後唐避諱，改爲南樂。晉屬大名府。皇朝崇寧四年來屬〔二〇〕。

次府，河間府。春秋時屬晉。戰國時屬趙。秦屬上谷郡。漢屬涿郡。後漢爲河間國。晉因之。後魏爲河間郡，孝文帝置瀛州。隋廢郡，而州如故。大業初州廢，置河間郡。唐爲瀛州。皇朝大觀二年升河間府、瀛海軍節度。今縣二。

望，河間縣。本漢州鄉、武垣縣地，屬涿郡。後漢省州鄉入武垣，屬河間國。晉因之，後分置河間縣，郡徙治此。隋開皇初郡廢爲瀛州，大業初復置郡，省武垣入焉。唐爲瀛州〔二一〕。東城鎮，本漢東州縣，屬勃海郡。後漢屬河間國。晉屬章武國。北齊廢之。隋開皇十六年置，曰東城，屬瀛州，大業初屬河間郡。唐屬瀛州。皇朝熙寧六年省入河間〔二二〕。

望，樂壽縣。本漢樂成縣，爲河間國治焉。後漢及晉皆因之。隋開皇十八年改爲廣城，屬瀛州。仁壽初改爲樂壽，屬河間郡。唐屬瀛州，後屬深州〔二三〕。景城鎮，本漢景成、成平縣地，屬勃海郡。後漢省景成入成平，屬河間國。晉因之。隋開皇十八年改爲景城，屬瀛州，大業初屬河間郡。唐屬瀛州。皇朝熙寧六年省入樂壽。

上，滄州。春秋、戰國時爲齊、趙二國之境。秦屬鉅鹿、上谷郡〔二四〕。漢置渤海郡。後漢、晉因之。宋文帝置樂陵郡。孝武分置渤海郡。後魏因之。太武初，改渤海爲滄水。孝文時復舊，孝明帝分瀛、冀二州置滄州及浮陽、樂陵二郡。隋置棣州，後改爲滄州，尋爲渤海郡。唐爲滄州，天寶元年改爲景城郡〔二五〕。今縣五。

望，清池縣。本漢浮陽縣，在浮水之陽，高帝置渤海郡治此。後漢及晉皆屬焉。隋開皇十八年改曰清池，屬渤海郡。唐屬滄州，正觀元年州自胡蘇徙治於此〔二六〕。長蘆鎮，以水爲名。本漢參户縣地，屬渤海郡，後省焉。隋開皇初置長蘆縣及漳河郡，尋廢。十六年置景州，大業初州廢，屬河間郡。唐武德四年又置景州，正觀元年州廢，屬滄州。周省入清池。饒安鎮，本漢千童縣，屬渤海郡，靈帝改曰饒安。晉因之，後置滄州及浮陽郡。隋開皇初郡廢，大業初州廢，屬渤海郡。唐屬滄州。皇朝熙寧五年省入清池。乾符寨，本二漢章武縣，屬渤海郡。晉屬章武郡，後省焉。隋開皇十六年置魯城縣，屬瀛州，大業初屬河間郡。唐正觀元年屬滄州。乾符元年，生野稻水穀二千餘頃，燕、魏飢民就食之，因改名曰乾符。周省入清池。有徙駭河，禹貢九河之一也。

望，無棣縣。本齊地。昔周成王賜齊太公履，北至于無棣是也。漢爲陽信縣地。隋開皇六年置無棣縣，屬勃海郡，取縣南無棣溝爲名。唐屬滄州，正觀元年省入陽信。八年復置。無棣溝〔二七〕，通海，隋末廢，唐永徽元年薛大鼎開之，百姓歌曰：「新河得通舟檝利，直達滄海魚鹽至。昔日徒行今騁駟〔二八〕，美哉薛公德滂被。」皇朝治平二年〔二九〕，徙治保順軍〔三〇〕。有鬲津河，禹貢九河之一也。

緊，鹽山縣〔三一〕。二漢高城縣〔三二〕，屬勃海郡。故城在今縣南〔三三〕。晉以後皆因之。隋開皇十八年改爲鹽山，屬棣州，大業初屬勃海郡。唐屬滄州。有鹽山。

緊，樂陵縣。二漢屬平原郡。故城在今縣東。晉屬樂陵國，後爲樂陵郡治焉。隋開皇初郡廢，屬棣州，大業初屬勃海郡。唐屬滄州。有漢重合縣故城，在縣東。皇朝熙寧二年徙治咸平鎮。有鉤盤河，禹貢九河之一也。

中，南皮縣。漢屬勃海郡，章武有北皮亭，故此云南皮。後漢爲勃海郡治焉。建安中，曹公破青州刺史袁譚於此。晉因之。隋屬勃海郡。唐屬景州。臨津鎮，本漢東光縣地。隋開皇十六年於胡蘇亭置胡蘇縣，屬平原郡。唐更名臨津，屬景州。皇朝熙寧六年省入南皮。有潔河〔三四〕，禹貢九河之一也。

上，冀州。春秋時屬晉。戰國屬趙。秦屬鉅鹿郡。漢置信都國〔三五〕，景帝改爲廣川，宣帝復故。後漢明帝更名樂安〔三六〕。安帝改曰安平，後兼置冀州。晉因之。後魏爲長樂郡，兼置冀州。北齊、後周皆因之。隋初郡廢，而冀州如故。大業初州廢，復置信都郡。唐爲冀州。皇朝慶曆八年升武安軍節度〔三七〕。今縣六〔三八〕。

望，信都縣。漢爲信都國治。後漢爲安平國治。晉因之。後魏以來爲長樂郡治〔三九〕。隋開皇初郡廢，分信都置長樂縣。大業初省信都入焉，置信都郡。唐爲冀州，改長樂縣爲信都。有禹貢降水〔四〇〕。漢昌城縣，屬信都國。後漢改爲阜城，後徙焉。故城在今縣北。漢扶柳縣，屬信都國。後漢屬安平國。晉因之。北齊省焉。故城在今縣西。

上，蓨縣。本漢蓨縣〔四一〕，屬信都國。後漢屬渤海郡。晉因之〔四二〕。隋開皇五年改爲蓨縣，屬冀州〔四三〕，大業初屬信都郡。唐屬德州，永泰元年屬冀州。漢觀津縣故城，在東北。

上，南宮縣。漢舊縣，屬信都國。呂后封張敖子偃爲南宮侯，即此。後漢屬安平國。晉省之，後復置。元魏屬長樂郡。北齊省之。隋開皇六年復置，屬冀州，大業初屬信都郡。唐屬冀州。堂陽鎮，本漢堂陽縣，屬鉅鹿郡。後漢屬安平國。晉省之，後復置。北齊省之。隋開皇十六年復置，屬冀州，大業初屬信都郡。唐屬冀州。皇朝皇祐四年省入南宫〔四四〕。

上，棗彊縣。漢舊縣，屬清河郡。後漢省之，後復置。隋屬冀州，大業初屬信都郡。唐屬冀州〔四五〕。漢廣川縣，屬信都國，後徙焉。故城在今縣東北。

上，武邑縣。漢屬信都國。後漢屬安平國。晉因之。後齊廢。隋開皇六年復置，屬冀州，大業初屬信都郡。唐屬冀州〔四六〕。觀津鎮，本趙地。樂毅自燕降趙，封之於此，號爲望諸君。漢爲觀津縣，屬信都國〔四七〕。後漢及晉因之，後省。有衡漳石隄，唐顯慶元年築。

中，衡水縣。隋開皇十六年分信都北界、武邑西界、下博南界置衡水縣〔四八〕，屬冀州，大業初屬信都郡。唐屬冀州。

上，博州。春秋爲齊之西境。戰國屬齊、趙、衛三國之交。秦屬東郡。漢屬東郡、平原、清河三郡。後漢屬東郡、平原二郡。晉屬平原國。宋分置魏郡。後魏置南冀州及平原郡。隋初郡廢，改州爲博州。大業初州廢，屬武陽郡。唐爲博州，天寶元年曰博平郡〔四九〕。今縣四〔五〇〕。

望，聊城縣。本齊西鄙之邑，水經注云：聊城縣東北三十里有攝城，左傳所謂「聊攝以東」是也。戰國時燕將保聊城，齊田單攻之，歲餘不下。魯仲連乃爲書約之，矢以射城中。燕將見書，乃自殺。二漢屬東郡。魏、晉屬平原國，後爲平原郡治焉。隋開皇初郡廢，十六年置博州。大業初州廢，以聊城屬武陽郡。唐武德四年置博州〔五一〕。漢茌平縣〔五二〕，屬東郡。後漢屬濟北郡。魏、晉屬平原國。昔石勒耕於茌平，聞鼓角鞞鐸之聲，其母以爲作勞耳鳴，即此，後廢焉。唐武德四年析聊城置茌平縣，正觀八年省入〔五三〕。

望，高唐縣。春秋齊邑。漢屬平原郡。後漢及晉皆因之。後魏置南清河郡。北齊郡廢。隋開皇初屬貝州，大業初屬清河郡。唐武德四年屬博州。

望，堂邑縣。本漢清陽縣地〔五四〕，爲清河郡治焉。隋開皇六年分置堂邑縣，屬武陽郡。唐武德四年屬博州〔五五〕。

緊，博平縣。漢屬東郡。魏、晉屬平原國。元魏屬長樂郡。隋開皇初屬貝州〔五六〕。大業初屬清河郡。唐屬博州。漢靈縣，屬清河郡。後漢及晉因之，後廢。隋開皇初復置，大業初省入博平。唐武德三年復置〔五七〕，四年省入焉〔五八〕。

上，棣州。春秋、戰國皆屬齊。秦屬齊郡。漢屬渤海、平原、千乘郡。後漢屬北海、平原郡、樂安國。晉屬樂安、樂陵二國。宋爲樂陵郡。後魏又爲樂安、樂陵二郡〔五九〕。隋初屬棣州，後屬渤海郡。唐武德三年置棣州〔六〇〕，天寶元年曰樂安郡〔六一〕。今縣三。

望〔六二〕，厭次縣。本漢陽信縣地，屬渤海郡。後漢因之。晉屬樂陵國，後爲渤海郡治。元魏屬樂陵郡。隋開皇六年置棣州〔六三〕。大業初爲渤海郡，後郡徙治清池〔六四〕。唐武德四年以陽信置棣州。八年州廢〔六五〕，屬滄州，正觀十七年復置於厭次。皇朝大中祥符八年，徙州城及厭次於陽信縣地。

中，滳河縣〔六六〕。本漢枋縣〔六七〕，屬平原郡。後漢省之。隋開皇十六年置滳河縣，屬棣州，大業初屬渤海郡。唐屬棣州。漢濕沃縣，屬千乘郡。後漢省之。晉復置，屬樂陵國。北齊省之，後入滳河。

下，陽信縣。本漢富平縣，後改爲厭次，屬平原郡。後漢永平五年復故。晉爲樂陵國治焉。元魏屬樂陵郡。北齊廢之。隋開皇十六年復置，屬棣州，大業初屬勃海郡。唐武德四年屬棣州，八年州廢〔六八〕，屬滄州，正觀十七年復置，屬棣州〔六九〕。皇朝大中祥符八年，徙州城及厭次縣於陽信，而徙陽信於故厭次焉。

上，莫州。漢爲鄚縣〔七〇〕，屬涿郡。後漢屬河間國。晉因之。隋屬河間郡。唐武德四年屬蒲州〔七一〕，正觀元年屬瀛州。景雲二年置鄚州，開元十三年，以「鄚」、「鄭」文相類，更名莫州。今縣一。

上，任丘縣。本漢鄚縣地。平帝時，使中郎將任丘築城，因以爲名。後置任丘縣。隋省之。唐武德五年復屬蒲州〔七二〕，景雲二年屬鄚州〔七三〕，開元十三年改鄚縣爲莫。皇朝熙寧六年省莫縣入焉〔七四〕。長豐縣，本利豐，唐開元十年析文安、任丘置，屬鄚州，是年更名長豐。皇朝熙寧六年省。

中，雄州。春秋、戰國皆屬燕。秦屬六合郡。唐屬涿、易二郡。晉時入于契丹，周克復之，置雄州。皇朝政和三年爲易陽郡〔七五〕。今縣二。

中，歸信縣。本漢易縣地，屬涿郡。後漢屬河間國。公孫瓚有幽州，童謡曰：「燕南垂，趙北際，中央不合大如礪〔七六〕，唯此中可避世〔七七〕。」瓚自以爲易地當之，遂徙鎮焉。易京故城，在縣南十八里。晉亦屬河間國。北齊省入鄚縣。隋屬河間郡。唐武德五年置歸義縣，屬幽州〔七八〕。正觀元年省之，八年復置。景雲二年屬莫州〔七九〕，是年還屬幽州，大曆四年屬涿州。晉時入于契丹。周顯德六年，世宗克瓦橋關，置雄州，治歸義縣。皇朝太平興國元年改爲歸信。有易水。

中，容城縣。漢屬涿郡。後漢省之。晉復置，屬范陽國。隋開皇初改爲遒縣〔八〇〕，屬上谷郡。唐武德五年置北義州，正觀元年州廢，以縣屬易州。聖曆二年契丹入寇，固守不陷，因改名全忠。神龍二年復名遒，天寶元年改爲容城。周顯德六年屬雄州，尋廢。皇朝建隆四年復置〔八一〕。

中，霸州。漢屬渤海郡。後漢屬廣陽國、河間郡。晉屬燕國、章武〔八二〕，後屬河間、燕郡。隋屬河間、涿郡。唐屬幽州、莫州。晉時入于契丹。周克復之，置霸州。皇朝政和三年爲永清郡〔八三〕。今縣二。

上，文安縣。漢屬渤海郡。後漢屬河間國。晉屬章武國。隋初屬瀛州，大業初屬河間郡。唐屬瀛州，景雲二年屬莫州。周顯德六年屬霸州。皇朝景祐元年省永清入焉。永清，本漢安次縣地，屬渤海郡。唐如意元年析置武隆縣，屬幽州。景雲元年曰會昌，天寶元年曰永清。晉時入于契丹。周世宗克益津關，置霸州，治永清縣，後省入文安〔八四〕。

上，大城縣。五代時置，屬瀛州，周顯德六年屬霸州。

上，德州。春秋、戰國皆屬齊〔八五〕。秦屬齊郡。漢置平原郡。後漢因之。晉爲平原國〔八六〕。宋屬平原郡。後魏、後周皆因之。隋初置德州，後復爲平原郡。唐爲德州，天寶元年曰平原郡〔八七〕。今縣二。

望，安德縣。漢屬平原郡。後漢及晉皆因之，後爲郡治焉。隋開皇初郡廢，九年置德州，大業初復置平原郡。唐爲德州，天寶末安禄山反，河北皆陷，獨顔真卿爲平原太守，帥衆討賊。漢鬲縣，屬平原郡。後漢及晉因之。北齊省入。故城在縣西北。漢重平縣，屬渤海郡。後漢省之。後魏復置。北齊省之。故城亦在縣西北。德平鎮，蓋漢平昌縣〔八八〕，屬平原郡。後漢省之。晉爲西平昌，屬平原國。後魏置東安郡。北齊郡廢。隋開皇初屬德州，大業初屬平原郡。唐屬德州，後謂之德平，疑後唐避諱更名〔八九〕。皇朝熙寧六年省入安德。

緊，平原縣。齊之西邑，韓信夜渡平原，襲擊齊歷下軍，即此〔九〇〕。漢高帝六年置平原郡。故城在今縣西南。後漢及晉皆因之，後郡徙治安德。隋屬平原郡。唐屬德州。漢鄃縣，屬清河郡。後漢及晉因之。北齊省入平原。故城亦在縣西南。

上，濱州。自唐虞以下地理與滄州同。初，五代之際，置榷鹽務於海傍，後置贍國軍。周世宗顯德三年置，以其濱海爲名，割棣州之渤海、蒲臺爲屬縣，而治渤海〔九一〕。今領縣二。

望，渤海縣。唐垂拱四年析蒲臺、厭次置，屬棣州。周顯德三年置濱州，治此。蒲臺鎮〔九二〕，本漢鬲縣地，屬平原郡。臺高八丈，方二百步。昔秦始皇東遊海上，於臺下縈蒲繫馬，至今蒲生猶有縈繫之狀。隋開皇十六年置蒲臺縣，屬渤海郡。唐屬淄州，景龍元年屬棣州〔九三〕。周屬濱州。皇朝大中祥符三年省入渤海〔九四〕。

緊，招安縣。皇朝慶曆六年析渤海縣地置〔九五〕。

下，恩州。春秋時屬齊，其後屬晉。戰國屬趙。秦屬鉅鹿郡。漢置清河郡。後漢爲清河國，桓帝改曰甘陵。魏復故。晉因之。後魏爲清河郡。北齊、後周皆因之，兼置貝州。隋初郡廢，後廢州，而後復置郡。唐爲貝州〔九六〕，天寶元年曰清河郡。皇朝慶曆八年改恩州〔九七〕。今縣三。

望，清河縣。本漢厝縣〔九八〕，屬清河郡。後漢安帝以孝德皇后葬于厝，改曰甘陵，爲清河國治焉。桓帝時周福，其縣人也。晉改曰清河縣，後曰武成縣，置清河郡。隋開皇初郡廢，改武成縣爲清河，大業初復置清河郡。唐屬貝州〔九九〕。故清陽縣，漢爲清河郡治。後漢省之，徙治甘陵。後復置，曰清河縣。北齊省貝丘入焉，改爲貝丘。隋開皇六年復名清陽，屬清河郡。唐屬貝州。皇朝熙寧四年省入清河。

望，武城縣。在趙時曰東武城，平原君勝封於此邑。漢屬清河郡。後漢及晉皆因之。

隋爲武城，屬清河郡。唐屬貝州。

緊，歷亭縣。漢東陽縣地。隋分武城、鄃置歷亭縣，屬清河郡。唐屬貝州。漳南鎮，本漢東陽縣，屬清河郡。後漢省之。隋分棗强、清平復置於古東陽城，改爲漳南縣，屬清河郡。唐屬貝州。皇朝至和元年省入歷亭。

清州。自唐虞以下地理與滄州同。五代時置乾寧軍，後入契丹。周顯德六年，世宗北伐，取乾寧軍，御龍舟，樓船戰艦首尾數十里，至益津關，後廢焉。皇朝太平興國七年，以滄州永安縣復置。大觀二年，河清七晝夜，因改爲清州。政和三年爲乾寧郡〔一〇〇〕。今縣一。

乾寧縣。本永安縣之范橋鎮。皇朝太平興國七年置〔一〇一〕，熙寧六年省爲鎮〔一〇二〕。後復置縣〔一〇三〕，崇寧三年又省之〔一〇四〕。

同下州，永静軍。自唐虞以下地理與滄、德、冀州同。唐置景州。周降爲定遠軍，屬滄州。皇朝太平興國六年以軍直隸京師，景德元年改爲永静〔一〇五〕。今縣三。

緊，東光縣。二漢屬渤海郡。隋開皇初郡廢，九年置觀州。大業初州廢，屬平原郡。

唐屬滄州，正元三年屬景州。周顯德元年爲定遠軍治所〔一〇六〕。弓高鎮，本漢縣，屬河間國。後漢因之。晉省焉。隋開皇十六年復置，屬平原郡。唐置景州，治此。周顯德二年州廢，省弓高入東光。

望，將陵縣。漢重丘縣地。隋開皇十六年於重丘故城置，屬平原郡。唐屬德州〔一〇七〕，後屬景州。周顯德二年州廢，還屬。皇朝慶曆七年屬永静軍〔一〇八〕。安陵鎮，本漢脩市縣地〔一〇九〕，屬渤海郡。晉置安陵縣。隋大業初省入東光。唐武德四年復置，屬觀州。正觀十七年州廢，屬德州，景福二年屬景州〔一一〇〕。周復屬，後省入將陵〔一一一〕。

中，阜城縣。漢屬渤海郡。後漢屬安平國。晉屬渤海郡。隋屬信都郡。唐屬冀州。皇朝淳化元年屬永静軍〔一一二〕。

同下州，信安軍。自唐虞以下地理與霸州同。五代時，地入契丹。周顯德六年，世宗北伐，取淤口關置寨，屬霸州。皇朝太平興國六年以淤口寨爲破虜軍〔一一三〕，景德二年改爲信安軍〔一一四〕。

同下州，保定軍。自唐虞以下地理與雄州同。皇朝太平興國六年以涿州歸信縣新鎮置平戎軍，景德元年改爲保定軍〔一一五〕。

校注

〔一〕宋會要方域五之二：「河北路舊分東、西，後併爲一路。熙寧六年復分二路。」方域五之二六：「河北路，太平興國二年分河北南路，雍熙四年分東西路，端拱二年併一路，熙寧（二）〔六〕年復分二路。熙寧六年七月二十七日，詔以河北路分東、西兩路。北京、澶、滄、冀、瀛、博、〔棣〕、雄、霸、恩、德、濱、莫十二州，永静、乾寧、信安、保定四軍爲東路；真定府，定、相、（形）〔邢〕、懷、衛、洺、磁、深、祁、趙、保十一州，安肅、永寧、廣信、順安四軍，爲西路。」

〔二〕郭：四庫本、聚珍本作「邦」。

〔三〕宋會要方域一二之一三：「澶州（青）〔清〕豐縣舊州鎮，熙寧六年自頓丘縣來隸，崇寧五年以澶州改爲開德府。」方域五之二七：「崇寧五年十月二十一日，知澶州李孝壽奏：『本州實太祖、太宗龍潛之地，真宗巡狩臨幸，遂獲建原廟。元豐五年，又爲陛下賜履之邦，乞賜府額。』詔陞爲開德府。」方域一之二〇：「政和二年五月十六日，詳定九域圖志所言：『今來興仁府輔郡，既以東字爲別，即鄭州輔郡，亦合依此以西字爲別。（穎）〔潁〕昌、開德府合冠以南、北輔……』從之。」方域五之一四：「政和四年十二月八日，奉寧軍奏：『本州先于崇寧四年内陞爲輔郡，隸屬都畿，至大觀四年内罷輔郡，割屬畿西。伏覩拱州復爲輔郡，依舊隸都畿。』詔鄭州、開德府、（穎）〔潁〕昌府並依舊爲輔郡，隸京畿。」方域五之二：「開德府，舊澶州，崇寧四年建爲北輔，五年陞爲開德府節度，宣和二年罷置輔郡。」方域五之二二：「〔宣和二年〕十二月四日，詔罷置輔郡，（穎）〔潁〕昌、開德府、鄭州歸元隸路分，割到縣撥還元處。」

〔四〕天福：四庫本、聚珍本作「天德」。札記卷上：「宋本『福』是也。朱校作『德』，誤。」

〔五〕南郭：四庫本、聚珍本作「南郊」。札記卷上：「『郭』字是也，通上開德府、下清豐縣句凡三見，寰宇記亦作『郭』。朱校作『郊』，誤。」

〔六〕鮒鰅山：聚珍本作「鮒鮒山」。

〔七〕畔觀縣：元和志卷一六、寰宇記卷五七作「觀縣」。下同。

〔八〕宋會要方域五之二七：「觀城縣，皇祐元年併入濮陽、頓丘縣，四年復置於水北鎮。」

〔九〕宋會要方域五之二七：「臨黄縣，端拱元年廢隸觀城縣。」按雍熙四年改元端拱，實爲同一年。

〔一〇〕六年：寰宇記卷五七作「五年」。

〔一一〕十七年：原作「十年」，據新唐書卷三九改。四庫本、聚珍本作「七年」。

〔一二〕魏州：通典卷一七八、元和志卷一六、寰宇記卷五七作「相州」。

〔一三〕聚珍本「代」字後有「時」字。

〔一四〕張清豐：原作「張豐」，據舊唐書卷三九、新唐書卷三九改。

〔一五〕宋會要方域五之二七：「頓邱縣，熙寧六年廢爲鎮，隸濮陽縣。」又方域一二之一三：「頓丘鎮，〔政和〕三年廢縣置。」

〔一六〕四年：九域志卷二、宋史卷八五作「六年」。按宋會要方域五之二七：「清豐縣，慶曆四年徙治德清軍。」方域一二之一三：「澶州（青）〔清〕豐縣舊州鎮，熙寧六年自頓丘縣來隸，崇寧五年以澶州改爲開德府。」九域志卷二：「即縣治置軍使，隸州。」

〔一七〕楚丘：寰宇記卷五七作「楚縣」。

〔一八〕宋會要方域五之二七：衛南縣，「雍熙四年自滑州來隸」。

〔一九〕宋會要方域五之一二：「南樂縣，慶曆二年陞爲次畿。」

〔二〇〕宋會要方域一五之一二：「（天）〔元〕〔祐三年〕閏十二月一日，遷大名府南樂縣于金堤東節村，從河北轉運司之請也。」方域五之一二：「紹聖三年十一月九日，北京留守司言：『得旨移南樂縣於廢罷大名赤縣基内建置，請以大名縣爲名。』從之。」

〔二一〕宋會要方域五之二八：「河間縣，舊縣在州衙前，雍熙中於縣西置平虜寨，景德二年改爲肅寧城，三年徙州就今治。」

〔二二〕宋史卷八六：「元祐元年復。」

〔二三〕宋會要方域五之二八：「樂壽縣，至道三年自深州來隸。」

〔二四〕寰宇記卷六五云：秦屬齊郡、鉅鹿、上谷郡。

〔二五〕宋會要方域一五之七：「〔元豐四年〕九月十七日，權判都水監李立之言：『北京南樂、館陶、宗城、魏縣，淺口、永濟、延安鎮，瀛州景城鎮，在大河兩隄之間，乞令轉運司相度遷於隄外。……』從之。」

〔二六〕五年：宋史卷八六作「四年」。按宋會要方域五之二八：「饒安縣，熙寧五年廢爲鎮，隸清池縣。」

〔二七〕宋會要方域五之二：「無棣縣，因無棣溝爲名。」

〔二八〕駢：寰宇記卷六五作「跨」。

〔二九〕二年：九域志卷二作「元年」。

〔三〇〕宋會要方域五之二八：「滄州保順軍，開寶三年以滄、〔棣〕州界保順、吴橋兩鎮置軍。」方域五之二八：「無〔棣〕縣，治平元年徙治保順軍，即縣治置保順軍使，隸滄州。」

〔三一〕按「緊鹽山縣」以下至「滴河縣」，四庫本誤繫於卷十三陝西永興軍路之下。又「緊」字，九域志卷二作「望」。

〔三二〕高城縣：四庫本作「爲鹽城縣」，聚珍本作「爲城縣」。按漢書卷二八上作「高成」。

〔三三〕故城：聚珍本作「故地」。

〔三四〕漯：按畿輔通志卷二一、禹貢錐指卷三、卷一三中之下、行水金鑑卷四、五禮通考卷二〇一引輿地廣記作「簡漯」。

〔三五〕信都國：四庫本作「信郡國」，聚珍本作「信都郡國」。

〔三六〕樂安：通典卷一七八、元和志卷一七作「樂成」。

〔三七〕武安軍節度：宋史卷八六作「安武軍節度」。按宋會要五之二：「冀州，慶曆八年陞武安軍節度。」

當以「武安軍」爲是。

〔三八〕今：四庫本作「領」。

〔三九〕長樂郡：聚珍本作「長安郡」。

〔四〇〕降水：漢書卷二八下顔師古注、元和志卷一七作「絳水」。

〔四一〕蓨縣：四庫本及漢書卷二八下作「脩縣」。通典卷一八、元和志卷一七作「條縣」。

〔四二〕元和志卷一七以爲晉改條縣爲脩縣，寰宇記卷六三以爲晉改蓨縣爲條縣。

〔四三〕冀州：元和志卷一七作「觀州」。

〔四四〕宋會要方域一二之一八：「嘉祐元年八月十四日，以冀州新河鎮爲新河縣。初，冀州言本州堂陽縣人户稀少，而新河鎮交易所會，既徙令佐治新河，因廢堂陽縣爲堂陽鎮。」文獻通考卷三一六：堂陽縣，「元豐中省爲鎮」。又宋會要方域一二之一三：新河鎮，「熙寧元年復」。方域五之二八：「熙寧六年廢爲鎮，隸南宮縣。」宋史卷八六：「皇祐四年升新河鎮爲縣，廢南宮。六年省新河爲鎮入焉。」

〔四五〕宋會要方域五之二八：「棗(彊)〔強〕縣，熙寧元年廢爲鎮，隸信都縣，十年復爲縣。」

〔四六〕宋會要方域五之二八：「武邑縣，嘉祐八年廢爲鎮，隸蓨縣，熙寧十年復爲縣。」

〔四七〕信都國：康熙字典卷一六引輿地廣記作「信都郡」。

〔四八〕十六：舊唐書卷三九作「十七」。

〔四九〕宋史卷八六：「淳化三年河決，移治於孝武渡西。」

〔五〇〕今：四庫本作「領」。

〔五一〕宋會要方域五之二八：「博州聊城縣，淳化三年河決，移州治(李)〔孝〕武渡西，并縣遷焉。」

〔五二〕茌平：寰宇記卷五四作「茬平」。下同。

〔五三〕八年：舊唐書卷三九、新唐書卷三九作「元年」。

〔五四〕清陽縣：元和志卷一六、寰宇記卷五四作「清縣」。

〔五五〕「本漢」下至「屬博州」一段，聚珍本無。又「博州」，元和志卷一六作「屯州」，寰宇記卷五四作「毛州」。

〔五六〕貝州：元和志卷一六作「屯州」，寰宇記卷五四作「毛州」。元和志：「隋開皇三年改屬屯州，十六年改屬博州。」

〔五七〕三年：舊唐書卷三九作「四年」。

〔五八〕四年：舊唐書卷三九作「五年」。

〔五九〕又爲樂安樂陵二郡：札記卷上：「下『樂』字，宋本作『縣』，誤，今據寰宇記訂正。」

〔六〇〕唐武德三年置棣州：元和志卷一七、舊唐書卷三八、新唐書卷三八「三年」作「四年」。又「棣州」，四庫本、聚珍本作「魏州」。

〔六一〕宋會要方域五之二八：「〔棣〕州，建隆二年陞爲團練州，乾德三年陞防禦。」方域八之一三：「大中祥符八年正月十七日，詔徙棣州城於州之西北七十里陽信縣界八方寺，即高阜居之。先是，河北運使李士衡言：『棣州河流高於郡城者丈餘，朝廷累年役兵脩固，蓋念徙城重勞民力，而去冬已來，蹙凌冰下，尚有衝注，如解凍之後，河流迅奔，必有決溢之患。今請移州於陽信縣界，改築城邑。以今年捍隄軍士助役。則永久甚利。』詔可。……大中祥符八年三月二十一日，棣州新城畢，以圖來上。舊城廣袤九里，今總十二里，郡民所居悉如舊而給之。」九域志卷二：「大中祥符八年，徙州城及厭次縣於陽信縣地，復徙陽信縣於舊厭次縣。」

〔六二〕望：九域志卷二、宋史卷八六作「上」。

〔六三〕六年：元和志卷一七作「十六年」。

〔六四〕治清池：四庫本無「治」字。又「清池」，原作「清地」，據隋書卷三〇、通典卷一八〇、舊唐書卷三九及上下文改。

〔六五〕八年：元和志卷一七、舊唐書卷三八作「六年」。

〔六六〕滳河：原作「滳河」，據四庫本及元和志卷一七、寰宇記卷六四改。下同。按宋史卷八六「棣州」條下無「滳河縣」，有商河縣。

〔六七〕朸縣：四庫本、聚珍本作「初縣」。札記卷上：「『朸』，宋本作『初』，蓋壞字，今據漢志訂正。」

〔六八〕八年：舊唐書卷三八作「六年」。

〔六九〕宋會要方域五之二八：「（信陽）〔陽信〕縣，建隆四年置。」

〔七〇〕鄚縣：四庫本、聚珍本作「鄭縣」。

〔七一〕蒲州：四庫本、聚珍本作「清州」。

〔七二〕蒲州：通典卷一七八、寰宇記卷六六作「嬴州」。

〔七三〕二年：四庫本作「元年」。

〔七四〕宋會要方域五之二八：「莫縣，熙寧六年廢爲鎮，隸河間縣。」又：「元祐二年復，十二月復廢爲鎮。」

〔七五〕宋會要方域五之二六：「政和三年四月二十三日，詳定九域志（葵）〔蔡〕攸等奏：『今參考擬定下項：……雄州未有郡名，按本州在易水之南，今欲乞爲易陽郡。』」

〔七六〕中央：聚珍本作「中間」。

〔七七〕唯：札記卷上：「案後漢書『唯』下有一『有』字，此脱。水經易水注無上一句，此句亦七言。」

〔七八〕幽州：舊唐書卷三九作「北義州」。

〔七九〕莫州：原作「漠州」，據四庫本及上下文改。

〔八〇〕遒縣：隋書卷三〇、元和志卷一八作「逎縣」。下同。

〔八一〕宋會要方域五之三六：「安城縣，宣和四年十月以容城縣改。」

〔八二〕燕國章武：日下舊聞考卷一一九引輿地廣記作「章武國」。

〔八三〕宋會要方域五之二六：「政和三年四月二十三日，詳定九域志（葵）〔蔡〕攸等奏：『今參考擬定下項：……霸州治永清縣，後永清雖廢，今州治正在故縣之地，今欲乞爲永清郡。』」

〔八四〕宋史卷八六：「景祐二年，廢永清縣入焉。」九域志卷二：「皇祐元年復徙故地。」

〔八五〕皆：四庫本作「時」。

〔八六〕爲：四庫本作「屬」。

〔八七〕續通典卷一二三：「天福五年，移就長河縣爲理所。按此據輿地廣記。」今本無。

〔八八〕漢：四庫本作「後」。

〔八九〕宋會要方域五之二八：「德州歸化縣，乾德六年廢隸德平縣。」

〔九〇〕即：四庫本作「於」。

〔九一〕宋會要方域五之二八：「大觀元年六月十五日，通判濱州張孝純狀：『契勘濱州在滄州之南，〔棣〕州之東，青州之北，渤海之西，雖非漢渤海郡，亦漢渤海東南之境。顔師古注前漢地理志，解渤海郡曰在渤海之濱，因此爲名。渤海郡即係是濱州。』從之。」宋史卷八六：「大觀二年，賜渤海郡名。」

〔九二〕蒲臺鎮：四庫本作「蒲臺與」。札記卷上：「『鎮』，宋本略可辨。案九域志云：『大中祥符五年，省蒲臺縣爲鎮入渤海。』則『鎮』字是也。朱校誤『鎮』作『與』，又倒轉其文作『與蒲臺』三字。」

〔九三〕元年：札記卷上：「『年』，宋本誤『帝』，今據元和志、唐志訂正。」

〔九四〕三年：九域志卷二作「五年」。按宋會要方域一二之一四：「濱州渤海縣蒲臺鎮，大中祥符五年廢縣置。」

〔九五〕六年：九域志卷二作「三年」。按宋史卷八六：「慶曆二年升招安鎮爲縣。」宋會要方域五之二八：

「〔濱州〕招安縣，熙寧六年廢爲鎮，元豐二年復爲縣。」

〔九六〕唐：四庫本、聚珍本作「廢」。

〔九七〕九域志卷二：「唐貝州，晉永清軍節度使。周降防禦，皇朝建隆元年復爲永清軍節度。」宋會要方域五之二九：「慶曆八年改恩州，降軍事。」又：「慶曆八年閏正月七日，詔曰：『甘陵舊國，冀土要藩。嘗建高牙，俾殊支郡。偶凶妖之竊發，扇吏卒以相依，輕弄庫兵，共嬰州壘。逮須捕繫，始伏誅夷。言念此邦，久陶至化，合懷忠憤，同弭猖狂，輒動匪人，幾成污俗。雖本緣于詿誤，良有玷于和平。宜錫嘉名，且昭善貸。其貝州可降爲軍事州，廢永清軍號，仍賜恩州爲額。其廣南東路恩州以南恩州爲額。』」

〔九八〕厝縣：四庫本作「歷縣」，元和志卷一六作「信城縣」，寰宇記卷五八作「信成縣」。

〔九九〕宋會要方域五之二九：「清河縣，端拱元年徙州北永寧鎮，淳化五年徙今治。」

〔一〇〇〕三年：原作「二年」，據四庫本、聚珍本、宋會要方域五之二六、宋史卷八六改。按宋會要方域云：「政和三年四月二十三日，詳定九域志（葵）〔蔡〕攸等奏：『今參考擬定下項：清州未有郡名，案州治即舊乾寧軍，大觀二年詔以河清之瑞陞爲清州，今欲乞以舊軍名爲乾寧郡。』」

〔一〇一〕宋會要方域五之二九：「乾寧縣，太平興國七年以滄州永安縣北（折）〔析〕置縣來隸〔乾寧軍〕。」

〔一〇二〕宋會要方域五之二九：「熙寧五年八月二十五日，高陽關路安撫使韓忠彥言：『轉運司欲移乾寧軍於滄州乾符寨，廢軍爲縣，以避河患，人不以爲便。』知滄州趙瞻亦言：『乾寧民心恟懼，皆謂河水頗已順行，又增隄數倍堅固。移軍實有害無利，乞速罷以安邊民。』從之。」

〔一〇三〕宋會要方域五之二九：「熙寧六年廢爲鎮，元符二年復。」方域五之二九：「（元祐）〔元符〕二年三月十八日，河北路都轉運司言：『乾德軍申，舊有乾寧倚郭縣，自商胡口決，人户流散，廢併入本軍。近年人户多已歸業，增及萬户已上，合復爲縣。』從之。」

〔一〇四〕宋會要方域五之三〇：「崇寧三年三月八日，户部言：『乾寧軍乾寧縣歸化、定邊兩鄉人户狀，本軍元有倚郭乾寧一縣，先于熙寧元年内將本縣廢罷入軍，元符元年蒙再復本縣。竊緣自復置縣來，創添役人，不唯止爲役錢浩瀚，兼諸般催科，甚是搔擾，乞行廢罷本縣併入本軍，依舊一就通管。』從之。」方域五之二九：「大觀二年陞爲清州，政和五年廢爲縣。」方域五之三〇：「大觀二年三月二十八日，詔：『國家承平垂一百五十年，三有河清之應，越千歲一清之期。今乾寧軍河清踰八百里，凡七晝夜，上天眷佑。敢不欽承！其以乾寧軍爲清州，以答天休。布告中外，咸使知之。』」宋史卷八六：「崇寧三年再省，政和五年又復。」

〔一〇五〕宋會要方域五之三〇：永静軍，「嘉祐八年廢，熙寧十年復」。

〔一〇六〕宋會要方域五之三〇：「東光縣，太平興國六年自滄州來隸。」

〔一〇七〕德州：四庫本作「滄州」。札記卷上：「『德』，宋本略可辨。朱校作『滄』，誤。元和志、新、舊唐志可證。」

〔一〇八〕按九域志卷二：「景祐二年省安陵縣爲鎮入將陵。」宋會要方域五之三〇：「將陵縣，慶曆七年自德州來隸〔永静軍〕。」宋史卷八六：「景祐元年，移治於長河鎮。」

〔一〇九〕脩市縣：元和志卷二一作「脩縣」。

〔一一〇〕二年：新唐書卷三九作「元年」。

〔一一一〕宋會要方域一二之一四：「永静軍將陵縣安陵鎮，景祐二年廢縣置。」

〔一一二〕宋會要方域五之三〇：「阜城縣，淳化元年自冀州來隸，嘉祐八年廢爲鎮，隸東光縣，熙寧十年復爲縣。」

〔一一三〕破虜軍：聚珍本作「北平軍」。

〔一一四〕宋會要方域五之三〇：「信安軍，太平興國六年以霸州淤口寨〔建〕破虜軍，仍以霸州永清、文安二縣隸焉。後二縣廢歸霸州，景德二年改今名。」九域志卷二：「景德二年改信安。」

〔一一五〕宋會要方域五之二八：「保定縣，宣和七年以軍使改。」宋史卷八六：「景祐元年析霸州文安、大城二縣五百户隸軍。宣和七年，廢保定軍爲保定縣，隸莫州，知縣事仍兼軍使，尋依舊。」

輿地廣記卷第十一

河北西路上

次府，真定府。春秋時屬鮮虞，爲晉所滅。戰國時屬趙。秦屬鉅鹿郡。漢高帝置恒山郡，後避文帝名〔一〕，改曰常山，亦屬真定國。東漢屬常山國。魏晉復爲郡。元魏因之。後周兼立恒州。隋開皇初郡廢，大業初州廢，復立常山郡〔二〕。唐武德初復曰恒州，後升爲成德軍節度。元和十五年避穆宗諱，曰鎮州。五代時曰真定府。梁以諱改曰武順。後唐復曰成德〔三〕。晉曰順德。漢復曰成德。周及皇朝因之〔四〕。今縣九。

次赤，真定縣。本中山國之東垣邑。漢十一年〔五〕，代相陳豨反，其將趙利守東垣，高帝攻拔之，改曰真定，元鼎四年立真定國。東漢併入常山。魏、晉爲郡治，在今縣南。元魏道武移郡治於此，今府城是也。自唐寶應後，叛將李寶臣、王武俊、王庭湊等相繼據之。有滹沱水〔六〕。

次畿，稾城縣〔七〕。漢屬真定國。北齊立鉅鹿郡。後周因之。隋開皇初郡廢，十年立

省入。

廉州。大業初廢，義寧元年復立鉅鹿郡。唐武德元年改曰廉州，正觀元年州廢來屬〔八〕。

九門縣，二漢屬常山郡。魏、晉、元魏因之。北齊省。隋開皇六年復置。皇朝開寶六年省入。

次畿，欒城縣。春秋晉大夫欒氏之邑。漢爲平棘縣地。東漢置欒城縣。北齊省。隋開皇十六年復置，屬欒州。大業初州廢，屬趙郡。唐本屬趙州，大曆三年來屬。

次畿，元氏縣。本趙公子元之封邑。漢高帝立恒山郡，治此，故城在焉。東漢爲國。魏、晉、元魏屬趙國。北齊省。隋開皇六年復置。唐屬趙州。五代時來屬。

次畿，井陘縣〔九〕。漢屬恒山郡。東漢、魏、晉、元魏皆因之，後省。北齊廢石邑，以置井陘。隋開皇六年復石邑，分置井陘〔一〇〕。有陘山〔一一〕，其道險隘，李左車所謂「車不得方軌，騎不得成列」是也。有綿蔓水，韓信攻趙，背水爲陣，即此。

次畿，獲鹿縣。漢石邑縣地。隋開皇十六年分置鹿泉縣。唐天寶十五載更名獲鹿〔一二〕。石邑鎮，本漢縣。皇朝開寶六年省。有井陘口，亦曰土門，秦始皇興兵塞井陘口；漢韓信出井陘，破陳軍；唐李光弼出土門，破史思明軍，皆在此地。有萆山、滹沱水〔一三〕。

次畿，平山縣。本晉之蒲邑。二漢爲蒲吾縣，屬常山郡。魏、晉皆因之，後徙焉。隋開皇十六年置房山縣。唐天寶十五載改爲平山〔一四〕。

次畿，行唐縣。二漢曰南行唐，屬常山郡。魏、晉以後皆因之。隋曰行唐，屬恒山郡。唐屬鎮州。五代屬真定府〔一五〕。有禹貢恒水。

次畿，靈壽縣。漢屬常山郡。魏、晉以後皆因之。後周立蒲吾郡。隋開皇初郡廢。唐屬鎮州。五代時屬真定府。皇朝熙寧八年省〔一六〕，元祐二年復置焉〔一七〕。有禹貢衛水。

望，相州。商王河亶甲居相，此其地也。春秋時屬晉。戰國時屬魏，後屬趙。秦屬邯鄲郡。二漢爲魏郡，曹公爲魏王，都此。晉亦爲魏郡。後趙石季龍、前燕慕容儁皆都之。後魏置相州。東魏、北齊又都焉，改爲清都尹。後周復置相州及魏郡。隋初郡廢，大業初州廢，復置魏郡。唐爲相州，天寶元年曰鄴郡，故屬天雄軍節度。梁分置昭德軍，而天雄軍亂，遂入于晉。莊宗滅梁，復屬天雄。晉高祖置彰德軍。今縣四。

緊，安陽縣。漢爲侯國。曹魏時併入鄴。徐廣晉紀曰：「石遵自孚城北入，斬張豹於安陽。」後周移鄴縣及相州於安陽故城，遂改爲安陽縣。魏郡治焉。唐爲相州。有韓陵山，高歡破爾朱兆於此〔一八〕。永和鎮，本漢内黄縣地。隋開皇十四年置長樂縣〔一九〕，八年改曰堯城，屬魏郡。唐屬相州，天祐三年改曰永定。皇朝天聖七年改曰永和〔二〇〕，熙寧六年省入安陽〔二一〕。

緊，湯陰縣。本二漢蕩陰縣，屬河内郡〔二二〕。晉屬魏郡，後廢焉。隋開皇六年復置，屬汲郡。唐屬相州，正觀元年改蕩源爲湯陰〔二三〕。有羑里城，商紂囚問文王之所〔二四〕。

緊，臨漳縣。本漢鄴縣地。東魏天平初析置臨漳縣，屬魏郡。後周及隋因之。唐屬相州。魏文侯七年始封此地，以西門豹爲鄴令，民不敢欺。至襄王時，史起爲鄴令，引漳水溉鄴，民賴其用〔二五〕。漢高十二年置魏郡，治此。漢末，袁紹爲冀州牧，鎮鄴。曹公取之，以爲鄴都，作三臺，皆因城爲基。晉亂胡作〔二六〕，石季龍、慕容儁皆都之。後魏置相州。東魏、北齊又都焉。後周平齊，復置相州。隋文輔政，總管尉遲迥舉兵不順〔二七〕，韋孝寬討平之，乃焚燒鄴縣，徙其居民，南遷四十里，以安陽城置鄴縣，屬魏郡。唐屬相州。皇朝熙寧六年入臨漳〔二八〕。

中，林慮縣。本漢隆慮縣，屬河内郡。後漢避殤帝名，改曰林慮。晉屬汲郡〔二九〕。後魏置林慮郡。北齊廢之，後復置。隋開皇初又廢之，大業初屬魏郡。唐屬相州。

次府，中山府。堯始封於此〔三〇〕。春秋時爲鮮虞〔三一〕。戰國初爲中山國，後爲魏所并，後又屬趙。秦屬上谷、鉅鹿二郡。漢高帝置中山郡，景帝三年改爲國。後漢、晉皆因之。後燕慕容垂移都於此，置中山尹。後魏爲中山郡，兼置安州。大唐改爲定州〔三二〕，升義武軍節度。皇朝太平興國元年改定武軍，政和三年改中山府、中山郡〔三三〕。今縣七。

緊，安喜縣。古中山國。魏文侯使樂羊伐取之，以封太子擊。漢爲盧奴縣。城内西北隅有水，淵而不流，色正黑，或云黑水曰盧，不流曰奴，故以取名。後魏皇始二年滅慕容寶〔三四〕，立安州，道武帝天興三年改曰定州。北齊改爲安喜。後周置鮮虞郡。隋開皇初郡廢，置鮮虞縣。大業初廢安喜入焉，屬博陵郡。唐屬定州，武德四年改鮮虞曰安喜。故陘邑縣，本漢苦陘，屬中山國。後漢章帝改曰漢昌。魏改曰魏昌。晉、元魏因之。北齊廢焉。隋開皇十六年復置，曰隋昌，屬博陵郡。唐武德四年改曰唐昌，屬定州。天寶元年改曰陘邑。皇朝康定元年省入安喜。

緊，無極縣。二漢爲毋極，屬中山國。晉省之。後魏復置。隋屬博陵郡。唐屬定州，武后改毋極爲無極，景福二年置祁州。周徙治蒲陵。皇朝景德元年來屬〔三五〕。

上，曲陽縣。漢爲上曲陽，屬常山郡。後漢屬中山國。晉屬常山郡。北齊去「上」字。隋開皇六年改爲石邑，屬博陵郡，七年改曰恒陽。唐屬定州，元和十五年改爲曲陽。有北岳常山，在西。

中，唐縣。昔堯爲唐侯，國於此。春秋時屬北燕，昭十二年，齊高偃納北燕伯款于唐是也。漢屬中山國。後漢及晉皆因之。北齊廢焉。隋開皇十六年復置，屬博陵郡。唐屬定州。舊治中人城。縣西四十里有中人亭，左傳昭十三年，晉荀吴侵鮮虞及中人，大獲而歸是也。聖曆元年徙治今所。

中，望都縣。昔堯母慶都所居。有堯山，在北；慶都山，在南〔三六〕。登堯山，見慶都山，故以「望都」名縣。漢屬中山國。後漢及晉皆因之。北齊省入北平。唐武德四年復置，屬定州。初治安險故城，正觀八年徙治今所。

中，新樂縣。古鮮虞國，子姓。漢爲新市縣，屬中山國。後漢及晉皆因之，後廢焉。隋開皇十六年置，曰新樂縣，屬博陵郡。唐屬定州〔三七〕。

中下，北平縣。漢屬中山國。後漢及晉皆因之。後魏置北平郡〔三八〕。北齊郡廢。隋屬博陵郡。唐屬定州。萬歲通天二年，契丹攻之不下，更名徇忠〔三九〕，神龍元年復舊〔四〇〕。漢曲逆縣，濡水於城北曲而西流，故曰曲逆。左傳哀四年，齊國夏伐晉，取曲逆是也。漢高帝過之，曰：「壯哉，吾行天下，唯洛陽與是耳！」詔封陳平爲曲逆侯，屬中山國。後漢章帝醜其名，改曰蒲陰。晉因之。北齊廢入北平。

上，邢州。春秋時爲邢國，衛人滅之。戰國時屬趙。秦屬鉅鹿、邯鄲郡，常山王張耳都焉〔四一〕。漢屬趙國、廣平、鉅鹿、常山郡。後漢因之。晉屬鉅鹿、趙國。後趙石勒亦都焉〔四二〕。後魏爲鉅鹿郡。隋置邢州，後爲襄國郡。唐復爲邢州，天寶元年爲鉅鹿郡〔四三〕。梁升保義軍節度。後唐改爲安國軍〔四四〕。今縣八。

上，龍岡縣。故邢國，秦時謂之信都，項羽立張耳爲常山王居此，更名曰襄國。漢屬趙國。後漢因之。晉省焉。石勒陷冀州〔四五〕，張賓曰：「襄國因山憑險，形勝之地，可都也。」太興二年〔四六〕，勒僭號於襄國，其後爲慕容儁所滅〔四七〕。隋開皇九年改爲龍岡縣，襄國郡治焉〔四八〕。唐爲邢州。有夷儀嶺〔四九〕，在縣北一百五十里。春秋僖五年：「邢遷于夷儀。」即此。

上，沙河縣。漢襄國縣地。隋開皇十六年置沙河縣，屬襄國郡。唐武德元年置温州，四年州廢來屬。有湯水。

上，鉅鹿縣。本漢南䜌縣〔五〇〕，屬鉅鹿郡。後漢因之。晉省焉。隋於南䜌故城置鉅鹿縣，屬襄國郡。唐武德四年屬趙州，正觀元年來屬。有禹貢大陸澤。

上，平鄉縣。本鉅鹿縣。秦始皇二十五年滅趙，以爲鉅鹿郡。秦將王離圍趙王歇於此。漢因之。後漢及晉徙治廮陶，而鉅鹿屬焉。北齊縣廢。隋置平鄉縣，屬襄國郡。唐屬邢州。皇朝熙寧六年省入鉅鹿，元祐元年復置。

上，内丘縣。本中丘縣，漢屬常山郡。後漢屬趙國。晉因之。元魏屬南趙郡。隋曰内丘，屬襄國郡。唐武德四年屬趙州，五年來屬。有干言山，詩所謂「出宿于干，飲餞于言」是也。

中，堯山縣。本柏人，春秋晉邑也。漢屬趙國，高帝過趙，欲宿，心動，問縣名何？曰：「柏人。」上曰：「柏人者，迫於人也」。去弗宿。趙相貫高等果有逆謀。後漢及晉皆屬趙國。元魏屬南趙郡。隋屬襄國郡〔五一〕。唐屬邢州，天寶元年改爲堯山。皇朝熙寧六年省入内丘，元祐元年復置。

中，南和縣。漢屬廣平國〔五二〕。後漢屬鉅鹿郡。晉省之，後復置。後周置南和郡。隋開皇初郡廢，屬襄國郡。唐屬邢州。

中，任縣。春秋晉邑也。鄭皇頡奔晉〔五三〕，爲任大夫。漢屬廣平國。後漢屬鉅鹿郡。晉省之。隋開皇十六年復置〔五四〕，屬襄國郡，大業初省入南和。唐武德四年復置，屬邢州。皇朝熙寧五年省入南和〔五五〕，元祐元年復置。

雄，懷州。禹貢覃懷之地，太行山在焉。春秋時，周襄王以陽、樊、温、原、攢、茅之國賜晉文公〔五六〕，晉於是始啓南陽。又云武王克商，蘇忿生以温爲司寇〔五七〕，其田有隤、懷是也〔五八〕。戰國時屬魏，兼屬衛〔五九〕。秦滅衛，徙其君角於野王〔六〇〕。二世廢角爲庶人，以其地屬三川郡。項羽立司馬卬爲殷王，都此。漢初爲殷國，尋更名河內郡。後漢因之。晉分屬汲郡。後魏置懷州，兼置河內郡。隋初郡廢，而懷州如故。煬帝初州廢，復置河內郡〔六一〕。唐爲懷州，天寶初曰河內郡〔六二〕。今縣三。

緊，河內縣。本野王，秦始皇徙衛君角於此，阻其山而保之。漢屬河內郡〔六三〕。後漢因之。晉爲郡治。後魏兼置懷州。隋開皇十六年改野王爲河內〔六四〕。唐爲懷州。西北三十里有邘城，故邘國也，周武王子所封，太行山在西北。武德鎮，本秦縣。始皇東巡，自以武德定天下，因以名縣焉。二漢屬河內郡〔六五〕。晉爲郡治，後置武德郡。隋開皇初郡廢，十八年改州縣爲邢丘〔六六〕。大業初又改曰安昌，屬河內郡。唐武德二年復名武德〔六七〕。屬懷州〔六八〕。皇朝熙寧六年省入河內。漢射犬縣故城在北〔六九〕，平皋縣故城在西。

中，武陟縣。本漢懷縣地。隋開皇十六年析置武陟，大業初省焉。唐武德二年置陟州及修武縣，四年州廢，改修武爲武陟，屬懷州。故懷縣，本禹貢覃懷之地，後爲晉邑。春秋時赤狄伐晉圍懷是也。二漢爲河內郡。晉屬河內。隋大業初廢之，後復置。唐正觀元年省入武陟。故城在今縣之西。

上，修武縣。本商之甯邑。周武王伐紂，勒兵於甯〔七〇〕，更名修武。晉始啓南陽即此〔七一〕，故有南陽城。二漢屬河內郡。晉屬汲郡〔七二〕。隋屬河內郡。唐武德四年改修武爲武陟，而别置修武縣於隋修武故城，屬懷州〔七三〕。漢山陽縣，屬河内郡。後漢、晉皆因之。魏阮籍、嵇康等同居山陽，時人號「竹林七賢」，後縣廢。故城在今縣西北。有雍城，故雍國，周文王子所封。左傳僖二十四年，富辰曰：「郜、雍、曹、滕，文之昭也。」有濁鹿城，漢獻帝爲山陽公居此。

望，衛州。春秋時分屬於晉、衛。戰國時屬魏。秦屬三川郡〔七四〕。二漢屬河内郡。魏置朝歌郡。晉改爲汲郡。後魏因之。東魏置義州。後周改爲衛州，又置修武郡。隋初郡廢，煬帝初州廢，復置汲郡。唐爲衛州，天寶元年曰汲郡。今縣四。

中，汲縣。故商都牧野之邑。水經注云：太公生於汲。城北三十里有太公泉，泉上有太公廟，相傳云太公之故居也。二漢屬河内郡。魏屬朝歌郡。晉爲汲郡治焉。太康初，縣人有發魏安釐王冢，大得古書，皆簡編科斗文字，所謂「汲冢書」也。北齊置五城郡〔七五〕。後周廢爲五城縣。隋開皇六年復改爲汲，屬汲郡。唐屬衛州。

上，獲嘉縣。本漢汲縣地。武帝時，南越相吕嘉反〔七六〕，發兵討之。元鼎六年行幸，至汲新中鄉，得吕嘉首，因以爲獲嘉縣，屬河内郡。後漢因之。晉屬汲郡。後周置修武郡。隋開皇初郡廢，十六年置殷州。大業初州廢，屬河内郡。唐屬懷州〔七七〕。

緊，新鄉縣。隋開皇初，析汲、獲嘉二縣於古新樂城置，屬河内郡。唐屬衛州。皇朝熙寧六年省入汲。元祐二年復置〔七八〕。東北有故臨清關，東南有故延津關。

中，共城縣。故共國，左傳隱元年，鄭太叔出奔共是也。二漢屬河内郡。晉屬汲郡。北有共山，隱者孫登所處。北齊縣廢。隋開皇六年復置〔七九〕，曰共城〔八〇〕，屬河内郡。唐屬衛州。

望，洺州。春秋時爲赤狄所有，後屬晉。戰國時屬趙。秦屬邯鄲郡。漢置廣平國。後漢國廢，爲鉅鹿郡之西部〔八一〕。魏置廣平郡。晉及後魏皆因之。後周置洺州。隋大業初置武安郡〔八二〕。唐爲洺州〔八三〕，天寶元年曰廣平郡〔八四〕。今縣五。

上，永年縣。本曲梁〔八五〕，左傳宣十五年，「晉荀林父敗赤狄于曲梁」是也。漢屬廣平國。後漢屬魏郡〔八六〕。魏、晉屬廣平郡。北齊省曲梁入廣平縣〔八七〕。廣平〔八八〕，漢爲國治，自魏至隋皆爲郡治〔八九〕。隋仁壽元年避太子名，改廣平曰永年，爲武安郡治。唐爲洺州。漢廣平縣故城，在今縣北。臨洺鎮，本漢易陽縣，屬趙國。後漢因之。晉屬廣平郡。東魏屬魏郡。隋開皇六年改易陽曰邯鄲，十年改邯鄲爲臨洺，屬武安郡。唐屬洺州。皇朝熙寧六年省入永年〔九〇〕。

望，肥鄉縣。漢爲邯鄲縣地〔九一〕，屬魏郡。曹魏置肥鄉縣，屬廣平郡。晉因之。東魏省焉。隋開皇十六年復置〔九二〕，屬武安郡。唐屬洺州〔九三〕。漢列人縣，屬廣平國。後漢屬鉅鹿郡。晉屬廣平郡。故城在今縣東北。

緊，平恩縣。本漢館陶之別鄉。元帝分置平恩，以封后父許伯爲侯國〔九四〕，屬魏郡。後漢因之。晉及元魏屬廣平郡。隋屬武安郡。唐屬洺州。

中，雞澤縣。春秋襄三年，公會諸侯，「同盟于雞澤」。漢爲曲梁縣地〔九五〕。隋開皇初置雞澤縣，屬洺州，大業初省入永年。唐武德四年復置。杜預注左傳云：雞澤，在曲梁西南。曲梁，今永年也。此縣在永年東北，疑非古雞澤地矣。

上，曲周縣。漢武帝建元四年置，屬廣平國。東漢屬鉅鹿郡。晉省之。唐武德四年復置，屬洺州。皇朝熙寧三年省入雞澤，元祐四年復置〔九六〕。洺水鎮，本漢斥漳縣，屬廣平國。後漢屬鉅鹿郡。魏、晉屬廣平郡。北齊省入平恩。隋復置，改曰洺水，屬武安郡〔九七〕。唐屬洺州，會昌三年省入曲周〔九八〕。

望，深州。春秋時屬晉。戰國時屬魏〔九九〕。秦屬鉅鹿郡。漢屬信都國。後漢屬安平國。魏、晉爲博陵國。後魏、北齊、後周爲博陵郡。隋開皇初郡廢，十六年置深州。大業初廢，屬博陵郡。唐武德四年置深州，正觀十七年州廢，先天二年復置〔一〇〇〕，天寶元年曰饒陽郡〔一〇一〕。今縣五。

望，静安縣。本下博。漢屬信都國。後漢屬安平國。光武避王郎，自饒陽南出〔一〇二〕，至下博城西，惶惑不知所之。有白衣老父在道旁，指曰：「努力！信都爲長安守，去此八十里。」光武即馳赴之。晉亦屬安平國。隋屬信都。唐初屬冀州，後來屬。後周爲州治焉〔一〇三〕。皇朝太平興國八年置静安軍〔一〇四〕，雍熙二年軍廢還屬。三年縣省，四年復置，改爲静安〔一〇五〕。故陸澤縣，本鄡〔一〇六〕。漢屬鉅鹿郡。後漢作鄡。晉屬趙國。唐先天二年〔一〇七〕，析饒陽、鹿城於故鄡城置陸澤縣，爲深州治所。後周徙治静安。皇朝雍熙四年省入焉。有禹貢大陸澤。

望，束鹿縣〔一〇八〕。本漢鄡縣地〔一〇九〕，屬鉅鹿郡。北齊改郡曰安國。隋開皇六年改曰安定〔一一〇〕，十八年改曰鹿城，屬信都郡。唐屬深州，天寶十五載改曰束鹿。五代時屬真定國。皇朝淳化元年來屬〔一一一〕。漢貰縣故城〔一一二〕，在西南。

望，安平縣。漢屬涿郡。後漢屬安平國。魏、晉爲博陵國治焉。北齊置博陵郡。隋開皇初郡廢，十六年置深州。大業初州廢，屬博陵郡。唐武德四年屬深州，正觀十七年還故屬，先天二年來屬。

望，饒陽縣。漢屬涿郡。後漢屬安平國。魏、晉屬博陵國。後魏屬博陵郡。隋開皇中分置安平、蕪蔞二縣，大業初省入焉，屬河間郡。唐武德四年置深州，治此。正觀十七年州廢，屬瀛州。先天二年置州，復來屬〔一三〕，而州徙治陸澤焉〔一四〕。東北有蕪蔞亭〔一五〕，漢光武避王郎於此。

望，武彊縣。本武隧，秦破趙將扈輒於武隧即此〔一六〕。漢屬河間國。後漢屬安平國。晉因之，後分置武彊縣。元魏屬武邑郡。隋開皇初郡廢，省武隧入焉〔一七〕，屬信都郡。唐初屬冀州，正觀元年屬深州。十七年屬冀州，先天二年復來屬。開元二年屬冀州，永泰元年又來屬。唐末屬冀州，五代時又來屬。

校注

〔一〕名：四庫本及元和志卷一七作「諱」。

〔二〕常山郡：隋書卷三一作「恒山郡」。

〔三〕後唐：四庫本作「唐」。札記卷上：「宋本『後唐』，朱校脱『後』字。」

〔四〕宋會要方域五之二：「真定府，宣和二年以成德軍稱。」

〔五〕漢十一年：元和志卷一七在漢高帝時。

〔六〕滹沱水：元和志卷一七、九域志卷二作「滹沱河」。下同。

〔七〕槀城縣：原作「槀城縣」，據元和志卷一七及新唐書卷三九改。

〔八〕元年：元和志卷一七作「二年」。

〔九〕井陘縣：札記卷上：「『井』，宋本壞作『并』。」

〔一〇〕宋會要方域一二之一二：「井陘鎮，熙寧六年廢縣置。」方域五之三〇：「井陘縣，熙寧六年廢隸獲鹿、平山二縣，八年復置，徙治天威軍。」宋史卷八六：「即縣治置軍使，隸府。」

〔一一〕陘山：四庫本作「逕山」。

〔一二〕天寶十五載：舊唐書卷三九作「至德元年」，實爲同一年。

〔一三〕滹沱水：原作「滹池水」，據聚珍本、叢書集成本及元和志卷一七改。

〔一四〕天寶十五載：舊唐書卷三九、寰宇記卷六一作「至德元年」，實爲同一年。

〔一五〕宋會要方域五之三五：「盧城縣，宣和四年十月以行唐縣改。」

〔一六〕宋會要方域五之三一、一二之一二皆云熙寧八年廢爲鎮，而宋史卷八六在熙寧六年。按宋會要方域五之三一：「靈壽縣，熙寧八年廢爲鎮，隸行唐縣。」當以熙寧八年爲是。

〔一七〕宋會要方域五之三一：「元祐二年復，宣和二年以成德軍稱。」宋史卷八六云「〔熙寧〕八年復」。

〔一八〕此：四庫本作「北」。

〔一九〕十四年：隋書卷三〇、元和志卷一六作「十年」。

〔二〇〕宋會要方域七之二六：「天聖七年九月十六日，詔軍、縣、驛名與永定陵同者改之。」故改永定爲永和。

〔二一〕六年：九域志卷二亦作「六年」，宋會要方域一二之一二：「安陽縣永和鎮，舊永定鎮，天聖七年改永和，熙寧六年，廢縣爲鎮。」而宋會要方域五之三一、宋史卷八六廢鎮隸安陽縣在「熙寧五年」，當考。

〔二二〕河内郡：四庫本作「河南郡」，按元和志卷一六作「河内郡」。

〔二三〕蕩：原無，據舊唐書卷三九、元和志卷一六、寰宇記卷五五補。按宋會要方域五之三一：「湯陰縣，宣和二年二月以縣隸濬州，八月内復來隸。」又：「宣和二年八月十八日，朝請大夫、直祕閣、知相州韓肖胄奏：『契勘本州舊管四縣，内湯陰縣於今年二月内濬州陞爲節鎮，割隸去訖。緣本州係久來節鎮去處，湯陰縣是虜使往回食頓，今割隸濬州，即相州州城之南十五里便屬别州界地分，境土蹙近，不稱大藩，虜使往來，觀望非便。』于是詔湯陰縣依舊隸相州。」

〔二四〕問：四庫本作「周」。

〔二五〕其：聚珍本作「共」。

〔二六〕胡作：聚珍本作「後」。

〔二七〕尉遲迥：聚珍本「遲」後注「原缺」，「迥」字作「過」。札記卷上：「『遲』，朱校云『原闕』；「迥」，朱校誤『過』。案宋本是也，此用舊唐志文。」

〔二八〕熙寧六年：宋會要方域五之三一、一二之一二、宋史卷八六皆云熙寧五年省鄴縣隸臨漳縣，當以熙寧五年爲是。
〔二九〕汲郡：四庫本作「魏郡」，聚珍本「汲」字注「原缺」。
〔三〇〕封：四庫本作「都」。
〔三一〕鮮虞：寰宇記卷六二作「白狄」。
〔三二〕大唐：聚珍本無「大」字。札記卷上：「宋本『大唐』是也，此用通典文。朱校無『大』字，蓋臆删。」
〔三三〕宋會要方域五之二六：「政和三年四月二十三日，詳定九域志（葵）〔蔡〕攸等奏：『今參考擬定下項：……定州治博陵縣，按州自漢至後魏，或爲郡，或爲國，並號中山。隋始爲博陵，在蠡吾。而蠡吾今爲永寧軍，本州不當因舊額，今欲乞復以中山郡爲名。』」
〔三四〕慕容寶：聚珍本作「慕容實」。札記卷上：「『寶』字是也。朱校作『實』，誤。」
〔三五〕宋史卷八六亦云「以無極隸定」在景德元年，而宋會要方域五之三一云：無極縣，「景德二年自祁州來隸」，不同。
〔三六〕慶都山：九域志卷三作「都山」。
〔三七〕唐：聚珍本作「置」。
〔三八〕北平郡：聚珍本作「博平郡」，按元和志卷一八作「北平郡」。
〔三九〕徇：聚珍本作「狥」。

〔四〇〕宋會要方域五之三一：「舊定州北平縣，建隆元年自易州來隸。」又：「慶曆二年，以定州北平寨置北平軍，四年即北平縣治置軍使。隸定州。」宋史卷八六：「建隆元年以易北平（並）來屬。」

〔四一〕焉：藏園群書題記卷四校宋江州刊淳祐重修本輿地廣記殘卷跋作「之」。

〔四二〕石勒：聚珍本注「原缺」。札記卷上：「宋本略可辨，此亦通典文。朱校云『原闕』。」

〔四三〕爲：四庫本、聚珍本作「屬」。

〔四四〕宋會要方域五之二一、五之三四：「宣和元年陞爲信德府。」

〔四五〕冀州：四庫本作「皇州」。札記卷上：「宋本『冀』。朱校作『皇』，誤。」

〔四六〕太興二年：原作「大和二年」，據藏園群書題記卷四校宋江州刊淳祐重修本輿地廣記殘卷跋改。四庫本作「太興元年」，聚珍本作「後」。札記卷上：「『太和二年』四字，朱校作一『後』字。」

〔四七〕慕容雋：四庫本、聚珍本作「慕容氏」。札記卷上：「『雋』，宋本略可辨。朱校作『氏』，誤。」

〔四八〕治：原作「漢」，據藏園群書題記卷四校宋江州刊淳祐重修本輿地廣記殘卷跋改。札記卷上：「案『漢』當作『治』，此宋本誤字。」

〔四九〕有夷儀嶺：「有」原作「理」，據藏園群書題記卷四校宋江州刊淳祐重修本輿地廣記殘卷跋改。四庫本脱，聚珍本作「即」。札記卷上：「『理』，宋本略可辨。朱校『即』，誤。」按宋會要方域五之三四：「邢臺縣，宣和二年以龍崗縣改。」又「夷儀嶺」，四庫本作「夷儀城」，聚珍本作「夷儀地」。按張氏春秋集注卷四、讀春秋編卷一、春秋本義卷一〇、春秋纂言卷五引輿地廣記作「夷儀嶺」。札記卷上：

「『嶺』字是也，此用通典文，元和志云在縣西。朱校作『地』，誤。」

〔五〇〕南䜌縣：四庫本作「南蠻縣」。下同。按元和志卷一五作「南䜌縣」。

〔五一〕襄國郡：隋書卷三〇作「柏仁」。

〔五二〕漢：四庫本作「地」。札記卷上：「朱校作『地』，誤。」

〔五三〕頡奔晉：札記卷上：「上三字宋本略可辨，朱校作『羽頡出』，蓋以左傳襄三十年文臆改。此自用漢志注。」

〔五四〕十六年：四庫本作「初年」。

〔五五〕五年：四庫本、聚珍本作「三年」。按宋會要方域五之三四：「任縣，熙寧五年廢爲鎮，隸南和縣。」當以「熙寧五年」爲是。

〔五六〕文公：四庫本作「武公」。

〔五七〕温爲：當爲「爲周」之誤，四庫本作「爲温」。按元和志卷一六：「本周司寇蘇忿生之州邑也。」

〔五八〕田：四庫本、聚珍本作「左」。札記卷上：「『田』字是也，此通典文。朱校作『左』，誤。」

〔五九〕兼屬衛：四庫本、聚珍本脱。

〔六〇〕徙其君角於野王：四庫本「角」作「相」，「王」作「至」。聚珍本無「角」字。札記卷上：「宋本『角』，亦通典文。朱校作『後』，誤。」

〔六一〕河内郡：四庫本作「河南郡」。

〔六二〕天寶初：舊唐書卷三九作「天授元年」。宋會要方域五之三一：「懷州，建隆元年爲團練，後陞防禦。」

〔六三〕聚珍本「屬」字後有「于」字。

〔六四〕十六年：元和志卷一六、寰宇記卷五三作「十三年」。

〔六五〕河内郡：四庫本作「河南郡」，按元和志卷一六作「河内郡」。

〔六六〕十八年改州縣爲邢丘：「十八年」，元和志卷一六、寰宇記卷五三作「十六年」。按「州縣」，元和志卷一六：「本周司寇蘇忿生之州邑。左傳曰：『周與鄭人蘇忿生之田州、陘、隤、懷。』注曰：『州，今河内州縣是也。』漢以爲州縣，屬河内郡。」由此可知，「州縣」乃一縣名。

〔六七〕二年：舊唐書卷三九作「三年」。

〔六八〕屬：聚珍本作「廢」。

〔六九〕犬：四庫本、聚珍本作「大」。札記卷上：「『犬』字是也，通典文。朱校作『大』，誤。」按通典卷一五六、通鑑地理通釋卷七引輿地廣記作「犬」。

〔七〇〕勒：四庫本、聚珍本作「勤」。按元和志卷一六引韓詩外傳、通鑑地理通釋卷九、通雅卷一三引輿地廣記作「勒」。

〔七一〕南陽：四庫本作「南郡」。

〔七二〕晉屬汲郡：札記卷上：「『汲』字是也，晉志可證。朱校云『原闕』。」

〔七三〕宋會要方域五之三一：「修武縣，熙寧六年廢爲鎮，隸武陟縣，元祐元年復。」
〔七四〕三川郡：元和志卷二八、寰宇記卷五六「作」「河東郡」。
〔七五〕五城郡：隋書卷三〇、元和志卷一六「五城」作「伍城」。又「郡」字，聚珍本作「即」。
〔七六〕反：原作「友」，據四庫本、聚珍本改。
〔七七〕懷州：原作「衛州」，據通典卷一七八、元和志卷一六改。元和志云：「前獲嘉縣理，在今衛州新鄉縣西南十里，獲嘉縣故城是也。高齊又移於衛州共城，隋自共城移於今理。」九域志卷二：「天聖四年，以〔懷州〕獲嘉縣隸衛州。」宋會要方域五之三一：「衛州獲嘉縣，天聖五年自懷州來隸。」宋史卷八六在「天聖四年」。
〔七八〕三年：宋史卷八六作「二年」。按宋會要方域五之三一：「新鄉縣，熙寧六年廢爲鎮，隸汲縣，元祐三年復。」當以「三年」爲是。
〔七九〕六年：元和志卷一六、寰宇記卷五六作「四年」。
〔八〇〕共城：四庫本、聚珍本作「故城」。
〔八一〕部：四庫本作「境」，聚珍本注「原缺」。札記卷上：「宋本『部』，通典文。朱校云『原闕』。」通典卷一七八：「洺州……漢初置廣平國。後漢光武省廣平入鉅鹿郡，後爲魏郡之西部。」
〔八二〕武安郡：原作「武安縣」，據四庫本及隋書卷三〇改。元和志卷一五作「永安郡」。
〔八三〕唐：原作「後」，據藏園群書題記卷四校宋江州刊淳祐重修本輿地廣記殘卷跋改。

〔八四〕宋會要方域五之三二：「洺州，建隆元年陞爲防禦。」

〔八五〕本：四庫本、聚珍本作「今」。

〔八六〕魏郡：通典卷一七八、元和志卷一五、寰宇記卷五八作「鉅鹿郡」。

〔八七〕北齊省曲梁入廣平縣：四庫本、聚珍本「北」作「地」。四庫本「廣平縣」前有「洺州」二字。聚珍本「廣平縣」後注「原缺」。札記卷上：「宋本如此，約隋志文。朱校『北』誤『地』，『入』下衍『原闕』二字。」

〔八八〕聚珍本「廣平」後衍「縣廣平」三字。

〔八九〕治：原無，據藏園群書題記卷四校宋江州刊淳祐重修本輿地廣記殘卷跋補。

〔九〇〕宋會要方域一二之一二：「永年縣臨洺鎮，〔熙寧〕六年廢縣置。元祐二年復爲縣，九年廢縣，復爲臨洺鎮。」宋會要方域五之三二同。

〔九一〕邯鄲：原作「邯溝」，據元和志卷一五、寰宇記卷五八改。

〔九二〕十六年：隋書卷三〇、元和志卷一五、寰宇記卷五八作「十年」。

〔九三〕元和志卷一五：「隋開皇十年又置，屬磁州，十六年割屬洺州。」

〔九四〕元帝分置平恩以封后父許伯爲侯國：四庫本、聚珍本「平」作「立」，「后」作「石」，札記卷上：「宋本是也，水經淇水注文。朱校『平』作『立』，『后』作『石』，誤。」

〔九五〕曲梁縣：元和志卷一五、寰宇記卷五八作「廣平縣」。

〔九六〕宋會要方域一二之一二：「洺州雞澤縣曲周鎮，熙寧三年廢縣置。元祐二年復爲縣，九年復爲鎮。」

〔九七〕四庫本「武安」後有「之」字。

〔九八〕宋會要方域一二之一二：「洺水鎮，崇寧二年廢。」

〔九九〕魏：通典卷一七八、元和志卷一七作「趙」。

〔一〇〇〕二年：元和志卷一七作「元年」。

〔一〇一〕宋會要方域五之三二：「深州：雍熙四年自州西北舊城徙今治。」

〔一〇二〕饒陽：四庫本、聚珍本作「龍陽」。

〔一〇三〕宋史卷八六：「周置静安軍，以縣隸，俄復焉」。

〔一〇四〕八年：宋史卷八六作「七年」。按宋會要方域五之三二：「静安縣，太平興國八年以下博縣建静安軍。雍熙二年軍廢，縣還以隸。三年，廢下博縣，四年復置，改静安。」當以「八年」爲是。

〔一〇五〕宋會要方域五之三二：「雍熙四年二月十二日，詔深州：『昨以（大）〔犬〕戎肆暴，侵我封陲。惟彼生民，被其荼毒。永言隱恤，勿忘于懷。思有改更，庶期安輯。宜以静安軍爲深州治所。』」

〔一〇六〕四庫本「鄚」字後有「縣」字。

〔一〇七〕二年：元和志卷一七作「元年」。

〔一〇八〕東鹿縣：原作「東鹿縣」，據舊唐書卷三九、新唐書卷三九、宋史卷八六及下文改。

〔一〇九〕鄚縣：元和志卷一七作「安定縣」。

〔二〇〕六年：元和志卷一七作「三年」。

〔二一〕九域志卷二、宋史卷八六皆作「淳化元年」，而宋會要方域五之三二：「束鹿縣，淳化二年自真定府來隸。」不同。

〔二二〕貰縣：四庫本作「貫縣」。

〔二三〕四庫本「復」前有「後」字。

〔二四〕治：四庫本作「之」。

〔二五〕蕪蔞亭：原作「無蔞亭」，據上文及元和志卷一七改。

〔二六〕趙將：聚珍本作「趙軍」。按元和志卷一七作「趙將」。

〔二七〕武隧：原作「武遂」，據上文改。

輿地廣記卷第十二〔一〕

河北西路下〔二〕

磁州〔三〕。

滏陽縣。

邯鄲縣。

武安縣。

祁州〔四〕。

蒲陰縣。

鼓城縣〔五〕。屬趙州。唐初屬定州，大曆三年屬恒州。皇朝端拱元年來屬〔六〕。

中，深澤縣。漢曰南深澤，屬涿郡〔七〕。後漢屬安平國。晉屬博陵國。元魏屬博陵郡。北齊廢之。隋開皇六年復置，曰深澤，屬博陵郡。唐屬定州，景福二年屬祁州〔八〕。皇朝熙寧六年省入鼓城，元祐元年復置。

望，趙州。春秋時屬晉。戰國屬趙[九]。秦屬邯鄲郡。漢屬恒山、鉅鹿郡。後漢因之，兼置冀州。晉爲趙國。後魏爲趙郡，明帝兼置殷州。北齊改爲趙州。隋改爲欒州，後復爲趙郡。唐爲趙州，天寶元年曰趙郡。皇朝崇寧四年升慶源軍節度[一〇]。今縣五[一一]。

望，平棘縣。二漢屬常山郡。晉屬趙國。後魏爲趙郡治焉。隋開皇初郡廢，大業初復置。唐屬趙州。宋子縣[一二]，昔秦高漸離匿[一三]，作於宋子，擊筑而歌，即此地。漢屬鉅鹿郡。後漢省之。元魏復置，屬鉅鹿郡。隋大業初省入平棘。故城在今縣北。

望，寧晉縣。本廮陶縣地。漢屬鉅鹿郡。後漢、晉、元魏爲郡治焉。隋屬趙郡。唐屬趙州，天寶元年改爲寧晉。

上，臨城縣。本晉邑，左傳哀四年，「趙稷奔臨」是也。二漢爲房子縣，屬常山郡。晉爲趙國治焉。元魏屬趙郡。北齊省之。隋開皇六年復置，屬趙郡。唐屬趙州，天寶元年改爲臨城。有泜水，韓信斬成安君於此。

中，隆平縣。本廣阿。漢屬鉅鹿郡。後漢省之。元魏復置，屬趙郡，兼置殷州，後改爲趙州。隋開皇十六年置欒州[一四]，仁壽元年改廣阿爲象城。大業初州廢，改縣爲大陸，屬趙郡。唐屬趙州，武德四年復改爲象城。天寶元年改爲昭慶，以有建初、啓運二陵故也。皇朝開寶五年改爲隆平，熙寧六年省入臨城，元祐元年復置。

中，高邑縣。本曰鄗，晉邑也。左傳哀四年，齊國夏伐晉，取鄗，即此。漢屬常山郡。後漢光武即位於此〔一五〕，更名高邑，爲冀州刺史治焉。晉屬趙國。元魏及隋屬趙郡。唐屬趙州。栢鄉鎮，漢縣，屬鉅鹿郡。後漢省之。隋開皇十六年復置，屬趙郡。唐屬趙州。皇朝熙寧五年省入高邑〔一六〕。贊皇鎮，隋開皇十六年置〔一七〕，取贊皇山爲名，屬趙郡。唐屬趙州。皇朝熙寧五年省入高邑〔一八〕。

下，保州。五代以上地理與莫州同。皇朝置保塞軍，後升爲保州〔一九〕，政和三年爲清苑郡〔二〇〕。縣一〔二一〕。

望，保塞縣。本漢涿郡之樊輿、中山之北新城地，後廢置不常。北齊省入永寧縣，改爲樂鄉。隋開皇十八年改爲清苑，屬河間郡。唐屬瀛州，景雲二年屬莫州。皇朝建隆元年以縣地置保塞軍。太平興國六年升爲保州，改清苑爲保塞縣〔二二〕。

同下州，安肅軍。自五代以上地理與易州同。皇朝置静戎軍，後改爲安肅軍〔二三〕。今縣一〔二四〕。

中，安肅縣。本易州遂城縣地。皇朝太平興國六年，以遂城之宥戎改置静戎軍及静戎縣〔二五〕，景德元年改軍與縣皆爲安肅焉。

同下州，永寧軍。自五代以上地理與中山府同〔二六〕。皇朝置寧邊軍〔二七〕，後改爲永寧軍〔二八〕。今縣一〔二九〕。

望，博野縣。本蠡吾。漢屬涿郡。後漢屬中山國，桓帝父蠡吾侯葬此，追尊爲孝崇皇，其陵曰博陵，因分置博陵縣。晉改曰博陸，爲高陽國治。後魏改爲博野。北齊省蠡吾入焉。隋屬河間郡。唐武德四年置蠡州〔三〇〕，正觀元年州廢，屬瀛州，永泰中屬深州。周屬定州。皇朝熙寧四年以博野縣地置寧邊軍〔三一〕，景德元年改永定，天聖四年改永寧〔三二〕。

同下州，廣信軍。自五代以上地理與易州同。皇朝置威虜軍〔三三〕，後改爲廣信軍。今縣一〔三四〕。

中，遂城縣。本北新城。漢屬中山國。後漢屬涿郡。晉屬高陽國，後曰武遂。北齊改曰新昌。隋開皇十八年改曰遂城，屬上谷郡。唐屬易州。皇朝太平興國六年置威虜軍，景德元年改曰廣信〔三五〕。

同下州〔三六〕，順安軍。自唐以上地理與瀛州同。如意元年析河間縣置武興，屬瀛州。神龍元年更名唐興，景雲二年屬莫州。五代時屬瀛州，後廢焉。皇朝太平興國七年〔三七〕，以廢唐興縣地置唐興寨，淳化三年升爲順安軍。今縣一〔三八〕。

中，高陽縣。漢屬涿郡。後漢屬河間國〔三九〕。晉屬高陽國，後置高陽郡。隋開皇初郡廢，十六年置蒲州。大業初州廢，屬河間郡。唐武德四年置蒲州〔四〇〕，正觀元年州廢，屬瀛州。皇朝至道三年屬順安軍〔四一〕。

河北路化外州

安東上都護府。春秋、戰國屬燕。秦立遼東。二漢因之，漢末爲公孫度所據。魏、晉亦爲遼東郡，後慕容廆居之。後魏時，高麗國都其地。唐總章元年，李勣平高麗，得城百七十六，分其地爲都督府九、州四十二、縣一百，置安東都護府於平壤城以統之，用其酋渠爲都督、刺史、縣令。上元三年徙遼郡故城，儀鳳二年又徙新城。聖曆元年更名安東都督府，神龍元年復故名。開元二年徙于平州，天寶二年又徙于遼西故郡城，至德後廢。領羈縻州十四：新城州都督府、遼城州都督府、哥勿州都督府、建安州都督府、南蘇州、木底州、蓋牟州、代那州、倉巖州〔四二〕、磨米州、積利州、黎山州、延津州、安市州〔四三〕。

大都督，幽州。武王封召公奭於燕，都此。及秦滅燕，以爲上谷郡。漢高帝分立燕國，昭帝元鳳元年爲廣陽郡，宣帝本始元年更爲國〔四四〕。東漢建武中併入上谷郡，永平八年復立爲郡，兼立幽州。魏、晉爲燕國。前燕慕容儁初都其地。元魏立幽州及燕郡。北齊置東北道行臺。後周平齊，置總管府。隋開皇初郡廢，大業初府廢，立涿郡。唐武德元年爲幽州，天寶元年曰范陽郡，升爲盧龍軍〔四五〕。領縣九。

望，薊縣。周武王克商，封帝堯之後於薊，又封召公於北燕。其後燕國都薊，與六國俱稱王，爲秦所滅，屬上谷郡。二世時，韓廣自立爲燕王，項氏封臧荼、漢高帝封盧綰相繼爲王，皆都其地，後改爲廣陽國。東漢爲郡，兼立幽州。魏、晉爲燕國。前燕慕容儁自和龍徙都於此，後又徙鄴。元魏亦爲幽州及燕郡。隋煬帝立涿郡。唐爲幽州。

望，幽都縣。本薊縣地。隋於營州之境汝羅故城置遼西郡，以處粟末靺鞨降人〔四六〕。武德元年曰燕州〔四七〕，領遼西、盧河、懷遠三縣。是年省盧河，六年自營州遷于幽州城中，以首領世襲刺史。正觀元年省懷遠，開元二十五年徙治幽州北桃谷山。天寶元年曰歸德郡，建中二年爲朱滔所滅，因廢爲縣，與薊分治郭下。在府北一里。
上，廣平縣。天寶元年析薊置，三載省，至德後復置。
上，潞縣。二漢屬漁陽郡。晉屬燕國。元魏屬漁陽，後爲郡治。隋開皇初郡廢，屬涿郡。唐武德二年自無終徙漁陽郡於此，置玄州，正觀元年州廢來屬。
上，武清縣。本雍奴。二漢屬漁陽郡。晉屬燕國。隋屬涿郡。唐屬幽州，天寶元年更名。
緊，永清縣。本武隆。唐如意元年析安次置〔四八〕，景雲元年曰會昌，天寶元年更名。
上，安次縣。漢屬渤海郡。東漢屬廣陽郡〔四九〕。晉屬燕國。元魏屬燕郡。隋屬涿郡。唐屬幽州。
望，良鄉縣。漢屬涿郡〔五〇〕。晉屬范陽國。元魏屬燕郡。隋屬涿郡。唐屬幽州，聖曆元年改曰固節，神龍元年復故名。有大防山。
望，昌平縣。漢屬上谷郡。東漢屬廣陽郡。晉屬燕國。元魏省，後置東燕州及平昌郡。後周州、郡皆廢，後又置平昌郡。隋開皇初郡廢，屬涿郡。唐因之。北十五里有軍都陘，西北三十五里有納款關〔五一〕，即居庸故關，亦謂之軍都關。其北有防禦軍，古夏陽川也。有狼山。

上，涿州。歷代地理與幽州同。漢高帝立涿郡。東漢因之。魏文帝更名范陽郡。晉武帝改爲范陽國，以封宣帝弟子綏爲王。元魏、北齊、後周復爲郡〔五二〕。隋開皇初郡廢，屬涿郡。唐大曆四年節度使朱希彩表分幽州置〔五三〕，後曰涿郡〔五四〕。領縣四。

上，范陽縣。本涿縣。漢屬涿郡〔五五〕。魏范陽郡。晉曰范陽國。元魏以後復爲郡。隋開皇初廢〔五六〕，屬涿郡。唐武德七年改涿縣曰范陽，屬幽州，後分置涿州〔五七〕。

上，固安縣。本漢方城縣地〔五八〕，屬廣陽國〔五九〕。東漢屬涿郡。晉屬范陽國。元魏屬范陽郡〔六〇〕。齊廢〔六一〕。唐正觀元年，自章信城移固安縣治此，屬幽州，後來屬〔六二〕。

上，新昌縣。漢屬涿郡。東漢省之。唐大曆四年析固安復置。

上，新城縣。本漢涿縣地。唐大和六年析范陽置〔六三〕。有督亢陂溉田，號爲膏腴。燕太子丹使荆軻以督亢地圖獻秦王，即此。

上，易州。歷代地理與幽州同。秦屬上谷郡。二漢屬涿郡。魏屬范陽郡。晉屬范陽國。元魏復屬范陽郡。隋開皇初立易州及黎郡，尋廢。大業初州廢，立上谷郡。唐爲易州，天寶元年曰上谷郡〔六四〕。領縣四。

上，易縣。本漢故安縣，屬涿郡。魏、晉、元魏屬范陽郡。北齊省故安縣。隋立易州及易縣〔六五〕，立上谷郡〔六六〕。唐因之。漢故安縣故城〔六七〕，在今縣南，易水所出。燕太子丹送荆軻入秦，祖道於水上，軻起爲壽〔六八〕，歌曰：「風蕭蕭兮易水寒，壯士一去兮不復還。」即此。

上，淶水縣。本二漢遒縣，屬涿郡〔六九〕。晉屬范陽國。元魏屬范陽郡。後周省之。隋開皇元年置范陽縣〔七〇〕，屬易州〔七一〕。六年改曰固安〔七二〕，八年省。十年置永陽縣，十八年改爲淶水〔七三〕。唐因之〔七四〕。

中，滿城縣。漢北平縣地，屬中山國〔七五〕。元魏置永樂縣〔七六〕，爲樂浪郡僑治。北齊屬昌黎郡〔七七〕。隋開皇三年郡廢〔七八〕，屬易州。唐天寶元年更名滿城。有郎山。

中下，五回縣〔七九〕。唐開元二十三年析易縣置〔八〇〕，并置樓亭〔八一〕、板城二縣，天寶後二縣省〔八二〕。

下，檀州。歷代地理與幽州同。秦爲漁陽〔八三〕、右北平二郡地。二漢因之。元魏立密雲、廣陽、安樂三郡，兼立安州〔八四〕。北齊廢密雲、廣陽二郡入安樂。後周改州爲玄州。隋開皇初郡廢，十六年州徙，尋立檀州。大業初州廢，復爲安樂郡〔八五〕。唐武德元年復爲檀州，天寶元年曰密雲郡〔八六〕。領縣二。

中，密雲縣。本二漢厗奚縣地〔八七〕，屬漁陽郡，後省。元魏立密雲郡及密雲縣。北齊郡廢，屬安樂郡，省白檀、要陽二縣入焉。隋屬檀州，後屬安樂郡。唐自燕樂徙檀州治焉〔八八〕。元魏又立安樂郡，領安市、土垠二縣。北齊省土垠入安市。後周省安市入密雲。隋開皇初郡廢。故白檀、要陽二縣，漢屬漁陽郡，東漢省之。元魏復置，分屬。故土垠縣，二漢及晉屬右北平郡。元魏屬漁陽郡，後分屬。

中，燕樂縣。元魏置〔八九〕，屬廣陽郡，兼立安州。北齊郡廢，屬安樂郡，省廣興、方城二縣入焉。後周改州曰玄州。隋徙玄州，尋立檀州，後爲安樂郡。唐屬檀州。

下，薊州。歷代地理與幽州同。秦爲漁陽〔九〇〕、右北平二郡地。漢因之，後廢。隋文帝徙玄州於此，并立總管府〔九一〕，煬帝初置漁陽郡。唐武德元年郡廢〔九二〕，入幽州。開元十八年分立薊州，天寶元年曰漁陽郡〔九三〕。領縣三。

中，漁陽縣。漢舊縣，屬漁陽郡。晉省之，復置。元魏屬漁陽郡，後又省。隋末復置。唐屬幽州，開元十八年析置薊州〔九四〕。有鮑丘水。

中，三河縣。唐開元四年析潞縣置〔九五〕。

中，玉田縣。本無終，春秋無終子國也。二漢及晉屬右北平郡。元魏屬漁陽郡，後省。北齊復置。隋爲漁陽郡治〔九六〕，後省。唐武德二年復置，屬幽州。正觀元年省，乾封二年復置，萬歲通天元年更名〔九七〕。神龍元年屬營州，開元四年還屬幽州〔九八〕。八年屬營州〔九九〕，十一年又屬幽州〔一〇〇〕，十八年來屬〔一〇一〕。搜神記曰：雍伯〔一〇二〕，雒陽人，性至孝〔一〇三〕。父母没〔一〇四〕，葬之於無終山。山高八十里，而上無水〔一〇五〕，雍伯置飲焉〔一〇六〕。有人就飲，與石一斗，令種之。□□□於種石處〔一〇七〕，名曰玉田，後因以名縣。故徐無縣，二漢及晉屬右北平郡〔一〇八〕。元魏屬漁陽郡。後周廢入無終。

上，嬀州。歷代地理與幽州同。秦立上谷郡。二漢因之。晉太康中分立廣甯郡。元魏曰廣寧郡〔一〇九〕。北齊立北燕州及長寧、永豐二郡。後周去「北」字。隋開皇初郡廢，大業初州廢，入涿郡。唐武德七年平高開道，立北燕州，正觀八年更名，天寶元年曰嬀川郡。

領縣一〔一一〇〕。

上，懷戎縣。本二漢潘縣，屬上谷郡。晉屬廣甯郡〔一一一〕。北齊改置懷戎縣，及立北燕州。後周曰燕州。唐爲北燕州，後改曰嬀州。天寶中析置嬀川縣，尋省。嬀水貫中。故涿鹿縣，二漢屬上谷郡。晉屬廣甯郡，後省。昔黄帝與蚩尤戰於涿鹿，即此。涿鹿城東一里有阪泉，黄帝與炎帝戰於阪泉，即此。東北五十里有居庸塞，東連盧龍、碣石，西屬太行、常山，實天下之險。有鐵門關。有磨笄山，趙襄子滅代，其姊磨笄自殺，因爲名。代人憐之，爲立祠。

下，平州。商時爲孤竹國。春秋時山戎、肥子二國地。戰國屬燕。秦爲遼西、右北平二郡地。二漢因之。晉屬遼西郡。元魏屬遼西、北平二郡，兼立平州。北齊廢遼西入北平。隋開皇初郡廢，大業初州廢，復爲北平郡。唐武德二年曰平州，天寶元年曰北平郡〔一二二〕。領縣三。

中，盧龍縣。本肥如。春秋晉滅肥，肥子奔燕，受封於此，故曰肥如。二漢及晉屬遼西郡。元魏爲郡治，兼立平州。北齊屬北平郡。隋開皇六年省肥如入新昌，十八年改新昌曰盧龍，爲郡治焉。唐爲平州〔一二三〕。故令支縣，二漢屬遼西郡。晉省之。有孤竹故城，伯夷、叔齊讓國於此。漢靈帝時，遼西太守廉翻夢人謂己曰：「余孤竹君之子，伯夷之弟也。遼海漂吾棺槨，聞君仁善，願見藏覆。」明日視之水上，有浮棺，吏笑者無疾而死，於是改葬之，爲立祠焉。有盧龍塞道，自無終縣東出〔一二四〕，渡濡水，向林蘭陘，東越清陘，至凡城二百許里。自凡城東北出，趨平罡故城〔一二五〕，可百八十里，向黄龍則五百里〔一二六〕。故魏志言田疇「引軍出盧龍塞」，逕白檀，歷平罡，登白狼，望柳城是也。有濡河。

中，石城縣。本臨渝。二漢屬遼西郡。晉省入陽樂。隋末復置。唐武德七年省，正觀十五年復置，萬歲通天二年更名〔一一七〕。故絫縣，漢屬遼西郡；故驪成縣〔一一八〕，漢屬右北平郡，東漢皆省焉。有禹貢碣石山，秦皇、漢武皆登之，以望巨海，其石碣然而立在海旁，故名之。晉太康地志云：秦築長城，所起自碣石〔一一九〕，在今高麗界。非此碣石也。有臨渝關。

中，馬城縣。本海陽縣地。二漢及晉皆屬遼西郡。唐開元二十八年置馬城縣，以通水運〔一二〇〕。

上都督府，營州。商時孤竹國地〔一二一〕。春秋時屬山戎。戰國屬燕。秦屬遼西郡。二漢及晉因之。前燕慕容皝自徒河之青山徙都于此。後燕慕容寶〔一二二〕、北燕馮跋亦都焉。元魏立營州〔一二三〕，領昌黎、建德、遼東、樂浪、冀陽、營丘六郡。北齊廢昌黎、遼東、樂浪、營丘，併入建德、冀陽二郡。後周平齊，其地爲高寶寧所據。隋開皇初克之，大業初州廢，立遼西郡。唐武德元年曰營州，萬歲通天元年爲契丹所陷〔一二四〕。聖曆二年僑治漁陽，開元五年又還治柳城〔一二五〕，天寶元年曰柳城郡〔一二六〕。領縣一。

中，柳城縣。漢屬遼西郡，爲西部都尉治。東漢省。慕容皝以柳城之北、龍山之南福德地也，乃營建都邑，改柳城曰龍城，而徙居於此。時有黑龍、白龍各一，鬭於龍山，皝親觀之，祭以太牢，二龍交首，嬉翔解角而去。皝悦，號新宫曰和龍宫。後慕容寶、馮跋相繼都焉。元魏立營州及昌黎郡。北齊廢郡。隋開皇初，改龍城縣曰龍山。十八年復改曰柳城，後立遼西郡。唐曰營州〔一二七〕。漢交黎縣，屬遼西。故城在東南。徒河縣，屬遼西。故城在東北。青山，慕容廆所據，在東百九十里棘城。高陽氏之墟，在東南百七十里。鮮卑山，在東南二百里。有鷄鳴山、白狼水。

校　注

〔一〕輿地廣記此卷卷首有闕葉。札記卷上云「前一葉宋本原闕」，又云「舊鈔、朱校並同。」故此卷内容不全。

〔二〕「河北西路下」五字原無，遽補。按今本河北西路無通利軍。宋會要方域五之三一：「通利軍，端拱元年，以滑州黎陽縣置通利軍，縣仍隸焉。天聖元年（年）改安利，四年以衛縣來隸。明道二年復爲通利，熙寧三年軍廢，縣隸衛州〔黎陽縣〕。」方域五之三四：「濬州，舊通利軍，熙寧三年廢爲黎陽縣，隸衛州，元祐元年復爲軍。政和五年八月陞爲州、濬川軍節度。九月又改爲平川軍。衛縣，熙寧三年廢爲通利軍，還隸衛州，元祐元年復軍，依舊來隸。」通利軍領黎陽縣、衛縣二縣。九域志卷二：雍熙四年以黎陽縣隸澶州，「端拱元年以黎陽縣隸通利軍」。宋會要方域一二之一二：「衛州黎陽縣衛鎮，汲縣新鄉鎮，並熙寧六年廢縣置。」按輿地廣記卷九滑州領縣三，而無黎陽縣；卷一一衛州領縣四，而無衛縣，可知歐氏著輿地廣記時已有通利軍或濬州，而失于記載。或原書脱漏，亦未可知。

〔三〕「磁州」下至「武安縣」：原無，據九域志卷二補。按此卷卷首闕葉，磁州内容全無。九域志卷二：「上，磁州，滏陽郡，團練。治滏陽縣」。領縣三：滏陽、邯鄲、武安。宋會要方域一二之一二：「磁州滏陽縣昭德鎮，舊昭義縣，太平興國元年改昭德，熙寧六年廢爲鎮。」方域五之二六：「政和三年四月二十三日，詳定九域志（葵）〔蔡〕攸等奏：『今參考擬定下項：……慈州，按唐書志、廣韻、本草並作磁，今州名從省作慈，無所稽考，今欲乞改作磁。』」

〔四〕「祁州」下至「蒲陰縣」：原本闕，據九域志卷二補。按祁州内容殘闕不全，所領蒲陰、鼓城、深澤三縣中，蒲陰縣内容全闕。按宋會要方域五之三二：「祁州，端拱二年徙置於真定府鼓城，景德二年陞團練州，自鼓城徙治定州（蒲陰）。」又：「蒲陰縣，舊名義豐，太平興國元年改，景祐二年自定州來隸。」而九域志卷二：「景德元年，以蒲陰縣隸祁州。」

〔五〕鼓城縣：原闕。據九域志卷二補。按以下繫祁州鼓城縣的内容。

〔六〕九域志卷二真定府下亦云「端拱二年以鼓城縣隸祁州」，宋會要方域五之三二：「皷城縣，端拱二年自真定府來隸。」按通鑑卷二八四注鼓城縣隸祁州亦在「端拱二年」。而九域志卷二祁州下云「端拱元年以真定府鼓城縣隸州」，宋朝事實卷一八亦云「端拱元年」隸祁州，當考。

〔七〕涿郡：元和志卷一八作「中山國」。

〔八〕景福：原作「景祐」，據舊唐書卷三九、寰宇記卷六〇改。按景祐乃宋仁宗年號。

〔九〕戰國：札記卷上：「朱校『國』下衍『時』字。」

〔一〇〕宋會要方域五之二：「慶源府，舊趙州，崇寧四年陞爲慶源府，仍以慶源軍節度〔稱〕。」方域五之三三：「宣和元年十月七日，右武郎、廉訪使者王寓奏：『仰惟國姓所出之地，實自全趙。在昔神考，深念世本，嘗詔求程嬰、公孫杵臼之遺（祠）〔嗣〕，優加爵號，以旌其義。又命守臣恢大城圍，用壯形勢。昨陛下惟尊姓系，即褒其州爲慶源軍。臣兹獲將命，迓客朔塞，道出邢、趙，竊見邢之鉅鹿郡元係英廟所領藩，今已改府曰信德，欲乞趙州慶源軍更陞府號，以副群望。』詔慶源軍陞爲慶源府。依舊軍額。」宋史卷八六：「大觀三年升爲大藩，崇寧四年賜軍額，宣和元年升爲府。」

〔一一〕今：四庫本作「領」。

〔一二〕四庫本「宋」字前有「故」字。

〔一三〕昔：四庫本脱。

〔一四〕十六年：聚珍本作「六年」。

〔一五〕於此：聚珍本作「此地」。

〔一六〕宋會要方域五之三三：「柏鄉縣，熙寧五年廢爲鎮，隸高邑縣，元祐元年復。」

〔一七〕十六年：元和志卷一七、寰宇記卷六〇作「六年」。

〔一八〕宋會要方域五之三三：「贊皇縣，熙寧五年廢爲鎮，隸高邑縣，元祐元年復。」而方域一二之一二云「〔熙寧〕六年廢縣置」，不同。

〔一九〕九域志卷二：置保塞軍在「建隆元年」。宋會要方域五之三二：「保州，建隆初以莫州清苑縣置保塞軍，太平興國六年陞爲州。」

〔二〇〕爲：四庫本、聚珍本作「屬」。按宋會要方域五之二六：「政和三年四月二十三日，詳定九域志（葵）〔蔡〕攸等奏：『今參考擬定下項：……保州未有郡名，案後魏地形，在漢、晉曰北新城，高祖太和元年分新城置永寧、清苑縣。隋、唐因之。宋朝建隆元年，以清苑縣置保（寨）〔塞〕軍，太平興國六年陞爲州。今清苑縣雖廢，而州治正故縣之地，今欲乞爲清苑郡。』」

〔二一〕縣：四庫本「縣」前有「領」字。

〔二二〕宋會要方域五之三二：「保塞縣，建隆元年以莫州清苑縣來隸，太平興國六年改。」宋史卷八六：「太平興國六年，析易州滿城之南境入焉。」

〔二三〕宋會要方域五之三四：「安肅軍，太平興國六年以易州宥戎鎮地置静戎軍，景德元年改，宣和七年陞爲軍，隸保州。」而宋史卷八六云「宣和七年廢軍爲安肅縣」，不同。

〔二四〕今：四庫本作「領」。

〔二五〕宋會要方域五之三四：「安肅縣，太平興國六年以遂城縣三鄉爲静戎縣。」

〔二六〕上：四庫本、聚珍本作「前」。

〔二七〕九域志卷二永寧軍：「雍熙四年以定州博野縣地置寧邊軍，景德元年改永定。」皇宋十朝綱要卷三同。

〔二八〕九域志卷二：「天聖七年〔九月〕改永寧。」皇宋十朝綱要卷四同。宋史卷八六：「宣和七年，廢爲博野縣，知縣事仍兼軍使，尋依舊。」

〔二九〕今：四庫本作「領」。

〔三〇〕四年：舊唐書卷三九、新唐書卷三九作「五年」。

〔三一〕熙寧四年：宋會要方域五之三四：「博野縣，熙寧四年自定州來隸，宣和七年以縣兼軍使。」而九域志卷二、宋史卷八六博野縣隸永定軍在「雍熙四年」，不同。

〔三二〕天聖四年改永寧：聚珍本「永寧」作「永年」。續通典卷一二六引輿地廣記作「永寧」。按宋會要方域七之二六：「天聖七年九月十六日，詔軍縣驛名與永定陵同者改之。」此處「四年」當爲「七年」之誤。

〔三三〕威虜軍：聚珍本作「威寧軍」，宋史卷八六作「威勇軍」。按宋會要方域五之三四、寰宇記卷六八、九域志卷二皆作「威虜軍」，宋會要云：「太平興國六年，以易州遂城縣地置威虜軍。」宋史誤。

〔三四〕今：四庫本作「領」。

〔三五〕元年：九域志卷二同。宋會要方域五之三四：「廣信軍，景德二(名)〔年〕改今名。」不同。

〔三六〕同：原作「中」，據九域志卷二、宋史卷八六改。

〔三七〕七年：宋史卷八六同，并云：「本瀛州高陽關砦，太平興國七年置唐興砦。」而聚珍本及宋會要方域五之三四作「六年」。按宋會要云：「順安軍，太平興國六年以瀛州廢唐興縣置唐興寨，淳化三年陞爲軍。」當考。

〔三八〕今：四庫本作「領」。

〔三九〕屬：四庫本作「爲」。

〔四〇〕蒲州：新唐書卷三九作「滿州」。

〔四一〕宋會要方域五之二七：「高陽縣，開寶二年十二月四日，詔瀛州高陽行縣復舊邑。先是，高陽陷北虜，嘗爲邊民躁躪，虜遷其民於縣北三十里爲行縣，而無城壁。及朝廷復其疆土，民上訴請完葺故縣而居之，故有是詔。」九域志卷二：「太平興國七年改關南爲高陽關。」宋會要方域五之三四：「高陽縣，至道三年自瀛州來隸，熙寧六年廢爲鎮，十年復爲縣。」

〔四二〕倉巖州：四庫本作「蒼巖州」。

〔四三〕四庫本「安市州」繫於「哥勿州都督府」之前。

〔四四〕本始：原作「太始」，漢武帝年號，據漢書卷二八下改。

〔四五〕宋會要方域五之三五：「燕山府，古幽州，漢置涿郡，唐武德元年改爲燕州，天寶元年復爲幽州，號廣陽郡、永清軍節度。宣和四年十月改爲府。燕山府析津縣、宛平縣、昌平縣、良鄉縣、潞縣、武清縣、安次縣、永清縣、清化縣、玉河縣、漷陰縣，並宣和四年十月內復。宣和四年十月五日，詔：『燕京，古之幽州，武王克商，封召公奭於燕，以燕然山得名。漢置涿郡，唐武德元年改燕州，天寶元年改幽州，舊號廣陽郡，有永清軍節度。燕京宜改爲燕山府。』」

〔四六〕粟末：原作「栗末」，據新唐書卷三九改。

〔四七〕元年：寰宇記卷六九作「二年」。

〔四八〕析：札記卷上：「宋本壞作『朾』，此唐志文。朱校不誤。」

〔四九〕廣陽郡：後漢書志第二三亦作「廣陽郡」，寰宇記卷六九作「漁陽郡」。

〔五〇〕四庫本、聚珍本「漢」字前有「兩」字。

〔五一〕納款關：遼史拾遺卷一四引輿地廣記作「款納關」。

〔五二〕復爲郡：四庫本「復」字後有「改」字，聚珍本「復」字後注「原缺」。

〔五三〕表分幽州置：四庫本作「奏請置涿州」，聚珍本注「原缺」。札記卷上：「宋本略可辨，朱校云『原闕』。」

〔五四〕宋會要方域五之三五：「涿州，漢涿郡地。唐置州，宣和四年十月賜名涿水郡、威行軍節度，宣和四年十月，以范陽縣改。」

〔五五〕本涿縣漢屬：四庫本「屬」作「曰」。札記卷上：「宋本如此，朱校『本』上衍『原闕』二字，『涿縣漢屬』四字脱。」

〔五六〕爲郡隋：札記卷上：「朱校云『原闕』，案宋本不闕。」

〔五七〕後分置涿州：四庫本脱，聚珍本注「原缺」。札記卷上：「宋本有此五字，朱校脱。」

〔五八〕漢方城縣地：四庫本脱「漢」字，聚珍本注「原缺」。札記卷上：「宋本有此六字，通典文，朱校云『原闕』。」

〔五九〕四庫本「屬」字前有「漢」字。札記卷上：「『屬』，朱校云『原闕』。」

〔六〇〕元魏屬范陽郡：聚珍本注「原缺」。

〔六一〕齊廢：原作「□□」，據四庫本補。札記卷上：「上六字宋本可辨，朱校誤脱。下二字（即『□□』）宋本模糊，舊鈔本空，朱校不空。」

〔六二〕宋會要方域五之三五：「歸義縣、（周）〔固〕安縣，並宣和四年十月内復。」

〔六三〕大和六年：舊唐書卷三九作「大曆四年」，新唐書卷三九作「太和六年」。按宋會要方域五之三五：「威城縣，宣和四年十月以新城縣改。」

〔六四〕宋會要方域五之三六：「宋朝宣和四年十月賜名遂武郡，防禦。」

〔六五〕及易縣：聚珍本脱。

〔六六〕立：四庫本作「置」，聚珍本作「爲」。

〔六七〕故安縣：四庫本及遼史拾遺卷一四引輿地廣記作「安故縣」。

〔六八〕軻：遼史拾遺卷一四引輿地廣記作「輙」。

〔六九〕逎縣屬涿：聚珍本注「原缺」。寰宇記卷六七「逎」作「遒」。札記卷上：「宋本略可辨。此舊唐志文，朱校云『原闕』。」

〔七〇〕元年置范陽縣：四庫本、聚珍本「元」作「初」，聚珍本「年置范陽縣」注「原缺」。札記卷上：「宋本可辨，此隋志文，朱校『元』作『初』，以下云『原闕』。」

〔七一〕屬易州：四庫本「屬」字前有「割」字，聚珍本有「晉」字。

〔七二〕固安：寰宇記卷六七作「故安」。

〔七三〕十八年改爲：四庫本脱「爲」字。聚珍本注「原缺」。札記卷上：「宋本可辨，亦隋志文，朱校云『原闕』。」

〔七四〕宋會要方域五之三六：「易水縣、淶〔水〕縣，宣和四年十月復。」

〔七五〕平縣地屬中山國：聚珍本注「原缺」。札記卷上：「朱校云『原闕』，宋本略可辨，元和志文。」

〔七六〕置：四庫本作「改」。

〔七七〕昌：原無，據四庫本及隋書卷三〇補。

〔七八〕隋開皇三年郡：四庫本作「隋屬上谷郡郡」，聚珍本注「原缺」。札記卷上：「上六字隋志文，朱校云『原闕』。」

〔七九〕五回：四庫本作「五廻」，聚珍本作「玉田」。札記卷上：「宋本可辨，他書或作『廻』。又元和志云：『在五回山東麓，因名之。』水經滱水注云：『廣昌嶺，高四十餘里，二十里中委折五回，方得達其上嶺。故嶺有五回之名。』朱校作『玉田』，誤。」

〔八〇〕二十三年析易縣置：聚珍本「十三」注「原缺」，「析易縣置」與下句「并」字注「原缺」，後有「安縣置升」四字。札記卷上：「宋本如此，唐志文。朱校『十』作『年』，誤。『三年』二字云『原闕』，『易』作『安』，亦誤。」

〔八一〕并置：札記卷上：「宋本『并』，唐志文，朱校誤『升』。」

〔八二〕四庫本「天」字前有「至」字。

〔八三〕秦爲漁：聚珍本注「原缺」。札記卷上：「上三字宋本可辨，朱校云『原闕』。」

〔八四〕兼立安州：四庫本「兼」作「又」，聚珍本脱。札記卷上：「宋本是也，隋志、通典可證，朱校『郡』作『縣』，下四字脱。」

〔八五〕復爲安樂郡：四庫本作「復爲密雲郡」，聚珍本脱。札記卷上：「宋本可辨。朱校脱。」

〔八六〕宋會要方域五之三：「宣和四年十月賜名横山郡、安遠軍節度。」而方域五之三五云「宣和四年十月賜名横山郡、鎮遠軍節度」。

〔八七〕厗奚縣：四庫本及舊唐書卷三九作「傂奚縣」。

〔八八〕宋會要方域五之三五：「密雲縣，宣和四年十月内復。」

〔八九〕置：四庫本脱。札記卷上：「宋本有『置』字，朱校脱。」

〔九〇〕秦：聚珍本作「古」。札記卷上：「宋本『秦』。朱校『古』，誤。」

〔九一〕并立：四庫本、聚珍本作「復置」。札記卷上：「宋本是也。朱校作『復置』，誤。隋志文，通典同。」

〔九二〕元年：原作「元帝」，據四庫本、聚珍本改。

〔九三〕宋會要方域五之三六：「宋朝宣和四年十月賜名廣川郡，團練。」

〔九四〕宋會要方域五之三六：「平虜縣，宣和四年十月以漁陽縣改。」

〔九五〕析潞縣置：「潞縣」原作「潞州」，據四庫本及舊唐書卷三九、新唐書卷三九改。聚珍本「潞」注「原缺」，脱「置」字。札記卷上：「宋本如此。朱校『析』下云『原闕』，『州』下脱『置』字。案『州』當作『縣』，新、舊唐志可證，寰宇記亦作『縣』。」宋會要方域五之三六：「三河縣，宣和四年十月復。」

〔九六〕漁陽：聚珍本注「原缺」。札記卷上：「宋本『漁陽』，朱校云『原闕』。」

〔九七〕聚珍本脱「萬歲通天元年更名」八字。札記卷上：「宋本有此八字，唐志文，朱校誤脱。」

〔九八〕開元四年還屬幽州：聚珍本注「原缺」。札記卷上：「宋本有，亦唐志文，朱校脱。」

〔九九〕屬：四庫本「屬」前有「復」字，聚珍本作「復曰」。札記卷上：「宋本『屬』，唐志作『隸』，上並同。朱校作『復曰』，誤。」

〔一〇〇〕十一年：四庫本作「十年」，聚珍本作「一年」。札記卷上：「宋本有『十』字，朱校脱。」

〔一〇一〕宋會要方域五之三六：「玉田縣，宣和四年十月復。」

〔一〇二〕搜神記曰雍伯：四庫本注「闕」，聚珍本注「原缺」。札記卷上：「宋本略可辨，朱校云『原闕』，自此至『名曰玉田』，並水經鮑邱水注所引。」

〔一〇三〕人性：聚珍本注「原缺」。札記卷上：「宋本可辨，朱校云『原闕』。」

〔一〇四〕没：四庫本作「殁」。

〔一〇五〕而上無水：四庫本「而上」注「闕」，聚珍本注「原缺」，「無」作「爲」。札記卷上：「宋本『而上』，朱校云『原闕』。宋本『無』，朱校作『爲』。」

〔一〇六〕雍伯：聚珍本注「原缺」。札記卷上：「朱校云『原闕』。」

〔一〇七〕之□□□於種：四庫本「之」後有「而」字。四庫本「□□□於種」注「闕」，聚珍本注「原缺」。札記卷上：「『之』下『於』上宋本模糊，案當作『而玉生』三字。朱校有『而』字，餘所空二字及『於種』字並云『原闕』。」

〔一〇八〕屬：四庫本注「闕」，聚珍本注「原缺」。札記卷上：「朱校云『原闕』。」

〔一〇九〕元魏：四庫本作「二魏」。

〔一一〇〕一：原脱，據四庫本、聚珍本補。

〔一一一〕晉：四庫本、聚珍本作「唐」。

〔一一二〕宋會要方域五之三、五之三五：「宣和四年十月賜名海陽郡、撫寧軍節度。」

〔一一三〕宋會要方域五之三五：「盧龍縣，宣和四年十月復。」

〔一一四〕無終縣：原作「然終縣」，據四庫本、聚珍本及上下文改。

〔一五〕平罡：寰宇記卷七〇作「平崗」。下同。

〔一六〕「自凡」下至「五百里」：四庫本、聚珍本脱。

〔一七〕宋會要方域五之三五：「臨關縣，宣和四年十月以石城縣改。」

〔一八〕驪成：通鑑地理通釋卷一〇引輿地廣記作「驪城」。

〔一九〕自：王右丞集箋注卷一二引輿地廣記作「于」。

〔二〇〕宋會要方域五之三五：「馬城縣，宣和四年十月復。」

〔二一〕孤竹國：四庫本、聚珍本作「孤竹縣」。

〔二二〕慕容寶：通典卷一七八亦作「慕容寶」，寰宇記卷七一作「慕容垂」。

〔二三〕立：原作「亡」，據四庫本及隋書卷三〇改。

〔二四〕元年：舊唐書卷三九、寰宇記卷七一作「二年」。

〔二五〕五年：舊唐書卷三九、寰宇記卷七一作「四年」。

〔二六〕宋會要方域五之三六：「宋朝宣和四年十月賜名平盧郡，防禦。」

〔二七〕宋會要方域五之三六：「鎮山縣，宣和四年十月以柳城縣改。」

輿地廣記卷第十三

陝西永興軍路上

次府，京兆府。本周室所居，謂之宗周。平王東遷，地入于秦，至孝公徙都焉。始皇置内史。漢元年屬塞國，二年爲渭南郡，高帝都此，九年復爲内史。武帝建元六年分爲右内史，太初元年更爲京兆尹。王莽既敗，更始、赤眉相繼據之。後漢都洛陽，仍以此爲京兆尹。獻帝亦嘗都此〔一〕。魏改尹爲太守〔二〕，後改爲秦國，復爲京兆國。晉爲京兆郡，兼置雍州。愍帝亦都之，其後爲劉曜、苻堅〔三〕、姚興所據〔四〕。後魏亦爲京兆郡，兼置雍州。後周復爲京兆尹。隋初置雍州，後改爲京兆郡。唐初爲雍州，開元元年改爲京兆府。後周、隋、唐皆爲帝都。昭宗遷洛，廢爲佑國軍。梁初改京兆府曰大安，佑國軍曰永平軍。後唐復爲西京，晉廢爲晉昌軍。漢改曰永興軍〔五〕。今縣十五〔六〕。

次赤，長安縣。本宗周之地，文王作豐，今縣西北靈臺鄉豐水上是也〔七〕。武王作鎬，今昆明池北鎬陂是也。秦爲咸陽縣地。漢高帝五年置長安縣，惠帝元年城之，經緯各長十五里，城中皆屬長安，今長安故城是也。後漢因之。晉及後魏爲京兆郡。後周都焉。隋開皇三年，自漢長安故城東南移二十里置新都，前直子午谷，後枕龍首山，左臨灞岸，右抵灃水。唐因之。有終南山、灃水、鎬水。

次赤，萬年縣。本漢長安縣地。後周始於長安城中置萬年縣，取漢縣爲名。隋文帝龍潛，封號大興，開皇三年改曰大興縣。唐武德元年復故名〔八〕。漢杜陵縣，故杜伯國，周成王滅唐而遷之於此〔九〕。宣王以無罪殺杜伯，杜伯之神射王于鎬〔一〇〕，故有周右將軍杜主祠〔一一〕。秦武公十一年縣之。漢宣帝以杜東原上爲初陵，故更名杜爲杜陵，屬京兆尹。後漢及晉因之。後魏改曰杜城。後周廢之。故城在今縣南。漢霸陵縣，本秦芷陽，文帝葬其上，改曰霸陵，陵在霸水之西。霸水，故滋水也，秦穆公更名，以顯霸功。晉曰霸城。後魏曰西霸城。後周廢之。故城在今縣東南。漢南陵縣故城，在今縣東南。有白鹿原。長樂陂，本滻坡〔一二〕，隋文帝更名。有灞水、滻水〔一三〕。

次畿，鄠縣。古有扈國〔一四〕。有甘水，出南山甘谷，北入渭，秦孝文王起萯陽宮於此。二漢屬右扶風。晉屬始平郡。隋屬京兆郡。唐因之。

次畿，藍田縣。漢屬京兆尹。後漢、晉皆因之。後周置藍田郡，尋廢。隋屬京兆郡。唐因之。南有藍田關，故嶢關也，漢高帝自武關攻秦，用張良計，破秦於此。

次畿，咸陽縣。秦孝公十二年作咸陽[一五]，築冀闕，自櫟陽徙都之。其後始皇以爲咸陽人多，先王之宫庭小，「吾聞豐、鎬之間，帝王之都也」，乃營作朝宫渭南上林苑中。先作前殿阿房，東西五百步，南北五十丈，爲複道。自阿房渡渭，屬之咸陽，以象天極閣道，絶漢抵營室云。後項籍屠咸陽，燒其宫室。漢高帝元年，更名新城。七年罷，屬長安。武帝元鼎三年別爲渭城縣，屬右扶風。後漢省之。唐武德元年[一六]，析涇陽、始平置咸陽縣，屬京兆府。秦咸陽故城，在縣東十五里。漢渭城故城，在今縣東北，故杜郵也。秦白起遷陰密，出咸陽西門十里，至杜郵賜死，即此地。漢長陵縣，高帝所葬，屬左馮翊。後漢屬京兆尹。晉省之。故城在今縣境。

次畿，醴泉縣。漢谷口縣，屬左馮翊。故城在今縣北。鄭子真其縣人也。後漢省之。後魏置寧夷縣。西魏置寧夷郡。後周改爲秦郡，後廢。隋開皇十八年改縣曰醴泉，屬京兆郡。唐因之[一七]。有九嵕山。

次畿，涇陽縣。本秦故縣，昭王封其弟涇陽君於此。二漢及晉爲池陽縣地，後置涇陽縣及咸陽郡。隋開皇初郡廢，屬京兆郡。唐因之。有焦護澤，謂之瓠口[一八]。

次畿，櫟陽縣。秦獻公自雍徙居櫟陽而天雨金，周太史儋見獻公曰：「周故與秦國合而別，別五百歲復合，七十歲而霸王出焉。」項羽立司馬欣爲塞王，都此。漢高帝初取[一九]，亦嘗居之。太上皇葬櫟陽，起萬年陵，因分置萬年縣。後漢省櫟陽入萬年。晉屬京兆郡。後周徙萬年，置於長安城中，而移廣陽縣置於故萬年城。隋開皇三年改萬年爲大興，而復改廣陽爲萬年，屬京兆郡。唐武德元年復改大興爲萬年，而改萬年爲櫟陽，屬京兆府。

次畿，高陵縣。本秦故縣，昭王封弟高陵君於此。二漢屬左馮翊。魏文帝改曰高陵〔二〇〕。晉屬京兆郡。隋大業初復改曰高陵，屬京兆郡。唐屬京兆府〔二一〕。

次畿，興平縣。本周犬丘，懿王都之。秦改曰廢丘。項羽立章邯爲雍王，都此。漢高帝三年更名槐里，屬右扶風。晉置始平郡，後置扶風郡，而改槐里曰始平縣。隋開皇初郡廢，屬京兆郡。唐屬京兆府，景龍四年中宗送金城公主入蕃〔二二〕，别於此，因改曰金城縣〔二三〕，至德二年改曰興平。

次畿，臨潼縣。驪山在南。故驪戎國，周幽王遇犬戎之禍於此。秦曰驪邑。漢高帝七年，太上皇思東歸，高帝於是改築城寺街里，以象豐，徙豐民以實之，命曰新豐，屬京兆尹。後漢及晉皆因之〔二四〕。唐屬京兆府，垂拱二年改曰慶山，神龍元年復故名。三年析新豐、萬年置會昌縣，七年省新豐入焉，改曰昭應，屬京兆府。皇朝大中祥符八年改曰臨潼。唐置宫在驪山下，咸亨二年始名温泉宫。天寶元年更名驪山曰會昌山，六年更名温泉曰華清宫。宫治湯井爲池，環山列宫室。又築羅城，置百司及十宅焉。有鴻門，漢高帝會項羽於此。有戲水，陳涉遣將周章西入關至戲是也。

次畿，武功縣。本邰邑，后稷所封，「邰」亦作「斄」。漢屬右扶風。後漢省入郿。武功，亦漢縣，本在渭南，屬右扶風。後漢因之。晉屬始平郡。後周置武功郡，建德中郡廢，而置武功於故斄城，今縣是也。隋屬京兆郡。唐屬京兆府〔二五〕。漢美陽縣，屬右扶風。後漢及晉皆因之。後周省入武功。故城在今縣北七里。有太壹山〔二六〕，禹貢所謂終南有垂山，禹貢所謂敦物也。

次畿，乾祐縣。本安業縣。唐萬歲通天元年析商州之豐陽置，景龍三年屬雍州，景雲元年屬商州，乾元元年改爲乾元縣〔二七〕。漢改曰乾祐，屬京兆府。

次畿，奉天縣。唐文明元年析醴泉、始平、好時、武功、永壽置〔二八〕，以奉乾陵。陵在北五里，屬京兆府。德宗避涇卒之亂，出居於此，爲朱泚所圍，賴渾瑊扞城，得以不陷。乾寧二年，以縣置乾州。皇朝熙寧五年州廢〔二九〕，復來屬〔三〇〕。

次畿，終南縣。本漢盩厔縣地。唐武德二年析置終南縣。正觀八年省，後爲清平鎮〔三一〕。皇朝大觀二年復置〔三二〕。

次府，河中府。周時爲魏國。春秋時屬晉，以封大夫畢萬。戰國時魏惠王徙都大梁，而其地入秦。後置河東郡。二漢、晉皆因之，兼置雍州。後魏改爲秦州〔三三〕。後周改爲蒲州。隋初郡廢。煬帝初州廢〔三四〕，復置河東郡。唐初爲蒲州，開元八年置中都爲府〔三五〕，是年罷都爲州。乾元三年復爲河中府，尋罷，後爲河中節度。皇朝太平興國七年改爲護國軍。今縣八〔三六〕。

次赤，河東縣。故蒲坂，舜之所都。有歷山、嬀汭水。春秋文十二年，晉人、秦人戰于河曲，在縣南。戰國屬魏。秦昭襄王四年取蒲坂，後屬河東郡〔三七〕。二漢及晉因之。後魏、後周皆爲郡焉。隋開皇初郡廢，十六年析置河東縣。大業初復置郡，省蒲坂入焉。唐初爲蒲州，後爲河中府〔三八〕。

次畿，臨晉縣。本桑泉，左傳僖二十四年，晉公子重耳濟河入桑泉是也。漢爲解縣地。隋開皇十六年析猗氏置桑泉縣，屬河東郡。唐屬河中府，天寶十三年改爲臨晉〔三九〕。解，本春秋時解梁。二漢及晉屬河東郡，後徙焉。故城在今縣東南。

次畿，猗氏縣。本令狐，左傳僖二十四年，晉公子重耳「濟河圍令狐」是也。縣南對澤，即猗頓之故居。頓，魯之窮士，聞朱公富，往問術焉。朱公曰：「子欲速富，當畜五牸。」於是乃適西河，大畜牛羊，十年之間，其畜不可計，貲擬王公，故遂以猗氏名縣。漢屬河東郡。後漢、晉皆因之。西魏改曰梁泉〔四〇〕。後周復故。隋屬河東郡。唐屬河中府。有郇城，周文王子所封，詩所謂「郇伯勞之」者也。

次畿，虞鄉縣。本漢解縣地。元魏分置虞鄉縣。隋因之。唐武德元年改虞鄉爲解縣，而於解西五十里别置虞鄉縣，屬蒲州，後屬河中府。

次畿，萬泉縣。唐武德三年析稷山、安邑、猗氏、汾陰〔四一〕、龍門置，屬絳州〔四二〕，大順二年來屬。

次畿，龍門縣。古耿國，商祖乙自相徙居之。春秋時，晉獻公滅耿，以賜大夫趙夙。戰國時屬魏，爲皮氏縣。秦惠王渡河，取皮氏。二漢屬河東郡。魏、晉屬平陽郡。後魏改爲龍門，兼置郡。隋開皇初郡廢，屬河東郡。唐武德二年〔四三〕，泰州徙治此〔四四〕。正觀十七年州廢，屬絳州，元和初來屬〔四五〕。有龍門山，禹貢所謂「導河積石，至于龍門」是也。

次畿，榮河縣。本魏之汾陰縣。秦惠王渡河，取汾陰，即此。漢屬河東郡。武帝立后土祠於汾陰脽上，親望拜如上帝禮。後漢亦屬河東郡。晉省之。後魏復置，兼置汾陰郡。隋開皇初郡廢，屬河東郡。唐武德元年改曰泰州，正觀十七年州廢來屬。開元十年〔四六〕，明皇祀后土，獲寶鼎，因改爲寶鼎縣。皇朝大中祥符四年改寶鼎縣曰榮河，置慶成軍〔四七〕。熙寧元年廢軍，以榮河來屬。

永樂縣。古魏國，詩序所謂「魏地狹隘」者也。春秋時，晉獻公滅魏，以賜大夫畢萬，漢爲河北縣〔四八〕，屬河東郡。魏、晉皆因之，後縣東徙焉。唐武德元年〔四九〕，分芮城置永樂縣，以永樂澗爲名，屬芮州。州廢，屬鼎州，正觀八年來屬。後又屬虢州，神龍元年復來屬〔五〇〕。禹貢雷首山在北，山南曰首陽，伯夷、叔齊隱居其下〔五一〕。

大都督府，陝州。昔周、召分陝之所〔五二〕。春秋虢國之地，所謂北虢也。戰國屬韓〔五三〕。秦屬三川郡。二漢及晉皆屬弘農郡。後魏置弘農郡，兼置陝州。隋開皇初郡廢，大業初州廢，屬河南郡。義寧元年置弘農郡。唐武德元年曰陝州，天寶元年更曰陝郡。天祐元年昭宗居陝，升爲興唐府〔五四〕。哀帝初復故號，曰保義軍。皇朝太平興國元年改保平軍。今縣七〔五五〕。

上，陝縣。古虢國，所謂上陽也。故城在今縣東。漢屬弘農郡。後漢及晉皆因之〔五六〕。後魏置陝州及弘農郡。後周因之。隋屬河南郡。唐復爲陝州。有焦國，周武王封炎帝之後於此。有莘原，魯莊公三十二年，有神降于莘，即此。石壕鎮，本峪縣。後魏置。唐武德八年來屬，正觀十四年改爲硤石縣〔五七〕。姚崇其邑人也。皇朝熙寧六年省爲鎮。有禹貢底柱山，山有三門，河所經，唐太宗勒銘於此。

上，平陸縣。本虞虢之地。吴山在西，上有虞城，舜始封於此。至周武王時，封太王子仲雍之後，是爲虞公，春秋時晉所滅。虢下陽邑，在東北。漢爲大陽縣〔五八〕，屬河東郡。後漢及晉皆因之，後廢焉，而置河北縣及河北郡。隋開皇初郡廢，屬蒲州〔五九〕，唐正觀元年來屬。天寶元年，太守李齊物開三門，以利運漕，得古劍〔六〇〕，有篆文曰「平陸」，因更名。有傅巖〔六一〕，在北，即傅説築處。有茅津，在西南，對陝城。魯文公時，秦伯伐晉，晉人不出，遂自茅津濟，即此。

上，夏縣。本夏禹之都。漢爲安邑縣地，後置夏縣及安邑郡。隋開皇初郡廢，屬虞州。唐正觀十七年屬絳州，乾元三年來屬〔六二〕。有巫咸山，蓋神巫所遊，故山得其名。

上，靈寶縣。古函谷關，秦人恃之，以爲險固。漢武帝徙關于新安，而以故關置弘農郡及弘農縣。東漢、晉因之。元魏置弘農郡。隋開皇十六年置桃林縣，屬洛州。唐武德元年來屬。天寶元年得天寶靈符於古函谷關，因改元，兼改縣。靈寶關，在縣西南十里，老子西遊至關，關令尹喜先見其氣，知真人當過，物色而得之，曰：「子將隱矣，强爲我著書。」孟嘗君自秦逃歸，夜半至關，其客效鷄鳴，遂得出關。戰國時，九國仰關而攻秦，秦人開關延敵，九國之師逡巡而不敢進。曹陽亭，在縣東十三里，秦章邯敗陳涉將周文於此。漢獻帝歸至此，爲李傕、郭汜所逼，遂露次焉。曹公改爲好陽縣。西南境即古桃林之野，東北有桑田亭，春秋虢公敗戎于桑田，即此。

中下，芮城縣。本魏國地。魯桓公時，芮伯萬爲母姜氏所逐，自今馮翊縣界出居于魏，即此地也。漢爲河北縣地。後周改曰芮城，置永樂郡，郡後廢焉。隋屬河東郡。唐武德二年置芮州，正觀元年州廢來屬。

中下，湖城縣。本曰湖〔六三〕，黄帝采首山之銅，鑄鼎於荆山下。鼎既成，有龍垂胡須下迎黄帝，後世因名其處曰鼎湖。漢武帝改曰湖，屬京兆尹。戾太子敗亡，至此自殺。後漢屬弘農郡。晉因之，後曰湖城。隋改爲閿鄉縣。唐屬虢州。皇朝太平興國三年來屬〔六四〕。

中下，閿鄉縣。本漢湖縣之閿鄉，後湖城縣徙此焉。隋開皇十六年改爲閿鄉，屬河南郡。唐武德元年屬鼎州，正觀八年屬虢州。皇朝太平興國三年來屬。漢戾園，在今縣東南。縣之南境諸山，東北連函谷，西北連潼關，皆古桃林之地。

中都督府，延安府。春秋白狄之地〔六五〕。秦屬上郡。漢初爲翟國，尋復爲上郡。後漢因之。漢末羌胡大擾，户口流散，郡縣皆廢焉。後魏置東夏州。西魏改曰延州，置總管府。隋置延安郡。唐復爲延州。梁號忠義軍。後唐改曰彰武。皇朝升延安府〔六六〕。今縣七〔六七〕。

中，膚施縣。秦屬上郡。二漢因之，後廢焉。隋大業三年，置延安郡。唐爲延州。豐林鎮，本漢臨河縣地。元魏置廣武縣。隋改曰豐林，屬延安郡。唐屬延州。皇朝熙寧五年省入膚施。金明寨，本秦高奴縣。項羽立董翳爲狄王，都高奴，即此。漢屬上郡。東漢因之，漢末廢焉。元魏置廣樂縣。隋改曰金明，屬延安郡，後廢焉。唐武德二年析膚施復置，以縣置北武州，正觀二年州廢來屬。皇朝熙寧五年省入膚施。

中，延川縣。漢臨河縣地，屬朔方郡。東漢省之。西魏置縣，曰文安，及置郡。隋開皇初郡廢，改縣爲延川，屬延安郡。唐屬延州。延水鎮，本安民縣，唐武德二年析延川置。皇朝熙寧八年省入延川。

中，延長縣。漢膚施縣地。西魏置延安縣〔六八〕。隋屬延安郡。唐屬延州，廣德二年改爲延長。

中，門山縣。後周置。隋大業初省入汾川。唐武德三年復置，屬丹州，廣德二年來屬。

中，臨真縣。漢高奴縣地。元魏置臨真縣。西魏又置神水郡〔六九〕、真川縣。後周郡廢。隋大業初省真川入臨真，屬延安郡。唐屬延州。

中，敷政縣。本因城〔七〇〕，元魏置。後周廢，尋又置。隋屬延安郡。唐武德二年徙治金城鎮〔七一〕，更名金城。正觀八年屬延州，天寶元年更名敷城。

延州。

中下，甘泉縣。唐武德元年分洛交置伏陸〔七二〕，屬鄜州。天寶元年改爲甘泉，後屬

望，同州。周爲芮伯、韓侯國。春秋時屬秦、晉。戰國時屬秦、魏。秦屬内史。項羽分屬塞國。漢高帝置河上郡，景帝分爲左内史，武帝改爲左馮翊。東漢因之。魏除「左」字，但爲馮翊郡。晉及元魏皆因之，兼置華州。西魏改曰同州，取禹貢所謂「漆沮既從，灃水攸同」以名焉。隋初郡廢，大業州廢，復置馮翊郡。唐武德元年曰同州，天寶元年曰馮翊郡。梁曰忠武軍。皇朝太平興國七年升定國軍。今縣六〔七三〕。

緊，馮翊縣。本芮國。漢爲臨晉縣地，屬左馮翊。元魏置華陰縣。西魏改曰武鄉縣及郡〔七四〕。隋開皇初郡廢，大業初改縣曰馮翊，置郡。唐爲同州。有沙苑，周文帝敗齊神武于此。有洛水，商原，所謂商顔。

緊，澄城縣。漢徵縣地，屬左馮翊，左傳所謂「取北徵」是也。「徵」、「澄」音相近。東漢省之。元魏置澄城縣及澄城郡。隋開皇初郡廢，屬馮翊郡。唐屬同州。

緊，朝邑縣。故荔戎國。秦厲共公獲之，更名臨晉，以築高壘，臨晉國故也。漢屬左

馮翊。東漢因之。晉爲馮翊郡治焉。元魏置南五泉縣。西魏改曰朝邑。隋屬馮翊郡。唐屬同州。臨晉縣故城，在今縣西南。

上〔七五〕，郃陽縣。古莘國〔七六〕，其女太姒爲周文王后，詩所謂「在郃之陽」是也。漢爲郃陽縣，屬左馮翊。東漢、晉、隋皆因之。唐屬同州。夏陽鎮，故梁國，秦取之，更名夏陽。二漢屬左馮翊，後省焉。今入郃陽〔七七〕。

中，白水縣。二漢衙縣地，屬左馮翊。故城在今縣東北，後省焉。元魏置白水縣。隋屬馮翊郡。唐屬同州。春秋文二年，晉侯及秦師戰于彭衙，即此。亦漢粟邑縣地〔七八〕，屬左馮翊。東漢及晉皆因之，後省焉。

中，韓城縣。故韓國。漢爲夏陽縣地，屬左馮翊。隋開皇十八年置韓城縣，屬馮翊郡。唐屬同州。有禹貢梁山，詩韓奕篇「奕奕梁山」，即此。有韓原，魯僖公時秦伯伐晉，戰于此。有龍門山，即禹導河，至于龍門也，魚集其上，即爲龍。

望，華州。本鄭國。春秋時屬晉。戰國屬秦、魏。秦屬内史。漢屬京兆尹。東漢屬京兆、弘農郡。晉因之。元魏置華山郡及東雍州。西魏改曰華州。隋初郡廢，大業初州廢，屬京兆、馮翊郡。唐武德元年改曰華州，垂拱二年避武氏諱〔七九〕，改曰太州，神龍元年復故名。天寶元年曰華陰郡，乾寧四年升興德府。梁爲感化軍。後唐改爲鎮國軍。皇朝皇祐五年改鎮潼軍〔八〇〕。今縣五〔八一〕。

上，鄭縣。鄭桓公始封此〔八二〕，至子武公東徙新鄭〔八三〕。漢屬京兆尹。後漢及晉皆因之。元魏置華山郡及東雍州。西魏改曰華州。隋屬京兆郡。唐屬華州。郭子儀其邑人也。有少華山。

望，下邽縣。秦武公伐邽戎，取其人來置此縣，以有上邽，故曰下邽。漢屬京兆尹。東漢屬弘農郡。晉屬馮翊郡，後置延壽郡。隋開皇初郡廢，屬馮翊郡。唐垂拱元年來屬。漢蓮勺縣，屬左馮翊。東漢及晉皆因之。隋大業初省入焉。故城在今縣東北。

望，蒲城縣。西魏置。隋屬馮翊郡。唐屬同州，開元四年更名奉先，屬京兆府。天祐三年復屬同州。皇朝開寶四年復爲蒲城〔八四〕，天禧四年來屬。有金粟山。

緊，華陰縣。禹貢華陰之地。戰國時曰陰晉，屬魏。秦得之，惠文王五年更名寧秦。漢高帝八年更名華陰，屬京兆尹。東漢及晉屬弘農郡。元魏置華山郡。隋屬京兆郡。唐屬華州。禹貢太華山，在縣東〔八五〕。水經注云：河水南流，「潼激關山〔八六〕，因謂之潼關。」漢末曹公西征，與韓遂、馬超相持於此。

上，渭南縣。漢新豐縣地，蓋苻秦時置。元魏置渭南郡。後周郡廢。隋屬京兆郡。

唐因之。周顯德三年來屬〔八七〕。

校注

〔一〕嘗：四庫本、聚珍本作「常」。札記卷上：「宋本『嘗』。朱校『常』，誤。」

〔二〕太守：通典卷一七三作「守」。

〔三〕苻堅：原作「符堅」，據四庫本改。元和志卷一作「苻健」。

〔四〕姚興：通典卷一七三、元和志卷一作「姚萇」。

〔五〕宋史卷八七：「大觀元年升大都督府。」宋會要方域五之三八：「宣和二年三月六日，詔永興軍守臣等銜位並不用軍額，永興軍稱京兆府，成德軍稱真定府。」

〔六〕今：四庫本作「領」。

〔七〕今：聚珍本作「本」。札記卷上：「宋本『今』是也，通典文。朱校作『本』，誤。」

〔八〕宋史卷八七：「樊川，舊萬年縣，宣和七年改。」宋會要方域五之三八：「樊（州）〔川〕縣，〔宣和〕三年以萬年縣改。」

〔九〕周成王：札記卷上：「宋本『成』是也，此用左傳襄二十四年注文。朱校作『武』，誤。」

〔一〇〕鎬：原作「縞」，據四庫本改。札記卷上：「宋本『縞』，案此當作『鎬』，國語『鄗』。」

〔一一〕將軍：原作「軍將」，據四庫本及漢書卷二八上改。

〔一二〕本：聚珍本作「在」。札記卷上：「宋本『本』是也，通典文。朱校『在』，誤。」

〔一三〕滻水：四庫本、聚珍本脱。札記卷上：「宋本有此二字，朱校脱。」

〔一四〕古：聚珍本作「有」。札記卷上：「朱校誤『有』，宋本是也，通典作『夏』。」

〔一五〕作：四庫本、聚珍本作「都」。札記卷上：「宋本『作』是也，水經渭水注文。朱校『都』，誤。」

〔一六〕元年：舊唐書卷三八作「二年」。

〔一七〕宋史卷八七：「政和八年，同醴泉撥入醴州。」

〔一八〕瓠口：原作「瓠中」，據元和志卷二、寰宇記卷二六改。

〔一九〕取：四庫本作「起」。

〔二〇〕高陵：原作「高陸」，據四庫本及通典卷一七三改。元和志卷二作「高陸」。

〔二一〕京兆府：四庫本作「京兆郡」。

〔二二〕四年：元和志卷二作「二年」。

〔二三〕因改：四庫本、聚珍本作「二漢」。札記卷上：「宋本『因改』是也，舊唐志文。朱校作『二漢』，誤。」

〔二四〕後漢及晉皆因之：札記卷上：「宋本『皆』疑當作『因』，朱校作『皆因』，蓋臆增。」

〔二五〕宋史卷八七：「政和八年〔三月〕，同醴泉撥入醴州。」

〔二六〕壹：聚珍本作「乙」。

〔二七〕元年：寰宇記卷二七作「三年」。

〔二八〕文明元年：元和志卷一作「光宅元年」。

〔二九〕五年：四庫本作「三年」。按宋會要方域五之三七：「熙寧五年廢乾州復爲縣，隸府。」當以「五年」爲是。

〔三〇〕宋會要方域五之三八：「醴州，政和七年以京兆府奉天縣陞爲州。」又：「政和八年三月二十八日，陝西、河東、河北路宣撫司奏：『勘會奉天縣復爲州，賜名醴州，創置一將，以環慶路第十將爲名，見于興平、醴泉、武功三縣招置，隨將割屬環慶路管轄。契勘醴州舊係乾州日，合治永壽、好畤二縣。後廢爲縣，内永壽隸邠州，好畤隸鳳翔府。若止復割此兩縣，委是供贍將兵不足。其醴泉、武功二縣雖見屬永興，緣逐縣附近乞割隸醴州。』從之。」

〔三一〕清平鎮：四庫本、聚珍本作「清平縣」。

〔三二〕二年：宋會要方域五之四〇、方域一二之一五、宋史卷八七皆作「大觀元年」。按宋會要方域五之四〇：「大觀元年陞鳳翔府清平鎮爲軍，隸永興。」又方域一二之一五：「秦鳳路鳳翔府盩厔縣清平鎮，大觀元年改爲軍，隸永興軍。」宋史卷八七：「大觀元年升爲軍，復置終南縣，隸京兆府。清平軍使兼知終南縣，專管勾上清太平宫。」

〔三三〕改：聚珍本作「復」。按元和志卷一二作「改」。

〔三四〕四庫本「州廢」後有「之」字。

〔三五〕八年：元和志卷一二作「元年」，寰宇記卷四六作「九年」。

〔三六〕今：四庫本作「領」。

〔三七〕河東郡：原作「河東都」，據四庫本及元和志卷一二改。

〔三八〕宋會要方域五之三八：「河西縣，開寶五年徙于西關城外。天禧五年徙府城内通化坊，熙寧三年廢，隸河東縣。」輿地廣記失載河西縣廢省一節，因附於此。

〔三九〕十三年：舊唐書卷三九、新唐書卷三九亦作「十三年」，元和志卷一二作「十二年」。

〔四〇〕梁泉：元和志卷一二、寰宇記卷四六作「桑泉」。

〔四一〕汾陰：原作「汾陽」，據舊唐書卷三九、新唐書卷三九及上下文意改。

〔四二〕絳州：元和志卷一二、寰宇記卷四六作「泰州」。元和志云：「貞觀十七年廢泰州，縣屬絳州。」

〔四三〕二年：元和志卷一二、寰宇記卷四六作「三年」，舊唐書卷三九作「元年」。

〔四四〕泰州：原作「秦州」，據元和志卷一二、舊唐書卷三九、寰宇記卷四六、新唐書卷三九改。下同。

〔四五〕宋會要方域五之三八：「龍門縣，舊改爲河津縣，紹興元年依舊。」

〔四六〕十年：元和志卷一二、寰宇記卷四六作「十一年」，新唐書卷三九作「十二年」。

〔四七〕慶成軍：聚珍本作「慶城軍」。按宋會要方域五之三八：「河中府榮河縣，舊名寶鼎，大中祥符四年改榮河，隸慶成軍。熙寧元年廢慶成軍，以縣來隸，仍置軍使。」又：「大中祥符四年二月二十八日，詔曰：『寶鼎縣駐蹕所臨，神祠俯邇，允資肅奉，宜示優恩，特建爲慶成軍，隸河中府。』續詔改寶鼎曰榮河，令軍使兼知縣事，别置判官一員。四月十七日，詔：『慶成軍不隸河中府，其榮河縣特置令、簿、尉各一員，隸本軍；置司理、司法參軍各一員，司法兼司糧料事。先是，祀汾陰畢，即榮河縣建慶成軍，仍隸河中府。其官寮雖帶軍額，實領縣事，本以崇奉宮廟，而本府不即給遺禮料，言事者以爲非便。至是，以軍直隸京，增置官吏。其太寧宮廟每年祠祭，委知軍行禮。』」故當以「慶成軍」爲是。

〔四八〕河北縣：四庫本作「虢北縣」，聚珍本作「北縣」。按詩地理考卷二引輿地廣記作「河北縣」。

〔四九〕元年：寰宇記卷四六同，元和志卷一二作「二年」。

〔五〇〕宋會要方域五之三八：「永樂縣，熙寧六年廢爲鎮，隸河東縣。」

〔五一〕詩地理考卷二：「輿地廣記在永樂縣北三十里。」今本無。

〔五二〕周召：四庫本作「周公」。

〔五三〕屬：聚珍本作「爲」。

〔五四〕興唐府：舊唐書卷三八作「興德府」。

〔五五〕七：原作「八」，據聚珍本及所統縣數改。

〔五六〕因：原無，據四庫本補。

〔五七〕宋會要方域五之三九：「硤石縣，乾德五年移治(右)〔石〕壕鎮，仍割河南永寧縣之胡郭管隸焉。太平興國二年徙今治，三年自虢州來隸，熙寧六年廢隸陝縣。」方域一二之一五亦云：「陝縣石壕鎮，(一)〔六〕年廢縣置。」

〔五八〕大陽縣：原作「太陽縣」，據漢書卷二八上、後漢書志第一九、通典卷一七七、元和志卷六改。

〔五九〕蒲州：通典卷一七七、寰宇記卷六作「陝州」。

〔六〇〕劍：原作「刅」，據四庫本改。

〔六一〕傅巖：原作「博巖」，據四庫本、聚珍本及元和志卷六改。

〔六二〕三年：舊唐書卷三八作「元年」。

〔六三〕湖：漢書卷二八上作「湖」。按元和志卷六：「本漢湖縣……至宋加『城』字爲湖城縣。」

〔六四〕宋會要方域五之三九：「熙寧四年廢爲鎮，隸寶靈縣，元豐元年復爲縣。」

〔六五〕白狄：聚珍本及通典卷一七三、元和志卷三、寰宇記卷三六作「白翟」。

〔六六〕宋史卷八七：「元祐四年升爲府。」按宋會要方域五之三九：「淳化五年五月二十三日，以延州石堡寨爲威塞軍。」又：「紹聖四年六月十二日，樞密院言：『鄜延經略司奏，延安府延川縣城形勢不便，難爲守禦，合依延長、臨真縣例，廢作不可守禦縣。』從之。」

〔六七〕今：四庫本作「領」。

〔六八〕延安縣：元和志卷三、寰宇記卷三六作「廣安縣」。

〔六九〕神水郡：原作「伷水郡」，據隋書卷二九改。四庫本作「伸水郡」，聚珍本作「仙水郡」。

〔七〇〕因城：四庫本作「固城」。按元和志卷三作「因城」。

〔七一〕徙治金城鎮：聚珍本「治」作「置」，脱「鎮」字。

〔七二〕伏陸：四庫本作「伏鹿」，元和志卷三作「伏陸」，并云：「有阿伏斤谷，其水出，又潛流伏川陸，故號伏陸。」

〔七三〕今：四庫本作「領」。

〔七四〕武鄉縣：原作「武鄉里」，據隋書卷二九、元和志卷二改。

〔七五〕上：四庫本作「中」。

〔七六〕莘國：聚珍本作「萃國」。按呂氏家塾讀詩記卷二五、詩地理考卷四、詩經通義卷九引輿地廣記作「莘國」。

〔七七〕宋會要方域五之四〇：「夏陽縣，熙寧三年廢爲鎮，隸郃陽縣。」宋史卷八七：「熙寧四年，省夏陽縣爲鎮入焉。」

〔七八〕粟邑縣：原作「栗邑縣」，據漢書卷二八上、後漢書志第一、元和志卷二改。

〔七九〕二年：元和志卷二作「元年」。

〔八〇〕鎮潼軍：原作「鎮漳軍」，據四庫本、聚珍本及宋會要方域五之三改。宋會要云：「華州，唐鎮國軍節度，周降爲軍事。國朝初爲鎮國軍節度，皇祐五年改鎮潼軍。」

〔八一〕今：四庫本作「領」。

〔八二〕桓：札記卷上：「宋本壞作『相』。」

〔八三〕子：聚珍本作「于」。

〔八四〕宋會要方域五之四〇：「蒲城縣，京兆府奉先縣，乾德二年隸同州，開寶四年改爲蒲城，天禧四年自同州來隸。」而宋史卷八七云：「建隆中自京兆隸同州。」

〔八五〕東：元和志卷二、寰宇記卷二九作「南」。

〔八六〕潼激：元和志卷二作「衝激」。

〔八七〕宋會要方域五之四〇：「渭南縣，熙寧六年廢爲鎮，隸鄭縣，元豐九年復。」而九域志卷三、宋史卷八七皆云「元豐元年復爲縣」。

輿地廣記卷第十四

陝西永興軍路下

緊，耀州。春秋、戰國屬秦。秦屬内史〔一〕。項氏分屬塞國。漢初屬河上郡，後屬左馮翊。東漢及晉皆因之。元魏置北雍州。西魏改爲宜州，及置北地郡，尋改爲通川郡。隋開皇初郡廢，大業初州廢，屬京兆郡。義寧二年置宜君郡。唐武德四年改曰宜州，正觀十七年州廢。天授二年復置宜州，大足元年又廢〔二〕。天祐三年，岐王李茂貞墨制置耀州，仍升義勝軍節度。梁末帝時，茂貞養子温韜以州降梁，梁改爲崇州静勝軍。後唐同光元年爲耀州，以爲順義軍。皇朝開寶五年爲感義軍，太平興國元年改感德軍。今縣七〔三〕。

上，華原縣。隋屬京兆郡。唐因之，垂拱二年改華原曰永安〔四〕，神龍元年復故名。唐末，李茂貞據鳳翔〔五〕，僭行墨制，建爲耀州〔六〕，以温韜爲節度使。唐諸陵在其境内者悉發掘之，郭崇韜以爲劫陵賊。有土門山。

望，富平縣。本漢懷德地。東漢省之。元魏置富平縣及北地郡。後周改爲中華郡，尋廢。隋屬京兆郡。唐因之，後屬耀州。有荆山。

望，三原縣。漢池陽縣地，屬左馮翊。東漢因之。晉爲扶風郡治，後省焉。苻秦於嶻嶭山北置三原護軍。元魏罷護軍，置三原縣。後周置建忠郡，尋廢。隋屬京兆郡。唐因之，後屬耀州。

上，雲陽縣。漢屬左馮翊。秦有林光宫，漢曰甘泉宫，武帝立泰畤以祠太一。東漢因之。晉省焉，後復置。元魏屬北地郡。後周置雲陽郡。隋開皇初郡廢，屬京兆郡。唐因之，後屬耀州。

上，同官縣。本漢祋祤縣，屬左馮翊。東漢因之。晉省焉。苻秦於祋祤城東北銅官川置銅官護軍。元魏罷護軍，置銅官縣，屬北地郡。隋曰同官，屬京兆郡。唐因之。梁開平三年屬同州。後唐同光初屬耀州。

中，美原縣。本頻陽縣，秦厲公置，在頻水之陽。漢屬左馮翊。東漢、晉、元魏皆因之。景明元年，析置土門縣。隋大業初省入華原。唐咸亨二年，析富平、華原、蒲城於故土門縣置美原縣，屬京兆郡。天祐三年，李茂貞置鼎州。梁改爲裕州，屬順義軍節度，後不見其廢時。唐同光三年割屬耀州。

中，淳化縣。本雲陽縣之梨園鎮〔七〕。皇朝淳化四年置縣，屬耀州〔八〕。

緊，邠州。古豳國。春秋、戰國皆屬秦。秦屬内史。漢屬右扶風、安定、北地郡。漢末置新平郡，兼屬安定。晉因之。西魏置豳州。後周及隋皆因之。煬帝初州廢，屬安定、北地郡，義寧二年復置豳州。唐開元十三年，以字類「幽」，改作「邠」焉。天寶三載以爲新平郡〔九〕，後升爲静難軍節度。今縣四。

望，新平縣。本二漢漆縣，屬右扶風。漢末置新平郡。晉因之，後改漆縣爲白土。西魏置豳州。隋開皇四年改縣爲新平。大業初州廢，義寧二年復置。苻堅墓在此。

望，宜禄縣。漢鶉觚縣地，屬北地郡〔一〇〕。後魏置宜禄縣，以宜禄川爲名。後周省入鶉觚，屬安定郡。唐正觀二年析新平、保定、靈臺復置，屬豳州。

上，三水縣。漢三水、栒邑二縣地，三水屬安定郡。東漢因之。晉省焉，後復置。西魏置恒州，尋廢。隋屬北地郡，義寧二年屬豳州。漢之栒邑，即故豳國，周之先公劉所居，屬右扶風。東漢因之。鄧禹遣馮愔、宗歆守栒邑，二人争權，愔遂殺歆，即此。晉省焉。故城在今縣東北。有萬壽湫，唐大曆八年因風雷而成。

下，永壽縣。唐武德二年分新平置，神龍元年屬雍州〔一一〕，唐隆元年來屬〔一二〕。

上，鄜州。春秋屬白翟。秦屬上郡。漢爲上郡及左馮翊。東漢屬上郡。魏武帝省焉。晉陷于戎狄。元魏置東秦州，後改爲北華州。西魏改爲敷州〔一三〕。隋爲鄜城郡，尋改爲上郡。唐爲鄜州，天寶元年爲洛交郡，後升保大軍節度。今縣四〔一四〕。

緊，洛交縣。本漢雕陰縣地，屬上郡。東漢因之。魏、晉廢焉。隋開皇三年置洛交縣〔一五〕，大業三年置上郡。唐置鄜州。三川鎮，本漢翟道縣，屬左馮翊。東漢省之。苻秦於長原城置長城縣。元魏改爲三川，以華池水、黑水〔一六〕、洛水所會爲名。隋屬上郡。唐屬鄜州。皇朝熙寧七年省入洛交。

上，洛川縣。本漢鄜縣地。元魏置洛川縣〔一七〕。隋屬上郡。唐屬鄜州〔一八〕。

上，鄜城縣。昔秦文公夢黄蛇自天下屬地，其口止於鄜衍〔一九〕，史敦曰：「此上帝之祥，君其祠之。」於是作鄜畤，祭白帝焉。漢屬左馮翊。東漢省之。元魏置敷城縣。隋大業初改爲鄜城，屬上郡。唐屬坊州〔二〇〕，唐末置翟州。梁改爲禧州〔二一〕，改鄜城曰昭化。後唐同光元年復改爲鄜城，屬鄜州〔二二〕。

中下，直羅縣。本漢雕陰縣地。唐武德三年分三川、洛交於直羅城置縣，以城枕羅川水，其川平直，故名〔二三〕。

中，解州。自唐以上地理與河中府同。漢乾祐元年割河中之聞喜、安邑、解三縣置解州。皇朝因之。今縣三〔二四〕。

中，解縣。春秋時謂之解梁。晉惠公因秦返國，許賂秦以河外列城五，内及解梁城是也。漢屬河東。後漢及晉皆因之。元魏分置虞鄉縣，後省解入焉。唐武德元年，改虞鄉曰解縣，而於解西五十里別置虞鄉，皆屬河中府。漢乾祐元年置解州。有鹽池，左傳成六年：「晉人謀去故絳，諸大夫皆曰必居郇、瑕氏之地，沃饒而近鹽。」是也。

望，聞喜縣。本曲沃，晉文侯封其弟成師，謂之曲沃桓叔。秦改爲左邑，屬河東郡。漢武帝元鼎六年將幸緱氏，至左邑桐鄉，聞南越破，以爲聞喜縣。東漢及晉因之。元魏置正平郡。隋屬絳郡〔二五〕。唐屬絳州〔二六〕，後屬河中府。漢乾祐元年來屬。

緊，安邑縣。夏禹所都，春秋時魏絳自魏徙此。武侯二年城安邑，蓋增廣之耳。秦昭王二十一年，魏獻安邑，以爲河東郡。二漢及晉皆因之。元魏曰北安邑，屬河北郡。隋開皇十六年置虞州，大業初州廢，屬河東郡。唐屬河中府。漢乾祐元年來屬。有鳴條陌，湯與桀戰于鳴條，即此。有鹽池。

中府，慶州。周之先不窋所居。春秋時爲義渠之戎。秦滅之，屬北地郡。二漢因之。

魏、晉以後荒廢。西魏置朔州。後周廢焉。隋文帝置慶州，煬帝初置弘化郡。唐爲慶州，天寶元年曰安化郡，至德元載曰順化郡，升定安軍節度。後唐降之。皇朝乾德二年復爲安化郡〔二七〕。今縣三〔二八〕。

中，安化縣。本漢郁郅縣地，屬北地郡。東漢省之，後置弘化縣。隋開皇十六年置弘州，大業初州廢，屬弘化郡。唐爲慶州治焉，天寶元年曰安化，至德元載曰順化。皇朝乾德二年復曰安化〔二九〕。有不窋城。同川縣，本三泉，隋義寧二年析彭原郡之彭原置。唐武德三年改名同川〔三〇〕，屬慶州。皇朝乾德二年省入安化。

望，合水縣。本合川。唐武德元年置〔三一〕，是年又析置蟠交縣〔三二〕。正觀元年省合川入弘化，天寶元年更蟠交曰合水，後廢焉。皇朝熙寧四年復置。華池鎮，本西魏置蔚州。後周廢之。隋仁壽初置華池縣，屬弘化郡。唐屬慶州。皇朝熙寧四年省入合水。故樂蟠縣，本漢略畔道，屬北地郡，後省焉。隋義寧二年〔三三〕，析合水置樂蟠縣。「略畔」與「樂蟠」音相近，故訛耳。唐屬慶州。皇朝熙寧四年省入合水〔三四〕。

緊，彭原縣。本漢彭陽縣，屬安定郡。東漢因之。元魏置西北地郡。隋開皇初郡廢，十八年改縣曰彭原，屬北地郡。唐武德元年置彭州，正觀元年州廢，屬寧州。皇朝熙寧三年來屬。

雄，虢州。春秋時爲虢之南境。虢亡，屬晉。戰國時屬秦、魏二國。秦平天下，爲三川郡。漢屬弘農郡。東漢及晉皆因之。元魏置西弘農郡。後周廢之。隋煬帝置弘農郡，恭帝改爲鳳林郡。唐初置鼎州，因鼎湖爲名，後爲虢州〔三五〕。今縣三〔三六〕。

中，虢略縣。左傳晉惠公許「賂秦伯以河外列城五，東盡虢略」是也。漢爲弘農縣地，屬弘農郡。東漢及晉皆因之。隋大業中自湖城縣界與郡俱徙於弘農川〔三七〕，即今治也。唐武德元年置鼎州，正觀八年廢，自盧氏移虢州於此。神龍初避孝敬皇帝諱，改曰恒農，開元十六年復故名。皇朝建隆元年避廟諱〔三八〕，改曰常農，至道三年又改曰虢略〔三九〕。玉城鎮，故玉城縣，西魏廢之〔四〇〕。唐屬虢州。皇朝熙寧四年省入虢略。

中，盧氏縣。漢屬弘農郡。東漢因之。晉屬上洛郡。元魏置洛安郡。西魏改爲義川郡。隋開皇初郡廢，置虢州。大業初州廢，屬弘農郡，義寧元年復置虢郡。唐武德元年改爲虢州，正觀八年州徙治弘農〔四一〕。有禹貢熊耳山，洛水所出。

中，朱陽縣。元魏時置，兼置朱陽郡。後周郡廢。隋屬弘農郡。唐屬虢州〔四二〕。

望，商州。商契始封於此。春秋時屬晉。戰國時屬秦，爲内史地。漢屬弘農郡。東漢屬京兆尹。晉初爲京兆南部，後置上雒郡。元魏因之。西魏兼置洛州。後周改爲商州。隋初郡廢，大業初州廢，復爲上洛郡。唐復爲商州，天寶元年曰上洛郡。今縣五〔四三〕。

中，上洛縣。本晉地，竹書紀年晉烈公三年，「楚人伐我南鄙，至于上洛」是也。漢屬弘農郡。東漢屬京兆郡。晉泰始二年置上洛郡。隋開皇初郡廢，大業初復置。唐爲商州。商山，在縣西南，秦四皓所隱也。州界有七盤十二繞，其道隘險。王莽命王級曰：「繞霤之固，南當荊楚。」蓋謂此地也。有雄耳山。

中下，商洛縣。古商邑，契之所封。秦以封衛鞅，號曰商君。漢屬弘農郡。東漢屬京兆尹。晉屬上洛郡。隋曰商洛，亦屬焉。唐屬商州。縣東有少習，左傳哀四年，楚司馬使謂晉陰地之大夫曰：「晉楚有盟，好惡同之。」「不然，將通於少習以聽命」。秦謂之武關，漢高帝游酈攻武關以入秦。

中下，洛南縣。漢上雒縣地，元魏置拒陽縣及拒陽郡。隋開皇初郡廢，改縣爲洛南，屬上洛郡。唐屬商州。

中下，豐陽縣。後周置。隋屬上洛郡。唐屬商州。舊治吉川城，麟德元年移治豐陽川。

中下，上津縣。漢長利縣地，屬漢中郡。宋置北上洛郡。梁改爲南洛州。西魏爲上州。隋大業初州廢，屬上洛郡。唐屬商州。

望，寧州。夏公劉之邑。春秋時爲義渠戎國地，築城郭以自守，而秦稍蠶食之。戰國時，戎王與秦昭王母宣太后亂，有二子。宣太后詐而殺戎王於甘泉，遂起兵滅義渠。始皇初，屬北地郡。漢屬北地、上郡。東漢屬北地、安定郡。晉因之〔四四〕，後没于戎狄。元魏獻文置華州，孝文改曰班州，後爲豳州。西魏改爲寧州。後周分置趙興郡。隋改寧州曰豳，尋廢州，而改趙興爲北地郡〔四五〕。唐復爲寧州，天寶元年曰彭原郡〔四六〕。今縣四〔四七〕。

緊，定安縣。漢泥陽縣地，屬北地郡。後周置趙興郡。隋開皇初郡廢，大業初置北地郡。唐爲寧州。

緊，定平縣。漢泥陽縣地。唐武德二年析定安置，屬寧州。唐末置衍州。周顯德五年州廢，屬邠州，後來屬〔四八〕。

上，襄樂縣。漢襄洛縣也〔四九〕，屬上郡。元魏改「洛」爲「樂」，置襄樂郡。西魏置燕州。後周並廢。隋屬北地郡。唐屬寧州。泥陽鎮，本泥陽縣。二漢屬北地郡。晉爲郡治。元魏復置，後省焉。

下，真寧縣。漢陽周縣，屬上郡。東漢省之，後復置。西魏置顯州。後周廢焉。隋開皇中，改陽周縣爲羅川，屬北地郡。唐屬寧州。天寶元年，獲玉真人像二十七，因改羅川縣爲真寧。有橋山，黄帝所葬。

上，坊州。自隋以前地理與鄜州同。後周天和中，元皇帝爲敷州刺史〔五〇〕，於此地爲馬坊。武德二年分鄜州置坊州，因故馬坊爲名。天寶元年曰中部郡。今縣二〔五一〕。

緊，中部縣。漢翟道縣地，屬左馮翊。後秦姚興置中部縣。元魏因之，置中部郡。隋避廟諱，改曰内部。開皇中郡廢，屬上郡。唐置坊州。有杏城，姚萇置，在今縣西。

中，宜君縣。漢祋祤縣地，屬左馮翊。元魏置宜君縣，後置宜君郡。隋開皇初郡廢，屬京兆郡。唐初屬宜州，正觀二十年屬雍州〔五二〕，龍朔三年來屬〔五三〕。有玉華宫，在今縣北〔五四〕，唐正觀二十年置〔五五〕。

上，丹州。春秋時爲白翟。戰國時屬秦。秦屬上郡。二漢因之。晉亂〔五六〕，没于戎狄。西魏置汾州及義川郡，後改州爲丹州。隋開皇初郡廢，大業初州廢，屬延安郡，義寧元年置丹陽郡。唐爲丹州，天寶元年曰咸寧郡。今縣一〔五七〕。

中，宜川縣〔五八〕。本義川。西魏置義川郡。後周改縣爲丹陽。隋開皇初復爲義川，義寧元年置丹陽郡。唐爲丹州。皇朝太平興國元年改縣曰宜川〔五九〕。故咸寧縣，本永寧，西魏改爲太平。隋開皇中改爲咸寧，屬延安郡。唐屬丹州。皇朝太平興國三年省焉。汾川鎮，本安平縣，元魏置。後周改曰汾川〔六〇〕。隋屬延安郡。唐屬延州〔六一〕。皇朝熙寧三年省入宜川。雲巖鎮，本雲巖縣，唐武德元年析義川置，屬丹州。皇朝熙寧七年省入宜川〔六二〕。

下，環州。自元魏以上地理與靈州同。後周置會州。隋改曰環州，以大河環曲爲名。大業初州廢，屬靈武郡。唐武德二年復置會州，正觀六年更置環州。九年州廢，還屬靈州。咸亨三年置安樂州，以居吐谷渾部落。至德後没吐蕃，大中三年收復，更名威州，後廢焉。晉天福四年復置威州，割靈州之方渠、寧州之馬嶺、木波三鎮爲屬，而治方渠。周廣順二年改曰環州，顯德四年廢爲通遠軍。皇朝淳化五年復爲環州。今縣一〔六三〕。

上，通遠縣。本方渠，漢屬北地郡。東漢省之。隋開皇十九年置鳴沙縣，屬靈武郡。唐置威州。晉以方渠鎮復置威州。周改爲環州，後廢州爲通遠軍，而改方渠爲通遠縣。皇朝天聖四年復改爲通遠〔六四〕。馬嶺鎮，本馬嶺縣〔六五〕，西漢爲北地郡治。東漢徙治富平，而省馬嶺焉。

下府，銀州。春秋爲白狄〔六六〕。戰國屬秦，後屬上郡。二漢屬西河郡。魏、晉荒廢。元魏立開光郡。後周立真鄉郡，兼立銀州。隋開皇初，二郡皆廢。大業初州廢，入雕陰郡。唐正觀二年平梁師都，立銀州。天寶元年曰銀川郡，唐末陷爲拓跋氏。皇朝崇寧四年收復〔六七〕。舊領縣四。

中，儒林縣。二漢圁陰縣地，屬西河郡。苻秦有驄馬城，土俗呼驄馬爲乞銀，因號乞銀谷。後周於是立銀州。隋開皇三年置儒林縣。大業初州廢，屬雕陰郡。唐復立銀州。東北有無定河，即圁水也〔六八〕。「圁」與「銀」音同，而漢志作「圜陰」。顔師古注云：「圜本作圁。縣在圁水之陰，因以爲名。王莽改爲方陰。則是當時已誤爲圜字。今有銀州、銀水，即是舊名猶存，但字變耳。」以此考之，則九域圖所載「乞銀」之説未可據也。

中下，真鄉縣。西魏置。後周立真鄉郡〔六九〕。隋開皇初郡廢，後屬雕陰郡。唐正觀二年來屬。西北有茹盧水〔七〇〕。

中，開光縣。元魏立開光郡。後周因之。隋開皇三年郡廢，屬雕陰郡，後省。唐正觀二年平梁師都復置，隸綏州，八年隸柘州，十三年州廢來屬。

中下，撫寧縣。西魏置。隋屬雕陰郡。唐初隸綏州，正觀八年來屬。

同下州，綏德軍。春秋時爲白狄。戰國時屬秦〔七一〕。秦屬上郡。漢初屬翟國，後屬上郡。東漢因之。西魏置安樂郡，兼置綏州。隋開皇初郡廢，大業初廢綏州而置上郡，尋改爲雕陰郡。唐復爲綏州，末年陷于西戎。皇朝熙寧二年收復，廢爲綏德城，屬延州，後升爲軍。唐治龍泉縣〔七二〕。統縣五。

中，龍泉縣。漢膚施縣地。元魏置上縣。西魏以爲安寧郡。隋爲雕陰郡。唐爲綏州，天寶元年改縣爲龍泉。漢上郡故城，在縣西南〔七三〕。

中下，延福縣。本延陵，西魏置。隋開皇中改曰延福，屬雕陰郡。唐屬綏州。

中下，綏德縣。西魏置。隋屬雕陰郡，後廢之。唐武德二年復置，屬綏州。

中下，城平縣。西魏置。隋屬雕陰郡。唐屬綏州。

中下，大斌縣。唐武德七年置，治魏平，取「稽胡懷化，文武雜半」以爲名，正觀二年移治今所。

同下州，保安軍。自五代以上地理與延州同。皇朝太平興國二年，以延州永安鎮置保安軍。統寨二。

中下，德靖寨。天禧四年置建子城〔七四〕，天聖元年改爲德靖寨〔七五〕。

中下，順寧寨。慶曆四年置。

校注

〔一〕内史：寰宇記卷三一作「北地郡」。

〔二〕大足：四庫本、聚珍本作「大定」。札記卷上：「宋本『足』是也，新、舊唐志可證。朱校作『定』，誤。」

〔三〕今：四庫本作「領」。

〔四〕二年：寰宇記卷三一作「元年」。

〔五〕鳳翔：札記卷上：「宋本『鳳翔』是也，寰宇記文。朱校作『馮翊』，誤。」

〔六〕聚珍本「建」字前衍「乙」字。札記卷上：「朱校衍『乙』字，宋本不衍，寰宇記文。」

〔七〕梨園鎮：宋史卷八七作「黎國鎮」。

〔八〕宋史卷八七：「熙寧八年置鑄錢監，元豐三年廢，宣和元年自耀州來隸（邠州）。」按宋會要方域五之三七：「宣和元年四月六日，河東、陝西宣撫司奏：『據環慶路經略司申，承朝廷復奉天縣爲醴州，創置環慶路第十將，隨將割屬環慶路管轄。緣本路諸將各有屯駐將兵，其管下縣分户口不多，所入不足所支，雖蒙將醴州屬本路，却將邠州永壽縣割屬醴州及寧州定平縣割屬邠州，止是只將本路諸縣遞相割隸，委是逐州轉見供贍不足。今相度，欲乞將邠州相鄰耀州淳化、雲陽兩縣割屬邠州，將定平縣却割屬寧州，將慶州相鄰寧州襄樂割屬慶州，所（責）〔貴〕逐州各得均濟。』詔令陝西轉運司相度：『契勘耀州所入財賦摘椿酒税錢，係應副鄜延等路邊計去處，若將淳化、雲陽兩縣並割屬邠州管轄，不惟雲陽去邠州地里相遠，又于耀州并諸路歲額斛斗顯有妨（關）〔闕〕。今相度得淳化一縣附近邠州去處，欲將耀州淳化縣割隸邠州，餘並依舊。所有淳化縣税賦，除本州於第五等内有合納分數外，將餘數自來年夏料應副環慶路，秋料應副鄜延路。今來既割屬環慶路，若依舊令人户赴兩路輸納，本司契勘得耀州三原縣税賦自來年夏料合應副鄜延路，秋料却應副環慶路，其兩縣税賦多寡（苦）〔若〕不相遠，今欲互换輸納，其逐縣摘椿酒税等錢各依舊。』從之。

〔九〕天寶三載：元和志卷三、舊唐書卷三七、寰宇記卷三四作「天寶元年」。

〔一〇〕元和志卷三：「本漢涇水縣地，屬上郡。」

〔一一〕元年：舊唐書卷三八作「三年」。

〔一二〕唐隆元年：舊唐書卷三八作「景龍元年」。宋會要方域五之四〇：「乾州，軍事，領三縣。乾德二年，以京兆府好時、邠州永壽二縣來隸。熙寧五年廢州，以奉天縣隸京兆府，永壽縣還舊隸，好時縣隸鳳翔府。」宋史卷八七以爲乾德三年自邠州來隸乾州，又云：「政和八年復來隸〔醴州〕。」

〔一三〕敷州：元和志卷三：「廢帝改爲鄜州。」

〔一四〕今：四庫本作「領」。

〔一五〕三年：元和志卷三作「十六年」。

〔一六〕黑水：元和志卷三作「黑源水」。

〔一七〕元和志卷三：「後秦姚萇於此置洛川縣，以縣界有洛水川爲名。」

〔一八〕元和志卷三：「隋開皇三年罷郡，以縣屬鄜州。」

〔一九〕其口：聚珍本脱。札記卷上：「宋本略可辨，太史公封禪書文，水經渭水注同，朱校脱。」

〔二〇〕元和志卷三：「隋大業元年改屬坊州。」

〔二一〕梁改爲禧州：四庫本作「改爲東秦州」。聚珍本脱「禧」字。札記卷上：「宋本『禧』是也，寰宇記可證。朱校云『原闕』。」

〔二二〕宋會要方域五之四〇：「鄜城縣，康定二年即縣治建康定軍使，隸本州。」

〔二三〕名：原無，據四庫本及元和志卷三補。

〔二四〕今：四庫本作「領」。

〔二五〕絳郡：原作「終郡」，據四庫本改。

〔二六〕元和志卷一二：「隋開皇三年罷〔正平〕郡，屬絳州。」

〔二七〕宋會要方域五之四一：「環慶路慶陽府，舊慶州……唐安化節度，後降軍事。建隆元年陞團練，四年降軍事。」方域五之三：「政和七年陞爲慶陽軍，宣和元年陞爲府。」

〔二八〕今：四庫本作「領」。

〔二九〕宋會要方域五之四二：「太平興國二年，省邠州甘井、寧羌二縣地入焉。」

〔三〇〕三年：元和志卷三作「元年」。

〔三一〕元年：元和志卷三、寰宇記卷三三作「六年」。

〔三二〕舊唐書卷三八：「武德六年分合水置蟠交縣。」

〔三三〕二年：元和志卷三、舊唐書卷三八、新唐書卷三七作「元年」。

〔三四〕宋會要方域一二之一五：「環慶路慶州合水縣華池、樂蟠鎮，並熙寧四年廢縣置。」

〔三五〕九域志卷三：「建隆元年改常農，至道三年改弘農。」宋會要方域五之四一：「虢州，唐弘農郡，至道三年弘農（此處疑有脱文），尋改虢郡。」

〔三六〕今：四庫本作「領」。

〔三七〕弘農川：元和志卷六、寰宇記卷六作「鴻臚川」。

〔三八〕元年：寰宇記卷六作「三年」。

〔三九〕三年：原作「元年」，據四庫本及九域志卷三、宋會要方域五之四一、宋史卷八七改。

〔四〇〕廢：四庫本作「屬」。

〔四一〕九域志卷三：「熙寧二年，以西京伊陽縣欒川冶鎮隸盧氏」。宋會要方域一二之一五：「盧氏縣欒川鎮，元祐三年以欒川冶置。」宋史卷八七「元祐二年，以欒川冶爲鎮，崇寧三年改爲縣。」又宋會要方域五之四一：「欒川縣，崇寧三年以鎮陞爲縣。」

〔四二〕宋會要方域五之四一：「朱陽縣，乾德六年廢隸常農縣，太平興國七年復置。」

〔四三〕今：四庫本作「領」。
〔四四〕因：原作「國」，遽改。
〔四五〕元和志卷三：「後周改爲北地郡。」
〔四六〕宋會要方域五之三：「寧州，宣和元年陞爲興寧軍節度。」
〔四七〕今：四庫本作「領」。
〔四八〕宋會要方域五之四二：「定平縣，熙寧五年自邠州來隸。」宋史卷八七：「熙寧五年隸寧州，政和七年自寧州來隸。」不同。
〔四九〕漢襄洛縣也：元和志卷三「也」作「地」。札記卷上：「宋本『也』，此通典文。朱校『洛』作『洛』，誤。」
〔五〇〕敷州：元和志卷三、寰宇記卷三五作「鄜州」。
〔五一〕今：四庫本作「領」。
〔五二〕二十年：寰宇記卷三五作「十七年」。
〔五三〕宋會要方域五之四一：「坊州昇平縣，熙寧元年廢爲鎮，隸宜君縣。」此條輿地廣記不載，故附於此。
〔五四〕北：寰宇記卷三五作「西」。
〔五五〕二十年：元和志卷三、寰宇記卷三五作「十七年」。
〔五六〕亂：四庫本作「省」。

〔五七〕今：四庫本作「領」。

〔五八〕宋史卷八七：宜川縣屬鄜州。

〔五九〕宋會要方域五之四一：「丹州宜川縣，舊名義川，太平興國元年改，熙寧八年析同州韓城縣新封鄉隸。」

〔六〇〕汾川：原作「汾州」，據隋書卷二九、元和志卷三改。

〔六一〕延州：元和志卷三：「大業二年屬延州，武德元年復屬丹州。」

〔六二〕宋會要方域五之四一：「熙寧八年析同州韓城縣新封鄉隸。」

〔六三〕今：四庫本作「領」。

〔六四〕通遠：聚珍本作「通遠軍」。九域志卷三：「天聖元年改通遠縣爲方渠，景祐元年復爲通遠。」所改爲通遠縣，非通遠軍。按宋會要方域五之四一：「通遠縣，舊名通遠，天聖元年改方渠，景祐元年復今名。」

〔六五〕嶺：原作「領」，據四庫本及上下文改。

〔六六〕白狄：四庫本及通典卷一七三、元和志卷四、寰宇記卷三八作「白翟」。聚珍本注「原缺」。札記卷上：「宋本『白狄』是也，通典文，朱校云『原闕』。」

〔六七〕宋會要方域五之四一：「銀州，崇寧四年收復，五年廢爲城。」又方域八之三二：「銀川城，在今神木縣，崇寧五年以銀州改。」宋史卷八七：「五代以來爲西夏所有，熙寧三年收復，尋棄不守。元豐四年收復，五年即永樂小川築新城，距故銀州二十五里，前據銀州大川，賜名銀川砦，旋被西人陷没。」

〔六八〕即：四庫本作「郡」，聚珍本脱。按明一統志卷三六、陝西通志卷一三引輿地廣記皆作「即」。按陝西通志卷一三引輿地廣記：「無定河，在清澗縣東北，自故銀州撫寧縣流入，南注黄河，一名奢延水，一名銀水。」關中勝蹟圖志卷二四：「其以奢延水爲圁水，誤自歐陽忞輿地廣記始，前明人地志往往承之。」又明一統志卷三六、水經注集釋訂訛卷三引輿地廣記：「後人因潰沙急流，深淺不定，故更今名。」大清一統志卷一八七引輿地廣記亦有「土俗以河流不定，故以無定爲名」，今本無。

〔六九〕真鄉郡：寰宇記卷三八作「中鄉郡」。

〔七〇〕茄盧水：寰宇記卷三八作「茄蘆水」。

〔七一〕秦：元和志卷四、寰宇記卷三八作「魏」。

〔七二〕宋會要方域五之四一：「綏德軍，治平四年收復，廢爲綏德城。元符二年，以綏德城爲綏德軍。」方域六之三：「綏州，上郡，舊領隴泉、城平、綏德、延福、大斌五縣。唐末陷吐蕃，熙寧二年收復，廢爲綏德城。」方域八之三〇：「綏德州城，在陝西鄜延路，熙寧二年廢綏州置。咸平四年閏十二月十日，命比部員外郎、直史館洪湛，侍禁、閤門祇候程順奇，乘傳按視城綏州利害以聞。初，帝與輔臣謀修此州，而群議不一。至是，詔中書、樞密院會議，而吕蒙正、王旦、王欽若以爲修之不便；李沆言修之便，然恐勞民；向敏中、周瑩、王繼英、馮拯、陳堯叟皆以修之便。帝以境土遐邈，未能周知其事，命湛等往視之。十九日，詔築綏州城。時程順奇使還，言於石、隰州沿邊相度建城，詢於吏民，其利有七而害有二。帝召宰臣於便殿，出湛等奏，曰：『利害昭然，卿等所見如何？』蒙正曰：『利多害少，乞行(與)〔興〕修。』故命築之。」又：「五年正月十日，以西上閤門使孫全照爲石、隰州兵馬鈐轄，屯綏州，經度修城事。二月十一日，詔曰：『昨議修復綏州，已興力役，詢于僉衆，猶或異同。因令知天雄軍、工部侍郎錢若水與并代州駐泊陳興乘傳詳度之，儻有所便利，即令施功。如其不然，可至罷之。』四月七日，若水言：『奉詔與陳興詳度重修綏州利〔害〕，尋領兵過河，徧視荒廢城壘，用工計百餘萬，材植難致，又須廣屯田兵，百姓渡河運糧艱阻，久長計之，有害無利。所有防兵、役夫及所運糧悉已停罷。』詔從之。一時言事者請城綏州，屯兵積穀，以遏党項。及邊臣互言利害，前後遣使數輩按視，不能決。時已大發丁夫，將興其役，帝以其地夐絶難守，特命錢若水馳往規度，事有不可，即罷其役。近臣有執前議者，帝曰：『太宗罄四海之力克平河東，近靈武失守，今如更城綏州，又須輦運芻糧，重費民力。河東久安，不可虛致困匱。』既而若水上言：『綏州頃爲内地，民賦登集，尚須旁郡轉餉。自賜趙保忠以來，人户凋殘，今復城之，即須廣屯戍兵倍于往日，則芻糧之給全仰於河東。其地隔黄河、大小鐵碣二山。又城下有無定河，緩急用兵，輸送艱阻。且其地險，若修葺未備，蕃寇奔衝，即難於固守。況此州城邑焚毁，無尺椽片瓦，所過山林無巨木，不堪采用，徒爲煩擾，絶無所利。』若水即罷其役，後詣(關西)〔闕面〕陳其事，帝嘉納之。」長編卷三四二：元豐七年正月十九日，「陝西轉運副使范純粹言：『綏德城當夏賊之衝，乞立軍額。』以米脂、義合、浮圖、懷寧、順安、綏平六城咸隸焉。」宋史卷八七：「并將暖泉、米脂、開光、義合、懷寧、克戎、臨夏、綏平砦、青澗城、永寧關、白草順、順安砦並隸軍。」

〔七三〕西南：元和志卷四作「東南」。

〔七四〕建子城：宋會要方域一八之四作「延子城」。

〔七五〕宋會要方域一八之四：「德靖寨，涇原路保安軍，天禧四年置，名延子城。天聖元年改〔延〕子城爲德靖寨。」

輿地廣記卷第十五

陝西秦鳳路上

次府，鳳翔府。春秋以來爲秦都。始皇時屬内史。漢初屬雍國，後分爲中地郡，九年復屬内史。建元六年分爲右内史，太初元年更名主爵都尉，爲右扶風。東漢因之。魏、晉爲扶風郡。元魏爲秦平郡，兼置岐州。西魏改郡爲岐陽。隋開皇初郡廢，大業初州廢，復置扶風郡。唐復爲岐州。至德二載，肅宗自順化幸扶風。是年克復兩京，置鳳翔府〔一〕，號爲西京，後罷京名。今縣十。

次赤，天興縣。故雍縣。秦德公既立，卜居雍，曰：「後子孫飲馬於河。」遂都雍。至孝公，乃徙焉。二漢屬右扶風。有五時，以祠上帝。説者以爲四面積高曰雍，宜爲神明之隩，故立羣祠云。晉屬扶風郡。元魏置秦平郡及岐州。隋爲扶風郡。唐爲岐州。至德二載改雍曰鳳翔〔二〕，仍析置天興縣〔三〕，寶應元年省鳳翔入天興。有槖泉宫，秦孝公起。有祈年宫，秦惠公起。有鳳臺，秦穆公時，有簫史者，善吹簫，能致白鳳，穆公女弄玉好之，公爲作鳳臺以居之，一旦乘鳳而去。秦回中宮，在縣西。漢文帝十四年，匈奴入蕭關，回中宮，候騎至雍，即此。

次畿，岐山縣。漢雍縣地。後周三龍縣。隋開皇十六年改爲岐山，屬扶風郡。唐屬鳳翔府。有禹貢岐山。有五將山，苻堅爲姚萇將吴忠所執於此。

次畿，扶風縣。漢美陽縣地。後周置燕州。唐武德二年置湋川縣〔四〕，正觀八年更名扶風，屬岐州。岐陽鎮，昔周太王去邠，踰梁山，邑于岐山之下，即此。詩所謂「居岐之陽」也，文王始亦治焉。二漢爲美陽縣地〔五〕，屬右扶風。晉因之。唐正觀七年置岐陽〔六〕，元和三年省入扶風〔七〕。

次畿，盩厔縣。漢武帝置，屬右扶風。山曲曰盩，水曲曰厔，因山水之曲以爲名。東漢省之。元魏復焉〔八〕。後周置周南郡及恒州，尋並廢。隋屬京兆郡。唐因之，天寶元年改爲宜壽。至德二載復故名，天復元年來屬。有駱谷關、司竹園。

次畿，郿縣。二漢屬右扶風。晉因之。元魏改爲平陽縣。西魏復曰郿城。後周廢入周城。隋開皇十八年改周城爲渭濱，大業二年又改渭濱曰郿，屬扶風郡。唐屬岐州。有郿塢，漢末董卓所築，號曰萬歲塢。斜水出縣西南衙嶺山北，歷斜谷，徑五丈原東〔九〕，又北流入渭。蜀諸葛亮帥師攻魏軍五丈原，與司馬宣王對壘，即此。

次畿，寶雞縣。故陳倉。昔秦文公遊獵於陳倉北阪，獲若石云，其色如肝，寶而祠之。故曰陳寶。其神來常以夜，光輝若流星，從東南來，集于祠城，形若雄鷄，其聲若雷，野鷄夜雊，説者曰：「此寶夫人祠也。」歲歲與葉君合〔一〇〕。葉神來時，天爲之雷鳴，雉爲雊。漢屬右扶風。東漢及晉皆因之。元魏改曰宛川。西魏復曰陳倉。後周置顯州，尋州、縣俱廢。隋開皇十八年復置陳倉縣，屬扶風郡。唐屬岐州，至德二載更名寶鷄〔一一〕。陳倉故城，在今縣東，魏爲重鎮。明帝太和二年，蜀諸葛亮圍魏將郝昭於此，不克而退。大散關，在西南。有渭水、汧水。

次畿，虢縣。本周虢叔之國〔一二〕，謂之西虢，秦武公十一年滅小虢是也。漢屬右扶風。東漢省之，後復置。元魏置武都郡。西魏改縣曰洛邑。後周置翔州〔一三〕，州尋廢。隋開皇初郡廢，大業初復改縣曰虢，屬扶風郡。唐屬鳳翔府。平陽鎮，秦寧公二年徙居平陽是也。漢爲郿縣地。磻溪水，出南山兹谷，北流注于渭，即吕氏春秋所謂太公釣兹泉者也，其投竿跽餌兩膝遺跡猶存。

次畿，麟遊縣。隋義寧元年，於仁壽宮置鳳棲郡及麟遊縣。二年以仁壽宮中獲白麟，更郡曰麟遊。唐武德元年曰麟州，正觀元年州廢，縣屬岐州，改仁壽宮爲九成宮〔一四〕。

次畿，普潤縣。二漢杜陽縣地。隋大業初置，屬扶風郡。唐屬鳳翔府。有杜水、漆水、岐水。

次畿，好時縣。祭天之所曰「畤」，封禪書曰「雍旁故有吴陽武畤，皆廢無祠。」蓋黄帝時常用事〔一五〕，雖晚周亦郊焉，後以爲縣。漢屬右扶風。東漢省之。元魏復置，爲扶風郡治。隋大業三年省入上宜。唐武德二年析醴泉置好時，屬雍州。正觀八年省上宜入岐陽，二十一年省好時、岐陽復置上宜，更上宜曰好時。乾寧二年屬乾州。皇朝熙寧五年來屬〔一六〕。

下府，秦州。周孝王封非子於此。春秋、戰國屬秦。秦平天下，屬隴西郡。漢武帝分置天水郡。東漢建武中更名漢陽郡，兼爲凉州刺史治焉。魏爲重鎮。晉屬天水、略陽二郡〔一七〕，兼置秦州。元魏因之，又置漢陽郡。隋開皇初郡廢，大業初復置天水郡。唐爲秦州，升雄武軍節度〔一八〕。今縣四。

上，成紀縣。包羲氏生於此。漢屬天水郡。東漢屬漢陽郡。晉屬天水郡，後廢焉。後周復置。隋屬天水郡。唐屬秦州。州本治上邽，而成紀本治小坑川〔一九〕。開元二十二年地震，州自上邽徙治成紀之敬親川，縣亦移入新城。天寶元年，州還治上邽。寶應元年陷吐蕃，大中三年復故地，徙治成紀，而上邽廢。有禹貢朱圉山、邽山、渭水、瓦亭山。

上，天水縣。漢上邽縣地，屬隴西郡。唐時陷吐蕃，後收復，置天水縣，屬秦州。唐末廢之。後唐長興三年復置，以赤砂鎮爲治所。有龍馬泉。

中，隴城縣。漢爲隴縣〔二〇〕，屬天水郡。東漢屬漢陽郡。隋開皇六年改曰隴城，屬秦州。唐因之。漢略陽道故城，在今縣西北。阿陽縣故城，亦在縣西北。有大隴山、瓦亭山、街泉亭。秦谷，秦非子始封於此。

中，清水縣。漢屬天水郡。東漢省之。晉復置，屬略陽郡。元魏因之，後置清水郡。隋開皇初郡廢，屬秦州。唐因之。有小隴山、清水。伏羌城，本冀戎地。秦武公十年伐冀戎，縣之。漢屬天水郡。王莽末，隗囂自稱西伯，據此。東漢爲漢陽郡治焉。晉屬天水郡，兼置秦州。元魏改曰當亭縣。後周改曰冀城。隋屬天水郡。唐屬秦州，武德二年更名伏羌〔二一〕，後陷吐蕃。皇朝建隆二年置伏羌寨〔二二〕，熙寧三年以爲城〔二三〕。有黃瓜縣，元魏置，及置漢陽郡，後廢。

上，涇州。春秋、戰國屬秦。秦屬北地郡。漢武帝分置安定郡。東漢、晉因之。元魏太武兼置涇州，蓋以涇水爲名。隋爲安定郡。唐爲涇州，天寶元年曰安定郡，後升彰義軍節度。皇朝太平興國元年改彰化軍。今縣四。

望，保定縣。本安定。漢屬安定郡。東漢省之，後復置，爲郡治焉。元魏爲涇州。隋爲安定郡。唐爲涇州，至德元載更名保定〔二四〕。漢烏氏縣故城，在今縣東。

上，靈臺縣。本鶉觚〔二五〕。漢屬北地郡。東漢屬安定郡。晉因之，後置趙平郡。後周郡廢。隋屬安定郡。唐屬涇州，天寶元年更名靈臺。亦商時密國之地，周文王所伐者也。秦爲陰密縣，白起被遷於此。漢、晉屬安定郡。元魏屬平涼郡，後省。隋大業初，以其地置靈臺縣，二年省入鶉觚，蓋取文王伐密而民始附之意，故以「靈臺」名縣焉。

上，良原縣。隋大業初置，屬安定郡。唐屬涇州。

長武縣。唐爲長城，隸邠州宜禄。皇朝咸平四年置保定縣，來屬。五年省爲寨〔二六〕，大觀二年復置〔二七〕。

上，熙州。春秋、戰國皆爲西羌。秦置隴西郡。二漢、晉因之，惠帝分置狄道郡〔二八〕。前涼張駿置武始郡。元魏置臨洮郡。隋開皇初廢武始郡，屬蘭州。唐因之，天寶三載分置臨州，後陷吐蕃，號武勝軍。皇朝熙寧五年收復，置熙州臨洮郡，升鎮洮軍節度〔二九〕。今縣一。

中下，狄道縣。秦、漢爲隴西郡。晉爲狄道郡〔三〇〕。張駿置武始郡。元魏置臨洮郡及龍城縣。唐置臨州。皇朝置熙州〔三一〕。有白石山，在東。渭源堡，漢首陽縣地，屬隴西郡。東漢及晉皆因之。元魏改首陽曰渭源。隋屬隴西郡。唐上元二年復改曰首陽，而於渭源故城別置渭源縣，屬渭州。儀鳳三年省首陽入渭源，没蕃後廢。皇朝熙寧五年置渭源堡，屬熙州。有禹貢鳥鼠同穴山，渭水所出，今謂之青雀山。

上，隴州。春秋、戰國屬秦。秦屬内史。二漢屬右扶風。晉屬扶風郡。西魏置隴東郡，兼置東秦州，後改爲隴州。隋開皇三年郡廢，大業三年州廢〔三二〕，屬扶風郡。唐復爲隴州，天寶元年曰汧陽郡。今縣四。

望，汧源縣。本汧縣。漢屬右扶風。後漢及晉皆因之。西魏曰汧陰縣，後改曰杜陽。後周復曰汧陰。隋改曰汧源，屬扶風郡。唐爲隴州治焉。有禹貢岍山，汧水所出。有龍山、弦蒲藪。

緊，汧陽縣。二漢隃麋縣地，屬右扶風。晉省之。元魏置汧陽縣及汧陽郡。後周郡廢。隋屬扶風郡。唐屬隴州。有隃麋澤。

中，吴山縣。漢汧縣地〔三三〕。元魏孝文置長蛇縣。隋開皇末省入南由〔三四〕。唐武德元年復置，屬隴州，正觀元年更名吴山〔三五〕。有吴岳。故南由縣，元魏置，屬武都郡。隋屬扶風郡。唐元和三年省。

中，隴安縣。皇朝開寶二年析汧陽置〔三六〕。有秦領山。

中下，成州。秦以前爲白馬氏〔三七〕。漢屬武都郡。東漢及晉爲郡治焉，後爲楊茂搜所據，楊氏數世皆封仇池公。元魏置南秦州。西魏改爲成州。隋開皇初郡廢，大業初州廢，置漢陽郡。唐復爲成州，天寶元年更名同谷郡。今縣二。

中，同谷縣。本漢下辨道，屬武都郡。東漢及晉皆爲郡治焉。元魏屬修武郡，後爲白石縣，置廣業郡。西魏改縣曰同谷。後周兼置康州。隋開皇初郡廢，大業初州廢，屬河池郡。唐武德元年以縣置西康州。正觀六年州廢〔三八〕，屬成州。州初治上禄，本漢縣，屬武都郡。東漢因之。晉省焉，後置仇池縣，曰上禄。唐改郡曰成州。寶應元年没吐蕃，後廢，咸通十三年復置，徙治同谷。有仇池山，其上方百頃，四面壁立，峭絶險固，自然有樓櫓却敵之狀，高七里餘，蟠道三十六回。上有豐水泉，煮土成鹽〔三九〕，漢末爲氏楊茂搜所據。

中，栗亭縣〔四〇〕。元魏蘭倉縣地，置漢陽郡。後唐清泰三年置栗亭縣，屬成州。有雷牛山、栗亭川。

下，鳳州。春秋時爲氐羌所居。秦屬隴西郡。二漢屬武都郡。晉因之，惠帝時没于氐楊茂搜。元魏置固道郡〔四一〕，兼置南岐州。西魏改郡曰歸真。後周郡廢，改州曰鳳州〔四二〕。隋大業初州廢，置河池郡。唐爲鳳州，天寶元年曰河池郡〔四三〕。今縣三。

上，梁泉縣。本故道。秦文公時伐南山大梓，化爲牛入水，秦爲立怒特祠於故道〔四四〕，即此。漢王引兵從故道襲雍，後屬武都郡。東漢及晉因之。元魏置固道郡及梁泉縣〔四五〕。隋置河池郡。唐爲鳳州。

緊，河池縣。漢屬武都郡。東漢及晉因之，後廢焉。元魏置廣化縣及廣化郡。隋開皇初郡廢，仁壽初改縣曰河池，屬河池郡。唐屬鳳州。皇朝徙治固鎮〔四六〕。

上，兩當縣。本漢故道縣地。元魏置兩當縣及兩當郡。隋開皇初郡廢，屬河池郡。唐屬鳳州〔四七〕。皇朝徙治廣鄉鎮〔四八〕。廣鄉，即水經所謂廣香川也。有兩當水，出陳倉縣之大散關，西南流入故道。

下，岷州。秦屬隴西郡。二漢及晉因之。西魏置岷州及同和郡。隋開皇初郡廢，大業初州廢，屬臨洮郡。唐復爲岷州，天寶元年曰和政郡，後陷吐蕃。皇朝熙寧六年收復。

今縣三。

祐川縣。本臨洮縣地。二漢、晉屬隴西郡。西魏置溢樂縣及同和郡。隋改溢樂爲臨洮。唐武德元年復爲溢樂，置岷州，又置基城縣。先天元年改基城爲祐川，没蕃後並廢。皇朝崇寧四年復置祐川〔四九〕。

中，大潭縣。漢冀縣地，屬天水郡。皇朝建隆三年以良恭、大潭二鎮置大潭縣，屬秦州，熙寧六年來屬〔五〇〕。有禹貢朱圉山。

緊，長道縣。本漢上禄縣地，屬武都郡。元魏分置長道縣。隋屬漢陽郡。唐屬成州，天寶末廢。咸通十三年復置，屬秦州。皇朝熙寧六年來屬〔五一〕。有祁山，蜀諸葛亮率諸軍攻祁山，南安、天水、安定郡叛魏應亮，即此。

校　注

〔一〕元和志卷二：「乾元元年改爲鳳翔府。」

〔二〕載：原作「年」，據四庫本改。

〔三〕元和志卷二：「至德二載分置鳳翔縣，永泰元年廢，仍改雍縣爲天興縣。」

〔四〕唐武德二年置湋川縣：元和志卷二、舊唐書卷三八、寰宇記卷三〇、新唐書卷三七「二年」作「三年」，又「湋」字，舊唐書卷三八：「俗訛改爲圍。」元和志亦云：「取今縣南湋川水爲名，近代訛作圍。」寰宇記作「圍」字。

〔五〕美陽縣：元和志卷二、寰宇記卷三〇作「杜陽縣」。

〔六〕岐陽：原作「岐州」，據元和志卷二、舊唐書卷三八、新唐書卷三七及上下文意改。

〔七〕寰宇記卷三〇以爲「省入扶風、岐山」。

〔八〕元和志卷二：「後漢省，晉復立。」

〔九〕徑五丈原東：札記卷上：「宋本有『東』字，水經渭水注文。朱校脱。」

〔一〇〕歲歲：四庫本、聚珍本作「歲星」。札記卷上：「宋本『歲歲』是也，蓋約薛瓚漢書注文。朱校作『歲星』，誤。」

〔一一〕至德二載：四庫本「至德」作「天德」。元和志卷二作「乾德二年」。

〔一二〕叔之國：四庫本作「仲所封」，聚珍本注「原缺」。札記卷上：「宋本略可辨，此渭水注引太康地記文，朱校云『原闕』。」

〔一三〕翔州：隋書卷二九作「朔州」。

〔一四〕元和志卷二改「仁壽宮爲九成宮」在貞觀五年。

〔一五〕常：四庫本作「嘗」。

〔一六〕宋史卷八七：「政和八年三月，割屬醴州。」

〔一七〕略陽：四庫本作「洛陽」。札記卷上：「宋本『略』是也，晉志可證。朱校作『洛』，誤。」

〔一八〕升：聚珍本「升」後有「爲」字。宋會要方域五之四三：「秦州，元祐三年十一月七日，兵部言：『秦州、岷州、階州舊爲沿邊，今則收復州郡甚多，恐秦、岷、階州合爲次邊。其次嵐、石州已在近裏，各無邊面，並令改爲次邊，委是經久利便。』又言：『熙河蘭會路沿邊近收復開拓，創建州城堡寨，展套蕃土，甚是闊遠，其秦州合作次邊。』從之。」

〔一九〕小坑川：原作「小抗川」，據舊唐書卷四〇改。

〔二〇〕漢爲隴縣：元和志卷三九：「本漢略陽道。」

〔二一〕二年：舊唐書卷四〇作「三年」。

〔二二〕宋會要方域八之二二：「伏羌城，建隆三年置，管小寨十一，曰得勝、榆林、大像、菜園、探長、新舊水谷、聖林、丙龍、石人鋪寨、駝項。熙寧三年，增置南城，改寨爲城。」

〔二三〕三年：原作「二年」，據長編卷三、宋會要方域八之三、八之二二、宋史卷八七改。宋會要方域八之二二：「熙寧三年二月二十八日，秦鳳路經略使李師中言：『廢山丹、納（迷）〔述〕、〔乾〕川三堡，增（收）〔修〕秦州伏羌寨爲城。』從之。」長編卷三：「神宗熙寧三年，賜滄、瀛、莫、霸州、信安、保安軍知州軍、通判并董役使臣等銀絹有差，以地震修城有勞也。秦鳳路經略使李師中請廢山丹、納述、乾川三堡，增修伏羌寨爲城。從之。」

〔二四〕元載：元和志卷三、寰宇記卷三二作「二年」。

〔二五〕鶉觚：漢書卷二八作「鶉孤」。

〔二六〕宋會要方域五之四二：「涇州長武縣，咸平四年陞長武鎮爲縣，五年廢爲寨。」

〔二七〕宋會要方域五之四二：「政和七年陞爲平涼軍。」

〔二八〕狄道郡：四庫本作「狄道縣」。

〔二九〕鎮洮軍：四庫本作「臨洮軍」。宋會要方域五之三、六之二：「熙河路熙州，熙寧五年八月，以唐臨州地羌人號武勝軍地置鎮洮軍。十月，改熙州臨洮郡、鎮洮（郡）〔軍〕節度。」

〔三〇〕狄道郡：四庫本作「狄道縣」。札記卷上：「宋本『郡』，晉志可證，朱校誤『縣』。」

〔三一〕宋會要方域六之二：「熙州狄道縣，熙寧五年收復置，九年廢，元豐二年復。」而宋史卷八七熙寧六年置狄道縣，不同。

〔三二〕三年：元和志卷二作「二年」。

〔三三〕汧縣：元和志卷二作「隃麋」。

〔三四〕南由：原作「南田」，據元和志卷二、寰宇記卷三二改。下同。元和志云：「後魏孝明帝於縣西南由谷口置縣，因谷爲名。」又云：「隋開皇二年省長蛇縣併入南由，屬岐州。」

〔三五〕元和志卷二：「隋開皇十八年改爲吴山縣。」

〔三六〕二年：原作「元年」，據寰宇記卷三二、宋會要方域五之四三、宋史卷八七改。按宋會要云：「隴安縣，開寶二年析汧陽縣四鄉置縣。」

〔三七〕氏：四庫本作「氏」。按元和志卷二二作「氏」。

〔三八〕六年：元和志卷二二作「元年」。

〔三九〕鹽：札記卷上：「宋本壞作『監』，今訂正，水經漾水注文。」

〔四〇〕粟亭：原作「粟亭」，據寰宇記卷一五〇、九域志卷三、宋史卷八七改。下同。

〔四一〕固：原無，據元和志卷二二補。

〔四二〕元和志卷二二：「廢帝三年改南岐州爲鳳州。」

〔四三〕元年曰：四庫本「元年」作「初」，「曰」前有「復」字。按宋會要方域五之四三：「鳳州，後唐防禦，建隆四年降團練。五年二月七日，以雄勝軍爲雄勝鎮，依舊隸鳳州。」

〔四四〕怒特祠：札記卷上：「『特』字是也，史記集解引徐廣、水經渭水注引列異傳並作『特』。朱校作『時』，誤。」

〔四五〕固道郡：元和志卷二二同，并云：「後魏變文爲固，於此置固道郡，領兩當、廣鄉二縣。」四庫本作「故道郡」。

〔四六〕宋史卷八七：「開寶五年，移治固鎮。」

〔四七〕元和志卷二二：「隋開皇罷郡，縣屬鳳州。」

〔四八〕宋史卷八七：「至道元年，移治廣鄉鎮。」

〔四九〕四年：宋史卷八七作「三年」。

〔五〇〕六年：九域志卷三、宋史卷八七作「七年」。

〔五一〕六年：九域志卷三、宋史卷八七作「七年」。

輿地廣記卷第十六

陝西秦鳳路下

下府，渭州。秦屬北地郡。二漢屬安定郡。晉因之。元魏屬太平郡。隋初屬原州，後屬平涼郡。唐屬原州。寶應元年〔一〕，渭州没吐蕃。元和四年〔二〕，以原州之平涼縣置行渭州。廣明元年爲吐蕃所破，中和四年復置，後曰隴西郡〔三〕。今縣五。

中，平涼縣。漢朝那、涇陽二縣地，屬安定郡。後周置平涼縣，屬原州。隋屬平涼郡。唐屬原州，元和四年置行渭州，今因之。有笄頭山，禹貢涇水所出。西有隴山，有六盤關。西北五里有吐蕃會盟壇，唐正觀五年築。

中，潘原縣。本陰槃〔四〕。二漢屬安定郡。晉省之，後復置。元魏置平涼郡。隋開皇初郡廢，屬安定郡。唐屬涇州，天寶元年改爲潘原縣。周顯德六年來屬。

中，安化縣。故屬儀州〔五〕，皇朝熙寧五年州廢來屬〔六〕。

中，崇信縣。皇朝乾德元年以舊崇信軍地置崇信縣，屬鳳翔府。淳化中屬儀州，熙寧五年州廢來屬。

中下，華亭縣。隋大業初置，屬安定郡。唐元和三年省入汧源，後復置，兼置儀州〔七〕。皇朝熙寧五年州廢來屬。

望，原州。自唐已上地理與涇州同。廣德元年，原州没吐蕃，置行原州於靈臺之百里城。正元十九年徙治平涼，元和三年又徙治臨涇。大中三年收復關隴，歸治平高。廣明後没吐蕃，又僑治臨涇。元屬涇州〔八〕，後唐清泰三年割屬原州，後曰平涼郡。今縣二。

中，臨涇縣。漢屬安定郡。東漢及晉爲郡治焉。元魏亦屬安定，後廢之。隋大業初置湫谷縣，尋改曰臨涇，屬安定郡。唐屬涇州，後爲原州治所。有漢朝那縣故城。

中，彭陽縣。二漢屬安定郡。晉省之，後復置。元魏置西北地郡。隋改縣爲彭原。唐武德二年析彭原置豐義縣，屬寧州。皇朝太平興國元年改曰彭陽，至道三年來屬。

中下，階州。古爲白馬氐國〔九〕，西戎之别種也。漢武帝開之，置武都郡。東漢、晉因之，後没于氐楊茂搜。元魏置武街郡〔一〇〕。西魏置武州。隋開皇初郡廢，大業初州廢，置武都郡。唐武德元年置武州，天寶元年曰武都郡，因没吐蕃，廢。大曆二年復置爲行州，咸通中始得故地。龍紀初遣使招葺之，景福元年更名階州。今縣二。

中下，福津縣。漢武都縣地〔一一〕。元魏置覂當縣及武街郡〔一二〕。西魏又於今縣東北三十里萬郡故城置覆津縣。後周省覂當入覆津。隋開皇初武階郡廢，屬武州。唐因之，景福元年改覆津曰福津，後爲州治。故盤提縣，本西魏置南五部縣，後改名。隋屬武都郡。唐屬武州，没蕃後不復置。

中下，將利縣。故白馬氏國。漢爲武都縣〔一三〕，爲郡治焉。天池、大澤在其西。東漢及晉皆因之。元魏改武都縣曰石門。西魏改曰安育，置武州。後周改安育曰將利，仍置武都郡。隋開皇初郡廢，大業初復置。唐爲武州治，後徙福津。

上，河州。古西羌地。秦屬隴西郡。漢屬金城、隴西二郡。東漢屬隴西郡。漢末，宋建自稱河首平漢王據此，曹公遣夏侯淵討平之。晉惠帝時置晉興郡。前秦苻堅置河州。西秦乞伏乾歸，又據於此。元魏亦置河州。後周置枹罕郡。隋開皇初郡廢，大業初州廢，復置枹罕郡〔一四〕。唐武德二年平李軌〔一五〕，置河州，天寶元年曰安昌郡〔一六〕。領縣三：中下，枹罕縣。本罕羌侯邑。漢爲枹罕縣，屬金城郡。東漢省之〔一七〕。晉屬晉興郡。苻秦置河州，元魏因之。後周置枹罕郡。隋因之。唐爲河州〔一八〕。中下，大夏縣。漢屬隴西郡，東漢因之。晉屬晉興郡。前涼張駿置大夏郡。隋屬枹罕郡。唐屬河州，正觀元年省入枹罕，五年復置。中下，鳳林縣。本白石縣。漢屬金城郡。東漢屬隴西郡。張駿改白石爲永固，屬晉興郡。唐正觀七年於縣置烏州〔一九〕，十一年州廢，置安昌縣來屬〔二〇〕。天寶元年更名鳳林，廣德元年州没吐蕃。皇朝熙寧六年收復，置枹罕縣，七年省之〔二一〕。今曰安鄉郡。

縣一〔二二〕。

寧河縣。本寧河寨，皇朝崇寧四年升爲縣。

下，蘭州。古西羌地。秦屬隴西郡。漢屬金城、隴西二郡。東漢、魏、晉因之。前涼張寔分置廣武郡，張駿又分置武始郡，後爲西秦乞伏國仁〔二三〕、南涼秃髮烏孤所分據〔二四〕。元魏、後周屬武始郡。隋開皇初郡廢，置蘭州。大業初州廢，復置金城郡。唐武德二年平薛舉，置蘭州，以皋蘭山爲名。天寶元年曰金城郡〔二五〕。領縣二：下，五泉縣。本金城縣。漢屬金城郡，爲氐羌所據〔二六〕。東漢及晉因之。有故苑川城，西秦乞伏國仁據此。後曰子城縣，置金城郡。隋開皇初郡廢，置蘭州。大業初州廢，置金城郡，復改縣曰金城，後改曰五泉。唐咸亨二年復曰金城，天寶元年復曰五泉。下，金城縣。本漢允吾縣，爲金城郡治所。張駿置廣武郡，南涼秃髮烏孤據此。隋廢郡爲廣武縣。唐屬蘭州，乾元二年更名金城。漢浩亹、允吾二縣故城，在西南。廣德元年州陷吐蕃。皇朝元豐四年收復。今縣一。

蘭泉縣〔二七〕。

鞏州。古雍州地。春秋時屬羌戎。秦屬隴西郡。二漢因之，靈帝分立南安郡。晉屬隴西、南安二郡〔二八〕。元魏爲隴西、南安、安陽三郡，兼置渭州。後周併爲南安郡。隋開皇初郡廢，大業初州廢，復置隴西郡。唐武德元年置渭州，天寶元年曰隴西郡，寶應元年没吐蕃〔二九〕，後廢。皇朝皇祐四年以渭州地置古渭寨〔三〇〕，熙寧五年改通遠軍〔三一〕，崇寧三年改爲鞏州〔三二〕。今縣三〔三三〕。

隴西縣。本襄武縣地。二漢屬隴西郡。晉爲郡治焉。元魏置渭州。隋爲隴西郡。唐渭州，没吐蕃，廢。皇朝爲通遠軍，元祐五年於郭下置隴西縣〔三四〕。隋舊有隴西縣，本獂道縣。漢屬天水郡，在襄武之東，靈帝置南安郡。晉因之，又置中陶縣，後省獂道入中陶。隋開皇初南安郡廢，改中陶爲内陶，又改爲武陽，十年又改爲隴西〔三五〕。唐因之，没蕃，後廢。

永寧縣。本永寧寨，皇朝升爲縣〔三六〕。

寧遠縣。本寧遠寨，皇朝崇寧四年升爲縣〔三七〕。

會州。古爲西羌，秦屬隴西郡。漢屬金城、安定二郡地。後漢屬金城、武威二郡。西魏置會州。後周廢之。隋屬平涼郡。唐武德二年平李軌，置會州〔三八〕。天寶元年曰會寧郡。領縣二：上，會寧縣。本漢枝陽縣地〔三九〕，屬金城郡。晉張寔分屬廣武郡。西魏置會州。後周廢之。隋開皇十六年置會寧縣，屬平涼郡。唐置會州。上，烏蘭縣。本漢祖厲縣地，屬安定郡。東漢屬武威郡〔四〇〕。晉省之。後周置烏蘭關。唐武德九年置縣，後州没吐蕃〔四一〕。皇朝收復。今縣一。

敷川縣〔四二〕。

西安州。秦、漢屬北地郡。唐屬靈州。皇朝置西安州〔四三〕。

西寧州。古西羌所居。漢武帝西逐諸羌，乃度河、湟，築令居塞。昭帝時屬金城郡。東漢末置西平郡。晉因之。永嘉後秃髮烏孤初稱西平王，其弟利鹿孤復都西平，即此地也。後魏置鄯州。後周置樂都郡。隋開皇初郡廢，大業初州廢，置西平郡。唐武德二年平薛舉，置鄯州，天寶元年曰西平郡〔四四〕。領縣三。

中，湟水縣。二漢破羌縣地，屬金城郡。建安中改爲西平郡。晉因之。元魏置鄯州。後周置樂都郡。隋開皇十八年改西都曰湟水，大業初爲西平郡。唐爲鄯州。破羌縣故城，在縣西。

中，龍支縣。漢允吾縣地。東漢爲龍耆縣。元魏改曰北金城。西魏改曰龍支。隋屬枹罕郡。唐屬鄯州。

中，鄯城縣。唐儀鳳三年置〔四五〕，屬鄯州。漢西平郡故城，在西，有土樓山。上元二年，州没于吐蕃。皇朝收復〔四六〕，改爲西寧州、隴右節度〔四七〕，加號賓德軍。

湟州。古雍州地。漢、晉後屬西平郡。唐屬鄯州。皇朝置湟州〔四八〕。有湟水，東入河。

廓州。古西羌地。東漢延熹中〔四九〕，護羌校尉段熲追燒河大豪至河首積石山〔五〇〕，出塞二千餘里，即此地也。漢末屬西平郡。前涼置湟河郡〔五一〕。元魏屬鄯州。後周武帝逐吐谷渾，置廓州及洮河郡。隋開皇初州郡並廢，大業初置澆河郡。唐武德二年置廓州〔五二〕，天寶元年曰寧塞郡〔五三〕。領縣三。

下，廣威縣。本燒當羌地。元魏置廣威縣。隋仁壽初改爲化隆縣〔五四〕，屬西平郡。唐置廓州，先天元年改化隆曰化成〔五五〕，天寶元年曰廣威。

下，達化縣。後周置達化郡并縣。隋開皇初郡廢，屬澆河郡。有故澆河城，晉時吐谷渾主阿豺所築，在縣西一百二十里。

下，米川縣。漢枹罕縣地，屬金城郡。唐正觀五年置米州及米川縣〔五六〕，十年州廢，屬河州，永徽六年來屬。廣德元年州没吐蕃，皇朝收復。

下，洮州。古爲諸羌之地，後爲吐谷渾所據。至後周武帝逐吐谷渾，置洮陽郡，兼置洮州。隋開皇初郡廢，大業初州廢，置臨洮郡。唐武德二年置洮州，天寶元年曰臨洮郡〔五七〕。領縣一。

中，臨潭縣。本吐谷渾地。後周置美相縣。唐正觀四年徙治洪和城〔五八〕，以故地置旭州，五年又置臨潭縣。八年州廢，以臨潭屬洮州，徙州來治，復還于洮陽城，仍於舊洪和城置美相縣。天寶中，省美相併入。有禹貢西傾山，後名西强山，吐谷渾主阿豺嘗升西强山觀墊江源，問於群僚曰：「此水東流，更有何名〔五九〕，由何郡國入何水也？」其長史曾和曰：「此水經仇池，過晉壽，出宕渠，始號墊江。至巴郡入江，度廣陵，會於海。」阿豺曰：「水尚知歸，吾雖塞表小國，而獨無所歸乎？」遣使通宋，獻其方物。宋少帝封爲澆河公。

西傾之北則洮水所出，北流入河。寶應元年，州陷吐蕃。皇朝收復。

同下州，鎮戎軍。秦屬北地郡。東漢因之。晉屬新平郡。元魏太武置高平鎮，後爲高平郡，兼置原州。隋初郡廢，大業初州廢，置平涼郡。唐武德元年曰原州，天寶元年曰平涼郡。廣德元年没吐蕃，後廢。皇朝至道元年〔六〇〕，以故平高縣地置鎮戎軍。

高平寨。慶曆二年置。本漢高平縣，爲安定郡治焉。東漢屬安定郡。光武自征隗囂，河西太守竇融率五郡太守與車駕會高平是也。晉省之。元魏置高平鎮，後改爲平高縣，置原州。隋爲平涼郡。唐爲原州〔六一〕。

同下州，德順軍。自五代以前地理與渭州同。皇朝慶曆三年，以渭州隴干城置德順軍〔六二〕。今縣一。

隴干縣。皇朝元祐八年置〔六三〕。

同下州，懷德軍。本平夏城〔六四〕，皇朝大觀二年升爲懷德軍〔六五〕。以蕭關等寨隸之，與西安、鎮戎互爲聲援，應接蕭關，爲邊面之壯焉，蓋唐之武州蕭關縣地也。

同下州，積石軍。本漢之金城郡河關縣地。唐置軍，隸隴右節度府，後没吐蕃。皇朝復置。有積石山，禹導河自此始。河水出崑崙，自古言者皆失其實，禹本紀、山海經、水經固以迂怪誕妄，而班固所載張騫窮河源事亦爲臆説〔六六〕。騫使大夏，見葱嶺、于闐二河合流注蒲昌海，其水亭居，皆以爲潛行地中，南出于積石，爲中國河，此乃意度之，非實見蒲昌海與積石河通流也〔六七〕。漢武帝以于闐山出玉，按古圖書，因名河所出曰崑崙。至唐之時，吐蕃爲大國，居積石西，唐之聘使往來非一〔六八〕，始見黄河在吐蕃中西南數千里，向東北流，與積石河相連，而吐蕃又言崑崙在其國内。長慶中，劉元鼎爲盟會使〔六九〕，言河之上流由洪濟果西南行二千里〔七〇〕，水益狹。冬春可涉，夏秋乃勝舟。其南三百里，三山中高而四下，曰紫山，直大羊同國，古所謂崑崙者也〔七一〕，虜曰悶摩黎山〔七二〕，東距長安五千里。河源其間〔七三〕，流澄緩下。稍合衆流，色赤。行益遠，它水并注，則濁。河源東北，直莫賀延磧尾，隱測其地，蓋劍南之西。元鼎所經見大略如此〔七四〕。

校　注

〔一〕元年：元和志卷三九作「二年」。

〔二〕四年：寰宇記卷一五一作「三年」。

〔三〕宋會要方域五之三：「渭州，政和七年陞爲平涼軍。」

〔四〕陰槃：四庫本作「陰盤」。

〔五〕宋會要方域五之四二：「儀州，唐義州，軍事，領三縣。乾德二年置安化縣，太平興國元年改，淳化中以鳳翔府崇信縣來隸。熙寧五年廢州，以華亭、安化、崇信三縣隸渭州。」

〔六〕宋會要方域五之四二：「安化縣，〔乾德〕二年析華亭縣地置縣，隸儀州，太平興國八年徙治制勝關，至道元年徙安化鎮，改今名。」方域一二之一五：「渭州安化鎮，熙寧七年廢縣置。」宋史卷八七：「熙寧七年廢制勝關，移縣於關地，以舊地爲鎮。」

〔七〕後復置兼置儀州：「置兼」，四庫本脱。續通典卷一二二引輿地廣記有「置」、「兼」二字。

〔八〕元：四庫本作「本」。

〔九〕氏：四庫本作「氏」。

〔一〇〕武街郡：通典卷一七六、元和志卷三九作「武都郡」，寰宇記卷一五四作「都階郡」。

〔一一〕武都縣：寰宇記卷一五四作「河池縣」。

〔一二〕武街郡：通典卷一七六作「武都郡」，隋書卷二九、元和志卷三九、寰宇記卷一五四作「武階郡」。

〔一三〕武都縣：元和志卷三九作「羌道縣」。

〔一四〕聚珍本脱「隋開皇初」至「枹罕郡」十六字。札記卷上：「宋本有此三句，朱校脱。」

〔一五〕二年：聚珍本作「元年」。

〔一六〕安昌郡：舊唐書卷四〇作「安鄉郡」。宋史卷八七：「熙寧六年收復。」

〔一七〕省：札記卷上：「宋本『省』是也，續漢志可證。朱校作『因』，誤。」

〔一八〕九域志卷三：「熙寧六年，以唐枹罕縣地置枹罕縣，七年置南川、寧河二寨，九年省枹罕縣。」

〔一九〕七年：寰宇記卷一五四作「十年」。

〔二〇〕安昌縣：寰宇記卷一五四作「安鄉縣」。

〔二一〕七年：宋史卷八七作「九年」。

〔二二〕九域志卷三陝西路：「河州，安鄉郡，軍事。」

〔二三〕乞伏國仁：元和志卷三九作「乞伏乾歸」。

〔二四〕孤：聚珍本作「孫」。札記卷上：「宋本『孤』是也，此約通典文。朱校作『孫』，誤。」

〔二五〕宋會要方域五之三：「蘭州，元豐四年九月建州爲帥府，以熙州爲列郡。」

〔二六〕氐羌：原作「开羌」，據四庫本改。舊唐書卷四〇作「西羌」。

〔二七〕宋會要方域六之二：「蘭泉縣，崇寧三年建。」

〔二八〕南安：原作「安南」，據上下文及晉書卷一四改。

〔二九〕元年：元和志卷三九作「二年」。

〔三〇〕渭州：宋史卷八七作「秦州」。

〔三一〕宋會要方域八之二一：「定西城，元豐四年於通遠軍北一百二十里置定西城。元豐五年以定西城易置通遠軍，以汝遮堡爲定西城。」

〔三二〕宋會要方域五之四四：「崇寧三年十二月六日，熙河蘭會路經略安撫使王厚奏，乞以通遠軍依舊爲渭州，陞爲節鎮，并乞改差文臣知州，仍乞自朝廷選除。詔通遠軍改爲鞏州，仍堂除文臣知州，餘不行。」

〔三三〕宋會要方域五之四三：「通渭縣，崇寧五年以寨陞爲縣。」方域一九之一九：「崇寧五年九月三十日，熙河蘭湟路經略安撫使司狀：『勘會鞏州管下通渭縣元係守禦寨，欲乞將通渭縣復爲寨，依舊置寨主、（盟）〔監〕押各一員。臣相度，通渭縣委是控扼淺井、乩羅、和市、結珠、龍化、川子一帶賊馬來路，逼近西界，若改復爲寨，委得經久穩便。』從之。」輿地廣記不載，不知廢於何時。

〔三四〕宋會要方域五之四四：「元祐五年十月十六日，三省言：『通遠軍申，乞添置倚郭一縣，以隴西爲名，差選人充尉，兼令、簿。』從之。」

〔三五〕十年：元和志卷三九作「八年」。

〔三六〕宋史卷八七：「崇寧三年升永寧砦爲縣。」

〔三七〕四年：宋史卷八七升寧遠砦爲縣在「崇寧三年」。

〔三八〕會州：元和志卷四、舊唐書卷三八作「西會州」。

〔三九〕枝陽縣：元和志卷四作「鶉陰縣」。

〔四〇〕武威：後漢書志第二三作「（租）〔祖〕厲」。

〔四一〕州：叢書集成本作「周」。

〔四二〕宋史卷八七：「崇寧三年，置倚郭縣曰敷文。」

〔四三〕宋會要方域五之四二：「西安州，元符二年以南牟會新城建。元（祐）〔符〕二年五月二十一日，涇原路進築天都、南牟會，諸路築據要害，而各徑直相通。畢工，詔以南牟會新城爲西安州。」方域八之二〇：「元符二年四月十七日，詔涇原路新築南牟會，賜名西安州，宜差有材武（諸）〔諳〕邊（瑣）〔情〕武吏知州事。洒水平賜名天都寨，秋葦川賜名臨羌寨。西安州戍守共以七千人爲額，仍招集馬軍蕃落一指揮，步軍保捷一指揮。天都、臨羌寨戍守各以三千人爲額，仍各置馬軍蕃落一指揮，步軍保捷各一指揮。逐州寨每年各支破公使探蕃等錢，西安州三萬緡，天都、臨羌寨各二千緡。五月癸亥，宰臣章惇以涇原路建西安州及天都等寨，諸路築據要害，邊面各徑直相通，畢工，率百官賀於紫宸殿。」

〔四四〕九域志卷一〇：「下都督，西平郡，熙寧十年升西平軍節度。」宋會要方域五之三：「大觀（七）〔二〕年七月六日，詳定九域圖志所言：『新附州軍除典籍該載可以斟酌外，今西寧州乞以西平爲郡名，爲中都督府。』」宋史卷八七：「舊青唐城。元符二年隴拶降，建爲鄯州，仍爲隴右節度，三年棄之。崇寧三年收復。建隴右都護府，改鄯州爲西寧州。又置倚郭縣，賜郡名曰西平，升中都督府。三年加賓德軍節度，五年罷倚郭縣。」

〔四五〕三年：元和志卷三九作「二年」。

〔四六〕四庫本「皇朝」前有「至」字。

〔四七〕改爲西寧州隴右：四庫本作「始置」。按宋會要方域五之二：「西寧州，舊鄯州，崇寧二年陞爲隴西節度，仍置都護。大觀二年改爲西平郡，作中都督府。尋爲隴西節度，加賓德軍。」

〔四八〕宋會要方域五之三、六之三：「樂州，舊邈川城，元符二年建爲湟州，崇寧二年爲副都護，大觀二年賜名嚮德軍節度，宣和元年改今名。」宋史卷八七：「建中靖國元年棄之，崇寧二年收復。三年置倚郭縣，五年罷。大觀三年，加嚮德軍節度。」按宋會要方域六之二：「（元祐）〔元符〕二年八月八日，熙河蘭岷路經略使孫路言：『王（瞻）〔贍〕已收復邈川城。邈川（孫）〔係〕古湟中之地，北控夏國、甘涼，西接宗哥、青唐，部族繁庶，形勢險要。南距（河川）〔河州〕百九十餘里，東至蘭州二百餘里，請建爲湟水軍。』」方域六之一：「（元祐）〔元符〕二年閏九月四日，詔以青唐爲鄯州，仍爲隴右節度，邈川爲湟州，宗哥城爲龍支城。鄯州、湟州并河南北新收復城寨，並隸隴右，仍屬熙河蘭會路。」宋史卷二〇：「崇寧四年正月一日，詔熙河蘭會路宜以熙河蘭湟路爲名。」宋會要方域六之二：「政和七年三月二十三日，詔：『熙河鄯湟（日）〔自〕開拓已來，疆土雖廣，而地利悉歸屬羌，官兵吏祿仰給縣官，不可爲後法。仰本路帥臣相度，以錢銀茶綵或以羌人所嗜之物與之貿易。土田既多，即招置弓箭手入耕出戰，以固邊圉。』」

〔四九〕延熹：原作「延嘉」，據四庫本改。

〔五〇〕燒河：舊唐書卷四〇作「澆河」。

〔五一〕湟河郡：元和志卷三九作「澆河郡」。

〔五二〕廓州：四庫本、聚珍本作「鄜州」。札記卷上：「宋本『廓』是也。朱校作『鄜』，誤。」

〔五三〕宋會要方域六之三：「廓州，元符二年廢爲城，崇寧三年復爲州，防禦。」又：「崇寧二年九月一日，熙河蘭會經略王厚奏：『將來建置城寨，乞以鄯州爲隴西節度，仍置都護；湟州爲副都護。溪哥城乃古積石軍，今當爲州，乞置河南安撫司。廓州去鄯百里而近，止爲城，置知城。其辟差官吏、分屯人馬等悉條上。』並從之。」又「〔崇寧〕三年六月二十三日，熙河蘭會路措置邊事司言：『昨相度廓州建爲寧（寨）〔塞〕城，已準依奏。今再相度，宜建爲州鎮，守疆埸以保邊防。』詔寧塞城賜名廓州。」宋史卷八七：「元符二年，以廓州爲寧塞城。崇寧三年棄之，是年收復，仍爲廓州。城下置一縣，五年罷。大觀三年爲防禦。」

〔五四〕元和志卷三九：「廢帝二年，因境内有化隆谷，改爲化隆縣。」

〔五五〕化成：元和志卷三九作「化城」。

〔五六〕按元和志卷三九云：「貞觀十年，於本縣東一百二十里黄河南岸置米川縣，屬河州。」

〔五七〕宋史卷八七：「熙寧五年，詔以熙、河、洮、岷、通遠軍爲一路。時未得洮州，元符二年得之，尋棄不守。」按宋會要方域六之三：「大觀二年，以臨洮城陞爲州，團練。」方域六之一：「大觀三年正月二十九日，詔曰：『國家誕受多方，靡間并包之度；奄有四海，咸歸覆燾之仁。朕獲承至尊，克紹先烈。惟湟川之沃壤，暨鄯成之奥區，失自有唐，復于今日。顧封陲之廣斥，已軼河源；肆聲教之遐敷，有光禹迹。民風丕變，邊候不驚。迺眷四州，實控二道。金湯既固，庶無疆埸之虞；耒耜方興，佇庇坻京之積。爰綏有衆，永孚于休。湟州賜名嚮德軍，陞爲節鎮，西寧州爲賓德軍，廓州爲防禦，洮州爲團練。』」

〔五八〕四年：舊唐書卷四〇作「五年」。

〔五九〕何名：原作「河名」，據叢書集成本改。

〔六〇〕元年：宋會要方域五之四三亦云「至道元年，以原州故高平縣地置軍」，宋史卷八七作「三年」。

〔六一〕宋會要方域八之一二：「高平寨，在涇原路鎮戎軍，慶曆二年置。」

〔六二〕隴干城：「隴干」原作「隴于」，據四庫本、聚珍本及宋史卷八七改。下同。九域志卷三作「隴竿」，又四庫本「城」作「地」。按宋會要方域五之四三：「德順軍，慶曆三年正月二十三日，以渭州平涼縣地籠竿城爲德順軍。其地蓋籠竿川，大中祥符四年知渭州曹瑋上言，隴山之外，坦爲兵衝，而州無扞蔽之勢，請兵(成)〔戍〕守而城之。至是，安撫使王堯臣請建軍也。」

〔六三〕宋史卷八七：「元祐八年以外底堡置。」

〔六四〕宋史卷七八：「紹聖四年建築。」

〔六五〕宋會要方域五之四三：「元平夏城，大觀二年陞爲威德軍，續改今名。」

〔六六〕河源紀略卷二三：「謹案歐陽忞蓋承杜佑之説，信吐蕃之河源，而不信西域之河源，故其言如此。」

〔六七〕文獻通考卷三三二以爲「輿地廣記所言辨析詳明」，五禮通考卷二〇三、書經傳説匯纂卷四、水經注釋卷二亦云「其言甚正」。又河源紀略卷二三：「古今言禹導河始於積石，而河源出自崑崙，其説皆荒誕，惟通典及輿地廣記所言辨析詳明。謹案馬端臨之説亦不過但信吐蕃之河源，不信西域之河源耳，因極力推崇通典及輿地廣記二書，而不覺其言之太過也夫！」

〔六八〕之聘使：文獻通考卷二〇四引輿地廣記作「聘之」。

〔六九〕按禹貢錐指卷一三上：「唐書吐蕃傳穆宗長慶元年以大卿劉元鼎爲吐蕃會盟使。使還，踰湟水。歐陽忞輿地廣記作薛元鼎，蔡傳從之，元史亦作薛，恐非。」與此不同。

〔七〇〕洪濟果：四庫本作「洪濟裹」，文獻通考卷三三二引輿地廣記作「洪濟渠」。疑「渠」是。

〔七一〕者：文獻通考卷三三二引輿地廣記無。

〔七二〕虜曰悶摩黎山：四庫本「虜」作「吐蕃人」，「黎」作「泰」。

〔七三〕四庫本「其」字前有「出」字。

〔七四〕宋史卷八七：「元符間，爲吐蕃溪巴温所據。大觀二年，臧征撲哥以城降，即其地建軍。」

輿地廣記卷第十七

陝西路化外州

安西大都護府。漢爲龜兹國。唐立安西府，初治西州。顯慶二年平賀魯，析其地立濛池、崑陵二都護府，分種落列置州縣，西盡波斯國，皆隸安西，而徙府治高昌故地。三年又徙治龜兹都督府，而故府復爲西州。咸亨元年〔一〕，吐蕃陷都護府。長壽二年，收復安西四鎮。至德元載更名鎮西，後復爲安西。吐蕃既侵河、隴，唯李元忠守北庭，郭昕守安西，與沙陀、回紇相依，攻之，久不下〔二〕。建中二年〔三〕，元忠、昕遣使間道入奏，詔各爲大都護，並爲節度。正元三年，吐蕃攻沙陀、回紇，北庭、安西無援，遂陷。領四鎮。

龜兹都督府，都護府所治，本龜兹國。

毗沙都督府，本于闐國。

疏勒都督府，本疏勒國。

焉耆都督府，本焉耆國。

北庭大都護府。在流沙之西北，漢爲烏孫故地。東漢爲車師後王庭。歷代爲胡虜所居。唐正觀中討高昌，于時突厥屯兵於可汗浮圖城，與高昌相影響。及高昌既平，懼而來降，乃以其地立庭州。長安二年改曰北庭都護府，建中二年曰大都護，正元三年陷吐蕃。領縣四。

下，金滿縣。

下，輪臺縣。唐大曆六年置〔四〕。

下，後庭縣。本蒲類〔五〕，隸西州，後來屬，寶應元年更名。其三縣並正觀十四年置。

下，西海縣。寶應元年置。

大都督府，靈州。古爲戎狄地。秦屬北地郡。二漢、魏、晉皆因之。元魏太武帝平赫連昌，置薄骨律，鎮河渚上。舊是赫連果地〔六〕，至明帝立靈州。初治河北，後徙治果園所築城〔七〕。後周立普樂郡。隋開皇三年郡廢，大業初州廢，立靈武郡。唐武德元年改曰靈州，天寶元年曰靈武郡，升爲朔方軍節度。領縣四。

望，回樂縣。本二漢富平縣地，屬北地郡。晉及元魏因之，後省焉。故城在縣西南。

元魏置回樂縣〔八〕，及立靈州。後周立普樂郡。西魏立臨河郡。隋開皇元年，改臨河郡曰新昌。三年州、郡並廢，大業初立靈武郡。唐武德元年曰靈州，四年析置豐安縣。正觀四年於回樂境内立回州，以豐安隸焉。十三年州廢，省豐安。天寶末，明皇西狩，太子即位於靈武，是爲肅宗。

上，靈武縣。漢屬北地郡。東漢省之。後周置，曰建安，又立歷城郡。隋開皇三年郡廢，屬靈州。十八年改建安爲廣潤〔九〕，仁壽元年改今名。唐因之。

緊，懷遠縣。漢富平縣地。後周置，及立懷遠郡。隋開皇三年郡廢，屬靈州。唐立豐州。武德六年廢，省九原、永豐二縣入懷遠。

上，保静縣。本弘静，隋開皇十一年置。唐神龍元年曰安静，至德元載更名。有賀蘭山。

中都督，夏州。古爲戎狄。秦屬上郡，後爲匈奴所有。漢武帝伐胡，取河南地，立朔方郡。東漢因之，後復没於戎狄。晉末，赫連勃勃建都於此，國號大夏。子昌，爲元魏太武所滅，以其地立夏州。西魏立弘化郡。隋開皇初郡廢，大業初州廢，立朔方郡。唐正觀二年平梁師都，改爲夏州。天寶元年曰朔方郡，後升静難軍節度。領縣三。

上，朔方縣。二漢屬朔方郡，後廢。晉末，赫連勃勃於黑水之南營都〔一〇〕，號爲統萬，蒸土以築城，鐵錐刺入一寸，即殺作人；不及一寸，行錐者死。元魏立夏州，及置巖緑縣。西魏立弘化郡。隋曰夏州，復曰朔方郡，後爲梁師都所據。唐克之，改爲夏州，正觀三年改巖緑爲朔方縣〔一一〕。唐末，拓跋思恭爲静難軍節度使，其後世擅立，相承至今爲梗。

中下，德静縣。隋末置。唐正觀七年隸北開州，八年曰化州，十三年州廢來屬。

中下，寧朔縣。後周置，隸弘化郡〔一二〕。隋屬朔方郡。唐武德六年立南夏州。正觀二年州廢，縣省入朔方。五年復置，來屬。長安二年省，開元四年又置。九年省，其後又置。

中都督，涼州。古爲戎狄。秦時屬匈奴，使休屠王居其地。漢武帝太初四年開立武威郡。東漢、魏、晉因之，兼立涼州。前涼張軌、後涼吕光皆據此，涼且渠蒙遜亦自張掖徙居焉。元魏、後周亦曰武威郡。隋開皇初郡廢，大業初州廢，立武威郡。唐武德二年平李軌，立涼州。天寶元年曰武威郡〔一三〕，置爲河西節度〔一四〕。領縣五。

中下，姑臧縣。本匈奴蓋臧城，後人語訛，遂曰姑臧。二漢、魏、晉皆爲武威郡治，兼爲涼州刺史治焉。前涼、後涼、北涼皆據此。元魏、後周亦爲武威郡。隋、唐爲涼州，或爲武威郡。漢鶉陰縣，隸安定郡。東漢來屬，後省。故城在今縣東南。漢顯美縣，屬張掖郡。東漢來屬。晉以後因之，後周省入姑臧。有禹貢猪野澤〔一五〕。古休屠城，蓋并得漢武威、休屠二縣地。

下，神烏縣。本漢鸞烏縣，屬武威郡，後省。唐總章元年於漢縣故城復置，神龍元年更名。

中，昌松縣。本漢蒼松，屬武威郡。魏、晉因之。後涼吕光改爲昌松〔一六〕。元魏立昌松郡。後周郡廢。隋開皇初改縣爲永世〔一七〕，後復曰昌松。唐因之。漢允街縣，神爵二年置，屬金城郡。東漢、魏、晉因之，後省。故城在今縣東南。漢揟次縣，屬武威郡。東漢以後因之。元魏屬昌松郡。後周省入昌松。

中下，天寶縣。本番和〔一八〕。二漢屬張掖郡。晉屬武威郡。元魏立番和郡〔一九〕。後周郡廢爲鎮。隋開皇中爲縣，併障、燕支二縣入焉。唐咸亨元年立雄州，調露元年州廢來屬。天寶三載，以山出醴泉更名。有焉支山。

中，嘉麟縣。本鸞烏。二漢屬武威郡，後省。唐武德三年復置神烏縣，正觀元年省。神龍元年改武威縣爲神烏〔二〇〕，而於鸞烏故城置嘉麟縣。景龍元年省〔二一〕，先天二年復置〔二二〕。

中都督，沙州。昔舜竄三苗于三危，即此。其後世爲戎狄地，出美瓜，長者，狐入其中食之，首尾不出，左傳所謂「允姓之戎，居于瓜州」是也〔二三〕。戰國及秦月氏有其地。漢時入匈奴，武帝開之，屬酒泉郡，後分立敦煌郡。東漢、魏、晉因之。西涼李暠初據此。元魏亦曰敦煌郡，兼立瓜州。後周因之。隋開皇初郡廢，大業初州廢，復爲敦煌郡。唐武德二年曰瓜州〔二四〕，五年改爲西沙州〔二五〕。正觀七年曰沙州，天寶元年曰敦煌郡。自禄山之亂〔二六〕，河右没于吐蕃。大中後吐蕃微弱，首領張義潮以瓜、沙十一州來歸，而宣、懿德微，不暇疆理，名存有司而已。後唐莊宗時升爲歸義軍節度。領縣二。

下，敦煌縣。二漢爲郡治。晉亦屬焉。北魏立瓜州。後周改縣爲鳴沙。隋大業初復爲敦煌。唐立沙州。漢效穀縣〔二七〕，屬敦煌郡。晉因之。元魏立效穀郡。後周郡、縣皆廢入焉。禹貢三危山，在東南，有三峰。有神沙山，冬夏有聲如雷。渥洼水，漢元鼎中土人得奇馬以獻，武帝欲異之，乃云從渥洼水中出，於是作天馬之歌。

下，壽昌縣。本龍勒。二漢屬敦煌郡。晉因之。元魏立壽昌郡。後周郡縣皆廢入敦煌。唐武德二年析燉煌置壽昌。永徽元年省，乾封二年復置。開元二十六年又省，後復置，治漢龍勒縣故城。陽關，在縣西六里；玉門關，在西北一百十八里。二關之西三百餘里有蒲昌海，一名鹽澤，廣袤三四百里，則葱嶺、于闐兩河之所注也。

下都督，瓜州。古西戎地〔二八〕。戰國時月氏有之，後入匈奴。漢屬敦煌郡。東漢、魏、晉皆因之。元康五年立晉昌郡，後廢。元魏、後周爲常樂郡。隋開皇初郡廢，屬瓜州。唐武德五年改瓜州爲西沙州，而析晉昌別立瓜州，天寶元年曰晉昌郡。領縣二。

中下，晉昌縣。本冥安。二漢、晉屬敦煌郡，惠帝分屬晉昌郡。北涼李暠改爲涼興郡。元魏改爲常樂郡。後周省冥安，別置涼興郡。隋開皇初郡廢，屬瓜州，改涼興爲常樂縣。唐武德四年更名晉昌，五年別立瓜州於此。

中下，常樂縣。本廣至。二漢屬敦煌郡。魏分置宜禾縣。晉立晉昌郡。李暠改郡、縣皆曰涼興〔二九〕。元魏改郡曰常樂。後周廢縣，別置於冥安故城焉，既而改常樂縣爲晉昌。武德元年別置常樂於此〔三〇〕。

下都督，鹽州。春秋戎狄之地。秦屬北地郡。二漢因之。魏、晉荒廢。元魏立大興郡。西魏改爲五原郡，兼立西安州，後改州曰鹽州，又改郡爲大興郡。隋開皇初郡廢，大業初州廢，立鹽川郡〔三一〕。唐武德二年平梁師都〔三二〕，立鹽州，天寶元年曰五原郡。正觀三年没吐蕃，九年復城之。領縣二。

上，五原縣。漢馬領縣地，屬北地郡，後置五原縣。元魏立大興郡。西魏立鹽州。隋曰鹽川郡〔三三〕。唐曰鹽州。有烏池、白池、細項池、瓦窑池鹽〔三四〕。

上，白池縣。本興寧，隋末置，景龍三年更名。

中府，勝州。本春秋戎狄之地。戰國屬趙。秦屬雲中、九原二郡。二漢屬雲中、五原二郡。魏、晉後荒廢。隋開皇二十年立勝州，大業初州廢，立榆林郡。唐武德中平梁師都〔三五〕，立勝州〔三六〕，天寶元年曰榆林郡。領縣二。

中下，榆林縣。本漢雲中之沙南、五原之五原地。南界有榆溪塞，即蒙恬爲秦侵胡，闢地數千里，累石爲城，植榆爲塞是也。隋開皇七年置榆林縣，二十年立勝州，大業初立榆林郡。唐因之。漢五原縣故城，在今縣西，有隋故榆林宫，東有榆林關。

中下，河濱縣。亦漢沙南縣地。唐正觀三年置，以東臨河岸故名，及立雲州。四年曰威州，八年州廢來屬。東北有河濱關。

下都督，西州。漢爲車師前王國，元帝置戊己校尉，屯田車師故地，地形高敞，因名高昌壘。前涼張駿立高昌郡。元魏和平元年爲蠕蠕所并，以闞伯周爲高昌王，高昌稱王自此始。孝文時金城麴嘉稱王於此，傳數世，至唐正觀十四年討平之〔三七〕，以其地立西州。開元中曰金山都督府，天寶元年曰交河郡〔三八〕。領縣五。

下，前庭縣。本漢高昌壘，壘有八城，本中國人也。張駿立高昌郡，吕光、且渠蒙遜皆因之。後闞伯周始建國，至麴文泰爲唐所滅，立西州，及置高昌縣。寶應元年改爲前庭〔三九〕，取車師前王庭以名之。

下，柳中縣。取漢舊地爲名。

中下，交河縣。漢車師前王國治交河城，河水分流繞城下，故號交河，唐取以名縣。

中，蒲昌縣。唐以始昌故城置，本隸庭州，後來屬。東南有蒲類海〔四〇〕，胡人呼爲婆悉海。

下，天山縣。其五縣皆唐正觀十四年與州同置。

下，伊州。在敦煌北大磧之外，爲戎狄之地，非九州之限。東漢明帝時伐匈奴，始取伊吾盧地，置宜禾都尉以屯田。竇憲、班超初築城於此。班勇爲西域長史，乃居焉。爾後多爲屯田兵鎮之所，未爲郡縣。元魏始立伊吾郡，後又爲鄯善所據。唐正觀四年西域雜胡内附，乃立西伊州〔四一〕，六年曰伊州，天寶元年曰伊吾郡。領縣三。五代時曰胡盧磧，爲仲雲之族牙帳。仲雲，小月氏之遺種也。

下，伊吾縣。本匈奴地，曰伊吾盧，在敦煌之北大磧之外，南去玉門關八百里，東去陽關二千七百三十里。東漢以後爲屯田兵鎮之所。晉置伊吾縣，屬敦煌郡。元魏立伊吾郡，後廢。唐立伊州，復置縣。有天山，胡人呼爲折羅漫山〔四二〕，每過之，皆下馬拜，一名雪山。

下，納職縣。唐正觀四年以鄯善所築故城置，開元六年省，十五年復置。

下，柔遠縣。唐正觀四年置，取縣東柔遠故城以名之。

下，甘州。春秋、戰國爲戎狄。秦及漢初爲匈奴所有，使昆耶王居之。武帝太初元年，昆耶王來降，以其地立張掖郡。東漢、魏、晉皆因之。北涼且渠蒙遜始都於此。元魏置張掖郡。西魏置西涼州，尋改曰甘州，因州東甘峻山爲名。後周因之。隋開皇初郡廢，大業初州廢，復爲張掖郡。唐武德二年平李軌，立甘州，天寶元年曰張掖郡〔四三〕。領縣二。五代時爲回鶻牙帳。

上，張掖縣。晉舊縣，本匈奴昆邪王地。漢立張掖郡，治觻得縣。東漢因之。晉改曰永平縣。西魏立甘州。隋廢郡，大業初改永平爲張掖縣。唐因之。漢昭武縣，屬張掖郡。

晉改曰臨澤。故城在縣西北。漢張掖縣，屬武威郡。東漢因之，後省。故城亦在縣西北。漢居延縣，張掖都尉治。東漢興平二年，立西海郡。魏、晉因之，後廢。故城在今縣東北。故臨松郡，前涼張天錫置郡〔四四〕。元魏因之，後廢爲縣。後周省入。有遮虜障，漢將軍路博德所築。有祁連山、臨松山、甘峻山、合黎山、居延澤，禹貢所謂「道弱水至于合黎，餘波入于流沙」。居延澤，即古流沙也。

中下，删丹縣。漢屬張掖郡。東漢因之，後分屬西郡。晉因之。元魏改縣曰山丹。隋大業初復改曰删丹，屬張掖郡。唐屬甘州。漢日勒縣，屬張掖郡。東漢因之，後分立西郡。魏、晉、元魏因之，改縣曰永寧。西魏郡廢，又改縣曰弱水。後周省入山丹。故城在縣東南。有焉支山。匈奴初失祁連、焉支二山，惜之，歌曰：「奪我祁連山，使我六畜不繁息。失我焉支山，使我婦女無顏色。」

下，肅州。古月氏地，後入匈奴。漢太初元年，開立酒泉郡。東漢、魏、晉因之。西涼李暠自敦煌徙居於此。元魏、後周亦爲酒泉郡。隋開皇初郡廢，仁壽中立肅州。大業初州廢，入張掖郡。唐武德二年分立肅州〔四五〕，天寶元年曰酒泉郡。領縣三。

中下，酒泉縣。本福祿。漢立酒泉郡。城下有金泉，味如酒，因以名焉。東漢以後皆因之。元魏置酒泉軍，後復爲郡。隋郡廢，立肅州。州廢，屬張掖郡。義寧元年，改福禄爲酒泉。唐立肅州。西南有崑崙山，周穆王見西王母於此。漢平帝時，金城塞外羌獻魚鹽之地，遂得西王母石室，以爲西海郡，後爲吐谷渾所都。隋大業五年討之〔四六〕，復立西海郡。

下，福禄縣。本漢樂涫縣，屬酒泉郡。東漢、晉因之，後省。唐既改福禄縣爲酒泉，武德二年於樂涫故城復置。

中下，玉門縣。漢屬酒泉郡，時罷玉門關屯，徙其人於此，因以名縣。東漢、魏、晉因之。元魏立會稽郡，併新鄉、延興入會稽縣。隋開皇中改縣爲玉門，屬瓜州。唐武德二年來屬。正觀元年省，後置〔四七〕。開元中没吐蕃，因置玉門軍。天寶十四載廢軍爲縣〔四八〕。北有獨登山，出鹽，以充貢。有神雨山。

下，疊州。歷代爲諸羌所據。晉屬汶山郡。宋、齊因之。後爲西魏、後周所有。武帝立西疆、恒香二郡，兼立疊州。隋開皇初，二郡並廢。大業初州廢，入臨洮、同昌二郡。唐武德二年復立疊州，天寶元年曰合川郡。領縣二。

下，合川縣。後周置，及立西疆郡。隋郡廢，屬臨洮郡。唐立疊州。故疊川縣，後周置，及立疊州。隋廢州，屬臨洮郡。唐武德二年來屬，正觀二年省入焉。有白嶺山。

下，常芬縣。後周置，及立恒香郡。隋郡廢，屬同昌郡。唐武德元年立芳州〔四九〕，高宗上元二年陷吐蕃，神龍元年州廢來屬。有弱水。

下，宕州。歷代爲諸羌所據。元魏武帝時始内附，封爲宕昌王。後周立宕昌國。武帝天和元年置宕州。隋大業初州廢，爲宕昌郡。唐武德元年復爲宕州，天寶元年曰懷道郡。領縣二。

下，懷道縣。後周置，及立甘松郡。隋開皇初郡廢，屬宕州。唐爲州治，正觀三年省和戎縣入焉。

下，良恭縣。本陽宕，後周置，及立宕昌郡，兼立宕州。隋郡廢，後州廢，復爲宕昌郡。唐屬宕州，正觀元年以成州之潭水來屬，後省入焉。

下都督府，豐州。春秋爲戎狄。戰國屬趙。秦屬九原郡〔五〇〕。漢屬五原郡。東漢因之。魏晉後爲匈奴所没。隋文帝置豐州，煬帝初州廢，置五原郡。唐正觀四年以突厥降户立豐州，不領縣。十一年州廢，入靈州。二十三年復立〔五一〕，天寶元年曰九原郡。領縣二。

中下，九原縣。二漢屬五原郡，後没匈奴。唐永徽四年復置。

中下，永豐縣。唐永徽元年置，麟德元年别置豐安縣，天寶末省。東受降城，唐景雲二年〔五二〕，朔方軍總管張仁愿築三受降城。中受降城，有拂雲堆祠。西受降城，開元初爲河所圮，十年總管張説於城東别置新城。北三百里有鸊鵜泉。

上，宥州。歷代地理與鹽州同。唐調露元年，於靈、夏南境以降突厥立魯州、麗州、含州〔五三〕、塞州、依州、契州，以唐人爲刺史，謂之六胡州，長安四年併爲匡、長二州。神龍三年立蘭池都督府，分六州爲縣。開元十年復立魯、麗、契、塞四州，十年平康待賓〔五四〕，遷其人於河南及江、淮。十八年，復爲匡、長二州。二十六年，還所遷胡户立宥州及延恩等縣。天寶元年曰寧朔郡，至德二載更郡曰懷德，乾元元年復故名，寶應後廢。元和九年於經略軍復置，距故州東北三百里。十五年徙治長澤，爲吐蕃所破，長慶四年節度使李祐復奏置。領縣二。

中，延恩縣。唐開元二十六年以故匡州地置，又以故塞門縣地置懷德縣，以故蘭池州之長泉縣地置歸仁縣〔五五〕。寶應後皆省，元和九年復置延恩。有經略軍，在榆多勒城，天寶中王忠嗣奏置。

中下，長澤縣。本漢三封縣地，屬朔方郡，後省。元魏置長澤，及立闡熙、大安二郡，又立長州。隋開皇三年郡並廢，大業三年州廢，入朔方郡。唐正觀七年立長州，十三年州廢隸夏州，元和十五年來屬。有胡洛鹽池。

校注

〔一〕咸亨元年：寰宇記卷一五六作「龍朔元年」。

〔二〕下：原作「丁」，據四庫本、聚珍本改。

〔三〕二年：寰宇記卷一五六作「元年」。

〔四〕大曆六年：元和志卷四〇作「長安二年」。

〔五〕元和志卷四〇：「貞觀十四年於州南置蒲昌縣，長安二年改爲金蒲縣。」

〔六〕赫連果地：「地」字，寰宇記卷三六作「城」。按元和志卷四：「其城赫連勃勃所置果園。」

〔七〕果園：四庫本作「東園」。札記卷上：「宋本『果』是也，此通典文。朱校作『東』，誤。」

〔八〕元和志卷四：「後周置迴樂縣。」

〔九〕廣潤：元和志卷四作「大潤」。

〔一〇〕營：原作「榮」，據叢書集成本改。

〔一一〕三年：元和志卷四、舊唐書卷三八作「二年」。

〔一二〕弘化郡：元和志卷四、寰宇記卷三七作「化政郡」。

〔一三〕元年：四庫本作「初」。

〔一四〕置：四庫本作「後」。札記卷上：「『置』字是也，此元和志文。朱校作『履』，誤。」

〔一五〕有：四庫本作「府」。札記卷上：「宋本『有』，朱校誤『府』。」

〔一六〕吕光：四庫本、聚珍本作「昌光」。札記卷上：「宋本『吕』，通典文。朱校作『昌』，誤。」

〔一七〕永世：四庫本作「永始」，元和志卷四〇作「永年」。

〔一八〕番和：通典卷一七四、元和志卷四〇作「番禾」。下同。札記卷上：「宋本『番』是也，漢志注：如淳曰『音盤』。唐志『和』去『口』旁，『番』仍無『艹』。朱校作『蕃』，誤。」

〔一九〕番和郡：札記卷上：「宋本『番』，與地形志合。朱校亦誤『蕃』。」

〔二〇〕元年：寰宇記卷一五二、新唐書卷三九作「二年」。

〔二一〕元年：寰宇記卷一五二作「二年」。

〔二二〕先天二年：元和志卷四〇作「萬歲通天元年」。

〔二三〕允姓：原作「元姓」，據春秋左傳注疏卷四五、元和志卷四〇、寰宇記卷一五三改。

〔二四〕二年：寰宇記卷一五三作「三年」。

〔二五〕西沙州：元和志卷四〇作「沙州」。

〔二六〕亂：札記卷上：「朱校脱『亂』字。」

〔二七〕效穀：四庫本作「郊穀」。下同。

〔二八〕地：原作「也」，據四庫本改。

〔二九〕郡縣皆：四庫本、聚珍本「郡」前有「晉昌」，脱「縣皆」二字。札記卷上：「宋本可辨。朱校作『晉昌郡』，誤。寰宇記引十六國春秋可證。洪編修亮吉十六國疆域志以輿地廣記爲微誤，蓋未見宋刊本故也。」

〔三〇〕元年：元和志卷四〇作「五年」。

〔三一〕鹽川郡：聚珍本作「鹽州郡」。

〔三二〕武德二年：元和志卷四〇作「貞觀二年」，寰宇記卷三七作「武德元年」。

〔三三〕鹽川郡：聚珍本作「鹽州郡」。札記卷上：「宋本『川』是也，隋志可證。朱校作『州』，誤。」

〔三四〕瓦窑池：上原有「四」字，據元和志卷四、寰宇記卷三七删。

〔三五〕武德：寰宇記卷三八作「貞觀」。

〔三六〕元和志卷四：「貞觀二年平師都，三年仍隋舊理勝州。」

〔三七〕十四年：舊唐書卷四〇作「十三年」。

〔三八〕交河郡：四庫本作「究河郡」，聚珍本作「衮河郡」。札記卷上：「宋本『交』是也，唐志可證。朱校作『衮』，誤。」

〔三九〕寶應：元和志卷四〇作「天寶」。

〔四〇〕東南：四庫本作「縣南」。

〔四一〕西伊州：元和志卷四〇作「伊州」。

〔四二〕折羅漫山：聚珍本作「折盧漫山」，李太白集注卷四引輿地廣記作「折漫羅山」。

〔四三〕天寶元年：原作「天寶年」，據舊唐書卷四〇增「元」字，四庫本「年」作「初」。

〔四四〕郡：四庫本脱。札記卷上：「『郡』字是也，晉志云：『張天錫又別置臨松郡。』其證矣，朱校脱。」

〔四五〕二年：元和志卷四〇作「元年」。

〔四六〕五年：四庫本、聚珍本作「三年」。札記卷上：「宋本『五』是也，隋志可證。朱校作『三』，誤。」

〔四七〕後置：四庫本作「後復置」。

〔四八〕載：原作「年」，據四庫本改。

〔四九〕芳州：四庫本作「芬州」，唐會要卷七一同。按舊唐書卷四〇、新唐書卷四〇並作「芳州」。

〔五〇〕九原郡：元和志卷四、寰宇記卷三九作「上郡」。

〔五一〕二十三年：元和志卷四作「二十二年」。

〔五二〕二年：元和志卷四作「三年」。

〔五三〕含州：寰宇記卷三九作「舍州」。

〔五四〕十年：元和志卷四作「十一年」。

〔五五〕蘭池州：新唐書卷三七作「蘭州」。

輿地廣記卷第十八〔一〕

河東路上

大都督府〔二〕，太原府。春秋屬晉。戰國屬趙。秦昭襄王使蒙驁攻趙，初置太原郡。二漢因之，兼置并州。魏、晉爲太原國。後魏復爲郡。北齊、後周皆因之。隋初曰并州，後曰太原郡。唐武德元年爲并州，天授元年置北都。開元十一年曰太原府，後領河東節度。周初，劉崇竊據其地。皇朝太平興國四年克復，降爲并州，嘉祐四年升爲太原府、河東節度〔三〕。今縣九。

次赤，陽曲縣。本漢狼孟縣地。故城在今縣東北，屬太原郡。東漢自今定襄縣移陽曲於此。晉因之。隋開皇六年改曰陽直〔四〕，十六年改曰汾陽。唐武德七年復曰陽曲。自劉氏竊據以前，府治太原、晉陽二縣。皇朝太平興國四年王師克復，遂徙州治陽曲〔五〕，而空其故城。太原縣，禹貢所謂「既修太原」是也。秦以來爲太原郡治。東漢以後，兼爲并州刺史治焉。後魏爾朱榮、高歡父子皆據此。隋開皇十年，於州城中古晉陽置太原縣。

唐高祖於此起義師以興王業。皇朝太平興國四年省入榆次〔六〕。晉陽縣，本漢舊縣。北齊置龍山縣〔七〕。隋開皇十年改曰晉陽。皇朝建隆四年以爲平晉軍，太平興國四年廢爲平晉縣〔八〕，熙寧三年省入陽曲〔九〕。有龍山，晉水所出。

次畿，太谷縣。本漢陽邑縣，屬太原郡。東漢及晉皆因之。隋開皇十八年更名。唐因之。有太谷山。

次畿，榆次縣。本涂水，晉大夫知徐吾之邑也〔一〇〕。秦莊襄王三年〔一一〕，蒙驁攻趙榆次。漢屬太原郡。東漢、晉因之。北齊改曰中都。隋開皇初復曰榆次。唐因之。

次畿，壽陽縣。晉泰始中置，屬樂平郡，後廢。隋開皇十年復置，屬并州，後曰受陽。唐武德六年受州徙治此，正觀八年州廢來屬，十一年復曰壽陽。有方山。

次畿，盂縣。本晉大夫盂丙邑〔一二〕。漢屬太原郡。東漢、晉因之，後廢。隋開皇十六年置原仇縣，大業初復曰盂。唐武德三年置受州，正觀八年州廢來屬。

次畿，交城縣。隋開皇十六年分晉陽置，屬并州。唐先天二年析置靈川縣，開元二年省〔一三〕。

次畿，文水縣。本大陵縣地〔一四〕。昔趙武靈王游大陵，夢處女鼓琴而歌，即此。漢屬太原郡。東漢、晉因之，後曰受陽。隋開皇十年改曰文水，屬并州。唐武德中屬汾州，正觀初還屬并州。天授元年以武后鄉里，改爲武興，神龍元年復爲文水。

次畿，祁縣。本晉大夫祁奚邑，晉滅祁氏，以賈辛爲大夫。漢屬太原郡。東漢、晉因之。北齊省。隋開皇中復置，屬并州。唐因之。

次畿，清源縣。本梗陽，晉大夫魏戊邑。漢爲榆次縣地。隋置清源縣，以清源水爲名，屬并州，大業初省入晉陽。唐武德元年復置。

大都督府，潞州。春秋時爲黎侯，後赤狄奪其地，而潞子嬰兒爲晉所滅，其地屬晉。戰國時曰上黨，爲韓之別郡[一五]，遠韓近趙。秦攻上黨，韓不能救，其守馮亭以地降趙。秦攻取之，置上黨郡。二漢、晉因之。後魏亦爲上黨郡。後周置潞州。隋置韓州，大業初州廢，復置上黨郡。唐武德元年又爲潞、韓二州，正觀十七年併韓入焉，後領昭義軍節度。皇朝太平興國元年改昭德軍，建中靖國元年改隆德軍[一六]。今縣七。

望，上黨縣。故黎侯國，書所謂「西伯戡黎」，詩所謂「狄人追逐黎侯」是也。漢爲壺關縣，屬上黨郡。東漢、晉因之。後魏分置上黨縣[一七]，爲上黨郡治。後周及唐爲潞州治。明皇嘗爲州別駕，有啓聖宮，本明皇故第[一八]。

上，屯留縣。春秋時本爲純留，屬晉，左傳晉人執衛「孫蒯于純留」，即此。後趙肅侯奪晉君端氏，而徙之屯留。漢屬上黨郡。東漢、晉因之。北齊廢焉。隋開皇十六年復置，屬潞州。唐因之。有漢余吾縣故城，在縣西北三十里。

上，襄垣縣。漢屬上黨郡。東漢、晉皆因之。後魏置襄垣郡。北齊郡廢。後周置韓州。隋大業初州廢，屬上黨郡。唐武德元年復置韓州，正觀十七年州廢來屬。有鹿臺山。

上，潞城縣。故潞子國。二漢潞縣，屬上黨郡。晉爲郡治，後縣廢。隋開皇十六年復置潞城縣，屬潞州。唐因之。有潞水，爲并州浸〔一九〕，即濁漳水也。

中，黎城縣。漢潞縣地。後魏以潞縣被誅遺人置〔二〇〕。隋開皇十八年改名黎城〔二一〕。有壺口故關。

中，壺關縣。本漢壺關縣地。後魏既以壺關置上黨縣，乃移壺關於此。隋大業初省入上黨。唐武德四年復析上黨置，屬潞州。

中，長子縣。本周史辛甲之封邑，左傳「晉人執衛行人石買」于長子，即此〔二二〕。秦爲上黨郡治。二漢因之。晉屬上黨郡。北齊廢焉。隋開皇九年置，曰寄氏縣。十八年改曰長子，屬潞州。唐因之。有發鳩山〔二三〕，漳水所出。有羊腸坂，王莽命左威將王嘉曰：「羊頭之阸，北當燕趙。」〔二四〕蓋此地也。

中下，涉縣。二漢屬魏郡。晉屬廣平郡。後魏廢焉。隋開皇十八年復置〔二五〕，屬潞州〔二六〕。

望，晉州。堯時爲帝都，所謂「平陽」也。春秋屬晉。戰國屬魏〔二七〕。秦屬河東郡。二漢因之。魏分置平陽郡。晉因之。劉淵僭位，設都於此。後魏亦爲平陽郡，兼置唐州，後改曰晉州。東魏、北齊皆爲重鎮。隋初郡廢，煬帝初置臨汾郡。唐武德元年曰晉州，天寶元年曰平陽郡。梁開平四年升定昌軍。後唐同光元年改曰建雄軍。皇朝因之〔二八〕。今縣十。

望，臨汾縣。本子陽，堯所都也。戰國時韓武子居之〔二九〕。二漢屬河東郡〔三〇〕。魏置平陽郡。晉因之。後魏置唐州，改曰晉州。隋開皇初，改郡曰平河〔三一〕，改縣曰臨汾，尋郡廢。大業初，置臨汾郡。唐置晉州〔三二〕。有姑射山。

緊，洪洞縣。本楊侯國，姬姓也。晉滅之，爲楊邑。二漢爲楊縣，屬河東郡。晉屬平陽郡。隋屬臨汾郡，義寧二年改曰洪洞，取縣北洪洞嶺爲名〔三三〕。唐屬晉州。故洪洞城，在今縣北〔三四〕，東魏、北齊鎮此。

緊，襄陵縣。二漢舊縣，屬河東郡〔三五〕。晉屬平陽郡。後魏太武以擒赫連昌，乃分置擒昌縣〔三六〕。北齊廢襄陵入擒昌。隋大業初，又改擒昌爲襄陵，屬臨汾郡。唐屬晉州。晉襄公之陵，在西北，因以名縣〔三七〕。

上，神山縣。唐武德二年分襄陵置浮山縣，東南有羊角山〔三八〕，四年以老子祠更名神山〔三九〕。

趙城縣〔四〇〕。昔周穆王以趙城封造父，即此。漢爲彘縣地，屬河東郡。隋義寧二年析霍邑置趙城縣〔四一〕，屬晉州〔四二〕。

上，汾西縣。後魏置，曰臨汾縣，及汾西郡。隋開皇初郡廢，十八年改縣曰汾西〔四三〕，屬晉州。唐因之〔四四〕。

中，霍邑縣。本彘縣。周厲王流於彘，即此。漢屬河東郡，順帝陽嘉二年改曰永安。晉省之。後魏置永安郡。隋開皇初郡廢，十六年置汾州，十八年改爲呂州，而改永安爲霍邑。大業初州廢，屬臨汾郡。唐屬晉州。霍太山，在東北，禹貢所謂「太嶽」也。周封文王子叔處爲霍伯，其後晉滅之。有彘水，西南流入汾。

中，冀氏縣。漢猗氏縣地，屬河東郡〔四五〕。後魏置冀氏縣及冀氏郡〔四六〕。北齊郡廢。隋屬臨汾郡。唐屬晉州。

中下，和川縣〔四七〕。

中下，岳陽縣。漢穀遠縣地，屬上黨郡。後魏置安澤縣。隋大業初改曰岳陽，屬臨汾郡。唐屬晉州。縣在太嶽之南，禹貢所謂「至于岳陽」，蓋指此而言也。

中，府州。漢屬太原郡。隋屬樓煩郡。唐屬嵐州，唐末置府州。後唐莊宗以雲中人折從阮爲刺史。晉出帝時，從阮以兵攻契丹，取其城堡十餘。漢高祖天福十二年置永安軍，以從阮爲節度使。明年入朝，拜從阮子德扆爲本州團練使，自此折氏世守府州。皇朝因之〔四八〕。今縣一。

下，府谷縣。有安豐、寧府、百勝三寨，濱河、斥候、請化〔四九〕、西安四堡〔五〇〕。有黄河。

下，麟州。漢屬五原、西河二郡。隋屬銀、勝二州。唐因之。開元十二年，節度使張説奏置麟州。十四年州廢，天寶元年王忠嗣復奏置，又爲新秦郡。皇朝乾德五年升建寧軍節度〔五一〕，端拱元年改鎮西軍〔五二〕。今縣三。

上，新秦縣。唐天寶元年析連谷、銀城置，爲麟州治。按漢書食貨志：武帝以山東被水灾，民多饑乏，乃徙貧民於關以西，及充朔方以南新秦中。今之郡縣蓋其地也〔五三〕。

中，銀城縣。本漢稒陽〔五四〕、曼柏二縣地，屬五原郡。後魏置石城縣。後周改爲銀城。隋屬綏州，後廢焉。唐正觀二年復置，四年屬銀州，八年屬勝州，天寶元年來屬。漢本紀光禄勳徐自爲築五原塞外列城，西北至盧朐山，即今縣北所謂光禄塞是也。

下，連谷縣。本漢圁陰縣地〔五五〕，屬西河郡。唐正觀八年以隋連谷戍置縣〔五六〕，屬勝州，天寶元年來屬。

雄，絳州。春秋爲晉都。戰國屬魏。秦時屬河東郡。二漢因之。晉屬河東、平陽二郡。後魏置東雍州。西魏、後周以爲重鎮，後周改曰絳州及正平〔五七〕、絳二郡。隋開皇初郡廢，大業初州廢，置絳郡。唐武德元年復曰絳州，天寶元年曰絳郡。皇朝因之〔五八〕。今縣七。

望，正平縣。本二漢臨汾縣，屬河東郡。晉屬平陽郡。後周置正平郡。隋開皇初置絳州，十八年改臨汾縣爲正平，大業初置絳郡。唐爲絳州。有北齊武平關，在縣西三十里。故家雀關，在縣西七里，並是鎮處。有汾、澮二水。

望，曲沃縣。晉文侯封弟成師於此，謂之「曲沃桓叔」。二漢爲絳縣地。後周置曲沃縣〔五九〕。隋屬絳郡。唐屬絳州。有絳山、絳水。

望，太平縣。本漢臨汾縣地。後魏置太平縣〔六〇〕。隋屬絳郡。唐屬絳州。

上，翼城縣。晉穆侯自晉陽徙都于絳，至孫孝侯改絳爲翼〔六一〕，謂之翼侯。其後爲曲沃武公所并，自曲沃徙都之，復謂之絳。二漢爲絳縣地。後魏爲北絳縣及北絳郡。隋開皇初郡廢，十八年改縣曰翼城〔六二〕，屬絳州，義寧元年置翼城郡。唐武德元年曰澮州〔六三〕，四年州廢來屬。

中，稷山縣。本二漢聞喜縣地，屬河東郡。後魏置高涼縣，又置龍門郡。後周置勳州，改曰絳州。隋開皇初龍門郡廢，徙絳州治正平，十八年改高涼曰稷山。唐因之〔六四〕。有玉壁城，後周王思政所築，爲重鎮。齊神武再攻圍，不克。

中，絳縣。本晉之新田，魏獻子曰：「新田土厚水深，居之不疾。」蓋謂此。二漢屬河東郡。晉屬平陽。後周置絳郡。隋開皇初郡廢，屬絳州。唐因之。

下，垣曲縣。本垣縣。二漢、晉屬河東郡，後廢焉。西魏置邵郡及白水縣〔六五〕。後周置邵州，改白水爲亳城〔六六〕。隋開皇初郡廢，大業初州廢，改亳城爲垣縣，屬絳郡。義寧元年置邵原郡。唐武德元年曰邵州，正觀元年州廢，縣來屬。龍朔二年屬洛州，長安二年復故〔六七〕。正元三年屬陝州，元和三年復故。今曰垣曲。有禹貢王屋山，沇水所出，東流爲濟。

上〔六八〕**，代州**。春秋屬晉。戰國屬趙，趙武靈王置雁門郡，此其南境。秦、漢屬太原、雁門二郡。東漢屬太原、雁門、代三郡。晉置雁門郡。後魏又置繁畤郡。後周置肆州。隋開皇五年改曰代州。唐因之，天寶元年曰雁門郡。皇朝因之〔六九〕。今縣四。

中，雁門縣。本漢廣武縣，屬太原郡。東漢屬代郡〔七〇〕。晉爲雁門郡治焉。元魏、後周皆因之。隋初郡廢，置代州。唐因之。有夏屋山，史記「趙襄子北登夏屋，以銅斗擊殺代王」，即此。有勾注山，漢擊匈奴於此，一名西陘。有滹沱水。

中，崞縣。二漢、晉皆屬雁門郡，後廢焉。元魏置石城縣。東魏置廓州。北齊改爲北顯州。後周廢。隋開皇十六年改縣曰平寇〔七一〕，大業初又改曰崞縣，屬雁門郡。唐屬代州。有崞山。故樓煩縣，本樓煩胡地。趙武靈王取之，置縣。二漢屬雁門郡。魏、晉廢焉。故城在今縣東。故唐林縣，本武延縣，唐證聖元年析五臺、崞置，唐隆元年改曰唐林。皇朝景德二年省入崞。

中下，五臺縣。本慮虒縣。二漢屬太原郡。魏、晉廢焉。後魏置驢夷縣。隋大業初改曰五臺，屬雁門郡。唐屬代州。有五臺山、慮虒水。

中下，繁畤縣。二漢、晉皆屬雁門郡，後廢焉。元魏復置，并置繁畤郡。後周郡、縣並廢。隋開皇十八年復置縣，屬代州。唐因之。

下，隰州。春秋屬晉。戰國屬魏。秦、二漢屬河東郡。魏、晉屬平陽郡。後魏、北齊爲汾州。後周置汾州及龍泉郡〔七二〕。隋開皇初郡廢，後復置西汾州，尋又改爲隰州。大業初復置龍泉郡。唐武德元年改爲隰州，天寶元年曰大寧郡〔七三〕。今縣六。

上，隰川縣。本晉之蒲邑。晉獻公使公子重耳居蒲，即此。漢爲蒲子縣，屬河東郡。晉屬平陽郡，後廢焉。後周置長壽縣及龍泉郡。隋開皇初郡廢，改長壽縣爲隰川，爲隰州治。唐因之。

上，温泉縣。本後周新城縣地〔七四〕。隋開皇十年省縣入汾西。唐武德三年置温泉及北温州〔七五〕，正觀元年州廢，以縣來屬。

中，蒲縣。後周置。隋屬龍泉郡。唐武德二年置昌州，正觀元年州廢，以縣來屬。

中，大寧縣。本漢北屈縣地，屬河東郡。隋爲伍城縣地〔七六〕，屬文城郡〔七七〕。唐武德二年更名，是年置中州。正觀元年州廢，以縣來屬。

中，石樓縣。本漢土軍縣〔七八〕，屬西河郡。東漢省之。後魏置吐京縣及吐京郡，蓋胡俗語訛也。隋開皇初郡廢，十八年改縣爲石樓，屬隰州。唐武德二年置西德州，正觀元年州廢，屬東和州，州廢來屬。有石樓山。

中，永和縣。本漢狐讘縣，屬河東郡。東漢、晉因之。後周置臨河縣及臨河郡。隋開皇初郡廢，十八年改縣爲永和，屬隰州。唐武德二年置東和州，六年析置樓山縣。正觀二年州廢，省樓山，以永和來屬。

下，慈州。春秋屬晉。戰國屬魏。秦、二漢屬河東郡。魏、晉屬平陽郡。東魏置定陽郡及南汾州〔七九〕。北齊改爲西汾州。隋開皇初郡廢，十六年改州爲耿州，後復爲汾州。大業初州廢，置文城郡。唐武德元年復曰汾州，五年曰南汾州。正觀八年曰慈州〔八〇〕，取慈烏戍爲名。天寶元年曰文城郡。皇朝熙寧五年州廢，屬隰州〔八一〕，元祐元年復置。今縣一。

中，吉鄉縣。本晉之北屈。晉獻公使公子夷吾居屈，即此地。産良馬〔八二〕，所謂「屈産之乘」。東魏置定陽縣及定陽郡〔八三〕。隋改定陽曰吉昌，置文城郡。唐曰慈州。後唐改吉昌爲吉鄉。皇朝因之。州廢，屬隰州〔八四〕。州復置，仍爲州治。有禹貢壺口山。文城鎮，本元魏伍城縣地〔八五〕，後置文城縣〔八六〕。隋屬文城郡。唐屬慈州。有孟門山、黄門。皇朝熙寧五年省入吉鄉。唐慈州，又領昌寧、仵城、吕香三縣。昌寧縣，元魏置，并内陽郡。隋開皇初郡廢，屬文城郡。後唐改曰寧鄉〔八七〕。皇朝省之。伍城縣，元魏置，曰刑軍縣〔八八〕，後改曰伍城，又置伍城郡。隋開皇初郡廢，屬文城郡。周顯德三年省。吕香縣，隋義寧元年分伍城置平昌縣。唐正觀元年改爲吕香〔八九〕。周顯德三年省。

下，忻州。春秋屬晉。戰國屬趙。秦、二漢屬太原郡。元魏置肆州。後周徙州於雁門郡。隋開皇初置新興郡，尋廢〔九〇〕。十八年置忻州，取忻口爲名〔九一〕。大業初州廢，屬樓煩郡，義寧元年復置新興郡。唐武德元年復爲忻州，天寶元年曰定襄郡〔九二〕。皇朝因之。今縣二。

緊，秀容縣。本漢汾陽縣地〔九三〕，屬太原郡。東漢省之。元魏置肆州。北齊置平寇縣〔九四〕。隋開皇初置新興郡，十年廢平寇縣，而自今宜芳、秀容故城移縣治此，十八年置忻州。唐因之。有忻口寨，繫舟山。

上，定襄縣。本漢陽曲縣地。唐武德四年析秀容置〔九五〕。有石嶺關，甚險固。

校注

〔一〕札記卷上：「自此卷第四葉『皇朝因之今縣十』以下並有周臨重修本用以參考。周臨本，此卷末有『淳祐庚戌郡守朱申重修』一行。十九卷末『淳祐』一行之左較多『嘉泰甲子郡守譙令憲重修』一行。二十九卷末、三十一卷末、三十五卷末並只『淳祐』一行，與此卷末同，其餘各卷并『淳祐』一行亦無之。今詳于此，下不更述。」

〔二〕宋會要方域五之四：「大觀元年，陞爲大都督府。」

〔三〕宋會要方域五之四：「河東路太原府，唐大都督、太原尹、河東節度使。太平興國四年平劉繼元，降爲軍事州。嘉祐四年，復爲太原府、河東節度。大觀元年，陞爲大都督府。」

〔四〕六年：元和志卷一三：作「三年」。

〔五〕徙：札記卷上：「舊誤『徒』，今訂正，朱校不誤。下並同。」宋會要方域六之四：「陽曲縣，〔太平興國〕七年徙州治于縣之唐明鎮。」

〔六〕按此處云太原縣省入榆次，而繫於陽曲縣下，當考。

〔七〕龍山縣：四庫本、聚珍本作「隴山縣」。

〔八〕宋會要方域六之四：「太（國）〔平〕興國四年五月十日，詔曰：『乃眷太原，本維藩鎮，蓋以山川險固，城壘高深，致奸臣賊子違天拒命。因其悖逆，詿誤軍民。今既盪平，議須更改。當令衆庶，永保安寧。其太原舊城並從毁廢，仍改爲平晉縣，别于榆次縣創立并州。』」

〔九〕宋史卷八六：「政和五年復。」按宋會要方域六之四：「政和五年四月六日，户部言：『太原府舊平（原）〔晉〕縣，太宗皇帝復河東，駐蹕之地。熙寧初，以汾水溢而廢，請復爲縣。』從之。」

〔一〇〕大：札記卷上：「舊誤『太』，今訂正，朱校不誤。」

〔一一〕三年：史記卷五作「二年」。

〔一二〕孟丙：原作「孟丙」，據四庫本改。

〔一三〕宋會要方域六之四："「交城縣，〔太平興國〕四年以縣置大通監，寶元二年復來隸〔太原府〕。」

〔一四〕大陵：原作「太陵」，據聚珍本及下文，漢書卷二八上、後漢書志第二三、通典卷一七九、元和志卷一三、寰宇記卷四〇改。

〔一五〕郡：原作「都」，據漢書卷二八下改。

〔一六〕宋會要方域五之四："「隆德府，舊潞州，唐昭義軍節度，太平興國元年改昭德軍，建中靖國元年改爲隆德軍。崇寧三年陞隆德軍爲隆德府，仍還昭德舊節。」

〔一七〕元和志卷一五："「隋開皇十六年分壺關置上黨縣。」

〔一八〕第：原作「弟」，據四庫本、聚珍本改。

〔一九〕并州：元和志卷一五作「冀州」。

〔二〇〕元和志卷一五："「後魏太武改潞縣爲刈陵縣，隋開皇十八年改刈陵爲黎城縣。」

〔二一〕宋會要方域六之四："「黎城縣，熙寧五年廢隸潞城、涉二縣。」宋史卷八六："「天聖三年，徙治涉之東南白馬驛。熙寧五年省入潞城縣。元祐元年復。」

〔二二〕石：札記卷上："「『石』舊空，今訂補，朱校不空。」

〔二三〕發鳩山：原作「廢鳩山」，據後漢書志第二三、元和志卷一五改。

〔二四〕北：聚珍本作「地」。

〔二五〕十八年：元和志卷一五、寰宇記卷四五作「十年」。

〔二六〕潞州：元和志卷一五作「磁州」。

〔二七〕元和志卷一二：「戰國時屬韓，後韓將馮亭以上黨降趙，又屬趙。」

〔二八〕宋會要方域五之四：「平陽府，舊晉州，政和六年陞爲平陽府。」方域六之五：「政和六年八月二十八日，手詔：『祖宗以來，賜履踐祚之地，皆建府號。晉、壽、齊三州，乃太宗、真宗、英宗封建之邦，有司失于申明，懼不足以仰對在天之靈而俯慰邦人之望，可並陞爲府，晉爲平陽，壽爲壽春，齊爲濟南。』」

〔二九〕韓武子居之：漢書卷二八上作「韓武子玄孫貞子居此」。

〔三〇〕二漢屬河東：札記卷上：「周校云『重修本闕』，案宋本不闕。」

〔三一〕隋開皇初改：札記卷上：「周校云『重修本闕』，案宋本不闕。」

〔三二〕唐置晉州：札記卷上：「周校云『重修本闕』，宋本不闕。」

〔三三〕洪洞嶺：元和志卷一二作「洪洞鎮」。

〔三四〕在今：四庫本作「今在」。

〔三五〕屬河：札記卷上：「周校云『重修本闕』，案宋本不闕。」

〔三六〕擒昌：隋書卷三〇、元和志卷一二作「禽昌」。下同。舊唐書卷三九作「擒盛」。

〔三七〕宋會要方域六之四：「襄陵縣，天聖元年徙治晉橋店，熙寧五年廢州，以鄉寧縣分隸。」宋史卷八六既云「熙寧五年廢〔慈〕州……又以鄉寧隸晉州襄陵縣。」又云：「熙寧五年廢慈州，以鄉寧縣分隸太平、稷山」，前後矛盾。

〔三八〕東南：寰宇記卷四三作「西南」。

〔三九〕四年：元和志卷一二作「三年」。

〔四〇〕按九域志卷四、宋史卷八六爲「上」縣。

〔四一〕二年：新唐書卷三九作「元年」。

〔四二〕九域志卷四：「熙寧五年省趙城縣爲鎮入洪洞……元豐二年趙城復爲縣。」宋史卷八六：「政和三年，以趙城造父始封之地升爲軍，以軍事領之。」

〔四三〕十八年：元和志卷一二作「三年」。

〔四四〕宋會要方域六之四：「汾西縣，太平興國七年徙今治。」

〔四五〕河東郡：原作「上黨郡」，據漢書卷二八上、魏書卷一〇六上、隋書卷三〇、舊唐書卷三九、寰宇記卷四六、新唐書卷三九改。按漢書卷二八上有「陭氏縣」，屬上黨郡，故「猗氏」與「陭氏」二者不同，所屬亦不同。元和志卷一二云猗氏縣屬上黨郡，疑歐氏抄元和志而誤。

〔四六〕及：札記卷上：「周校云『重修本闕』，案宋本不闕。」

〔四七〕宋會要方域六之八：「沁州，陽城郡，軍事，領三縣。太平興國六年廢州，以和川縣隸晉州。」方域一二之一四以爲「太平興國五年來隸」，不同。方域六之四：「熙寧五年廢爲鎮，隸冀氏縣，元祐元年復。」

〔四八〕宋會要方域五之四：「府州，崇寧元年改爲靖康軍。」方域六之六：「政和五年八月二十日，詔以府州爲榮河郡。」

〔四九〕請化：聚珍本作「清化」。

〔五〇〕四堡：原作「三堡」，據宋史卷八六及本文實領堡數改。

〔五一〕宋會要方域六之六：「開寶五年十二月四日，詔曰：『眷彼麟州，地連金澤。懷柔鎮撫，實曰要區。俾分節制之權，以重藩宣之寄。宜陞爲節鎮，以建寧軍爲名。』唐建寧軍節度，端拱元年以建州軍額同，改鎮西軍，乾德初移治吴兒堡。」方域六之五：「慶曆四年四月二十八日，帝謂輔臣曰：『上封者數請廢麟州，以其饋糧勞民，其利害如何？』章得象曰：『麟州四面蕃漢户皆爲元昊所掠，今野無耕民，故一路困于饋運。欲更爲寨，徙其州少近（附）〔府〕州，以省邊民之役。』帝曰：『州不可廢，但徙屯軍近府州別置一城，亦可紓其患也。』」

〔五二〕元年：四庫本、聚珍本作「七年」。按宋會要方域五之四作「元年」。

〔五三〕宋會要方域六之五：「新秦縣，政和四年廢銀城、連谷二縣併入。」又：「政和四年四月十四日，詳定九域圖志所編修官蔡經國劄子：『照對舊九域圖志並載麟州管下新秦、銀城、連谷三縣，各有所管堡寨、山川界分。本州今供却只作新秦等縣，其銀城、連谷並屬新秦，本所致未敢便作新秦一縣修立，合取自朝廷指揮。』詔麟州管下新秦等三縣，今後只以新秦縣稱呼。其銀城、連谷縣並廢罷，併入新秦縣。」

〔五四〕稒陽：寰宇記卷三八作「棝陽」。

〔五五〕圁陰縣：四庫本作「圜陰縣」。

〔五六〕戍：聚珍本作「戊」。札記卷上：「宋本壞作『戍』，據周校訂正，元和志、唐志可證。」

〔五七〕及正平：「正平」原作「平正」，據四庫本、隋書卷三〇及下文改。又四庫本「及」作「領」。

〔五八〕宋會要方域六之六：「絳州，宋朝陞防禦。」

〔五九〕後周：元和志卷一二、寰宇記卷四七作「後魏」。

〔六〇〕太平縣：元和志卷一二、寰宇記卷四七作「泰平縣」。

〔六一〕至：寰宇記卷四七作「曾」。

〔六二〕十八年：寰宇記卷四七作「十六年」。

〔六三〕曰澮州：札記卷上：「宋本『澮』是也，自上『義寧元年』至下『來屬』並本唐志而增損其文。周校作『瀹』，誤，朱校不誤。」

〔六四〕宋會要方域一二之一四：「絳州稷山縣寧山鎮，熙寧五年廢慈州縣置。」

〔六五〕元和志卷六：「後魏獻文帝皇興四年置邵州及白水縣。」

〔六六〕亳城：原作「毫城」，據四庫本改。下同。札記卷上：「『亳』，宋本誤『毫』，周校同，今訂正，此本隋志，朱校亦誤。」

〔六七〕年：札記卷上：「宋本壞作『千』，據周校訂正，此本唐志，朱校不誤。」

〔六八〕九域志卷四：「皇朝乾德元年爲上州。」

〔六九〕宋會要方域六之六：「代州，乾德元年陞防禦。」

〔七〇〕代郡：通典卷一七九、寰宇記卷一四作「雁六郡」。

〔七一〕十六年：隋書卷三〇、元和志卷一四、寰宇記卷四九作「十年」。

〔七二〕汾州：原作「沁州」，據隋書卷三〇改。

〔七三〕宋會要方域一二之四：「哲宗元祐六年八月二十三日，詔以隰州爲次邊。以本州言，所隸上平、永寧兩關俯逼西界，經久備禦不可緩故也。紹聖四年四月十一日，樞密院言熙河進築金城關畢工。詔王文郁除正任觀察使，賜銀絹各五百疋兩。鍾傳轉兩官，除直龍圖閣，充熙河蘭岷路經略安撫判官；張詢除直秘閣，權陝府西路都轉運使，仍比修安西城加一(陪)〔倍〕支賜；王贍轉遥郡防禦使，更減四年磨勘，回授子有官者；康謂轉一官。各陞一等差遣，賜銀絹一百疋兩。將佐等令經略司具功狀以聞。」

〔七四〕後周：元和志卷一五、寰宇記卷四八作「後魏」。

〔七五〕三年：舊唐書卷三九作「二年」。

〔七六〕伍城縣：四庫本、聚珍本作「任城縣」，元和志卷一二、寰宇記卷四八作「仵城縣」。札記卷上：「宋本『伍』，周校同，是也，隋志可證。朱校作『任』，誤。」

〔七七〕屬文城郡：札記卷上：「宋本『郡』是也，隋志可證。周校作『縣』，誤。朱校不誤。」

〔七八〕土軍：原作「吐軍」，據漢書卷二八上、元和志卷一二、寰宇記卷四八改。

〔七九〕元和志卷一二：「後魏孝文帝於北屈縣南二十一里置定陽郡。」

〔八〇〕正觀：原無。據元和志卷一二、寰宇記卷四八、新唐書卷三九補。

〔八一〕宋會要方域六之六：「慈州，文城郡，團練，領三縣。熙寧五年，廢州爲吉鄉軍，以文城縣爲鎮入吉鄉縣，隸隰州。省鄉寧縣，析其地隸晉、絳二州。六年，省昭德縣爲鎮，隸滏陽縣。」

〔八二〕良：原本空一字，據四庫本、聚珍本補。札記卷上：「宋本空一字，周校同。案寰宇記當作『駿』，朱校作『良』，誤。」

〔八三〕元和志卷一二：「後魏孝文帝於今州置定陽郡，并置定陽縣。」

〔八四〕宋會要方域六之六：「隰州吉鄉縣，熙寧五年廢慈州來隸，即縣治置吉鄉軍使。」

〔八五〕伍城縣：元和志卷一二、寰宇記卷四八作「斤城縣」。

〔八六〕元和志卷一二：「隋開皇十六年改斤城縣爲文城縣。」

〔八七〕寧鄉：寰宇記卷四八、續通典卷一二二引輿地廣記作「鄉寧」。

〔八八〕刑軍縣：元和志卷一二作「京軍縣」。

〔八九〕元年：原作「六年」，據元和志卷一二、舊唐書卷三九、新唐書卷三九改。

〔九〇〕尋：四庫本作「唐」。

〔九一〕忻口：元和志卷一四作「忻川口」。

〔九二〕天寶：札記卷上：「宋本『天』，周校誤『大』，朱校不誤。」

〔九三〕汾陽縣：元和志卷一二作「陽曲縣」。

〔九四〕元和志卷一二：「後魏莊帝於今縣東十里置平寇縣。」

〔九五〕宋會要方域六之六：「忻州定襄縣，熙寧五年廢隸秀容縣。」宋史卷八六：「元祐元年，定襄復爲縣。」

輿地廣記卷第十九

河東路下

望，汾州。春秋屬晉。戰國屬趙。秦屬太原郡〔一〕。二漢屬太原、西河二郡。魏因之。晉屬西河國。元魏置西河郡，兼置汾州。北齊置南朔州。後周改曰介州〔二〕。隋開皇初郡廢，大業初州廢，復置西河郡。唐武德元年改曰浩州，三年改曰汾州。皇朝因之。今縣五。

望，西河縣。本漢隰城，屬西河郡。東漢省之。晉復置，屬西河國。元魏爲西河郡及汾州治。隋、唐皆因之，肅宗上元元年改隰城曰西河。漢京陵縣地，屬太原郡，即趙文子與叔向觀于九原之所。漢兹氏縣，屬太原郡。魏黄初二年置西河國，有西河恭王司馬子盛碑。

望，平遥縣。本漢平陶縣，屬太原郡。東漢、晉因之。元魏以諱，改「陶」爲「遥」。隋屬西河郡。唐屬汾州。

上，介休縣〔三〕。二漢屬太原郡。晉屬西河國。元魏分置平昌縣。後周置介休郡，省介休縣入平昌。隋開皇初郡廢，十八年改平昌曰介休，屬西河郡，義寧元年復置介休郡。唐武德元年改爲介州，正觀元年州廢來屬。有綿上山，今謂之介山。有介子推祠。漢鄔縣，屬太原郡。東漢、晉因之。九澤在北，是爲昭餘祁。漢中都縣，文帝爲代王都此，屬太原郡。東漢、晉因之，後皆入介休。

上，孝義縣。漢中陽縣，屬西河郡。東漢因之。隋曰永安〔四〕。正觀元年更名孝義〔五〕。有隱泉山。

中，靈石縣。本漢介休縣地。隋開皇十年置，屬汾州。唐因之。有賈胡堡，唐高祖討宋金剛，次于此地。有高壁嶺、雀鼠谷、汾水關，皆險固之處。

上，澤州。春秋屬晉。戰國屬韓，後屬趙。秦屬上黨郡。二漢屬上黨、河東二郡。魏、晉因之。元魏置建州及高都〔六〕、長平、安平三郡。北齊置長平、高都二郡。後周併二郡爲高平郡。隋開皇初郡廢，改州爲澤州。大業初州廢，置長平郡，置澤州。天寶元年曰高平郡。皇朝因之。統縣六。

緊，晉城縣。本高都縣。二漢、晉屬上黨郡。元魏置建州。北齊置長平、高都二郡〔七〕。

後周併爲高平郡。隋開皇初郡廢，十八年改縣爲丹川〔八〕，大業初置長平郡。唐武德元年置建州，三年析丹川縣置晉城。六年州廢，隸蓋州，徙蓋州來治，九年省丹川入晉城。正觀元年州廢，隸澤州，徙澤州來治〔九〕。有天井關，在縣南太行山上。

上，高平縣。本泫氏縣地。二漢、晉屬上黨郡〔一〇〕，後析置平高縣。北齊改曰高平，省泫氏入焉。隋屬長平郡。唐武德元年置蓋州，正觀元年州廢屬澤州。秦將白起坑趙降卒四十萬人於長平，即此地。今有頭顱山。

上，陽城縣。本濩澤縣。二漢屬河東郡。晉屬平陽郡。隋置澤州〔一一〕，取「濩澤」爲名，後屬長平郡。唐武德元年復置澤州，八年徙治端氏〔一二〕，天寶元年改縣爲陽城。有禹貢析城山、王屋山、濩澤水。

中，端氏縣。韓、趙、魏既分晉，徙晉君于端氏，即此。二漢屬河東郡。晉屬平陽郡。元魏置安平郡。隋開皇初郡廢，屬澤州。唐武德八年徙州來治此〔一三〕，正觀元年徙治晉城。

中，陵川縣。本漢泫氏縣。北齊省之。隋開皇十六年置陵川縣，屬澤州。唐武德元年屬蓋州，正觀元年來屬。

中下，沁水縣。二漢、晉皆屬河內郡。元魏置廣寧郡〔一四〕。北齊郡廢，改縣爲永寧。隋開皇十八年復爲沁水，屬澤州。唐武德元年屬蓋州，正觀元年來屬。

中，憲州。自唐以前地理與嵐州同。本樓煩監牧，以嵐州刺史兼領。正元十五年，别置監牧使。龍紀元年，節度使李克用表置憲州及樓煩縣。皇朝因之，咸平五年以樓煩屬嵐州，以嵐州之静樂來屬。熙寧三年州廢，十年復置〔一五〕。統縣一。

中，静樂縣。漢汾陽縣地，屬太原郡，後置岢嵐縣。隋開皇十八年改曰汾源，大業四年又改爲静樂〔一六〕，屬樓煩郡。唐武德四年置管州，六年州廢，以静樂屬嵐州。皇朝咸平中來屬〔一七〕，熙寧三年屬嵐州，十年復來屬。有管涔山，汾水所出。有隋汾陽宫。故天池縣，唐龍紀元年置〔一八〕，屬憲州。咸平省入静樂〔一九〕。

下，嵐州。春秋屬晉，後爲胡地。有樓煩王居焉，其後屬趙。秦屬太原郡。二漢、晉因之。後魏末置嵐州。隋大業四年置樓煩郡。唐武德四年置東會州，六年更名嵐州。皇朝因之。統縣三。

中，宜芳縣。本漢汾陽縣，屬太原郡。高帝封靳强爲侯國，積粟所在，謂之羊腸倉。有羊腸坂石磴，縈回若羊腸焉。隋末置嵐城縣，屬樓煩郡。唐武德四年更名宜芳，六年爲嵐州治。有古秀容城，魏土地記曰：「秀容，胡人徙居之，立秀容護軍治此〔二〇〕。」

中下，合河縣。北齊置蔚汾縣。隋大業四年改曰臨泉〔二一〕，屬樓煩郡。唐武德三年改曰臨津〔二二〕，六年屬嵐州，正觀元年又改爲合河。東有蔚汾關，西有合河關。

下，樓煩縣。唐龍紀元年於樓煩監西一里置，爲憲州治。皇朝咸平中以縣來屬〔二三〕。

下，石州。戰國時趙之離石邑，後爲秦、魏二國之境。秦屬太原郡地。漢屬西河郡。東漢爲郡治焉。晉置西河國。北齊置西汾州及懷政郡。後周改州爲石州，郡爲離石郡。隋開皇初郡廢，大業初州廢，復置離石郡。唐武德元年復爲石州，天寶元年曰昌化郡。皇朝因之。統縣三。

中，離石縣。本戰國趙邑。秦昭王伐趙，取離石是也，後屬太原郡。漢屬西河郡，而東漢徙郡治此。晉爲西河國治。自漢末匈奴入居内郡，魏武帝分其衆爲五部，在離石者以左賢王去卑監之。去卑子豹，豹子淵，世據此地，謂之左國城。晉惠帝時，淵起兵於此。後趙石勒置永石郡，後縣廢焉。北齊置昌化縣及懷政郡。後周郡、縣並改曰離石。隋因之。唐爲石州。

中，平夷縣。後周析離石縣置。隋屬離石郡。唐屬石州。

中，方山縣。後周置窟胡縣及窟胡郡。隋開皇初郡廢，後縣改爲修化，屬離石郡。後周又置盧山縣。大業初并入修化。唐爲方山縣〔二四〕，武德二年置方州，三年州廢來屬。按舊史言方山，隋縣。隋史石州無方山，有修化，豈隋末更名而史官失紀歟？有方山、赤洪水。

下，遼州。春秋屬晉。戰國屬韓，後屬趙。秦、二漢屬上黨郡。晉爲樂平郡。後魏爲遼陽郡。隋屬遼州，大業初州廢，屬太原郡。唐武德三年復屬遼州，六年州徙來治此。八年曰箕州，先天元年改曰儀州。天寶元年曰樂平郡，中和三年復曰遼州。皇朝因之，熙寧七年州廢，屬平定軍，元豐八年復置〔二五〕。今縣四。

下，遼山縣。本涅氏縣地〔二六〕。二漢屬上黨郡。晉置遼陽縣〔二七〕，屬樂平郡。元魏曰遼陽。北齊省之。隋開皇十年復置〔二八〕，更名遼山，十六年屬遼州。大業初州廢，屬太原郡。唐武德三年復屬遼州，六年州治徙此〔二九〕。有遼陽山。古箕城，春秋晉人敗狄于箕，先軫死焉，即此。

中下，榆社縣。本涅氏縣地。二漢屬上黨郡。晉置武鄉縣。唐武德元年屬韓州，三年以縣及并州之平城置榆州，六年州廢來屬〔三〇〕。

下，平城縣〔三一〕。

下，和順縣。本韓之閼與邑。趙奢破秦軍于閼與，即此。漢爲沾縣，屬上黨郡，後置梁榆縣。晉盧諶征艱賦云「訪梁榆之虚郭，乃閼與之舊平」是也。隋開皇十年改曰和順，屬太原郡〔三二〕。唐武德三年來屬。熙寧七年省爲鎮，入遼山，元祐元年復置〔三三〕。

下，豐州。自五代以前地理與府州同〔三四〕。皇朝嘉祐七年以府州蘿泊川掌地置，東南接府州，西接麟州。不統縣〔三五〕。

同下州，威勝軍。自五代以前地理與潞州同。皇朝太平興國二年置威勝軍〔三六〕，併沁州入焉。今縣四。

中，銅鞮縣。本晉大夫羊舌赤之邑〔三七〕。漢高帝破韓王信於此縣。二漢及晉屬上黨郡。隋、唐屬潞州。皇朝爲威勝軍〔三八〕。有舊涅縣，後魏改爲陽城。開皇十八年改爲甲川〔三九〕，大業初省入銅鞮。

上，武鄉縣。漢涅縣地。晉置武鄉縣，屬上黨郡。石勒其縣人也。有漚麻池，勒與李陽争池相毆，即此。及僭位，置武鄉郡。後魏去「武」字。隋開皇初郡廢，屬潞州。十六年分置榆社縣，大業初省入。唐武后復加「武」字，屬潞州。皇朝太平興國二年來屬。

中下，沁源縣。本穀遠縣。二漢屬上黨郡。晉省之。元魏置沁源縣及義寧郡。隋開皇初郡廢，十六年置沁州。大業初州廢，屬上黨郡。唐武德元年復置沁州，天寶元年曰陽城郡。皇朝太平興國六年廢州，以沁源來屬。

中下，綿上縣。隋開皇十六年分介休縣之南境置，屬汾州〔四〇〕。唐武德元年屬沁州。皇朝太平興國六年屬大通監〔四一〕，寶元二年來屬〔四二〕。晉文公以綿上爲介之推田，曰：「以志吾過，且旌善人。」即此。

同下州，平定軍。春秋屬晉。戰國屬趙。秦及二漢屬太原、上黨二郡。晉置樂平郡。元魏爲西陽郡，後復爲樂平。隋開皇初郡廢，十六年置遼州。大業初州廢，屬太原縣。唐武德三年復置遼州，治樂平，領遼山、平城、石艾等縣。後州徙治遼山，而樂平、石艾還屬并州。皇朝太平興國二年置平定軍〔四三〕。今縣二。

中，平定縣。本上艾縣。漢屬太原郡。東漢屬常山國。晉屬樂平郡，後改曰石艾。隋屬太原郡。唐武德三年屬遼州，六年屬受州，八年州廢屬并州，天寶元年改曰廣陽。皇朝太平興國四年改曰平定，置平定軍。

中，樂平縣。本沾縣。二漢屬上黨郡。晉置樂平郡。元魏、北齊、後周皆因之。隋開皇初廢郡，爲樂平縣，屬太原郡。唐武德三年以縣置遼州〔四四〕，六年徙治遼山〔四五〕，而樂平屬并州。皇朝太平興國四年來屬。

同下州，岢嵐軍。自五代以前地理與嵐州同。皇朝太平興國五年析置岢嵐軍〔四六〕。今縣一。

下，嵐谷縣。唐長安三年析宜芳縣置，屬嵐州，并以岢嵐栅爲軍。景龍中，張仁亶徙其軍於朔方，留者號岢嵐守捉〔四七〕，隸大同軍。皇朝復以縣置軍〔四八〕。有岢嵐水、岢嵐山。

同下州，寧化軍。自五代以前地理與嵐州同。皇朝太平興國四年析嵐州地置寧化縣，五年於縣置軍〔四九〕，領寧化一縣。熙寧三年縣廢〔五〇〕，後復置〔五一〕，崇寧三年又廢〔五二〕。有雪山、汾水。

同下州，火山軍。自五代以前地理與嵐州同。皇朝太平興國七年，以嵐州雄勇鎮置軍，治平七年置火山縣〔五三〕，熙寧四年縣廢〔五四〕。有火山、黄河。

同下州，保德軍。自五代以前地理與嵐州同。皇朝淳化四年析嵐州地置定羌軍，景德二年改曰保德〔五五〕。不領縣。有黄河。

同下州，晉寧軍。自五代以前地理與石州同〔五六〕。

中下，臨泉縣。後周置，曰烏突，及置烏突郡。隋開皇初郡廢，縣尋改曰太和，屬石州。唐武德三年改縣曰臨泉，置北和州。正觀三年州廢，屬石州。有湫水。皇朝置軍來屬〔五七〕。

中，定胡縣。漢離石縣地。後周置，及置定胡郡。隋開皇初郡廢，屬石州〔五八〕。有孟門關，其地險固。

河東路化外州

單于大都護府。本戎狄地。戰國屬趙。秦、漢屬雲中郡。魏、晉皆屬新興郡。隋屬榆林郡。唐龍朔三年置雲中都護府，麟德元年改爲單于大都護府，升振武軍節度。東北至朔州〔五九〕，南至勝州。領縣一。

中，金河縣。唐天寶四年置。有金河。有燕然山，東漢竇憲勒銘於此〔六〇〕。有李陵臺。有王昭君墓，名曰青冢〔六一〕。唐咸通中，李國昌爲節度使，恣横拒命，而子克用盜據雲州，侵掠代北，爲邊患焉。

安北大都護府。唐龍朔三年立，曰瀚海都督府，總章二年更名。開元二年治中受降城，十年徙治豐、勝二州之境，十二年徙天德軍。領縣二。

中，陰山縣。故北戎之地。陰山東西千餘里，草木茂盛，多禽獸，匈奴依岨其中治弓矢，出來爲寇，是其苑囿也。戰國屬趙，趙武靈王築長城，自代並陰山下至高闕爲塞。秦始皇斥逐匈奴，自榆中並河以東屬之陰山，以爲三十四縣。漢初復爲匈奴所有。武帝出師征伐，斥奪此地，置陰山縣，屬西河郡。匈奴失陰山，過之，未嘗不哭。東漢省入西安陽，屬五原郡。唐天寶元年置陰山縣。

上，通濟縣。

鎮北大都護府〔六二〕。唐立。領縣二。

上，大同縣。

上，長寧縣。

下都督，雲州。本戎狄地。戰國屬趙。秦屬雁門、定襄、代三郡。二漢、晉因之。後魏道武徙都平城，置司州、代尹〔六三〕。孝文遷都洛陽，改代尹曰萬年尹。隋屬馬邑郡。唐武德四年置北常州，七年州廢。正觀十四年置雲州，天寶元年曰雲中郡，升大同軍節度。領縣一。

上，雲中縣。本平城縣地。漢、晉屬雁門郡。後魏以爲代都。北齊置太平縣。後周改曰雲中。隋開皇初改曰雲内，屬馬邑郡。唐正觀十四年，自朔州北定襄城移雲州於雲内之常安鎮置，因改雲内爲定襄縣。永淳元年，爲默啜所破，州、縣俱廢。開元二十年復置〔六四〕，改定襄曰雲中。有故陰館縣，漢屬雁門郡。東漢爲郡治。後魏置平齊郡，尋廢。有故高柳城，漢屬代郡。東漢爲郡治。有參合陂，漢屬代郡，韓王信反，與胡騎入居參合。柴將軍屠參合，斬信於此。有故桐過城，二漢屬定襄郡。有故武進城，漢屬定襄郡。東漢屬雲中郡。有故盛樂縣，漢曰成樂，屬定襄郡。東漢屬雲中郡。後魏昭成徙居盛樂宫，即此。有白登山，匈奴圍漢高帝於此。有單于臺，漢武出長城，登單于臺，勒兵十八萬騎，旌旗徑千餘里，威震匈奴，即此。

望，**應州**。唐末置。後唐天成元年升彰國軍節度〔六五〕。領縣二。

望，金城縣。後唐明宗其縣人也。故置彰國軍，而以金城爲望縣。

上，混源縣〔六六〕。

上，新州。唐末置。後唐同光二年升威塞軍節度〔六七〕。領縣四。

中，永興縣。

礬石縣。

龍門縣。

懷安縣。

下，蔚州。本代地，在常山之北，趙簡子與諸子約曰：「吾藏寶符於常山上，先得者賞。」諸子馳之常山，無所得。毋卹還曰：「已得符矣！從常山上臨代，代可取也。」於是簡子以毋卹爲賢。其後繼立，是爲襄子。襄子北登夏屋，請代王，使厨人以銅枓擊殺之，遂發兵定代地。及武靈王，置代郡。秦及漢、晉皆因之。後魏置懷荒、禦夷二鎮及靈丘郡。

後周置蔚州。隋開皇初郡廢，大業初州廢，屬雁門、上谷二郡。唐武德六年置蔚州〔六八〕，天寶元年曰安邊郡，至德二載曰興唐郡。統縣三。

中下，靈丘縣。有趙武靈王墓，因以爲名。漢屬代郡。東漢省之。後魏復置，及置靈丘郡。後周置蔚州。隋屬雁門郡。唐初没于突厥，武德六年置蔚州，僑治陽曲，七年僑治繁畤，八年僑治秀容故北常州城。正觀五年破突厥，復故地，還治靈丘。有滱水，發源於高氏山，東入河。漢志注以爲「靈丘之號，在趙武靈王之前」，此説非也。齊地别有靈丘，孟子謂蚳鼃辭靈丘而請士師是也。此靈丘在趙之北境，非齊、趙兵交之地〔六九〕。

中，興唐縣。本安邊縣，唐開元十二年置，治横野軍，至德二載更名興唐。

下，飛狐縣。本廣昌縣〔七〇〕。漢屬代郡。東漢省之。晉復置。隋仁壽初改曰飛狐，屬上谷郡。唐屬蔚州。有飛狐谷、飛狐關〔七一〕，在代國南四十里，漢酈食其説高帝所謂「距飛狐之口」是也。晉劉琨爲胡人所攻，自代出飛狐口，奔於安次，即從此道。

下，朔州。本戎狄地。戰國屬趙〔七二〕。秦、漢屬代、雁門二郡。靈帝末，羌胡大擾，定襄、雲中、五原、朔方、上郡之民，並流徙分散。建安二十年，魏武帝始集塞下荒地置新興郡〔七三〕。晉惠帝改曰晉昌郡。後魏置懷朔鎮及朔州。北齊置廣安郡。隋開皇初郡廢，大業初州廢，置代郡，尋改爲馬邑郡。唐武德四年復曰朔州〔七四〕。統縣二。

中，善陽縣〔七五〕。本劇陽縣。漢屬雁門郡。王莽改曰善陽。東漢復曰劇陽。晉省之。北齊置招遠縣及廣安郡〔七六〕。隋開皇初郡廢，改縣曰善陽，置代郡，尋曰馬邑。唐置朔州。有故桑乾縣，二漢屬代郡。後魏置桑乾郡。北齊改爲廣寧郡。後周廢之。有秦馬邑城，晉太康地記云：秦時建此城，城輒崩不成，有一馬周旋馳走反覆〔七七〕，父老異之，依以築城，城乃不壞，遂名馬邑。漢武帝使聶翁壹〔七八〕佯爲賣馬邑城，以誘匈奴。單于信之，乃以十萬騎入武周塞〔七九〕，覺漢兵謀，引去。即此地也。二漢及晉屬雁門郡。故武州縣，二漢屬雁門郡，所謂「武周塞」是也。有紫河，發源於此。

中，馬邑縣。唐開元五年析善陽置，治大同軍城。

下，寰州。唐末置。領縣一。

下，寰清縣。

下，儒州。唐末置。領縣一。

下，縉山縣〔八〇〕。

下，毅州。本武州，唐末置。後唐長興元年改曰毅州。領縣一。

下，文德縣。

校注

〔一〕太原郡：四庫本、聚珍本作「太平郡」。

〔二〕介州：通典卷一七九同，元和志卷一三作「汾州」。

〔三〕介休縣：漢書卷二八上作「界休縣」。

〔四〕元和志卷一三：「後魏又分隰城於今靈石縣東三十里置永安縣。」

〔五〕九域志卷四：「太平興國元年改孝義縣爲中陽，後復爲孝義。」宋會要方域一二之一四：「汾州介休縣孝義鎮，熙寧五年廢縣置。」方域六之六：「元祐元年復。」

〔六〕建州：原作「達州」，據通典卷一七九、元和志卷一五、寰宇記卷四四改。按元和志云：「周改建州爲澤州，蓋取濩澤爲名也。」

〔七〕高都二郡：聚珍本「都」作「郡」，「郡」作「縣」。四庫本「郡」亦作「縣」。

〔八〕十八年：元和志卷四四作「八年」。

〔九〕徙澤州：四庫本脱。

〔一〇〕晉屬：四庫本作「屬晉」。

〔一一〕元和志卷一五以爲周置澤州，説見前。

〔一二〕治端：札記卷上：「宋本模糊，據周校補，此唐志『澤州』下文，朱校不誤。」

〔一三〕八年：原作「六年」，據舊唐書卷三九、新唐書卷三九及上文改。

〔一四〕廣寧郡：通典卷一七九作「秦寧郡」，寰宇記卷四四作「泰寧郡」。

〔一五〕宋會要方域六之六：「政和五年八月二十日，憲州爲汾源郡。」

〔一六〕四年：元和志卷一四作「二年」，寰宇記卷四一作「三年」。

〔一七〕宋會要方域六之八：「静樂軍，咸平二年以憲州静樂縣爲軍，五年廢入憲州。」

〔一八〕元年：原作「三年」，據舊唐書卷三九、新唐書卷三九改。

〔一九〕九域志卷四：「咸平五年……省天池、玄池二縣入静樂、樓煩。」宋大詔令集卷一五九：「咸平五年五月八日詔曰：『列城障寨，控制外蕃。審其形勢之宜，當處要衝之地。俾遷治所，用壯邊陲。宜以静樂軍置憲州。』」宋會要方域六之六：「静樂縣，咸平二年陞縣爲軍，五年徙憲州於静樂縣，仍併玄(地)〔池〕、天池二縣入焉。熙寧三年州廢，縣隸嵐州。十年復置州，來隸。」方域六之八：「在静樂東南，領樓煩、玄池、天池三縣，治樓煩。至是，以地非要害，且卑隘多水潦，遂議徙置。初，嵐州静樂縣北三十里有寨，因縣爲名。咸平二年爲軍，至是置州，徙静樂縣治郭下，廢玄池、天池二縣入焉，以樓煩縣隸嵐州。」

〔二〇〕此：四庫本、聚珍本作「之」。

〔二一〕四年：元和志卷一四、寰宇記卷四一作「二年」。

〔二二〕三年：元和志卷一四作「七年」，寰宇記卷四一作「四年」。

〔二三〕宋會要方域六之六：「咸平五年移憲州治于静樂縣，以此城依舊爲樓煩縣，隸州。」

〔二四〕元和志卷一四：「隋大業三年移就今縣南三十五里方山置，故名方山。」

〔二五〕宋會要方域六之七：「熙寧七年州廢，省平城、和順二縣入遼山縣，隸平定軍，榆社縣入威勝軍武鄉縣。」

〔二六〕涅氏縣：寰宇記卷四四作「涅縣」。下同。

〔二七〕置遼陽縣：四庫本、聚珍本「置」作「屬」。又「遼」字，元和志卷一三、寰宇記卷四四作「轑」。

〔二八〕十年：元和志卷一三作「十六年」。

〔二九〕宋會要方域六之七：「熙寧七年州廢，省平城、和順二縣入遼山縣，隸平定軍。」又：「平城縣、和順縣，熙寧七年廢州，省二縣爲鎮，入遼山縣，隸平定軍。」九域志卷四：「元豐八年復隸遼州。」

〔三〇〕宋會要方域六之七：「榆社縣，熙寧七年廢爲鎮，隸威勝軍武鄉縣。元豐八年復置州，縣復來隸。」方域一二之一四：「武鄉縣榆社鎮，熙寧七年廢遼州遼(川)〔山〕縣置，元豐八年還隸遼州。」

〔三一〕宋會要方域一二之一四：「平定軍遼山縣平城鎮、和順鎮，並熙寧七年廢遼州(縣)置，元豐八年復隸遼州。」宋史卷八六：「元祐元年復置和順、榆社、平城縣。」

〔三二〕太原郡：原作「太原縣」，據隋書卷三〇改。

〔三三〕宋會要方域六之七：「平城縣、和順縣，熙寧七年廢州，省二縣爲鎮，入遼山縣，隸平定軍。」

〔三四〕宋史卷八六：「慶曆元年，元昊攻陷州地。」

〔三五〕宋史卷八六：「政和五年，賜郡名寧豐。」

〔三六〕二年：宋史卷八六作「三年」，「武鄉縣」下同。按宋會要方域六之六：「太平興國二年，以潞州銅鞮縣亂柳石圍中建爲軍。」

〔三七〕赤：四庫本脱，聚珍本作「舲」。札記卷上：「宋本略可辨識，周校正作『赤』，寰宇記引晉太康地記可證。太平御覽州郡九引同。朱校作『盼』，誤。」

〔三八〕宋會要方域六之七：「銅鞮縣、武鄉縣，〔太平興國〕二年自潞州來隸。」

〔三九〕甲川：隋書卷三〇作「甲水」。

〔四〇〕汾州：隋書卷三〇作「介州」，通典卷一七九、元和志卷一三、寰宇記卷五〇作「沁州」。

〔四一〕六年：寰宇記卷五〇作「四年」。

〔四二〕宋史卷八六：「慶曆六年，徙治軍西北大覺寺地。」

〔四三〕宋史卷八六：「太平興國二年，以（鎮）〔并〕州廣陽砦建爲軍。」按宋會要方域六之八：「平定軍，太平興國四年以并州廣陽縣建軍。」又云：「廣陽縣，四年改平定，自并州來隸。」不同。

〔四四〕唐：札記卷上：「宋本『唐』，周校云『重修本作康』，誤。朱校不誤。」

〔四五〕六年：寰宇記卷五〇作「八年」。

〔四六〕五年：原作「四年」，據宋會要方域六之七、宋史卷八六改。宋會要云：「唐岢嵐軍，後廢爲嵐谷縣，太平興國五年復爲軍。」

〔四七〕號：札記卷上：「宋本『号』是也，此本唐志。周校作『號』，朱校同宋本。」

〔四八〕宋會要方域六之七：「嵐谷縣，〔太平興國〕五年自嵐州來隸，熙寧三年廢，元豐六年復。」

〔四九〕五年：寰宇記卷五〇作「六年」。

〔五〇〕九域志卷四：「太平興國四年以嵐州之固軍爲寧化縣，五年於縣置軍。熙寧三年廢寧化縣。」宋會要方域六之七：「寧化縣，五年以嵐州之固軍爲縣來隸，熙寧二年廢縣。」

〔五一〕宋會要方域六之七：「元祐元年復。」

〔五二〕宋會要方域六之七：「崇寧三年七月六日，河東路察司奏：『寧化軍管下倚郭寧化縣户口不多，職事稀簡，昨熙寧中已經相度廢罷。至元祐間，止緣本路有合興復縣鎮，一例却復爲縣，即别無利害，乞依舊廢罷。』從之。」

〔五三〕七年：宋史卷八六作「四年」。

〔五四〕熙寧：原無，據九域志卷四補。

〔五五〕二年：宋史卷八六作「元年」。

〔五六〕宋史卷八六：「本西界葭蘆砦，元豐五年收復。六月，并吴堡砦並隸石州。元祐四年，以葭蘆砦始賜西人，紹聖四年收復。元符二年，以葭蘆砦爲晉寧軍，割石州之臨泉隸焉，知軍領嵐石路沿邊安撫使，兼嵐、石、隰州都巡檢使。大觀三年，復以石州定胡縣來隸。」按宋會要方域六之八：「晉寧軍，（元祐）〔元符〕二年八月二十四日，樞密院言：『河東路經略使林希奏，元豐中進築米脂、葭蘆、吴堡三寨。以嵐、石之人始（戊）〔戍〕河西，然密睇麟、府，猶迂十舍。自前年復葭蘆後，築神泉、（爲）〔烏〕龍，通接麟、延，稍相屏蔽，嵐、石遂爲次邊，麟、府不爲孤絶，實自先帝經始葭蘆，爲今日通道之根本。望建葭蘆爲軍，以章先烈。』詔特建爲晉寧軍。」

〔五七〕宋史卷八六：「元符二年升葭蘆砦爲晉寧軍，以州之臨泉縣隸焉。」宋會要方域六之八：「大觀三年九月九日，河中安撫使洪中孚奏：『昨準御前劄子，晉寧軍管下臨泉縣，元係撥到石州定胡縣十分之四。晉寧係極邊，兼本路安撫，只有一縣，户口不多，恐未能資一軍六寨之費。若將定胡縣併歸本軍，有無未便。詔仰帥臣契勘聞奏。取到人户狀，別無不便。』從之。」

〔五八〕宋史卷八六：「大觀三年，復以定胡縣隸晉寧軍。」

〔五九〕東北：寰宇記卷四九作「東南」。

〔六〇〕勒：王右丞集箋注卷九引輿地廣記作「勒」。札記卷上：「宋本『勒』，周校云『重修本勸』，誤。朱校不誤。」

〔六一〕青冢：札記卷上：「宋本『冢』誤『家』，今訂正。寰宇記云『在縣西北』。」

〔六二〕新唐書卷三七校勘記曰：「『鎮北』當係『安北』之更名，非別爲一府。」

〔六三〕元和志卷一四：「孝文帝改爲司州牧，置代尹。」

〔六四〕二十年：元和志卷一四、新唐書卷三九作「十八」。

〔六五〕宋會要方域五之八：「應州、彰國軍管内觀察處置等使，後唐陞爲彰國軍，以寰州隸焉。」

〔六六〕混源：大清一統志卷一〇九引輿地廣記作「渾源」。

〔六七〕威塞軍：原作「威勝軍」，據宋會要方域五之八及通鑑地理通釋卷一四引輿地廣記改。按宋會要云：「新州、威塞軍管内觀察處置等使，後唐陞爲威塞軍，嬀、儒、武三州隸之。」

〔六八〕六年：元和志卷一四作「四年」。

〔六九〕兵交：聚珍本作「交兵」。

〔七〇〕廣昌縣：四庫本作「唐昌縣」，元和志卷一四作「廣昌縣」。

〔七一〕飛狐關：札記卷上：「『狐』，宋本誤『孤』，據周校訂正，此魏土地記文，引見水經漯水注。」按通鑑地理通釋卷七、御定佩文韻府卷一五之一引輿地廣記作「飛狐關」。

〔七二〕元和志卷一四：「戰國時屬趙。」宋會要方域五之八：「朔州、振武軍管内觀察處置押番落營田等使，安北都護，即馬邑郡，戰國時屬燕。」與此不同。

〔七三〕塞下：原作「寒下」，據四庫本、聚珍本改。

〔七四〕曰：札記卷上：「宋本『曰』，周校云『重修本作内』，誤。朱校不誤。」

〔七五〕善陽縣：元和志卷一四、寰宇記卷五一作「鄯陽縣」。下同。

〔七六〕及：原作「又」，據四庫本改。

〔七七〕一：聚珍本作「邑」。

〔七八〕聶翁壹：原本作「聶壹翁」，據史記卷一一〇改。

〔七九〕武周塞：四庫本作「武州塞」。

〔八〇〕縉山縣：九域志卷一〇作「晉山縣」。

輿地廣記卷第二十

淮南東路〔一〕

大都督府〔二〕，揚州。春秋屬吴。吴滅屬越。越滅屬楚。秦屬九江郡。漢高帝六年爲荆國，十一年爲吴國。景帝曰江都國，武帝曰廣陵國。東漢爲郡。魏爲重鎮。後吴得之。西晉屬廣陵郡。東晉時以郗鑒都督青、兖二州諸軍事，鎮此。宋置廣陵郡。文帝兼置南兖州。齊、梁因之。北齊改曰東廣州。陳復曰南兖州。後周改爲吴州。隋開皇九年改爲揚州，大業初置江都郡。唐武德二年曰南兖州，七年曰邗州，以邗溝爲名，左傳所謂吴城邗溝，以通江淮是也。九年曰揚州，天寶元年曰廣陵郡，領淮南節度。唐末楊行密竊據其地〔三〕。後爲李昪所取。今縣三。

緊，江都縣。漢屬廣陵國。東漢、晉因之。自梁至隋，或廢或置。隋爲江都郡治。唐爲揚州。有江水祠，俗謂之伍相廟〔四〕，蓋本祭江神〔五〕，而子胥配食耳。

緊，廣陵縣。漢吴王濞所都，後爲江都、廣陵國及郡治焉。魏文帝征吴，幸廣陵故城，臨江觀兵，歎曰：「天所以限南北也！」北齊置廣陵、江陽二郡。開皇初郡廢，十八年改縣曰邗江。大業初改曰江陽，爲江都郡治，後省入江都。唐正觀十八年復置，與江都分治，後改曰廣陵〔六〕。唐韓皋號知音，常論廣陵散，以爲王淩、毌丘儉、諸葛誕皆欲以揚州興兵，正復魏室，而不克，魏由是散亡。此説非也。淩等爲都督時，揚州治壽春，至隋始以廣陵爲揚州治，淩等起事與廣陵殊不相涉。

望，天長縣。本千秋縣，唐天寶元年析江都、六合、高郵置，七載更名〔七〕。

望，亳州。春秋屬陳。戰國屬宋〔八〕。秦屬碭郡。漢屬沛郡。東漢屬沛國，兼爲豫州刺史治焉。魏置譙郡。晉、宋因之。後魏亦曰譙郡，兼立南兖州。後周改州曰亳州。隋開皇初郡廢，大業初州廢，置譙郡。唐初曰譙州，貞觀八年更名亳州〔九〕，天寶元年復曰譙郡。皇朝大中祥符七年升集慶軍節度。今縣七。

望，譙縣。春秋陳邑。漢屬沛郡。魏武帝其邑人也，置譙郡。後周曰亳州，置小黄縣及陳留郡。隋開皇初郡廢，大業二年改小黄曰譙縣〔一〇〕。唐因之。

望，城父縣。春秋陳邑，左傳楚昭王「救陳師于城父」是也。漢屬沛郡。東漢屬汝南郡。晉屬譙郡。後魏曰浚儀。隋開皇十八年改曰城父，屬亳州。唐因之。南有乾溪，楚靈王敗于此。

望，蒙城縣。本山桑縣。漢屬沛郡。東漢屬汝南郡。晉屬譙郡。後魏置譙州及渦陽縣〔一一〕，兼置南譙郡〔一二〕。梁改州曰西徐州。東魏改曰譙州。隋開皇初郡廢，十六年改渦陽縣爲肥水〔一三〕。大業初州廢，改肥水曰山桑，屬譙郡。唐屬亳州，天寶元年改爲蒙城〔一四〕。蒙館鎮，本梁置北新安郡。東魏改爲蒙郡。北齊郡廢，置蒙縣，後廢爲鎮。

望，酇縣。顔師古云：字本作鄼，音嵯，中古以來皆借酇字爲之，讀皆作鄼。而莽呼爲贊治，則此縣亦有贊音。二漢屬沛郡。晉屬譙郡，後廢。隋開皇十六年復置，屬譙郡〔一五〕。唐屬亳州。馬頭鎮，本建平縣。漢屬沛郡。東漢省之。後魏置馬頭郡。北齊廢爲鎮。

望，永城縣。本芒、敬丘二縣地。二漢屬沛郡，昭帝更敬丘曰大丘〔一六〕，光武更芒曰臨睢，後皆省焉。隋末置永城縣。唐屬亳州。芒縣故城，在今縣北。有芒山，與碭山相接，漢高帝隱於此。大丘縣故城，在今縣西北，東漢陳寔爲此縣長〔一七〕。

望，衛真縣。本苦縣城，東有賴鄉祠，老子所生之地。漢屬淮陽國。東漢屬陳國。晉屬梁國〔一八〕。後魏爲谷陽縣，屬陳留郡。北齊省之。隋開皇六年復置，屬亳州。唐乾封元年改名真源，載初元年曰仙源，神龍元年復曰真源。皇朝大中祥符七年改曰衛真。

緊，鹿邑縣。本曰鳴鹿。春秋晉邑〔一九〕，左傳諸侯「侵陳至于鳴鹿」，即此。東漢置武平縣，屬陳國。晉屬梁國。隋開皇十八年改爲鹿邑〔二〇〕，屬淮陽郡。唐屬亳州。鄲城鎮，本漢鄲縣，屬沛郡。東漢屬沛國。晉省之。

上，宿州。春秋、戰國屬宋。秦屬泗水郡。漢屬沛郡。東漢、晉屬沛國。梁置睢州。北齊置睢南郡。隋開皇初郡廢，三年州廢，屬徐、泗、亳三州。唐因之。元和四年析泗州之虹〔二一〕、徐之苻離、蘄置宿州。大和三年廢，七年復置，在徐州南界汴水上〔二二〕。今縣五。

望，苻離縣〔二三〕。二漢、晉屬沛郡。北齊置睢南郡。唐置宿州。漢竹縣，屬沛郡。東漢爲竹邑。及晉，皆屬沛國。梁置睢州。隋開皇三年，廢竹邑入苻離。漢相縣，爲沛郡治。東漢、晉因之，後廢。故城在今縣西北。項羽破漢軍於靈壁東〔二四〕，睢水爲之不流，即此縣界。

望，蘄縣。本秦縣。二世元年七月，陳勝以戍卒起蘄〔二五〕，即此。二漢屬沛郡。西有會甀鄉，高帝破黥布於此。晉屬譙郡。梁置蘄郡。北齊置仁州。隋開皇初郡廢，大業初州廢，屬彭城郡〔二六〕。唐屬宿州。漢龍亢縣，屬沛郡。東漢屬沛國。晉屬譙郡。北齊置龍亢郡。隋開皇初郡廢入蘄。

緊，臨渙縣。本銍縣。漢屬沛郡。東漢屬沛國。晉屬譙郡。後魏改爲臨渙，屬臨渙郡。北齊郡廢。隋屬譙郡。唐武德四年置北譙州，正觀十七年州廢，屬亳州，天祐四年來屬〔二七〕。皇朝大中祥符七年復屬亳州，天禧元年來屬〔二八〕。有嵇山。

中，虹縣〔二九〕。本虹、夏丘二縣地。漢皆屬沛郡。東漢虹屬沛國，夏丘屬下邳國。晉因之，後皆廢焉。北齊復置夏丘縣及夏丘郡，兼置潼州。後周改州爲宋州〔三〇〕，改縣爲晉陵。隋開皇初郡廢，十八年州廢，縣復曰夏丘，屬泗州。唐武德四年置仁州，又析夏丘置虹縣〔三一〕，六年省夏丘。正觀八年州廢，以虹屬泗州，元和四年來屬。

靈璧縣〔三二〕。

緊，楚州。春秋屬吳。戰國屬楚。秦屬九江郡。漢屬臨淮郡。東漢屬廣陵郡、下邳國。晉屬臨淮、廣陵二郡。東晉爲重鎮，元帝使劉隗守淮陰是也〔三三〕，安帝置山陽郡，宋、齊因之。後魏置淮陰郡。東魏改爲淮州。隋開皇初山陽郡廢，十二年置楚州。大業初州廢，屬江都郡。唐武德四年曰東楚州，八年更名，天寶元年曰淮陰郡〔三四〕。今縣四〔三五〕。

望，山陽縣。本漢射陽縣，屬臨淮郡。東漢建武十五年封子荆爲山陽公，治此。十七年爲王國〔三六〕，後屬廣陵郡。晉因之。義熙七年置山陽郡〔三七〕，改射陽縣爲山陽縣。宋因之。隋置楚州，大業初州廢，屬江都郡。隋末臧君相竊據之，號東楚州。唐武德四年君相降，因之，八年曰楚州。

緊，寶應縣。本平安縣〔三八〕。二漢屬廣陵國。晉省之，後置安宜縣。隋屬江都郡。唐武德四年以縣置倉州，七年州廢來屬。上元三年，以獲定國寶十三枚，因改元寶應，兼改縣。魏鄧艾築石鼈城，在今縣西八十里，以營田。

上，鹽城縣。本漢鹽瀆縣，屬臨淮郡。東漢、晉屬廣陵郡，後安帝改曰鹽城縣。宋因之。北齊置射陽郡。陳改曰鹽城郡。隋開皇初郡廢，屬揚州。隋末盜韋徹據其地，置射州及射陽、安樂、新安三縣。唐武德四年來歸。因之。七年州廢，省三縣而置鹽城來屬〔三九〕。

中，淮陰縣。漢屬臨淮郡，韓信其邑人也，今城東有漂母冢〔四〇〕。東漢屬下邳國。晉爲廣陵郡治。後魏置淮陰郡。東魏改爲淮州。北齊置懷恩縣。後周改曰壽張。隋開皇初改曰淮陰，大業初州廢，省縣入山陽。唐乾封二年復置，屬楚州〔四一〕。

上，海州。春秋、戰國爲魯東境，後屬楚。秦屬薛郡，後分爲郯郡。漢改郯爲東海郡。東漢、晉、宋因之，宋僑立青、冀二州。梁置南、北二青州，後入元魏。東魏置海州。隋開皇初郡廢，大業初州廢，爲東海郡。唐武德四年復曰海州，天寶元年復曰東海郡。今縣四。

緊，朐山縣。本朐縣。二漢、晉屬東海郡。後魏置琅邪郡。後周改縣曰朐山，并朐山郡。隋開皇初郡廢，大業初置東海郡。唐爲海州〔四二〕。秦始皇立石於朐縣海上，以爲秦之東門，即此。

中，懷仁縣。本祝其、利城二縣地〔四三〕。二漢、晉屬東海郡，後皆廢。梁置南、北二青州。東魏州廢，置義塘郡及懷仁縣〔四四〕。隋開皇初郡廢，屬海州。唐武德四年置利城、新樂二縣，六年改新樂曰祝其，八年省入懷仁。有夾山，春秋「公會齊侯于夾谷」，傳謂之「祝其」是也。有羽山，舜殛鯀於此。

中，沭陽縣。本原丘縣地。二漢、晉屬東海郡，後廢。梁置潼陽郡〔四五〕。東魏改曰沭陽郡，及置懷文縣。後周改縣曰沭陽。隋開皇初郡廢，屬海州。唐武德四年置原丘縣，八年省爲鎮，入沭陽。

中，東海縣。本贛榆縣地。漢屬琅邪郡。東漢、晉屬東海郡，後廢。後魏置東海郡及廣饒縣。隋開皇初郡廢，仁壽元年改廣饒曰東海，屬海州。唐武德四年置環州，并置青山、石城、贛榆三縣。八年州廢，省三縣，以東海來屬。縣治鬱洲，四面環海，齊王田橫入海所保鬱洲也。有郁州山，一名蒼梧山，俗傳此山在蒼梧徙來〔四六〕，上有南方株木。

上，泰州。春秋屬吴。秦屬九江郡。漢屬臨淮郡。東漢、晉屬廣陵郡，安帝分置海陵郡〔四七〕。宋、齊因之。隋開皇初郡廢，屬江都郡。唐武德三年置吴州。七年州廢，屬揚州。五代吴楊氏置海陵制置院。南唐李氏升爲泰州。皇朝因之，後曰海陵郡〔四八〕。今縣四。

望，海陵縣。漢屬臨淮郡，有吴大倉，枚乘傳「不如海陵之倉」是也。東漢省之。晉復置，屬廣陵郡〔四九〕。安帝置海陵郡。唐武德三年改縣曰吴陵，置吴州。七年州廢，復故名。吴置海陵制置院。南唐爲泰州。

緊，興化縣。南唐置。

中，泰興縣。南唐置〔五〇〕。

中下，如皋縣。晉安帝置寧海、如皋二縣。隋開皇初省如皋入寧海，屬江都郡。南唐復置〔五一〕。

上〔五二〕，泗州。春秋屬徐〔五三〕。戰國屬吴〔五四〕。秦屬泗水郡。漢屬臨淮郡。東漢屬下邳國，兼置徐州。晉屬臨淮郡。元魏置盱眙郡。梁置高平郡，又置濟陰郡。隋開皇初郡皆廢，屬揚、泗、濠三州。唐屬楚、泗、濠三州。今縣三。

緊，盱眙縣。漢爲臨淮都尉治。東漢屬下邳國。晉爲臨淮郡治，明帝兖州刺史劉遐自彭城退屯泗口，即此。安帝時置角城鎮，在淮、泗之會。後魏置盱眙郡〔五五〕。陳置北譙州，尋省。隋開皇初郡廢，屬揚州。唐武德四年置西楚州，八年州廢屬楚州。光宅初改曰建中，後復故名。建中二年屬泗州，後復屬楚州。皇朝乾德元年又屬泗州〔五六〕，州徙治此。有都梁山、龜山。禹治水，以鐵鎖鏁淮渦水神無支奇於龜山之足。唐永泰中刺史李湯以大牛五十引鎖出之，鎖末有一青猿，高五丈許，復拽牛没水。

上，臨淮縣。本漢下相、僮二縣地，屬臨淮郡。東漢屬下邳國。晉以下屬臨淮郡，而省僮縣，後下相亦廢焉。唐長安二年〔五七〕，析徐城南境置臨淮縣，屬泗州。開元二十五年〔五八〕，州自宿預徙來治此。漢下相縣故城，在今縣西北。僮縣故城，在西南。徐城鎮，本徐國，嬴姓。有徐君墓，季札掛劍之所。漢屬臨淮郡。東漢屬下邳國。晉屬臨淮郡。梁置高平郡。東魏置高平縣。隋開皇初郡廢，十八年改縣曰徐城，屬泗州。唐因之。皇朝建隆二年省爲鎮，入臨淮。

上，招信縣。本淮陵縣地。漢屬臨淮郡。東漢屬下邳國。晉屬臨淮郡。宋曰睢陵，置濟陰郡〔五九〕。後周改縣曰招義〔六〇〕。隋開皇初郡廢，大業初改縣曰化明，屬鍾離郡。隋末縣民馬簿盜據，號化州。唐因之，武德三年改縣曰招義〔六一〕。正觀八年州廢，屬濠州。皇朝乾德元年來屬，太平興國元年更名。

上，滁州。春秋屬吴〔六二〕。戰國屬楚。秦及二漢屬九江郡。晉屬淮南郡。宋置新昌郡〔六三〕。齊置南譙州〔六四〕。北齊改郡爲臨滁。後周改曰北譙。隋開皇初郡皆廢，改南譙州爲滁州。大業初州廢，屬江都郡。唐武德三年復置〔六五〕，天寶元年曰永陽郡〔六六〕。今縣三。

望，清流縣。本漢全椒縣地。後魏置頓丘縣及新昌郡〔六七〕。南譙州故城，在今縣西南八十里，北齊徙來治此。隋開皇初改爲滁州，廢郡爲新昌縣，十八年改曰清流。大業初州廢，屬江都郡。唐置滁州。周世宗征淮〔六八〕，南唐李璟使皇甫暉屯清流關〔六九〕，爲周師所敗，暉被擒於此。

望，來安縣。本永陽縣。唐景龍三年〔七〇〕，析清流縣置，屬滁州，後改爲來安〔七一〕。

緊，全椒縣。二漢屬九江郡。晉屬淮南國，後廢。梁置北譙縣及北譙郡。北齊改縣曰臨滁〔七二〕。後周復曰北譙。隋開皇初郡廢，改縣曰滁水〔七三〕。大業初改爲全椒，屬江都郡。唐屬滁州。二漢阜陵縣，屬九江郡，明帝時淪爲麻湖〔七四〕。晉屬淮南郡，後廢焉。故城在今縣南。

上，真州〔七五〕。自五代以前地理與揚州同。南唐以永正縣地置迎鑾鎮〔七六〕。皇朝乾德二年置建安軍〔七七〕，大中祥符六年以聖像成功，升爲真州〔七八〕。統縣二。

中，揚子縣。唐永淳元年析江都縣置，屬揚州，後改爲永正縣。皇朝於縣之迎鑾鎮置軍，雍熙二年以永正爲屬〔七九〕，後復改爲揚子〔八〇〕，屬真州。

望，六合縣。本楚之棠邑，伍尚爲棠邑大夫是也。漢屬臨淮郡。東漢屬廣陵郡。晉元康七年置堂邑郡，安帝時改置秦郡，後別置尉氏縣。北齊兼置秦州。後周改州曰方州，改郡曰六合。隋開皇初郡廢，四年改尉氏爲六合縣，省堂邑入焉。大業初州廢，屬江都郡。唐屬揚州。皇朝至道二年來屬。有瓜步山，後魏太武南伐，起行宫於瓜步山，諸軍同日皆臨江，即此。

中，通州。自唐以前地理與泰州同。南唐李氏置静海制置院。周顯德中世宗克淮南，升爲軍，後以爲通州。皇朝天聖元年改曰崇州，明道二年復故〔八一〕。今縣二。

望，静海縣。本海陵之東境，周顯德中置。

望，海門縣。本海陵之東境，周顯德中置。

同下州，高郵軍。歷代地理與揚州同。皇朝開寳四年置高郵軍，熙寧五年廢〔八二〕，元祐元年復置。今縣一。

望，高郵縣。漢屬廣陵國。東漢屬廣陵郡。吴省之。晉武帝太康元年復立，屬臨淮郡。宋屬廣陵郡〔八三〕。梁析置竹塘、三歸二縣〔八四〕，及置廣業郡。尋以有嘉禾，改爲神農郡。隋開皇初郡廢，又省竹塘、三歸、臨澤三縣入焉，屬江都郡。唐屬揚州。皇朝置軍。有神居山。

校注

〔一〕宋會要方域六之九：「淮南路，太平興國元年分東西路，後併一路，熙寧五年復分二路。」

〔二〕紀勝卷三七揚州引皇朝郡縣志云「大觀元年陞爲帥府」。

〔三〕楊行密竊據：札記卷上：「周校云『密竊，重修本闕』。案宋本不闕，朱校同宋本。」

〔四〕伍相：四庫本作「子胥」，聚珍本作「伍員」。札記卷上：「宋本略可辨識，周校正作『相』，是也，此用水經淮水注文。朱校作『員』，誤。」按紀勝卷三七揚州引輿地廣記正作「伍相」。

〔五〕蓋本祭江神：四庫本「本」作「以」。札記卷上：「宋本如此，周校『本』字不誤。」又『祭江神』三字，云『重修本闕』，朱校本作『以』，誤，餘同宋本。」

〔六〕宋會要方域六之一〇：「廣陵縣，熙寧五年廢隷江都縣。」

[七] 紀勝卷四四盱眙軍：「圖經云：本漢廣陵縣之石梁，舊曰沛縣，至梁爲涇州，侯景改曰淮州。至陳時州廢，置涇城、東陽二郡爲沛郡。至後周改郡曰石梁郡，縣曰石梁縣。石梁在今縣北二十五里。隋初郡廢，大業間改曰永福。唐志揚州六合下注云：天寶元年，析江都、六合、高郵縣地置千秋縣。寰宇記云：元宗誕辰名千秋節，遂改縣爲天長縣，隸揚州。又按會稽志云：元宗初以誕節爲千秋節，後又改爲天長地久節，故千秋觀亦隨節名改天長觀，則天長縣之改名亦此意歟。圖經又云：晉天福中，江南主命爲建武軍。周顯德四年平江淮，改爲雄州。國朝既尅江南，乃降雄州爲天長軍，兼領縣事。五代史云：天長、六合故屬揚州。南唐以天長爲軍、六合爲雄州。不同。國朝會要云：天長軍，唐縣，周以揚州天長縣建天長軍。至道二年復爲縣，來隸揚州。」

[八] 宋：元和志卷七、寰宇記卷一二作「楚」。

[九] 貞觀：札記卷上：「本書並作『正觀』，獨此作『貞』，仍闕筆。周校、朱校俱不闕。」

[一〇] 二年：隋書卷三〇作「三年」。

[一一] 譙州：隋書卷三〇作「渦州」。

[一二] 南譙郡：隋書卷三〇無「南」字。

[一三] 肥水：元和志卷七作「淝水」。下同。

[一四] 元年：元和志卷七作「二年」。

[一五] 譙郡：元和志卷七作「沛郡」。

〔一六〕昭帝：漢書卷二八上應劭注作「明帝」。

〔一七〕宋會要方域一二之一二：「亳州永城縣（縣）〔保〕安鎮，天聖元年廢磨山縣置。」

〔一八〕梁國：元和志卷七作「梁郡」。

〔一九〕晉邑：通典卷一七七、元和志卷七作「陳邑」。

〔二〇〕十八年：元和志卷七作「三年」。

〔二一〕析：四庫本作「初」。札記卷上：「宋本壞作『析』，據周校訂正，此蓋本唐志。朱校作『初』，誤。」

〔二二〕在徐州南界汴水上：「汴水」作「泗水」，聚珍本亦作「泗水」。札記卷上：「『汴』，宋本模糊，據周校補。元和志云：『舳艫之會，運漕所歷，是汴河矣。』朱校作『泗』，誤。」按宋會要方域五之五：「宿州，保静軍管内觀察處置等使，本徐州符離縣，唐元和四年置宿州，皇朝建節。」又：「保静軍，舊宿州，建隆元年陞爲防禦，開寶五年陞爲保静軍節度。」

〔二三〕苻離：元和志卷九亦作「苻離」，云：「爾雅：『莞，苻離也。』以地多此草，故名。」漢書卷二八上、後漢書志第二〇、隋書卷三一、舊唐書卷三八、寰宇記卷一七、宋史卷八八皆作「符離」。下同。

〔二四〕靈壁：漢書卷一上高帝紀作「靈壁」，同書卷三一項羽傳作「靈辟」，寰宇記卷一七作「靈壁」。

〔二五〕以戍：四庫本、聚珍本「以」作「率」。札記卷上：「宋本闕。周校『以』字不闕，『戍』壞作『戈』，今據秦始皇本紀訂補。朱校『以』作『率』，誤；『戍』字不誤。」

〔二六〕彭城郡：札記卷上：「『彭』，宋本模糊，據周校補。朱校作『鼓』，誤。」

〔二七〕天祐四年：舊唐書卷三八、寰宇記卷一七作「大和元年。」

〔二八〕宋會要方域六之一一：「大中祥符七年正月二十一日，詔割宿州臨涣縣隸亳州，其稅户差徭依真源縣例施行。天禧元年縣復，還隸宿州，但析天净宫、大李一鄉隸亳州蒙城縣。」

〔二九〕虹縣：札記卷上：「宋本『虹』，周校同，是也。朱校作『紅』，誤。」

〔三〇〕改州：四庫本無「州」字。

〔三一〕析：札記卷上：「宋本壞作『檏』，周校同，今據唐志訂正，朱校不誤。」

〔三二〕靈壁縣：原作「靈壁縣」，據聚珍本改。宋會要方域六之一一：「靈壁縣，元祐元年以鎮陞爲縣，七月廢爲鎮，七年二月復爲縣，政和七年改『零』爲『靈』。」又：「元祐元年四月二十五日，户部言：『宿州零壁鎮在符離、蘄、虹三縣之中，盜賊轉徙，艱于迹捕，良民不得安業。欲乞將三縣近零壁鎮鄉管割隸本鎮，仍以本鎮爲縣。』從之。」方域一二之一二：「宿州靈壁鎮，元祐元年改爲縣，七月復爲鎮，七年復爲縣。『靈』舊爲『零』，政和七年改『零』爲『靈』。」

〔三三〕劉隗守淮陰：札記卷上：「宋本『隗』是也，晉書紀、傳可證。周校作『陽』，誤，朱校不誤。」

〔三四〕九域志卷五：「後唐順化軍節度，周降防禦，皇朝太平興國四年降團練。」

〔三五〕輿地廣記楚州下不載漣水縣，又無漣水軍一節。按宋會要方域六之一一：「〔漣〕水縣，太平興國三年自泗州隸漣水軍，〔熙寧〕五年廢軍，縣來隸。」方域六之一四亦云：「漣水軍，太平興國三年以泗州漣水縣置軍，熙寧五年廢軍，以縣隸楚州。」宋史卷八八：「熙寧五年，廢漣水軍，以漣水縣隸州。

元祐二年，復爲漣水軍。」按紀勝卷三九楚州：「新山陽志云：國初楚縣四，曰山陽、寶應、淮陰、盱眙。乾德元年，盱眙屬泗州，領縣三。開寶九年，以泰州鹽城還楚，復領〔縣〕四。熙甯五年，以漣水來屬，共領縣五。建炎初，漣水陞軍，割鹽城爲屬縣，又領縣三，未幾復舊。紹興十一年，漣水屬淮北，今復領縣四，治山陽。」

〔三六〕王：四庫本作「三」。札記卷上：「宋本略可辨，周校正作『王』，今據補。朱校作『三』，誤。歐用水經淮水注文。戴本水經注『十七』作『十五』，亦誤。」

〔三七〕七年：寰宇記卷一二四作「九年」。

〔三八〕平安縣：寰宇記卷一二四作「安平縣」。

〔三九〕宋史卷八八：「開寶七年，以鹽城還隸。太平興國二年，又以鹽城監來隸。」按宋會要方域六之一一：「楚州鹽城縣，開寶九年自泰州來隸，紹興元年撥隸漣水軍，三年還隸。」

〔四〇〕漂母冢：札記卷上：「『冢』，宋本誤『家』，周校同，今訂正。水經注云：『周迴數百步，高十餘丈。昔漂母食信於淮陰，信王下邳，蓋投金增陵，以報母矣。』朱校不誤。」

〔四一〕宋會要方域六之一二：「淮陰縣，熙寧十年(沂)〔析〕泗州臨淮地入焉，紹興五年廢爲鎮，六年復。」

〔四二〕宋會要方域六之一二：「海州東海縣，開寶三年以朐山縣東海監爲縣。」

〔四三〕利城：漢書卷二八上作「利成」。

〔四四〕義塘郡：隋書卷三一作「義唐郡」。

〔四五〕潼陽郡：寰宇記卷一一作「僮陽郡」。

〔四六〕俗傳此山在蒼梧徙來：寰宇記卷一二三：蒼梧山「古老相傳此山在海中，後飛至此。」此句疑有脱誤。

〔四七〕海陵郡：原作「海凌郡」，據下文改。

〔四八〕宋會要方域六之一二：「泰州，周爲團練。乾德五年降軍事。」

〔四九〕紀勝卷四〇泰州「晉志無海陵縣」下注：「漢志海陵縣下注云有江海會祠。晉志但有海陽縣，以注有『江海會祠』之語，知其爲海陵。而舊圖經謂晉史誤『陵』作『陽』，近於牽合，故新志非之。象之謹按：沈約宋志於宣城郡之廣陽縣下云漢曰陵陽，晉成帝杜皇后諱陵，咸康四年更名廣陽。則書海陵爲海陽恐是避杜皇后諱，亦未可知也。」

〔五〇〕宋會要方域六之一二：「泰興縣，乾德二年徙治柴墟鎮。」

〔五一〕宋史卷八八：「開寶七年，以海陵監移治。」

〔五二〕上：札記卷上：「宋本壞作『一』，據周校補，九域志可證，朱校不誤。」

〔五三〕徐：寰宇記卷一一六作「宋」。

〔五四〕吴：寰宇記卷一一六作「齊」。

〔五五〕盱眙郡：寰宇記卷一一六作「盱眙戍」。

〔五六〕九域志卷五：「乾德元年以盱眙縣隸泗州。」紀勝卷四四盱眙軍引圖經：「乾德四年隸泗州。」

〔五七〕二年：元和志卷九、寰宇記卷一一六作「四年」。

〔五八〕二十五年：元和志卷九作「二十三年」。

〔五九〕濟陰郡：四庫本作「齊陰郡」，按困學紀聞卷一〇、禹貢長箋卷一一引輿地廣記作「濟陰郡」。

〔六〇〕招義：隋書卷三一作「昭義」。

〔六一〕三年：元和志卷九、寰宇記卷一六作「七年」，紀勝卷四四盱眙軍作「四年」。

〔六二〕春秋屬吴：按紀勝卷四二滁州據元和志「春秋時屬吴、楚之交」下注：「通典及寰宇記皆云春秋時屬楚，惟永陽新志則以爲春秋時屬吴。新志又引史記世家以爲越滅吴，而不能正江淮之地。楚東侵，至泗上，遂屬楚。與元和志等書所載不同。象之謹按：春秋昭公二十年，有棠君尚爲棠邑大夫，楚子以君命召之。則棠邑蓋屬楚也。元和志謂棠邑即今之六合縣。象之又按：六合在滁州之東，六合已素屬楚，則滁州不應踰六合而屬吴。然史記楚世家云吴之邊邑卑梁，與楚邊邑鍾離争桑，則滁在鍾離之東，似又屬吴。要之疆場之間，一彼一此，何常之有。今滁地介乎吴、楚之間，姑兩存之，書曰吴、楚交。」

〔六三〕按南齊書卷一四新昌郡下有頓丘、穀熟二縣，却無新昌縣。紀勝卷四二滁州於清流縣下引元和志云：本秦建陽邑，宋改爲新昌縣。却不言置新昌郡，不同。

〔六四〕隋書卷三一於清流縣下注：「舊曰頓丘，置新昌郡及南譙州。」於全椒縣下注：「梁曰北譙，置北譙郡。」寰宇記卷一二八：「梁大同二年，割北徐州之新昌、南豫州之南譙、豫州之北譙凡三郡立爲南譙州，居桑根山之西。今州南八十里全椒縣界南譙故城是也。」紀勝卷四二滁州引元和志：「大同二年，於此立南譙州。」

〔六五〕二年：舊唐書卷四〇、寰宇記卷一二八、新唐書卷四一作「三年」。

〔六六〕永陽郡：四庫本作「永州郡」。按九域志卷五作「永陽郡」。

〔六七〕後魏置頓丘縣：寰宇記卷一二八云：梁爲頓丘縣。

〔六八〕淮：原無，據紀勝卷四二滁州引輿地廣記補。

〔六九〕李璟：原作「李景」，據紀勝卷四二滁州引輿地廣記改。

〔七〇〕三年：舊唐書卷四〇作「二年」。

〔七一〕紀勝卷四二滁州引舊經：「南唐昇元二年改爲來安縣。」

〔七二〕縣：隋書卷三一作「郡」。紀勝卷四二滁州：「北齊改縣曰臨滁。」當以「縣」字爲是。

〔七三〕滁水：寰宇記卷一二八作「滁」。

〔七四〕麻湖：原作「麻胡」，據聚珍本改。

〔七五〕宋會要方域六之一四：「大觀元年陞爲望郡，政和七年爲儀真郡。」

〔七六〕迎鑾鎮：紀勝卷三八真州「五代僞吴以揚州之永正縣地置迎鑾鎮」下注：「輿地廣記云南唐以永正縣地置迎鑾鎮，寰宇記云本揚州白沙鎮地，僞吴順義二年改爲迎鑾鎮，二者不同。王象〔之〕謹按：通鑑後梁龍德二年歲在壬午，吴主楊溥即位，改元順義。又通鑑唐莊宗同光二年歲在乙酉，吴主如白沙鎮觀樓船，更命白沙曰迎鑾鎮，徐温自金陵來朝。又儀真志引五代史楊溥僭位順義四年，溥臨白沙閲舟師，金陵尹徐温來見，改白沙鎮爲迎鑾鎮。自後梁龍德二年壬午順數至同光二年乙酉，整整四年，則吴自龍德二年壬午改元順義，亦順數至順義四年乙酉亦整整四年。參通鑑、五代史二書以觀，則當在吴順義四年及後唐同光二年。輿地廣記以爲南唐所改，已是差互。而寰宇記以爲在順義二年，年月亦非是。當書曰：「吴順義四年改白沙鎮曰迎鑾鎮。」

〔七七〕二年：宋史卷八八作「三年」。按宋會要方域六之一四：「乾德二年，以揚州永正縣迎鑾鎮爲建安軍。」紀勝卷三八真州引國朝會要亦在乾德二年。當以「二年」爲是。

〔七八〕宋史卷八八：「政和七年，賜郡名曰儀真。」

〔七九〕九域志卷四：「雍熙二年以永貞縣（隸建安軍）。」紀勝卷三八真州：「寰宇記云：雍熙三年割揚州之永正縣以屬焉。輿地廣記以爲在雍熙二年，不同。國朝會要及九域志並在雍熙三年，當從會要。」按宋會要方域六之一四：「揚子縣，舊名永正，雍熙二年自揚州來隸，大中祥符六年改。」今所見宋會要與紀勝所引國朝會要有出入。當考。

〔八〇〕宋會要方域六之一四：「大中祥符六年改爲揚子縣。」

〔八一〕宋會要方域六之一四：「政和七年以通州爲静海郡。」

〔八二〕宋會要方域六之一四：「高郵軍，開寶四年以揚州高郵縣建軍。熙寧五年廢軍，並以縣隸揚州，元祐元年復置。」

〔八三〕宋：原作「末」，據四庫本、聚珍本及紀勝卷四三高郵軍引輿地廣記改。紀勝引輿地廣記「宋屬廣陵郡」下注：「象之謹按：宋志不載廣陵郡及高郵縣，今且從輿地廣記。」

〔八四〕竹塘：札記卷上：「宋本『塘』是也。周校作『唐』，誤，朱校不誤。」按紀勝卷四三高郵軍云：三歸縣，「輿地廣記曰唐置」；竹塘縣，「輿地廣記曰唐置」。按今本輿地廣記皆作梁置，恐紀勝誤引。

輿地廣記卷第二十一

淮南西路〔一〕

緊，壽州。春秋、戰國屬楚。漢屬九江、沛二郡。東漢屬九江郡，兼置揚州。魏、晉、宋、齊、梁屬淮南郡，齊兼置豫州。後魏曰揚州。梁曰南豫州。東魏曰揚州。陳曰豫州。後周曰揚州。隋屬汝陰、淮南二郡。唐屬潁、壽二州。後唐天成三年升爲忠正軍節度。周顯德中自壽春徙治潁州之下蔡。皇朝因之〔二〕。今縣五。

緊，下蔡縣。故州來國，爲楚所滅。左傳楚靈王狩于州來，次于潁尾，地蓋在淮、潁之會。後吴取之，以封季札。至夫差時〔三〕，蔡成公自新蔡徙此，謂之下蔡。秦相李斯其縣人也。漢屬沛郡。東漢屬九江郡〔四〕。晉屬淮南郡。梁置汴郡。北齊郡廢。隋屬汝陰郡。唐屬潁州。周世宗伐南唐〔五〕，克壽春，乃自壽春徙州治此。有硤石山、潁水、淮水。梁大同中，於硤石山築城拒東魏，即縣城也。

望，安豐縣。漢陽泉、安風、蓼三縣地，屬六安國。東漢屬廬江郡。魏置安豐郡。晉、後魏、梁、陳皆因之。隋開皇初郡廢，屬壽州。唐因之。有芍陂，楚相孫叔敖所造，徑百里，灌田萬頃。魏太尉王淩與吴將張休文戰于芍陂，即此。有六國故城，在縣南。又有蓼國，皆皋陶之後，偃姓。後項羽封黥布爲九江王，都六。漢高帝元年別爲衡山國，五年屬淮南國。文帝十六年復爲衡山，武帝元狩二年別爲六安國，治六，而以蓼爲屬。東漢國廢，以六、蓼屬廬江郡。晉省蓼，而六屬廬江。後省六入安豐。陂中有大冢〔六〕，即皋陶冢，楚人謂之「公琴」。

望，霍丘縣。漢安豐、松滋二縣地。晉屬安豐郡，後立霍丘戍。隋開皇十九年置霍丘縣，屬壽州。唐武德四年以松滋、霍丘二縣置蓼州〔七〕，七年州廢來屬〔八〕。縣北有安豐津。魏毌丘儉既敗，藏水草中，安豐津都尉部民張屬斬之，即此。松滋，漢屬廬江郡。晉屬安豐郡。唐省。

緊，壽春縣。戰國時楚考烈王自陳徙都壽春，命曰郢。秦滅楚，置九江郡。漢高帝封子長爲淮南王。長子安謀反，誅，地入，又爲九江郡。東漢因之，爲揚州刺史治。魏王淩、毌丘儉、諸葛誕皆以揚州相繼起兵，欲興魏室，並爲司馬氏所誅。晉爲淮南郡，兼置揚州。避鄭皇后諱，改壽春曰壽陽，後復曰壽春。元魏因之。隋改揚州曰壽州。唐因之。周世宗伐南唐，劉仁贍固守不降〔九〕，世宗以其難克，遂徙州治下蔡，而復其軍曰忠正軍，曰：

「吾以旌仁贍之節也。」有八公山，上有淮南王安廟〔一〇〕，圖安及八士像〔一一〕。後晉謝玄北禦苻堅〔一二〕，祈八公山。及陳於淝水，堅望見山上草木皆爲旌旗之狀〔一三〕，秦師遂敗。

中，六安縣。本漢潛〔一四〕、安豐二縣地。晉永和中謝尚鎮馬頭城，在今縣北。梁置霍州及岳安郡、岳安縣〔一五〕。北齊州廢。隋開皇初郡廢，改縣爲霍山，屬廬州。唐武德四年，以霍山、應城、潛城三縣置霍州。正觀元年州廢，省應城、潛城，以霍山來屬。神功元年曰武昌，神龍元年復故名〔一六〕，開元二十七年改爲盛唐。皇朝開寶四年〔一七〕，改爲六安〔一八〕。霍山鎮，唐天寶初析盛唐别置霍山縣，開寶元年省爲鎮，入盛唐。有霍山。有禹貢大别山。潛，本楚邑。漢屬廬江郡。東漢、晉因之，後省焉。唐武德五年復置潛縣，正觀中省入霍山。有決水〔一九〕、潛水。

上〔二〇〕**，廬州**。春秋屬舒。戰國屬楚。秦屬九江郡。漢屬廬江、九江二郡。東漢因之。曹公用劉馥爲揚州刺史，以合肥空城，建立州治，魏遂以爲重鎮。晉屬淮南、廬江二郡。梁置南豫州，尋改曰合州。隋開皇初改曰廬州〔二一〕，大業初州廢。唐長興二年升爲昭順軍節度〔二二〕。周顯德五年改爲保信軍。皇朝因之。今縣三。

上，合肥縣。應劭曰：夏水自城父東南至此，與肥合，故曰合肥。二漢屬九江郡。魏以張遼守之，吴孫權率衆十萬攻圍不克。明帝時，滿寵都督揚州諸軍，鎮此，於西北三十里築新城，孫權欲圍之，不敢下船。後諸葛恪圍新城，亦失利而退。晉屬淮南郡，後廢焉。梁置汝陰縣及汝陰郡。隋開皇初郡廢，爲合肥〔二三〕，置廬州。唐因之。有金牛山、淝水、淮水。

中，慎縣。本浚遒縣。二漢屬九江郡。故城在今縣南。晉屬淮南郡，後改爲慎縣。東魏置平梁郡。陳曰梁郡。隋開皇初郡廢，屬廬州。唐因之。

下，舒城縣。古舒國，偃姓，後爲楚所滅。二漢舒縣爲廬江郡治，後廢焉。唐開元二十三年析合肥、廬江置舒城縣，屬廬州〔二四〕。有龍舒山、龍舒水。

望，蘄州。春秋、戰國屬楚。秦屬九江郡。二漢屬江夏郡。吴置蘄春郡。晉廢，屬弋陽郡〔二五〕。北齊置雍州及齊昌郡〔二六〕。後周改州曰蘄州〔二七〕。隋開皇初郡廢，大業初州廢，置蘄春郡。唐武德四年曰蘄州，天寶元年曰蘄春郡。皇朝因之。今縣五。

望，蘄春縣。二漢屬江夏郡。吴置蘄春郡。晉屬弋陽郡，改縣曰蘄陽。梁改曰蘄水。北齊改曰齊昌郡。隋開皇初郡廢，置蘄州。十八年，縣復曰蘄春。唐因之。

望，蘄水縣。漢蘄春縣地。宋置浠水縣及永安郡〔二八〕。隋開皇初郡廢，屬蘄州。唐武德四年改縣曰蘭溪，天寶元年改曰蘄水。

羅田縣〔二九〕。

望，廣濟縣。唐武德四年析蘄春置永寧縣，天寶元年改名廣濟。有積布山、黃石山〔三〇〕。

望，黃梅縣。漢蘄春縣地。晉元帝置新蔡郡及永興縣，後郡廢。隋開皇初改縣爲新蔡，十八年又改爲黃梅，屬蘄州。有黃梅山。

上，和州。春秋屬吴〔三一〕。戰國屬楚。秦、漢屬九江郡，漢末揚州刺史自壽春徙治此。吴爲重鎮〔三二〕。晉屬淮南郡，惠帝永興元年分置歷陽郡〔三三〕。宋兼置南豫州。齊、梁皆因之。北齊置和州。隋開皇初郡廢，大業初州廢，復置歷陽郡。唐武德三年改爲和州，天寶元年曰歷陽郡〔三四〕。皇朝因之。今縣三。

緊，歷陽縣。秦、漢屬九江郡。漢末爲揚州治。晉置歷陽郡。宋置南豫州。北齊置和州。隋、唐因之。有歷湖〔三五〕。

中，含山縣。唐武德六年析歷陽置〔三六〕，八年省。長安四年復置，更名武壽，神龍元年復故名。有濡須水，吴孫權築濡須塢以拒曹公。漢建安二十年，公自圍之，不克。後黃武二年〔三七〕，魏軍又攻之，不拔。

中，烏江縣。本秦東城縣之烏江亭，項羽欲渡烏江，即此。二漢屬九江郡。晉置烏江縣，屬淮南郡。梁置江都郡〔三八〕。北齊改爲齊江郡。陳改爲臨江郡。後周改爲同江郡〔三九〕。隋開皇初郡廢，屬和州。

上，舒州。春秋爲皖國及群舒地。戰國屬楚。秦屬九江郡。二漢屬廬江郡。吴孫權克皖城，遂爲重鎮。晉亦屬廬江郡。安帝置晉熙郡。宋、齊因之。梁兼置豫州〔四〇〕，後改曰晉州。北齊改曰江州。陳又改曰晉州。隋開皇初郡廢，置熙州。大業初州廢，置同安郡。唐武德四年改爲舒州〔四一〕，天寶元年復爲同安郡。皇朝因之〔四二〕。今縣五。

上，懷寧縣。故皖國。二漢爲縣，屬廬江郡。漢末，吴克皖城。赤烏四年，諸葛恪屯之〔四三〕。晉亦屬廬江郡，後改皖縣爲懷寧，置晉熙郡。隋郡廢，置熙州，復置同安郡。唐改爲舒州。有潛山〔四四〕，一名天柱山，漢武帝嘗登此〔四五〕。

上，桐城縣。本漢樅陽縣，屬廬江郡。武帝自尋陽浮江薄樅陽而出是也。東漢省之。梁復置，及置樅陽郡〔四六〕。隋開皇初郡廢，屬熙州，十八年改縣曰同安。唐屬舒州，至德二載更名桐城。有漢朱邑祠，有盛唐山、樅陽水。

上，宿松縣。本漢皖縣地。梁置高塘郡。隋開皇初郡廢，置高塘縣，屬熙州，十八年改縣曰宿松〔四七〕。唐武德四年置嚴州，八年州廢來屬〔四八〕。有長葛山、雷水。

上，望江縣。本漢皖縣地。晉置新治縣。陳置大雷郡。隋開皇初郡廢，十一年改縣曰義鄉，十八年又曰望江，屬熙州。唐武德四年置高州〔四九〕，尋改曰智州。七年州廢，屬嚴州，八年州廢來屬。

上，太湖縣。本漢皖縣地。宋置太湖縣。隋開皇初改曰晉熙，後復故名，屬熙州。唐屬舒州。

上，濠州。本鍾離子國。春秋時楚滅之，以爲縣。吴又取之。戰國復屬楚。秦及二漢屬九江郡。晉屬淮南郡。東晉置鍾離郡。宋、齊、梁因之，齊兼置北徐州〔五〇〕。北齊改曰西楚州。隋開皇初郡廢，置濠州。大業初州廢，置鍾離郡。字初作「豪」〔五一〕，唐元和三年改從「濠」。天寶元年復曰鍾離郡。皇朝因之。今縣二。

望，鍾離縣。故鍾離子國〔五二〕，嬴姓，後爲楚邊邑。楚平王時，吴之邊邑卑梁處女與鍾離小童争桑，兩家交怒，相攻滅。兩邑長又怒，而起兵相攻，遂滅卑梁。吴王聞之，又怒，使公子光伐楚，拔鍾離而還。東晉置鍾離郡。隋置濠州。唐因之。又後魏置當塗縣及馬頭郡。北齊改爲馬頭縣，置荆山郡。隋開皇初郡廢，改縣曰塗山，屬濠州。唐武德七年省入鍾離。有塗山，禹之所娶也。有濠水，莊子與惠子觀魚之所。梁武帝堰淮水於鍾離，以灌壽陽〔五三〕，即此。

望，定遠縣。本漢東城縣，屬九江郡。項羽兵敗東城，即此地。東漢因之。晉屬淮南郡。梁改東城曰定遠，置臨濠郡〔五四〕。北齊改郡曰廣安。隋開皇初郡廢，屬濠州。唐因之。晉曰西曲陽，屬淮南郡。北齊省入定遠。

上，光州。春秋爲黄、弦二國，皆爲楚所滅。戰國屬楚。秦屬九江郡。二漢屬汝南、江夏郡。至魏分置弋陽郡。晉、宋、齊、梁因之，兼置光州。後魏亦爲弋陽郡。北齊置南郢州。後周置淮南郡。隋開皇初，州郡俱廢，大業初復置弋陽郡。唐曰光州，天寶元年曰弋陽郡。皇朝因之〔五五〕。今縣四。

上，定城縣。故黄國也，楚人滅之。二漢爲弋陽縣，屬汝南郡，故城在今縣西。魏置弋陽郡。北齊置南郢州，後廢爲南、北二弋陽縣〔五六〕，又省北弋陽入南弋陽，改爲定城縣。後周又置淮南郡。隋初，州、郡俱廢，後屬弋陽郡。唐武德三年置弦州，正觀元年州廢，屬光州。太極元年，州自光山徙來治此。有黄水。

望，固始縣。本寖丘，楚孫叔敖子所封之邑。秦之滅楚，蒙恬攻寖，即此。漢爲寖縣，屬汝南郡，光武更名固始。晉屬汝陰郡。梁置蓼縣。北齊復故名，置北建州。後周改爲澮州。隋開皇初州廢，後屬弋陽郡。唐屬光州。商城鎮，本蔣國〔五七〕，周公之後，楚滅之，以爲期思縣。漢屬汝南郡。東漢因之。晉屬弋陽郡，後廢。宋置包信縣。梁置義城郡及建州。隋開皇初並廢，改包信爲殷城，屬弋陽郡。唐武德元年置義州，正觀元年州廢來屬。皇朝建隆元年改曰商城，後省爲鎮入固始。

中下，光山縣。故弦國，楚人滅之。漢爲西陽縣，屬江夏郡。晉爲弋陽郡治。梁置光州及光城郡。隋開皇初郡廢，置光山縣，大業初置弋陽郡。唐爲光州，太極元年州徙治定城。

中下，仙居縣。本二漢軑縣地，屬江夏郡。故城今在縣北四十里。晉屬弋陽郡。宋分軑縣置樂安縣。梁置宋安郡。隋開皇三年郡廢，後屬弋陽郡。唐屬光州。有僕僕先生，居縣黄土山，常餌杏丹，乘雲往來，刺史李休光以爲妖，叱左右執之，龍虎見乎側，先生乘之而去。天寶元年，乃詔改樂安縣爲仙居。

下，黄州。春秋、戰國屬楚。秦屬南郡。二漢屬江夏郡。晉初屬弋陽郡，後屬西陽國〔五八〕。宋因之。齊分置齊安郡。北齊兼置衡州。後周因之。隋開皇初郡廢，改衡州曰黄州。大業初州廢，置永安郡。唐武德三年復爲黄州，天寶元年復曰齊安郡。皇朝因之。今縣三。

望，黄岡縣。本漢西陵縣地，屬江夏郡。晉屬弋陽郡，後屬西陽國。北齊置南安縣及齊安郡。隋開皇初郡廢，改縣曰黄岡〔五九〕，置黄州。大業初置永安郡。唐復曰黄州。邾縣故城，在今縣東南一百三十里〔六〇〕。楚宣王滅邾，徙之於此，故曰邾。項羽封吴芮爲衡山王，都此。漢屬江夏郡。東漢因之。晉屬弋陽郡，後廢。東晉毛寶守邾城，爲石季龍所敗，有卒投江水，遇白龜之救〔六一〕。

上，黄陂縣。本漢西陵縣地。北齊置南司州〔六二〕。後周置黄陂縣，改南司州曰黄州。隋開皇初移州治黄岡縣。唐武德三年置南司州，七年州廢來屬。

中，麻城縣。本漢西陵縣地。梁置信安縣。陳置定州。後周改曰亭州。隋開皇初郡廢，十八年改縣曰麻城，屬黄州。唐武德三年置亭州，八年州廢來屬。

同下州，無爲軍。自五代以前地理與廬州同。皇朝太平興國三年，以巢縣之無爲鎮置無爲軍。今縣三。

望，無爲縣。漢襄安縣地，屬廬江郡〔六三〕。東漢、晉因之。梁改曰蘄縣。隋開皇初復改爲襄安，屬廬江郡。後併入巢縣，置無爲鎮。皇朝太平興國三年以鎮置無爲軍，熙寧三年析巢、廬江二縣置無爲縣〔六四〕。

望，巢縣。古曰南巢，成湯放桀於此。周初巢伯來朝。春秋爲群舒邑，叛楚，故楚入圍巢。二漢爲居巢縣，屬廬江郡。晉因之。隋曰襄安縣。唐武德三年置巢州，七年州廢，改襄安爲巢縣，屬廬州。皇朝太平興國三年來屬〔六五〕。有巢湖，在縣東南。

望，廬江縣〔六六〕。本漢龍舒縣地，屬廬江郡。東漢、晉因之。齊改曰廬江縣，置廬江郡。梁置湘州〔六七〕。北齊州廢。隋開皇初郡廢，屬廬州。唐因之。皇朝太平興國三年來屬。

校注

〔一〕紀勝卷四五廬州云：太平興國元年，分淮南爲東、西兩路，後併爲一路。至道三年，復併爲淮南路。皇祐三年，分淮南爲兩路。又引國朝會要在「熙寧五年」。

〔二〕宋會要方域五之五：「政和六年，陞爲壽春府。」

〔三〕夫差：札記卷上：「『差』，宋本誤『羌』，據周校訂正，朱校不誤。」

〔四〕九江郡：元和志卷七作「汝南郡」。

〔五〕伐：札記卷上：「宋本闕，據周校補，朱校不誤。」

〔六〕大冢：札記卷上：「『冢』，宋本誤『家』，據周校訂正，此用水經沘水注文，朱校不誤。」

〔七〕四年：寰宇記卷一二九作「元年」。

〔八〕七年：寰宇記卷一二九作「九年」。

〔九〕劉仁贍：原作「劉仁瞻」，據通鑑卷二九三考異引歐陽史、舊五代史卷一二九改。

〔一〇〕淮南王安廟：札記卷上：「『廟』，宋本略可辨識，周校正作『廟』，此約水經淝水注文，朱校不誤。」

〔一一〕八士：四庫本、聚珍本作「八公」。

〔一二〕後晉謝玄北禦苻堅：「謝玄」，原作「謝元」，爲清人避諱所改，今回改。又「苻堅」，原作「符堅」，據四庫本改。

〔一三〕上：札記卷上：「宋本誤『止』，據周校訂正，朱校不誤。」

〔一四〕灊：寰宇記卷一二九作「灊」。

〔一五〕四庫本「岳安縣」前衍「及」字。

〔一六〕故：四庫本作「改」。

〔一七〕四年：續通典卷一二七引輿地廣記作「六年」。

〔一八〕宋會要方域六之一八：「政和八年，以壽春府六安縣陞爲軍。」

〔一九〕決水：四庫本、聚珍本作「汶水」。札記卷上：「『決』，宋本略可辨識，周校作『史』。案『決』與『史』形相近，往往互舛。水經決水注云：『世謂之史水。』戴震校曰：『史』近刻訛作『決』，宋永嘉中置史水縣，取水以名縣。此説是也。寰宇記霍邱縣下云：『決水在縣南二百五十里。』又云：『今呼史水，即爲訛謬。』此説非矣。史水之稱不自樂時始矣。歐此自用九域志文，故仍當以宋本爲是。周校與近刻水經注誤正相反。朱校作『汶』，誤尤甚。」

〔二〇〕宋會要方域六之一九：「廬州，大觀二年陞爲望郡。」

〔二一〕紀勝卷四五廬州：「隋志云：梁置南豫州，又改爲合州。開皇初改爲廬州，不言其爲開皇幾年。象之謹按：通鑑陳宣帝太建十三年，隋王堅即帝位，改元開皇，是年即以韓擒虎爲廬州總管，鎮廬江。」

〔二二〕紀勝卷四五廬州：「輿地廣記云：後唐長興二年爲昭順軍節度。五代史職方考亦不載爲昭順軍節度一節。通鑑正明六年書吴武寧節度使張崇攻安州，不克，還守廬州。長興二年書德勝軍節度使張崇守廬州二十年，不同。象之謹按：南唐重修巢湖大姥廟記乃德勝軍節度使、都督廬州諸軍事、廬州刺史以保大二年周鄴立其碑，見在廟中，可以爲據，則在南唐非曰昭順軍矣。今從通鑑及廟碑書曰爲德勝軍。」

〔二三〕紀勝卷四五廬州：「隋開皇初改曰合肥。然通鑑開皇元年隋文帝即位，即以韓擒虎爲廬州刺史，鎮合肥，似改於開皇之初年。然陳宣帝太建五年，北齊黄法氍以合肥來降，仍命爲合州刺史，又似非改於開皇初年者，亦不同。」

〔二四〕紀勝卷四五廬州：「輿地廣記云：五代不改。皇朝因之。」今本無。

〔二五〕紀勝卷四七蘄州：「寰宇記云：晉惠帝時，改蘄春郡爲西陽郡。按郡已省於太康之時，故晉志弋陽郡下止有蘄春縣。至惠帝時，不應尚改蘄春郡也，今不取。」

〔二六〕紀勝卷四七蘄州：「元和志及寰宇記、廣記皆以爲齊置雍州，隋志以爲置羅州，今從隋志。」

〔二七〕寰宇記卷一二七云：隋曰蘄州。

〔二八〕紀勝卷四七蘄州：「輿地廣記云：本漢蘄春縣地。宋元嘉時，於此立浠水縣及永安郡。」與今本小異。

〔二九〕紀勝卷四七蘄州：「輿地廣記不載羅田縣之緊望。」據紀勝：「在州北一百五十里。本漢蘄春縣地。隋志云：梁置義州義成郡。開皇中，州、郡並廢，爲羅田縣。圖經云：唐武德中，省入浠水縣。」按宋會要方域六之一八：「元祐八年，以〔蘄水縣〕石橋鎮陞縣。」

〔三〇〕紀勝卷四七蘄州：「黄石山，輿地廣記云在黄梅縣。」按今本及九域志卷五黄石山在廣濟縣下，或紀勝誤引。

〔三一〕寰宇記卷一二四以爲「屬楚」。

〔三二〕紀勝卷四八和州：「元和郡縣志以爲吴、魏交争之所。按吴、魏交争乃在居巢東關、濡須塢之間。然歷陽雖密邇諸處，而考之通鑑，戰争之迹不顯。」

〔三三〕紀勝卷四八和州：「元和郡縣志云：晉平吴，立淮南郡，後改歷陽郡，而不言其時。寰宇記云：東晉改爲歷陽郡。象之謹按：晉志淮南郡立於漢武，非晉武平吴之時也。又按宋志云：歷陽太守，晉惠帝永興元年分立，劉禹錫亦云立於永興時，又非分於東晉也，今不取。」

〔三四〕聚珍本「曰」字前有「又」字。

〔三五〕歷湖：札記卷上：「『湖』，宋本模糊，據周校補，九域志可證，朱校不誤。」寰宇記卷一二四作「歷陽湖」。

〔三六〕六年：「六」字原闕，據舊唐書卷四〇、新唐書卷四一補。四庫本、聚珍本「□」作「四」。札記卷上：「『德』下『年』上宋本模糊，案新、舊唐志當作『六』。周校作『四』，誤，朱校誤同。」

〔三七〕克後：札記卷上：「據周校補，朱校同。」

〔三八〕梁：札記卷上：「宋本略可辨，周校作『梁』是也，歐用隋志文。朱校作『魏』，誤。」

〔三九〕後周改爲同江郡：「周」字原闕，據隋書卷三一補。四庫本、聚珍本作「後漢」。札記卷上：「『後』下宋本模糊，據隋志當作『周』字。周校作『漢』，仍作點識其旁，蓋意其誤也。朱校正作『漢』，妄矣。」又「同江郡」，通典卷一八一作「烏江郡」。

〔四〇〕豫州：通典卷一八一作「荆河州」。

〔四一〕紀勝卷四六安慶府引元和志：「改舒州在武德五年。」

〔四二〕宋會要方域五之五：「安慶軍，舊舒州，政和五年改德慶軍。」

〔四三〕屯：四庫本作「死」，聚珍本作「守」。札記卷上：「宋本『屯』，周校同。朱校作『守』，誤。」

〔四四〕灊山：通典卷一八一作「灊山」。

〔四五〕此：原無，據四庫本補。

〔四六〕紀勝卷四六安慶府：「輿地廣記云：東漢省之，梁復置。象之謹按：東漢志，晉、宋、齊志並無樅陽縣，而晉陶侃却曾領樅陽令。元和郡縣志云：梁改爲樅陽郡。」

〔四七〕紀勝卷四六安慶府引元和志：「晉武平吴，以荆州有松滋縣，故改曰宿松縣。」

〔四八〕八年：寰宇記卷一二五作「七年」。

〔四九〕四年：舊唐書卷四〇作「五年」。

〔五〇〕北徐州：通典卷一八一作「徐州」。

〔五一〕字初作豪：札記卷上：「宋本『字』，舊鈔本同，是也。唐志云：『濠』字，初作『豪』，元和三年改從『濠』。此則省去上一『濠』字，而於『元和』上增『唐』，以别前代，其實全用唐志文也。周校作『唐』，誤，朱校不誤。」

〔五二〕子：四庫本、聚珍本作「三」。札記卷上：「宋本壞作『予』，據周校訂正。朱校作『三』，誤。」

〔五三〕壽陽：札記卷上：「『陽』，宋本作『湯』，誤，周校作『埸』，亦誤，今訂正。此約元和志文，朱校不誤。」

〔五四〕臨濠郡：通典卷一八一作「臨淮郡」。

〔五五〕宋會要方域五之五、六之一八：「光州，宣和元年爲光山軍節度。」

〔五六〕爲：隋書卷三一作「入」。

〔五七〕蔣國：原作「將國」，據四庫本改。

〔五八〕西陽國：原作「西陽郡」，據宋書卷三七、元和志卷二七及下文改。

〔五九〕元和志卷二七：「隋開皇十八年改爲黄岡。」

〔六〇〕一百三十：四庫本及紀勝卷四九黄州引輿地廣記作「一百二十」。

〔六一〕之救：紀勝卷四九黄州引輿地廣記亦作「之救」，四庫本作「救之」。

〔六二〕元和志卷二七：「周大象元年改鎮爲南司州。」

〔六三〕廬：原無，據四庫本補。

〔六四〕置無爲縣：札記卷上：「宋本『無』，周校作『旡』，朱校同宋本。」

〔六五〕宋史卷八八：「至道二年移至郭下。」

〔六六〕望廬江縣：札記卷上：「自此至『來屬』宋本有，周校重修本全脱，朱校同宋本。」

〔六七〕湘州：原作「湖州」，據隋書卷三一改。通典卷一八一作「相州」。

輿地廣記卷第二十二

兩浙路上〔一〕

大都督府，杭州。春秋屬越。戰國屬楚。秦屬會稽郡。漢因之。東漢順帝以後屬吴郡。晉屬吴興、吴二郡。宋、齊、梁因之。陳置錢塘郡。隋開皇中郡廢，置杭州。大業初州廢，置餘杭郡。唐武德四年置杭州，天寶元年曰餘杭郡，升鎮海軍節度。五代爲吴越王錢氏所有。皇朝太平興國四年來歸，淳化五年改曰寧海軍〔二〕。今縣九。

望，錢塘縣。五代時晉改爲錢江〔三〕，後别置錢塘縣，與錢江分治州郭下。有靈隱山，昔梵僧云自天竺鷲山飛來〔四〕。

望，仁和縣。本錢塘縣。初，郡功曹華信議立此塘〔五〕，以防海水，始開募，有能致一斛土石者，即與錢一千。旬月之間，來者雲集。塘未成，譎不復取，皆棄土石而去，塘遂成，故曰錢塘〔六〕。漢屬會稽郡。東漢省之。晉復置，屬吴郡。陳置錢塘郡。隋平陳，郡廢，自餘杭徙州治此，後曰餘杭郡。唐復曰杭州。晉天福中避高祖名，改錢塘曰錢江。皇朝太平興國四年改曰仁和〔七〕。有臨平湖，傳言：「此湖塞，天下亂；此湖開，天下平。」吴孫皓天璽元年，吴郡言：臨平湖自漢末穢塞，今更開通，斯晉氏平吴一天下之符也。

望，餘杭縣。秦始皇南游至錢塘，臨浙江，水波惡，乃西百二十里從狹中渡，因置餘杭縣。漢屬會稽郡。東漢、晉屬吴郡。隋置杭州，後徙治錢塘。唐屬杭州。有由拳山。

望，臨安縣。本漢餘杭縣地。吴孫權分置臨水縣。晉武改曰臨安，屬吴郡，後廢。唐武德七年復置臨水縣，屬潛州，八年省入於潛。垂拱四年，析餘杭、於潛，以故臨水城復置臨安縣，屬杭州，吴越王錢鏐其縣人也。鏐既貴，以素所居營爲安國衣錦軍。鏐歸，宴故老，山林皆覆以錦，梁改臨安縣曰安國縣以尊之。皇朝太平興國三年復曰臨安〔八〕。

緊，富陽縣。本富春縣。漢屬會稽郡。東漢屬吴郡，吴王孫權其縣人也，置東安郡。晉皇后名春，孝武改曰富陽，屬吴郡。隋屬餘杭郡。唐屬杭州。

緊，於潛縣。二漢屬丹陽郡〔九〕。晉屬吴興郡。隋屬餘杭郡。唐屬杭州。北有天目山。

上，新城縣。本富春縣地。晉咸和中置新城縣。隋平陳，省入錢塘，後復置。唐武德七年省入富陽，永淳元年復置，屬杭州。梁改曰新登。皇朝太平興國四年復改曰新城〔一〇〕。有桐溪。

上，鹽官縣。本漢海鹽縣地。吴王濞煮海爲鹽，蓋在此。有鹽官，吴因置鹽官縣。晉屬吴郡。隋屬餘杭郡。唐屬杭州。

中，昌化縣。本於潛縣地。唐垂拱二年析置紫溪縣，萬歲通天元年曰武隆縣，皆屬杭州。神龍元年，更武隆爲唐山縣。大曆二年皆省，長慶初復置唐山。梁改曰金昌〔一一〕。後唐同光初復故名〔一二〕。晉改爲横山。皇朝太平興國四年改曰昌化〔一三〕。有百丈山〔一四〕。紫溪水所出，東南流逕新城，謂之桐溪，又逕桐廬入浙江。

大都督，越州。春秋爲越國之都。周顯王時，越王無彊西伐楚，楚威王興兵，大敗之，盡取故吴地至浙江，而越以此散，服朝於楚。秦屬會稽郡。漢因之。東漢置會稽郡，乃自吴縣徙治山陰〔一五〕。晉、宋、齊、梁、陳皆因之，宋兼置東揚州〔一六〕，尋廢。梁復置東揚州〔一七〕。隋平陳，郡廢，改州曰吴州。大業初置越州，尋廢，置會稽郡。唐復爲越州，天寶元年曰會稽郡，升爲鎮東軍〔一八〕。皇朝因之〔一九〕。統縣八〔二〇〕。

望，會稽縣。本於越地。禹會諸侯江南，計功而崩，因葬焉，命曰會稽。會稽者，會計也。其後帝少康封庶子杼於會稽，以奉守禹祀，即越王允常之先也。秦置山陰縣，屬會稽郡。漢因之，東漢順帝以後爲郡治。晉因之，後分置會稽縣。隋爲吴州、越州及會稽郡治。唐因之。南有會稽山，秦始皇於此刻石紀功。有禹冢〔二一〕、禹穴。有秦望山，在州城正南，爲衆峰之傑，始皇登之，以望東海〔二二〕。山南有嶕峴，峴有大城，越之先君無餘舊都于此。有鏡湖、若耶溪、雷門〔二三〕。

望，山陰縣〔二四〕。秦、漢以來故縣。隋平陳，省入會稽縣。唐垂拱二年復置，在州郭下，與會稽分治。有鑑湖，東漢永和五年，太守馬臻所創開，周回三百餘里，溉田九千餘頃。創湖之始，多浸冢墓，有千餘人怨訴，臻因被刑於市。及遣使覆按，總不見人籍，乃知死者所訴也。有龜山，一名怪山，一名自來山，本自琅琊東武飛來於此，其形似龜，故名。有蘭溪。溪口有亭，曰蘭亭，晉太守王羲之作曲水序於此。

望，剡縣。漢屬會稽郡。東漢、晉、隋皆因之。唐武德四年平李子通，置嵊州，六年州廢來屬〔二五〕。有天姥山。

望，諸暨縣。本曰句無，越王允常之故邑，國語所謂「南至句無」是也。漢爲諸暨縣，屬會稽郡。東漢、晉、隋皆因之。唐屬越州。

望，餘姚縣。二漢、晉皆屬會稽郡。隋省入句章縣〔二六〕。有句餘山，在餘姚南、句章北，故二縣因以爲名。唐武德四年復置，及置姚州。七年廢，屬越州。

緊，蕭山縣。本餘暨縣。二漢屬會稽郡。漢末童謠曰「天子當興東南三餘之間」〔二七〕，故孫權改曰永興縣〔二八〕。晉因之。隋省入會稽縣。唐儀鳳二年復置，屬越州，天寶元年改曰蕭山縣。有蕭山，潘水所出，水經以爲疑是浦陽江之別名，自外無水以應之。越人西施出於此縣。

緊，新昌縣。本剡縣地。五代時置新昌縣，屬越州。有沃州水。

望，平江府。周初封太伯爲吴國。春秋末爲越所併。戰國屬楚。秦置會稽郡。漢因之。東漢順帝置吴郡。晉、宋、齊、梁、陳皆因之，陳兼置吴州。隋平陳，郡廢，改州曰蘇州，因姑蘇山爲名。大業初州廢，復置吴郡。唐武德四年曰蘇州，天寶元年曰吴郡。南唐升爲中吴軍節度。皇朝太平興國三年改曰平江軍，政和三年升爲平江府〔二九〕。今縣五。

望，吴縣。本曰句吴，太伯避公季奔荆蠻，荆蠻歸之，號曰句吴。武王克商，因封之。至夫差，爲越所滅。後越破，更屬楚。秦置會稽郡。項梁初起吴中，使項籍斬會稽守殷通，即此地。漢高帝以封吴王濞，後國除，復爲會稽郡。東漢順帝分置吴郡。隋曰蘇州。唐因之。有姑蘇山，虎丘山，即吴王闔廬墓也。太湖中有苞山〔三〇〕，亦曰夫椒山〔三一〕。左傳「吴伐越，敗之夫椒」是也。山有洞室，入地潛行，北通琅琊、東武，俗謂之洞庭。

望，長洲縣。吴有長洲苑，在東，漢枚乘諫吴王「不如長洲之苑」，即此。唐萬歲通天元年析吴置長洲縣，在州郭，與吴分治。

望，崑山縣。本漢婁縣地，屬會稽郡。東漢、晉屬吴郡。陸機、陸雲生於此，故名其山曰崑山。梁置崑山縣。隋平陳，省之。開皇十八年復置，屬吴郡。唐屬蘇州。

望，常熟縣。本漢吴縣地。晉分置海虞縣，屬吴郡。梁分置南沙、常熟二縣。隋平陳，徙常熟於南沙，而省海虞入焉，屬蘇州。唐因之。有常熟山。

緊，吴江縣。朱梁開平三年，吴越錢鏐奏於松江置吴江，上承太湖，更逕笠澤。國語曰「越伐吴，吴禦之笠澤」是也。

望，潤州。春秋屬吴。戰國屬越，後屬楚。秦屬會稽、鄣二郡〔三二〕。漢高帝以封荆王劉賈，後屬會稽郡。東漢屬吴郡。吴王孫權初鎮丹徒，謂之京城。晉平吴，置毗陵郡〔三三〕。宋置南東海郡及南徐州。梁改郡曰南蘭陵郡。陳曰南東海郡。自宋至陳，常以京口爲重鎮。隋平陳，郡廢，開皇十五年置潤州。大業初州廢，屬江都郡。唐武德三年復置潤州〔三四〕，天寶元年改爲丹陽郡，後升鎮海軍節度。皇朝改鎮江軍〔三五〕。今縣三。

緊，丹徒縣。春秋時謂之朱方。齊慶封奔吴，予之朱方是也〔三六〕。秦時望雲者言其地有天子氣，乃使赭衣徒三千人鑿長坑以敗其勢〔三七〕，故曰丹徒。漢屬會稽郡。東漢屬吴郡。

孫權鎮此，曰京城。晉置毗陵郡。宋置南東海郡及南徐州。隋開皇九年置延陵縣，省丹徒入焉，置潤州，以潤浦爲名。唐因之，武德三年以故延陵縣地復置丹徒縣。有北固山、金山。

緊，丹陽縣。古雲陽，秦始皇改爲曲阿。漢屬會稽郡。東漢屬吴郡。晉屬毗陵郡。隋屬江都郡。唐武德三年置雲州〔三八〕，五年曰簡州，八年州廢來屬，天寶元年改爲丹陽。延陵鎮，本曲阿縣地。唐武德三年以延陵縣地置丹徒，乃别置延陵縣於今所，屬茅州。七年州廢，屬蔣州，九年來屬。皇朝熙寧五年省入丹陽。

緊，金壇縣。本曲阿縣地。隋末盜起，土人保聚，因爲金山縣。唐屬蔣州，武德八年省入延陵，垂拱四年復置來屬〔三九〕，更名金壇。有茅山。

上，湖州。春秋屬吴，吴滅屬越。戰國屬楚。秦屬會稽、鄣二郡。漢屬會稽、丹陽二郡〔四〇〕。東漢屬吴郡。吴孫皓分置吴興郡。晉、宋、齊、梁、陳因之，梁兼置震州。隋開皇九年平陳，郡廢。仁壽中置湖州，大業初州廢，屬餘杭、吴興二郡〔四一〕。唐武德四年復置湖州，天寶元年復曰吴興郡。周升爲宣德軍節度〔四二〕。皇朝景祐元年改昭慶軍。今縣六。

望，烏程縣。漢屬會稽郡。東漢屬吴郡。吴置吴興郡。梁置震州。隋置湖州。唐因之。有太湖，禹貢震澤也，周官謂之具區，有苕溪、霅溪入焉。有卞山、衡山，左傳「吴伐楚，至于衡山」即此。

望，歸安縣。本烏程縣地。皇朝太平興國七年析置歸安縣於郭下，與烏程分治。

望，安吉縣。本漢故鄣縣地。吴興記曰：光和末，張角亂，此鄉守險助國，漢嘉之。中平二年，分故鄣之南鄉置安吉縣，屬丹陽郡。晉屬吴興郡。梁、陳屬陳留郡〔四三〕。隋平陳，郡廢，省安吉入綏安。義寧二年沈法興復置。唐武德四年賊平，因之，屬姚州〔四四〕。七年省入長城，麟德元年復置，屬湖州。

望，長興縣。本烏程、故鄣二縣地。吴王闔閭使弟夫概居此，築城狹而長。晉武帝因置長城縣，屬吴興郡。隋平陳，省之。仁壽中復置，屬吴郡〔四五〕。唐武德四年更置綏州，因故綏安縣爲名，又改曰雉州，七年州廢來屬。梁避廟諱，改曰長興。秦鄣郡故城，在縣西南八十里。二漢爲故鄣縣，屬丹陽郡。晉屬吴興郡〔四六〕。梁、陳屬陳留郡。隋省入綏安，俗號爲府頭。

緊，德清縣。本武康縣地。唐天授元年分置武原縣〔四七〕，景雲二年改爲臨溪，天寶元年改爲德清。

上，武康縣。本防風氏之國。漢爲烏程縣之餘不鄉，漢童謡言：「天子當興東南三餘之間。」吴乃分餘不鄉置永安縣。晉以平陽已有永安，故改此永安爲永康，又改曰武康，屬吴興郡。隋屬餘杭郡，大業末李子通置安州〔四八〕，又曰武州。唐武德四年賊平，因之，七年州廢來屬。梁屬杭州。皇朝太平興國四年復來屬〔四九〕。有封嵎山、餘不溪。

上，婺州。春秋、戰國皆屬越。秦屬會稽郡。二漢因之。吴孫皓分置東陽郡。晉、宋、齊因之。梁置金華郡。陳因之。隋平陳，郡廢，置婺州。以當天文婺女之分爲名。大業初州廢，復置東陽郡。唐武德四年置婺州，天寶元年曰東陽郡。石晉升武勝軍節度。皇朝淳化元年改保寧軍〔五〇〕。今縣七。

望，金華縣。本漢烏傷縣地，屬會稽郡。初平三年，分縣南鄉置長山縣。吴爲東陽郡治。晉以後因之。或云：本曰長仙，赤松子采藥此山，因而居之，故以爲名，後傳呼乖訛，字亦隨改。梁置金華郡。隋開皇中郡廢，置婺州，改長山縣爲吴寧，十二年改曰東陽，十八年又改曰金華。大業初復置東陽郡。唐復曰婺州。有金華山、赤松澗。

望，東陽縣。本漢烏傷縣地，唐垂拱二年分義烏置，屬婺州。有峴山。

望，義烏縣。本二漢烏傷縣，屬會稽郡。異苑曰：東陽顔烏以淳孝著聞。父死，負土成墳，群烏啣土助焉，而口皆傷，因以名縣。自晉至隋，皆屬東陽郡。唐武德七年，改烏傷爲義烏。有靈黃山。

望，蘭溪縣。本金華縣地，唐咸亨五年分縣西界置〔五二〕，屬婺州。有九峰山。

緊，永康縣。吴赤烏中分烏傷縣上浦置。自晉至隋，皆屬東陽郡。唐武德四年置麗州，八年州廢來屬。有石城山。

上，武義縣。吴赤烏八年置，後廢。唐天授二年分永康復置，屬婺州，後改曰武成，天祐中復曰武義。有八素山。

上，浦江縣。唐天寶十三載，分義烏、蘭溪及杭州富陽置浦陽縣，屬婺州，後改爲浦江。

校　注

〔一〕宋史卷八八：「兩浙路，熙寧七年分爲兩路，尋合爲一。九年復分，十年復合。」

〔二〕淳化五年：紀勝卷二臨安府引國朝會要在「淳化元年」。宋會要方域五之四：「大觀元年陞爲帥府。」

〔三〕四庫本「改」字後有「縣」字。

〔四〕梵：原作「楚」，據聚珍本及九域志卷五、錦綉萬花谷前集卷五、全芳備祖集前集卷一三改。

〔五〕功曹：元和志卷二五作「議曹」。

〔六〕元和志卷二五：「據史記『始皇至錢塘，臨浙江』，秦時已有此名，疑所説爲謬。」

〔七〕四年：寰宇記卷九三作「三年」。

〔八〕宋會要方域六之二一：「臨安縣，舊名安國，太平興國三年改今名，隸順化軍。五年軍廢，縣復來隸。」

〔九〕丹陽郡：漢書卷二八上作「丹揚郡」。

〔一〇〕四年：紀勝卷二臨安府引臨安志作「三年」。按宋會要方域一二之一八：「新城縣南新鎮，淳化五年以南新場爲昭德縣，六年改南新。」方域六之二一：「南新縣，熙寧五年廢縣爲鎮，隸新城縣。」此節輿地廣記失載，今附于此。

〔一一〕金昌：吴越備史卷二、十國春秋卷七八作「吴昌」。

〔一二〕四庫本無「後」字，「初」字後有「年」字。

〔一三〕四年：寰宇記卷九三作「三年」。

〔一四〕百丈山：札記卷上：「『丈』，宋刻壞作『文』，據周校訂正，此九域志文。水經漸江水注云：『即潛山也。』朱校不誤。」

〔一五〕徙治：寰宇記卷九六作「治徙」。

〔一六〕東揚州：四庫本、聚珍本作「東陽州」。紀勝卷一〇紹興府引輿地廣記作「東揚州」。按元和志卷二一六及寰宇記卷九六並云：自晉至陳，又於此置東揚州，與輿地廣記不合。紀勝卷一〇紹興府：「象之謹按：晉志無東揚州，而宋志云孝建元年分揚州之會稽等五郡爲東揚州。則東揚州非置於晉也，當從宋志及輿地廣記。」

〔一七〕東揚州：聚珍本作「東陽州」。

〔一八〕舊唐書卷二〇上云：乾寧三年升爲鎮東軍節度，寰宇記卷九六云：皇朝爲鎮東軍節度，不同。紀勝卷一〇紹興府：「象之謹按：通鑑唐昭宗乾寧三年，以錢鏐爲鎮海、威勝兩軍節度使，更名威勝軍曰鎮東軍。寰宇記失唐末改鎮東軍一節，以爲國初事，又不載年月，無所據依，今不取。」

〔一九〕宋會要方域五之四、六之二二：「越州，大觀元年陞爲帥府。」

〔二〇〕按今本僅七縣，無上虞縣。按紀勝卷一〇紹興府：「上虞縣，望。在府東一百二十里。圖經引十三州志云：夏禹與諸侯會計，因相虞樂於此，故曰上虞。漢、晉地理志屬會稽郡。宋、齊地理志並屬會稽郡。東漢志云：漢末分立始寧縣。宋志云在永建四年。隋志云：隋平陳，廢上虞入會稽。唐志云：正元中，析會稽置上虞。」

〔二一〕禹冢：札記卷上：「『冢』，宋本作『家』，誤，據周校訂正，此本水經注，朱校不誤。」

〔二二〕東海：寰宇記卷九六作「南海」。

〔二三〕雷門：聚珍本作「雲門」。

〔二四〕山陰縣：原作「陰山縣」，據上下文及各史地理志改。

〔二五〕六年：舊唐書卷四〇作「八年」。又宋會要方域六之二二：「（剩）〔嵊〕縣，宣和三年以剡縣改。」

〔二六〕延祐四明志卷一：「輿地廣記於餘姚縣下注云：隋平陳，省入句章。」與今本小異。

〔二七〕當：四庫本作「常」。按紀勝卷一〇紹興府引輿地廣記作「當」。

〔二八〕元和志卷二六：「吴大帝改曰蕭山。」紀勝卷一〇紹興府：「象之謹按：兩漢志會稽郡下並有餘暨，而無永興。晉志會稽郡下有永興，而無餘暨。則是吴大帝改餘暨爲永興，非改餘暨爲蕭山也。沈約宋志於永興縣下亦云：永興，漢舊餘暨縣，吴更名永興。則吴大帝初未嘗更爲蕭山也。元和志所紀非是，今不取。」

〔二九〕宋會要方域六之二一：「蘇州，後唐中吴軍節度，政和三年陞爲平江府、平江軍節度。五月十七日，手詔：『朕獲承聖緒，撫有方夏。迺睠三吴之重鎮，實惟二浙之名區。俗號富饒，民知禮義。昔在紹聖，嘗建節旄。有司因循，未遑表異。朕仰稽故事，俯酌師言，爰即軍名，肇新府號，以慰一方之望，以彰上帝之休。俾億萬年，永有慶賴，豈不偉哉！蘇州可陞爲平江府。』」

〔三〇〕苞山：寰宇記卷九一作「包山」。

〔三一〕夫椒山：通典卷一八二作「椒山」。

〔三二〕紀勝卷七鎮江府引鎮江志以爲「屬會稽郡」。

〔三三〕置毗陵郡：通典卷一八二：「置毗陵、丹陽二郡。」

〔三四〕三年：元和志卷二五作「七年」。

〔三五〕宋會要方域六之二一：「潤州，唐爲浙江西道團練觀察，亦爲鎮海軍節度。開寶八年十月二十日，詔曰：『鎮海之號，丹徒舊軍。自浙西之未平，命餘杭而移置。爰茲尅復，方披化條，宜別賜於軍名，用永光於戎閫。其潤州舊號鎮海軍，宜改爲鎮江軍。』大觀元年陞爲望郡，政和三年升爲鎮江府、鎮江軍節度。」

〔三六〕予：札記卷上：「宋本『予』是也，左傳襄二十八年文。周校作『子』，誤，朱校不誤。」

〔三七〕長坑：通典卷一八二作「南坑」，元和志卷二五作「長隴」。

〔三八〕三年：寰宇記卷八九、新唐書卷四一作「二年」。

〔三九〕四年：元和志卷二五作「二年」。

〔四〇〕丹陽：通典卷一八二：「秦爲會稽、鄣二郡之境，漢亦同。」

〔四一〕輿：原無，據紀勝卷四安吉州引輿地廣記補。

〔四二〕九域志卷五亦云周升爲宣德軍節度。寰宇記卷九四云皇朝陞爲宣德軍節度，與此不同；宋會要方域六之二二：「唐宣德軍節度。」又不同。紀勝卷四安吉州：「象之謹按：五代史記於後周年表下注湖州爲宣德軍，則宣德軍乃置於周，非置於唐及本朝也。寰宇記所紀非是，當從五代史記。」

〔四三〕石柱記箋釋卷二：「按輿地廣記、輿地紀勝俱云長興、安吉二縣梁屬陳留郡，史無名文，不知何所本。」

〔四四〕姚州：舊唐書卷四〇、新唐書卷四一皆作「桃州」。

〔四五〕吴郡：札記卷上：「宋本『吴』，舊鈔本同，是也，隋志可證。周校作『泉』，誤，朱校不誤。」

〔四六〕吴興郡：札記卷上：「宋本『吴』，舊鈔本同，是也，晉志可證。周校作『大』，誤，朱校不誤。」

〔四七〕元年：舊唐書卷四〇、寰宇記卷九四作「二年」。又「原」字，寰宇記卷九四、新唐書卷四一作「源」。

〔四八〕末：札記卷上：「宋本『末』，周校作『大』，誤，朱校不誤。」

〔四九〕四年：宋史卷八八作「三年」。

〔五〇〕保寧軍：原作「寶寧軍」，據宋會要方域五之四改。

〔五一〕咸亨：元和志卷二六作「咸通」。

輿地廣記卷第二十三

兩浙路下

上〔一〕，明州〔二〕。秦屬會稽郡。漢已降因之。唐開元二十六年，採訪使齊澣奏以越州之鄮縣置，以境有四明山爲名。天寶元年曰餘姚郡，朱梁升爲望海軍節度〔三〕。皇朝建隆二年改奉國軍〔四〕。今縣六。

望，鄞縣。本漢鄮縣〔五〕，屬會稽郡。東漢、晉、宋皆因之。隋平陳，省入句章，屬會稽郡。唐武德四年，以句章縣置鄞州〔六〕。八年州廢，更置鄮縣，屬越州，開元中置明州〔七〕。五代時改曰鄞縣〔八〕。有四明山。鄞縣故城，在今縣東南。漢屬會稽郡。東漢及晉、宋皆因之。隋平陳，省入句章。句章縣〔九〕，漢屬會稽郡。東漢〔一〇〕、晉、宋、隋皆因之。唐省入鄮縣。故城在今縣西〔一一〕。

望，奉化縣。本漢鄞縣地，唐開元二十六年分鄮縣置〔一二〕，屬明州。有鎮亭山。

上，慈溪縣。本漢句章縣地〔一三〕，唐開元二十六年分鄮縣置，屬明州。有句餘州。

上，定海縣。本望海縣，朱梁開平三年吴越錢鏐奏置〔一四〕，屬明州，後改曰定海〔一五〕。有大浹江〔一六〕，越滅吴，欲遷吴王夫差於甬東〔一七〕，韋昭以爲句章東浹口外洲是也〔一八〕。

下，象山縣。本漢鄞縣地，唐神龍二年分寧海、鄮二縣置〔一九〕，屬台州，廣德二年來屬。有東門山〔二〇〕，即漢志所謂「越天門山」也。

下，昌國縣。皇朝熙寧六年析鄞縣置。有雲雩山。

望，常州。春秋屬吴〔二一〕。戰國屬越。後屬楚。秦、漢屬會稽郡。東漢屬吴郡。吴分會稽之無錫以西爲屯田〔二二〕，置典農校尉。晉太康二年省校尉，屬毗陵郡。惠帝以東海王越世子名毗〔二三〕，改曰晉陵郡。宋、齊、梁、陳因之。隋平陳，郡廢，置常州。大業初州廢，置毗陵郡。唐武德三年復置常州〔二四〕，天寶元年曰晉陵郡，後復曰毗陵。皇朝因之。今縣五。

望，晉陵縣。本延陵，吴季札居之。漢曰毗陵縣，屬會稽郡。東漢屬吴郡〔二五〕。晉屬毗陵郡，後郡、縣俱改爲晉陵。隋初曰常州，後曰毗陵郡。唐因之。有横山。有季札墓，在縣北七十里滻浦之西〔二六〕。

望，武進縣。本漢曲阿縣地，晉分丹徒、曲阿置，屬毗陵郡。梁改曰蘭溪〔二七〕，屬南蘭陵郡〔二八〕。隋省入曲阿，屬江都郡。唐垂拱二年復置於州城内與晉陵分治。

望，無錫縣。吴太伯始所居地，名句吴〔二九〕。後楚春申君城故吴墟，以自爲都邑。漢爲無錫縣，屬會稽郡。東漢屬吴郡。吴省。晉太康元年復置，屬毗陵郡。宋以後屬晉陵郡〔三〇〕。隋屬毗陵郡。唐屬常州。有慧山。

望，宜興縣。本陽羡縣，漢屬會稽郡。東漢屬吴郡〔三一〕。吴屬吴興郡。晉惠帝以周玘創義討石冰〔三二〕，分陽羡置義興郡〔三三〕，以表其功。宋、齊、梁、陳因之。隋平陳，郡廢，改陽羡縣爲義興〔三四〕，屬常州。唐武德七年置南興州，八年州廢來屬。皇朝太平興國元年改曰宜興。

望，江陰縣。梁分蘭陵縣置，及置江陰郡〔三五〕。隋平陳，郡廢，屬常州。唐武德三年置暨州，九年州廢來屬。南唐置江陰軍，皇朝淳化元年軍廢來屬。三年復置軍〔三六〕，熙寧四年又廢來屬。

上，温州。春秋屬越。秦、二漢屬會稽郡。吴屬臨海郡〔三七〕。晉明帝置永嘉郡。宋、齊、梁、陳因之。隋平陳，郡廢，屬處州。大業初，屬永嘉郡。唐武德五年置東嘉州，正觀元年州廢，屬括州。上元二年置温州〔三八〕，天寶元年曰永嘉郡。石晉升静海軍節度。皇朝太平興國三年降軍事〔三九〕。今縣四。

緊，永嘉縣。本東甌國，漢惠帝立閩君摇爲東海王，都東甌，世號曰東甌王。後世爲閩越所攻，東甌舉國徙江淮之間。東漢永和三年以章安縣之東甌鄉置永寧縣，屬會稽郡。吴屬臨海郡。晉、宋爲永嘉郡治。隋平陳，郡廢，改縣爲永嘉。唐爲温州。

望，平陽縣。本横陽縣，晉太康四年置〔四〇〕，曰始陽，後改名。宋因之，後省。唐武德五年分安固縣復置〔四一〕，屬東嘉州。正觀元年省，大足元年復置〔四二〕，屬温州。朱梁改曰平陽。有横陽山。

緊，瑞安縣。本東漢章安縣地。吴置羅陽縣，又改曰安陽。晉改爲安固〔四三〕，屬臨海郡。宋因之。隋省焉。唐武德五年析永嘉縣復置，屬東嘉州，正觀元年屬括州，上元二年屬温州。五代時改曰瑞安。

上，樂清縣。本樂城縣〔四四〕，晉孝武分永寧縣置〔四五〕，屬永嘉郡。宋因之，後省，入永嘉縣。唐武德五年復置，屬東嘉州。七年又省，載初元年復置，屬温州。五代時改曰樂清。有雁蕩山、芙蓉山。

上，台州。春秋、戰國屬越〔四六〕。秦屬會稽郡〔四七〕。漢屬東甌國，後屬會稽郡。東漢因之。吴置臨海郡。晉、宋、齊、梁、陳因之。隋平陳，郡廢，屬處州，後屬永嘉郡。唐武德四年置海州，五年改爲台州，天寶元年曰臨海郡。皇朝因之。今縣五。

望，臨海縣。本漢回浦，屬會稽郡。東漢改曰章安。吴分章安置臨海縣，屬臨海郡〔四八〕。晉、宋因之，後省入章安。隋平陳，郡廢，改章安曰臨海，屬處州，後屬永嘉郡。唐武德四年置海州，復置章安縣。五年改曰台州，八年省章安。有括蒼山、天姥山。

望，黄巖縣。本永寧縣，唐上元二年分臨海置，屬台州，天授元年更名。有黄巖山。

緊，寧海縣。本漢剡縣地。晉爲寧海縣〔四九〕，屬臨海郡〔五〇〕。宋因之，後省。唐武德四年析臨海復置〔五一〕，屬海州〔五二〕。七年省入章安，永昌元年復置，屬台州〔五三〕。有桐柏山。

上，天台縣。吴置始平縣〔五四〕。晉太康元年改曰始豐，屬臨海郡。宋因之，後省。唐武德四年析臨海縣復置，屬海州。八年省，正觀八年復置，上元二年改爲唐興。朱梁改爲天台。後唐復故。石晉改爲台興。皇朝建隆元年復改曰天台。有天台山、赤城山。

上，仙居縣。本樂安縣，晉永和三年分始豐縣南鄉置〔五五〕。宋因之，後省。唐武德四年析臨海置，屬海州。八年省，上元二年復置，屬台州。五代時改爲永安。皇朝景德四年改爲仙居〔五六〕。

上，**處州**。春秋、戰國屬越。秦屬會稽郡。漢爲東甌國地，後屬會稽郡。東漢因之。吴置臨海郡。晉屬永嘉郡。宋以後因之。隋開皇九年平陳，置處州，十二年改爲括州。大業初州廢，置永嘉郡。唐武德四年復置括州，天寶元年改曰縉雲郡。大曆十四年避德宗名〔五七〕，改爲處州。皇朝因之。今縣六〔五八〕。

望，麗水縣。本漢章安縣地。隋平陳，分松陽縣東界置括蒼縣及處州，又改曰括州。州廢，置永嘉郡。唐曰括州，大曆十四年改曰處州，縣曰麗水。有括蒼山。

望，龍泉縣。本遂昌、松陽二縣地。唐乾元二年析置龍泉縣〔五九〕。有豫章山、龍泉湖。

上，松陽縣。吴置，屬臨海郡。晉因之。宋屬永嘉郡。隋平陳，郡廢，屬處州。唐因之。朱梁時，楊氏據江淮，於是吴越錢氏上言：以淮寇未平〔六〇〕，恥聞逆姓，請改爲長松。後又改曰白龍。皇朝咸平二年復曰松陽。

上，遂昌縣。本漢太末縣地〔六一〕。吴赤烏二年置平昌縣。晉太康元年改爲遂昌，屬東陽郡。宋因之，後省而復置。唐武德八年又省入松陽，景雲二年復置，屬括州。

上，縉雲縣。本括蒼縣地。唐萬歲登封元年置〔六二〕，屬括州。有縉雲山。有好溪，本名惡溪，多水怪。唐大中中，刺史段成式有善政〔六三〕，怪族自去，因改曰好溪。

中，青田縣。本括蒼縣地〔六四〕。唐景雲二年置，屬括州。有石門山，宋謝靈運所游〔六五〕，有題詩。有青田溪，永嘉記曰：青田有雙白鶴，年年生子，長便去。

上，衢州。自隋以前地理與婺州同。唐武德四年平李子通，析婺州之信安置衢州，以州西三衢山爲名。七年〔六六〕，陷輔公祏〔六七〕，乃廢。垂拱二年復置，天寶元年曰信安郡。皇朝因之。今縣五。

望，西安縣。本漢太末縣地。東漢初平三年析置新安縣，屬會稽郡。晉太康元年改曰信安，屬東陽郡。宋至隋皆因之〔六八〕。唐置衢州，咸通中改曰西安。故定陽縣，漢末孫氏分新安置〔六九〕。晉屬東陽郡。宋因之，後省。唐武德四年析信安復置，六年省之。故盈川縣，唐如意元年析龍丘置，元和七年省入信安。有石室山，晉民王質伐木至石室中〔七〇〕，見童子四人彈琴而歌，質倚斧柯聽之，俄頃而去〔七一〕，斧柯爛盡。既歸，已數十年，親戚凋落，無復向時矣。

緊，江山縣。本須江縣，唐武德四年析信安置，屬衢州。八年省，永昌元年復置。五代時改爲江山。有江郎山，通典謂之「須郎山」，發地如筍〔七二〕，有三峰焉。

上，龍游縣。本姑蔑，越之西部也。秦爲太末縣，屬會稽郡。二漢因之。晉、宋以後屬東陽郡。隋平陳，省入金華。唐武德四年，復置太末縣及穀州〔七三〕。八年州廢，省縣入信安。正觀八年復置，更名龍丘，屬婺州。五代時改爲龍游〔七四〕。有龍丘山、穀水〔七五〕。

中，常山縣。本信安縣地。唐咸亨五年置常山縣，屬婺州，垂拱二年來屬。乾元元年屬信州，後復故。有常山。

中，開化縣。本常山縣地。皇朝乾德四年置開化場，太平興國六年升爲縣。

上，睦州。春秋、戰國屬越〔七六〕，後屬楚。秦屬會稽、鄣二郡。漢屬會稽、丹陽二郡。東漢屬丹陽、吴二郡。梁置新安郡。隋平陳，郡廢，仁壽二年置睦州〔七七〕。大業初州廢，置遂安郡。唐武德四年改爲睦州，天寶元年曰新定郡。皇朝因之〔七八〕。今縣六。

望，建德縣。本漢富陽縣地〔七九〕，屬會稽郡〔八〇〕。吴置建德縣，屬吴郡。晉、宋因之。隋省入吴寧〔八一〕。唐武德四年復置，屬睦州。七年省入桐廬、雉山，永淳二年復置。萬歲通天二年，州自雉山移治於此。

望，青溪縣。漢歙縣地，屬丹陽郡。梁置新安郡及新安縣。隋平陳，郡廢。大業初改爲雉山縣〔八二〕，置遂安郡。唐武德四年置睦州，文明元年復爲新安。萬歲通天二年，州徙治建德。開元二十年改爲還淳〔八三〕，永正元年改曰青溪〔八四〕。有雉山。

上，桐廬縣。漢富春縣地。吴分置，屬吴郡。晉、宋因之。隋平陳，縣廢。仁壽中復置，屬睦州。唐武德四年置嚴州，七年州廢來屬〔八五〕。有嚴陵山、嚴陵瀨，即嚴子陵之所居也。

中，分水縣。本桐廬縣地。唐武德四年置，屬嚴州。七年省，如意元年復置，更名武盛，屬睦州，神龍元年復故名。

中，遂安縣。本漢歙縣地。吴分置新定縣，屬新安郡〔八六〕。晉太康元年改名遂安。宋因之。隋平陳，縣廢。仁壽中復置，屬睦州。唐因之。有白石英山〔八七〕。

中，壽昌縣。本雉山縣地。唐永昌元年分置〔八八〕，屬睦州。載初元年省，神龍元年復置。

上，秀州。春秋時吴、越分境於此。吴亡屬越，越敗屬楚。秦屬會稽郡。漢因之。東漢、晉、宋屬吴郡。隋、唐屬蘇州，後屬杭州。石晉時〔八九〕，吴越錢氏奏置秀州。皇朝因之〔九〇〕。今縣四。

望，嘉興縣。故檇李地，吴之南境。春秋吴伐越，越子陳于檇李，即此。秦爲長水縣〔九一〕，望氣者云有天子氣，始皇乃令囚徒十萬人掘汙其地，表以惡名，改曰囚拳縣，後曰由拳。漢屬會稽郡。東漢屬吴郡。吴黄龍四年，由拳有嘉禾生，改爲禾興。後太子諱和，改爲嘉興。晉、宋因之，後省焉。唐武德七年復置，屬蘇州。八年省入吳縣〔九二〕，正觀八年復置。五代屬杭州。吳越王錢元瓘奏置秀州。有胥山。

緊，華亭縣。本崑山縣地。唐天寶中置，屬蘇州，後屬秀州。有華亭谷水。有崑山，吳陸氏之先葬此。後機、雲兄弟有辭學，時人以玉出崑崗，因名之。有機、雲宅，在谷中。後機臨刑，歎曰：「華亭鶴唳可得聞乎！」

上，海鹽縣。故武原鄉，越地也。秦置海鹽縣，屬會稽郡。漢因之。東漢屬吳郡，順帝時縣淪陷爲湖，今當湖是也。大旱湖竭，城郭猶可識，後乃移治今所。晉、宋因之，後省焉。唐景雲二年分嘉興復置，屬蘇州。先天元年省，開元五年復置，後屬秀州。

中，崇德縣。有語兒水，本曰禦兒，越之北境，越語：「勾踐之地，北至禦兒。」即此。

校　注

〔一〕宋史卷八八：「本上州，大觀元年升爲望。」紀勝卷一一慶元府引國朝會要亦云大觀元年陞爲望郡。

〔二〕九域志卷五：「明州，奉化郡，奉國軍節度。」

〔三〕朱：四庫本脱。按浙江通志卷六：「輿地廣記梁開平三年，升明州爲望海軍節度。」九域志卷五亦云朱梁時置。而新五代史卷六〇以爲開平三年錢鏐置，不同。紀勝卷一一慶元府引國朝會要亦云錢鏐置望海軍。

〔四〕建隆二年：宋會要方域五之四亦云「建隆二年改奉國軍節度」。宋史卷八八作「元年」。

〔五〕紀勝卷一一慶元府：「晏公類要云：古越之東境。秦平百越，以其地置鄞縣，屬會稽郡。而元和志、寰宇記、輿地廣記諸書皆云本漢舊縣，小有不同。西漢志云：莽曰謹縣。東漢志仍曰鄞縣。四明志云：東漢改曰鄮縣，既而復爲鄞縣。詳四明志之文，似以鄮縣、鄞縣本是一處，而更二名耳。象之謹按：兩漢志及晉、宋、南齊志既有鄮縣，復有鄞縣，極爲分曉。自隋文併省州郡，而隋志謂併餘姚及鄮、鄞三縣入句章縣。鄮之與鄞，至隋尚是兩邑也。自隋併鄮與鄞入句章之後，再分爲鄮縣、奉化、慈溪、象山四邑，而其地始紛亂而無統。然元和郡縣志尚有可考者。如鄮縣則以爲理句章城，奉化、象山則以爲漢之鄞縣，而慈溪則以爲漢之鄮縣，鄮之與鄞二縣之境土尚有可別，不應指爲一縣也。今之鄞縣，乃古句章。」

〔六〕章縣置鄞：札記卷上：「據周校補，此本唐志，朱校不誤。」

〔七〕明州：四庫本作「羽州軍」，聚珍本作「羽州」。札記卷上：「『明』，據周校補。朱校作『羽』，誤。」

〔八〕五代：四庫本、聚珍本作「宋」。札記卷上：「據周校補。朱校『五』作『軍』、『代』作『宋』，誤。」按紀勝卷一一慶元府：「四明圖經云開元二十六年更名鄞縣，而唐志不載，元和郡縣志亦名曰鄮縣，則開元中未嘗爲鄞縣也。輿地廣記以爲五代時更名鄞縣，而五代史不載。又寰宇記尚名縣曰鄮，則又非改於五代者。至王荆公爲鄞縣宰，及元豐九域志始定於鄞縣。三者俱不同，當考。」

〔九〕句章縣：四庫本、聚珍本作「句章郡」。札記卷上：「朱校『縣』作『郡』，誤。」

〔一〇〕屬會稽郡東漢：四庫本注「缺」，聚珍本「屬會稽郡」注「原缺」。札記卷上：「『章』下六字據周校補，班志可證。朱校……『屬會稽郡』四字云『原闕』。」

〔一一〕西：札記卷上：「宋本略可辨識，周校正作『西』。朱校作『四』，誤。」

〔一二〕二十六：聚珍本作「二十四」。札記卷上：「『六』，據周校本補，元和志、新、舊唐志可證。朱校作『四』，誤。」

〔一三〕句章縣：元和志卷二六作「鄮縣」。

〔一四〕開平：札記卷上：「宋本『平』是也，五代史可證，周校同。朱校作『元』，誤。」

〔一五〕定海：四庫本作「定海縣」。

〔一六〕大浹江：四庫本無「大」字。按延祐四明志卷一、浙江通志卷七、卷一四引輿地廣記作「大浹江」。

〔一七〕遷：札記卷上：「宋本『遷』，周校同，是也。吴語作『達』，元和志作『徙』，此自用通典文。朱校『還』，誤。」

〔一八〕浹口：四庫本無「浹」字。

〔一九〕神龍二年：按元和志卷二六、新唐書卷四一「二年」作「元年」。寰宇記卷九八以爲唐貞觀三年置，後二年割入明州，與唐志及元和志不合。札記卷上：「宋本『龍』是也，周校作『能』，誤，朱校不誤。此用舊唐志文，元和志、唐志並作『元年』。」

〔二〇〕東門山：紀勝卷一一慶元府：「即漢志所謂天門山也。」

〔二一〕吳：札記卷上：「宋本『吴』是也，周校誤『大』，朱校不誤。」

〔二二〕無錫：寰宇記卷九二作「吴郡」。札記卷上：「宋本『無』，周校作『旡』，朱校同宋本。」

〔二三〕元和志卷二五云：晉東海王越謫于毗陵，元帝以毗諱改爲晉陵。二者不同。紀勝卷六常州：「象之謹按：晉書東海王越初未嘗謫于毗陵，而通鑑晉惠帝元康元年立越爲東海王。大安元年，以東海王越爲司空，領中書監。永興元年，東海王越奉帝討成都王穎，兵敗，徑還東海。永興二年，越起兵，攻河間王顒。光熙元年，越爲太傅、録尚書事。至永嘉元年，以琅邪王睿爲都督揚州諸軍事，鎮建業。永嘉五年，太傅越卒于項，王衍奉越喪還葬東海，何倫等奉裴妃及世子毗自洛陽東走。石勒率輕騎追太傅越之喪，何倫等戰敗，東海世子毗没於勒，裴妃爲人所掠賣。渡江初，琅邪之鎮建業，裴妃意也，故睿德之，厚加存撫，以其子沖繼越後。詳通鑑所書，自元康元年至永嘉五年凡二十餘年，越出處之迹，初未嘗謫于毗陵，元和志所書非是。但寰宇記謂以子沖繼毗後，而通鑑以爲繼越後，亦不同。然元帝既爲毗立諱，則當從寰宇記謂毗立後置諱，始不相忤。又元和志『謫于』二字，既無來歷，往往是『嫡子』二字，其下或有脱字。遂訛爲『謫于』耳。杜佑通典亦書曰東海王越嫡子封于毗陵，當從通典。」

〔二四〕三年：元和志卷二五作「七年」。原本「常州」前衍「屬」字，據四庫本及兩唐書志删。

〔二五〕東漢屬吳郡：札記卷上：「宋本有，周校同，朱校脱。」

〔二六〕漳浦：通典卷一八二、元和志卷二五、寰宇記卷九二作「申浦」。

〔二七〕蘭溪：元和志卷二五、寰宇記卷九二作「蘭陵」。

〔二八〕南蘭陵郡：隋書卷三一無「南」字，元和志卷二五作「晉陵郡」。

〔二九〕「名句吳」下至「後楚」二字：四庫本作「春秋屬吳，戰國屬楚」，聚珍本脱。

〔三〇〕「晉陵郡」三字四庫本注「闕」，「屬晉陵郡」下至「隋」字聚珍本脱。札記卷上：「『屬晉陵郡隋』五字宋本略可辨識，周校同，是也。宋書、南齊書州郡志可證，朱校脱。」

〔三一〕東漢屬吳：四庫本注「闕」。

〔三二〕創義：通典卷一八二作「行義」。札記卷上：「『義』，宋本模糊，據周校補，晉志、通典、元和志同。朱校作『議』，誤。」

〔三三〕分陽羨置義興郡：四庫本「置」作「爲」，聚珍本「陽」作「爲」，後注「原缺」。通典卷一八二以爲「分陽羨并長城之北鄉置義興郡」。札記卷上：「『分陽羨置』四字據周校補。朱校『陽』作『爲』，誤。『羨置』二字云『原闕』。」

〔三四〕改陽羨縣爲：四庫本、聚珍本「縣」作「郡」。札記卷上：「上五字據周校補，朱校『縣』作『郡』。」

〔三五〕通典卷一八二云：晉曰暨陽。元和志卷二五云：晉武太康二年始以漢毗陵縣之溉陽鄉置溉陽縣，梁敬帝時始於此置江陰郡及江陰縣。而寰宇記卷九二亦以爲梁分蘭陵縣置江陰縣及江陰郡。按紀勝卷九江陰軍：「象之謹按：晉自太康二年置暨陽縣之後，而晉、宋、齊三志並有暨陽縣。自梁敬帝置江陰郡、縣之後，而隋志第有江陰，而無暨陽。是梁於暨陽置江陰郡，因改暨陽爲江陰縣耳。隋志、元和志及通典、唐地理書初無割蘭陵縣立江陰縣之文，而寰宇記及輿地廣記乃追書曰割蘭陵縣爲江陰縣，自祥符圖經始有此文。然蘭陵與江陰爲鄰，或者一時割蘭陵以益江陰之地亦未可知，第不可專謂割蘭陵爲江陰耳。」

〔三六〕九域志卷五：「三年復置軍，仍以縣隸。」

〔三七〕吴：通典卷一八二作「晉」。

〔三八〕二年：元和志卷二六温州下作「元年」，於永嘉縣及安固縣下作「二年」。舊唐書卷四〇亦作「二年」。

〔三九〕三年：原作「二年」，據九域志卷五、宋會要方域五之四、六之二三、宋史卷八八改。宋會要：「應道軍，舊温州，晉静海軍節度，太平興國三年降爲軍事，政和七年陞爲應道軍。」

〔四〇〕四年：元和志卷二六作「元年」。

〔四一〕安固縣：原作「安同縣」，據元和志卷二六、舊唐書卷四〇改。

〔四二〕大足：聚珍本作「大定」。札記卷上：「宋本『足』，周校同，是也，元和志、新、舊唐志可證。朱校作『定』，誤。」按唐無「大定」年號，故以「大足」爲是。

〔四三〕安固：原作「安國」，據晉書卷一五、元和志卷二六、舊唐書卷四〇改。札記卷上：「宋本『國』，周校同。案此當作『固』，晉志可證，朱校不誤。」

〔四四〕樂城縣：元和志卷二六作「樂成縣」。

〔四五〕孝武：通典卷一八二作「武帝」。

〔四六〕紀勝卷一二台州：「赤城新志云：越王無彊時爲楚所并。象之謹按：通鑑周顯王三十五年，越王無彊伐楚，楚人大敗之，乘勝盡取吴故地，東至浙江，越以此敗。諸公族争立，或爲王，或爲君，濱於海上，朝服於楚。詳通鑑之文，則浙江以東濱海之上，楚固未嘗有其地也。至秦平百越，置閩中郡，而浙江以東始盡郡縣於中國耳。」

〔四七〕通典卷一八二以爲秦屬會稽郡。元和志卷二六、寰宇記卷九八以爲秦屬閩中郡，與此不同。紀勝卷一二台州：「象之謹按：元和郡縣志於台州下書云：『秦併天下，置閩中郡。漢立南部都尉。』是元和志以爲在秦則屬閩中郡，在漢則屬會稽郡。意者秦併天下，盡取甌閩之地，置閩中郡。漢封東越王，以王其地。及武帝平東越，盡徙其民江淮間，而閩中郡不復再置，第置冶縣以撫其遺民。冶縣既隸于會稽，而回浦亦爲會稽之屬邑，則是東越之亡，而閩中郡地已併入會稽郡，與元和志之説相應。漢既不置閩中郡，而以秦閩中故地置爲冶縣及回浦縣，併屬會稽郡。故秦三十六郡之中，既有會稽，又有閩中郡。漢地理志第有會稽郡，而無閩中郡，此元和志所書所以有秦、漢之異也。後人第見漢之屬會稽，而不知秦之屬閩中郡。當從元和志書曰秦屬閩中郡。通典所書非是，今不取。」

〔四八〕臨海郡：元和志卷二六作「會稽郡」。

〔四九〕浙江通志卷七：「輿地廣記晉析回浦、鄞二縣地置寧海縣。」

〔五〇〕臨海郡：元和志卷二六作「寧海郡」。紀勝卷一二台州：「象之謹按：晉志有寧海縣，隸臨海郡，而無寧海郡，元和志所書非是。」

〔五一〕四年：寰宇記卷九八作「五年」。

〔五二〕寰宇記卷九八云隋隸海州。紀勝卷一二台州：「隋志初無海州，寰宇記所書亦非是。」

〔五三〕屬：原無，據四庫本補。

〔五四〕始平縣：元和志卷二六、寰宇記卷九八作「南始平縣」。

〔五五〕晉書卷一五無樂安縣，南齊書卷一四於臨海郡下有樂安縣，小有不同。

〔五六〕仙居：聚珍本作「仙安」。

〔五七〕十四年避德宗名：原脱「四」字，據下文及元和志卷二六、舊唐書卷四〇、新唐書卷四一補。又「避德宗名」，元和志卷二六作「避德宗廟諱」，按德宗名「括」，非避廟諱，元和志誤。寰宇記卷九九作「代宗」。

〔五八〕六：原作「五」，據以下及實領縣數遽改。

〔五九〕宋會要方域六之二三：「龍泉縣，宣和三年改劍川縣。」

〔六〇〕淮：四庫本作「海」。按十國春秋卷七八引輿地廣記作「淮」。

〔六一〕太末縣：寰宇記卷九九作「松陽縣」。

〔六二〕唐：寰宇記卷九九作「周」。按萬歲登封乃武后稱帝改國號爲周時年號。

〔六三〕段成式：札記卷上：「『式』，宋本作『或』，蓋壞字，周校作『或』，誤，今訂正。此本唐志麗水縣下文，朱校不誤。」

〔六四〕寰宇記卷九九以爲本松陽、括蒼縣地。

〔六五〕宋：札記卷上：「宋本『宋』。周校作『未』，蓋壞字。」

〔六六〕七年：元和志卷二六、新唐書卷四一作「六年」。

〔六七〕陷輔公祏：通典卷一八二「陷」作「平」。又「祏」字，札記卷上：「宋本『祐』，壞字，據周校訂正。朱校不誤。」

〔六八〕至：札記卷上：「宋本『至』，周校同，是也。朱校作『王』，誤。」

〔六九〕孫氏：四庫本作「孫權」。札記卷上：「宋本『氏』，舊鈔、周校並同，此用沈志文。朱校作『吴』，誤。」

〔七〇〕中：四庫本作「山」。

〔七一〕頊：札記卷上：「宋本壞作『須』，據周校訂正，此水經浙江水注文，朱校不誤。」

〔七二〕笄：札記卷上：「宋本模糊，據周校補，此通典文。」

〔七三〕縠州：寰宇記卷九七作「縠水」。

〔七四〕宋會要方域六之二三：「龍遊縣，宣和三年改爲盈川縣。」

〔七五〕縠水：札記卷上：「宋本『縠』，今本九域志作『縠』，當以水經浙江水注、元和志訂彼。歐自本王，則所見九域志本尚未誤也。周校真誤，朱校不誤。」

〔七六〕元和志卷二五：「春秋時迭入吴、越。」

〔七七〕二年：隋書卷三一、寰宇記卷九五作「三年」。

〔七八〕宋會要方域五之四：「嚴州，舊睦州，宣和元年爲建德軍節度，三年改今名，仍爲遂安軍。」

〔七九〕富陽縣：通典卷一八二、元和志卷二五、寰宇記卷九五作「富春縣」。

〔八〇〕按漢書卷二八上會稽郡下無「富陽縣」。

〔八一〕紀勝卷七嚴州：「按吴寧縣，南朝並屬東陽郡。則建德之省入吴寧，是以其縣既廢，而以地入于吴寧而隸東陽郡耳。」

〔八二〕元和志卷二五云：晉改始新爲雉山。而晉志及南齊志並無雉山縣，則雉山非置於晉。

〔八三〕二十年：元和志卷二五作「二年」。

〔八四〕宋會要方域六之二三：「淳（化）〔安〕縣，元青溪縣，宣和三年改。」

〔八五〕宋會要方域六之二三：「桐廬縣，太平興國三年自杭州來隸。」紀勝卷七嚴州引國朝會要在太平興國二年。

〔八六〕新安郡：元和志卷二六作「新都郡」。

〔八七〕白石英山：四庫本、聚珍本作「白英山」，元和志卷二五作「白石山」。

〔八八〕舊唐書卷四〇亦云分雉山縣置壽昌縣，而通典卷一八二及元和志卷二五以爲分富春縣置。紀勝卷八嚴州：「象之謹按：壽昌在今嚴州之西南一百一十五里，而富春在今嚴陵之東北垂二百里，不應差互若此。蓋自吴分富春置新昌縣，晉太康元年又改爲壽昌。圖經云：梁割隸新安郡。隋併入新安，至唐文明元年改新安爲雉山，永昌元年析雉山縣地置。唐志不言爲壽昌故邑，是其名適同，或移舊縣額於此建置，非必拘之以爲其地初屬富春縣也。至寰宇記牽於二者之説，遂以壽昌在秦爲歙縣，在漢爲富春之境，隋改新安爲雉山，强欲附會而未必得其實也。以今縣治地里考之，當從唐志曰析雉山縣置壽昌。」

〔八九〕時：四庫本作「省」，按紀勝卷三嘉興府引輿地廣記作「時」。

〔九〇〕宋史卷八八：「政和七年，賜郡名曰嘉禾。」

〔九一〕宋書卷三五、通典卷一八二、元和志卷二五皆云嘉興縣本春秋時長水縣，秦爲由拳縣。

〔九二〕八年：寰宇記卷九五作「九年」。